Customer Relationship Management

Martin Stadelmann
Sven Wolter
Mireille Troesch

Customer Relationship Management

Neue CRM-Best-Practice-Fallstudien und -Konzepte
zu Prozessen, Organisation, Mitarbeiterführung
und Technologie

Verlag Industrielle Organisation

© 2008 Orell Füssli Verlag AG, Zürich
für Verlag Industrielle Organisation, Zürich
www.ofv.ch

Dieses Werk ist urheberrechtlich geschützt. Dadurch begründete Rechte, insbesondere der Übersetzung, des Nachdrucks, des Vortrags, der Entnahme von Abbildungen und Tabellen, der Funksendung, der Mikroverfilmung oder der Vervielfältigung auf andern Wegen und der Speicherung in Datenverarbeitungsanlagen, bleiben, auch bei nur auszugsweiser Verwertung, vorbehalten. Vervielfältigungen des Werkes oder von Teilen des Werkes sind auch im Einzelfall nur in den Grenzen der gesetzlichen Bestimmungen des Urheberrechtsgesetzes in der jeweils geltenden Fassung zulässig. Sie sind grundsätzlich vergütungspflichtig.

Umschlaggestaltung: Monika Linggi
Druck: fgb • freiburger graphische betriebe

ISBN 978-3-85743-728-1

Bibliografische Information der Deutschen Bibliothek
Die Deutsche Bibliothek verzeichnet diese Publikation in der Deutschen Nationalbibliografie; detaillierte bibliografische Daten sind im Internet über *http://dnb.d-nb.de* abrufbar.

Inhalt

Prof. Dr. Reinhold Rapp
Vorwort ... 9

Dr. Martin Stadelmann, Dr. Sven Wolter, Prof. Mireille Troesch
Einleitung der Herausgeber ... 11

Teil I
CRM-Konzepte, -Instrumente, -Strategien

Dr. Martin Stadelmann, Dr. Sven Wolter
**Kundenorientierte Unternehmensgestaltung –
CRM als integrierendes Führungs- und Organisationsprinzip** ... 19

Dr. Sven Wolter, Thomas Deuser
**Customer Centricity –
Der Pfad zu wahrer Kundenorientierung** ... 37

Prof. Dr. Manfred Bruhn, Dr. Dominik Georgi, Dr. Karsten Hadwich
**Kundenwertmanagement –
Konzepte, Strategien und Massnahmen in der Praxis** ... 51

Dr. Christian Huldi
**Die Emotionalisierung im CRM:
Messung – Nutzung – Intensivierung** ... 63

Prof. Dr. Sven Reinecke, Dr. Sabine Reinecke
Kennzahlengestütztes Controlling der Kundenbindung ... 77

Marco Hahn, Markus Keck
  Integration der Vertriebswege im Retail Banking
  Herausforderungen des Multi-Channel-Managements 91

Dr. Wolfgang Martin
  Implementierung von CRM
  mittels SOA-basierender Geschäftsprozesse 107

Prof. Dr. René Rüttimann
  Langfristiger Unternehmenserfolg =
  Strategie + Innovationen + CRM 119

Dr. Miltiadis Sarakinos, Dr. Ingo Hary
  Wirksamkeitsmessung im Direktmarketing – Einsatz
  permanenter und massnahmenspezifischer Kontrollgruppen 131

David D. Laux, Mario A. Pufahl
  Effizienzsteigerungen im B2B-Vertrieb
  durch ein standardisiertes Verkaufsprojektmanagement 143

Prof. Dr. Bernd Stauss
  Strategisches Beschwerdemanagement 155

Dr. Jürgen Brunner
  Erfolgsmessung von CRM-Initiativen
  mittels Business Cases und Performance Management 171

Prof. Dr. Marcus Schögel, Oliver Arndt
  Change Management – Strategischer Erfolgsfaktor bei der
  Umsetzung kundenorientierter Strategien 187

José Carlos Rageth
  Der Weg zu einer optimalen CRM-Lösung 201

Teil II
Best Practices im CRM
Fallstudien kundenorientierter Unternehmen

Dieter Fischer, Roland Lüthi
Mit modernster Contact-Center-Infrastruktur die Umsetzung der Geschäftsstrategie bei Mobi24 beschleunigen 213

Dr. Markus R. Neuhaus, Dr. Michael Flaschka
CLIENT FIRST – Das CRM-Programm von PwC Schweiz 225

Michael Nägele, Thomas Cicconi
Segmentorientiertes CRM und Marketing-Partnerschaften des Telekommunikationsanbieters Sunrise Communications AG 237

Reto Bühler, Dr. Ingo Hary, Dr. Penny Spring
Der Closed-Loop-Ansatz bei Swisscom Privatkunden Festnetz – Verschmelzung von analytischem und operativem CRM 251

Dr. Christian Friege
Mit strategischem Beziehungsmanagement rentable Kunden halten 267

Dr. Patrick Schünemann, Kaspar Trachsel
Approach Management bei PostFinance 285

Ralf Winter, Christopher S. Kälin
Projekt «X» oder «Wie Xerox aus zufriedenen Kunden auch treue Kunden macht.» 301

Dietrich Rickhaus, Thomas Spaar
Aufbau des Kundenservicecenters bei Heineken Switzerland 313

Ruedi Winzeler, Daniel I. Zürcher
Modernes Kundenmanagement im Private Banking – Ganzheitliche und integrierte Prozessunterstützung mittels FrontNet in der Credit Suisse 329

Teil III
Ergebnisse der aktuellen CRM-Forschung

Prof. Dr. Florian U. Siems
Effekte von Preiswahrnehmungen auf Kundenzufriedenheit und Kundenbindung – Ergebnisse einer empirischen Analyse und Managementimplikationen ... 347

Prof. Mireille Troesch-Jacot
Die Kundenzufriedenheit in einer Non-Profit-Organisation messen ... 365

Roman Lenz, Dr. Martin Stadelmann
Stand des Beschwerdemanagements in der Schweizer Unternehmenspraxis – Ergebnisse einer empirischen Untersuchung ... 381

Vorwort

Prof. Dr. Reinhold Rapp

Customer Relationship Management ist erwachsen geworden. Allerdings hat das Konzept der beziehungsorientierten Unternehmensführung eine breite Spanne von Altersstufen erreicht. Während man in der akademischen Betrachtung durchaus von einem gestandenen Charakter sprechen kann, haben die Umsetzungsaspekte in der Praxis oft erst gerade die wilden Jugendjahre hinter sich gelassen. Obwohl dies eigentlich nicht so ungewöhnlich für wissenschaftliche Konzepte ist, erscheint der Handlungsbedarf gerade bei diesem Thema sehr dringend zu sein. Denn viele Initiativen und Bestrebungen scheitern an den hohen und oft unrealistischen Ansprüchen an das Thema CRM, die den Graben zwischen Theorie und Praxis noch vergrössern.

Selbst habe ich die wissenschaftliche Diskussion erstmals 1986 in einem Workshop mit dem Themengebiet Customer Relationship Management an der Universität von Atlanta erlebt. Aktiv konnte ich die ersten Umsetzungsschritte zu Beginn der 90er-Jahre in meiner Zeit bei der Deutschen Lufthansa begleiten und seit 1997 lehre und forsche ich zu diesem Themenfeld an der Cranfield University und bin als Berater seit über 10 Jahren Begleiter von ca. 200 Unternehmen im Umfeld des Kundenmanagements. Über die ganze Zeit hinweg hat mich immer die Vielfalt des Begriffes, der Umfang seiner Bedeutung und die breite Notwendigkeit der Veränderungsaspekte beeindruckt und begeistert. Gleichzeitig erscheinen mir aber heute auch genau diese Aspekte die Hauptursache der immer noch schwierigen Umsetzung zu sein.

Noch immer interpretieren Personen und Organisationsteile diesen Begriff in ein und derselben Organisation ganz unterschiedlich – man denke nur an den Terminus CRM-System –, noch immer gibt es wenige Organisationseinheiten, die wirklich die komplette Breite der Aufgaben abdecken, und immer noch überschaubar ist der Kreis der Personen, die realisiert haben, wie weitreichend die Veränderungen auf der Kunden- und der Unternehmensseite in den nächsten Jahren sein werden.

Genau hier setzen die Herausgeber des vorliegenden Buches an. Auf der Basis eines umfassenden und integrativen Ansatzes (das ZHAW-CRM-Framework) lassen sie Praktiker und Akademiker zu den Möglichkeiten und Grenzen des aktuellen Customer Relationship Managements zu Wort kommen. Viel Wert legen sie insbesondere auf «Best Practice»-Fallstudien, wobei die Betonung dieses arg strapazierten Begriffes besonders auf dem zweiten Wort liegen sollte.

Das Lernen aus anderen Industrien und Unternehmen sollte nämlich zwei Dinge bewirken:
a) die Erkenntnis, dass auch andere Firmen vor denselben Problemen stehen, und
b) die Schlussfolgerung, dass Differenzierung nur durch eine andere, noch innovativere Lösung erfolgen kann.

Diese innovativen Lösungen müssen aber immer durch die Realisierung eines höheren und/oder anderen Kundenwertes initiiert werden, der zudem im Sinne des Customer Relationship Managements die Beziehungsqualität zwischen Anbieter und Nachfrager erhöht. Gerade hierzu geben die Autoren und Herausgeber viele wertvolle Anregungen, empirische Belege und Anknüpfungspunkte für die Praxis. Damit liefern sie einen wichtigen Beitrag, noch mehr und noch schneller wichtige Aspekte des CRM-Konzeptes umzusetzen.

Das Buch bietet ein umfassendes Fundament, um sich intensiv mit den wichtigsten Facetten des Customer Relationship Managements auseinanderzusetzen, ohne dabei als Leser verloren zu gehen. Hilfe geben, neben dem bereits erwähnten Rahmenmodell, die Autoren, die alle durch gemeinsame Entwicklungsschritte gegangen sind, den Herausgebern persönlich bekannt sind und gut instruiert ihre Artikel geschrieben haben. Die schwierige Aufgabe der Koordination, der Abstimmung und die fast unmögliche Vermeidung von Redundanzen hat das Herausgeberteam hervorragend gemeistert.

Ich wünsche dem Werk eine gute Aufnahme bei der interessierten Leserschaft und dieser wiederum viele Anstösse für eine positive Realisierung in der unternehmerischen Praxis. Und genau dies benötigen Unternehmen im heutigen Wettbewerbsumfeld, um erfolgreich im Kampf um den Kunden zu bestehen.

Ebersberg, im Oktober 2007
Prof. Dr. Reinhold Rapp

Prof. Dr. Reinhold Rapp ist Visiting Professor an der Cranfield University in England und Gründer von Reinhold Rapp Strategy & Learning Consultants in Ebersberg, Deutschland.

Einleitung der Herausgeber

Dr. Martin Stadelmann
Dr. Sven Wolter,
Prof. Mireille Troesch

Der Kunde von heute kann sich detaillierte Kenntnis der auf dem Markt verfügbaren Produkt- und Dienstleistungsangebote und deren Preisstrukturen mit wenigen Mausklicks verschaffen. Nicht nur die Angebote der eigenen Lieferanten, sondern auch die der Konkurrenz sind auf den modernen Kommunikationsplattformen der Unternehmen rund um die Uhr verfügbar.

Dies zwingt die Unternehmen zur Entwicklung massgeschneiderter Produkte und Dienstleistungen, denn eine wirksame Abgrenzung zu Mitbewerbern lässt sich in der Mehrheit der Fälle nur durch die konsequent kundenorientierte Gestaltung des Angebots gewährleisten. Das heisst für das Unternehmen: gezielte Ausrichtung an bestehenden Kundenbedürfnissen und -erwartungen, Schaffung von Zusatznutzen in den relevanten Wertschöpfungsprozessen und Gewährleistung von «Convenience». Dieses Angebot an bedürfnisorientierten Dienstleistungspaketen sowie die Bereitstellung von zusätzlichen – für den Kunden oftmals kostenlosen – Leistungen («add ons») lässt die Kundenansprüche an Qualität, Leistung und Preis aber weitersteigen und führt erstaunlicherweise zu einer weiteren Abnahme der Kundenloyalität, obwohl das Gegenteil bezweckt wurde. Übergeordnete Zielsetzung jedes Unternehmens muss es daher sein, den Aufbau langfristig profitabler Kundenbeziehungen sicherzustellen, diese aufrechtzuerhalten und im Zeitablauf systematisch zu intensivieren.

Um einem auf diese Zielsetzung fokussierten CRM-Verständnis entsprechenden Nachdruck zu verleihen und einen gemeinsamen Nenner für die im Rahmen des vorliegenden Gesamtwerks präsentierten Arbeiten vorzugeben, haben sich die Herausgeber auf die folgende Definition des CRM-Begriffs festgelegt:

Customer Relationship Management (CRM) ist ein unternehmensweit integrierendes Führungs- und Organisationsprinzip, das alle Aktivitäten, Massnahmen und Instrumente umfasst, die auf eine verbesserte Kundenorientierung und Kundenzufriedenheit gerichtet sind. Übergeordnete Zielsetzung ist es, die Fähigkeiten eines Unternehmens sicherzustellen,
- *langfristig profitable Kundenbeziehungen aufzubauen (Akquisition),*
- *im Zeitablauf zu intensivieren (Entwicklung) und*
- *langfristig aufrechtzuerhalten (Retention).*

Customer Relationship Management umfasst somit das systematische Erschliessen und Ausschöpfen von Kundenpotentialen unter konsequenter Nutzung durchgängiger Informations- und Kommunikationstechnologien.

Wir unterstreichen damit das unternehmerische Postulat des CRM, die Beziehung zu potentiellen und bestehenden Kunden in allen ihren Ausprägungen und Facetten zu verstehen und systematisch zu gestalten.

In enger Zusammenarbeit von Beratungspraxis und akademischer Forschung und Lehre wurde an der ZHAW ein Analyse- und Gestaltungsmodell für das Kundenmanagement entwickelt, das ZHAW-CRM-Framework, das alle CRM-relevanten unternehmerischen Funktionsbereiche umfasst. Das ZHAW-CRM-Framework ermöglicht auch die erforderliche fachlich-funktionale datenseitige und technische Integration der gewählten Lösungskomponenten.

Die fachlichen Diskussionen, die durch die Einführung des CRM-Frameworks im Rahmen des Vorgängerbuches (M. Stadelmann, S. Wolter, T. Tomczak, S. Reinecke; *Customer Relationship Management*, Zürich 2003) ausgelöst wurden, gaben Anlass zu diversen Forschungsprojekten (insbesondere die Swiss CRM 2007-Studie der ZHAW) sowie zu einer Reihe von Beratungs- und Umsetzungsprojekten. Wir haben die aktuellen thematischen Schwerpunkte in der CRM-Fachwelt (Akademie/Forschung und Praxis) von den jeweiligen Protagonisten dokumentieren lassen und im vorliegenden Band publiziert.

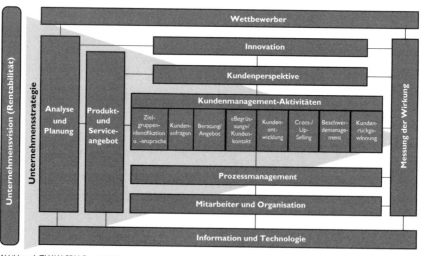

Abbildung 1: ZHAW-CRM-Framework

Im **ersten Teil «CRM-Konzepte, -Instrumente, -Strategien»** wird eingangs die Bedeutung einer umfassenden Berücksichtigung aller unternehmerischen Kompetenzbereiche im Rahmen von CRM-Vorhaben dargestellt und das für diese Arbeit notwendige Vorgehen erläutert *(Stadelmann/Wolter)*. Gleichzeitig werden die neun Gestaltungsbereiche des ZHAW-CRM-Frameworks im Detail erläutert.

Anschliessend werden grundlegende Ausprägungen in der Realisierung des Kundenmanagements dargestellt: Anforderungen und mögliche Ausprägungen bzw. Reifegrade einer kundenzentrierten Unternehmensorganisation *(Wolter/Deuser)*, Bedeutung des Kundenwerts, seine Bestandteile und Möglichkeiten, ihn zu beeinflussen *(Bruhn/Georgi/Hadwich und Huldi)*, sowie Messung und Steuerung der Kundenbindung *(Reinecke/Reinecke)*.

Als umsetzungsorientierte Ansätze werden die kundenspezifische Ausrichtung der Vertriebsaktivitäten über verschiedene Ansprache- und Transaktionskanäle («Multichanneling») *(Hahn/Keck)* und das Geschäftsprozess-Management als Grundlage für die kundenorientierte Gestaltung von Business- und IT-Architekturen («SOA – Service Oriented Architecture») *(Martin)* beschrieben.

Die Notwendigkeit, zukünftige Kundenbedürfnisse in die Entwicklung neuer Produkte und Dienstleistungen einfliessen zu lassen, betont der Beitrag zur Innovationsausrichtung innerhalb der Unternehmens- und CRM-Strategiefindung *(Rüttimann)*.

Es folgen Artikel zu Direktmarketing und dessen Wirksamkeitsmessung anhand von zielgruppenspezifischen Kontrollgruppen *(Sarakinos/Hary)*, Kernprozesse und die organisatorische Einordnung des Vertriebs im B2B-Umfeld *(Pufahl/Laux)* sowie Einsatz eines strategisch ausgerichteten Beschwerdemanagements *(Stauss)*.

Die drei letzten Beiträge des ersten Teils befassen sich mit Einzelaspekten des Vorgehens in CRM-Projekten: die Kosten-Nutzen-Betrachtung von CRM-Investitionen sowie deren Performance-Messung im laufenden Betrieb *(Brunner)*, die Bedeutung des Zusammenspiels von Organisation und Mitarbeitern im Rahmen des Change Managements *(Schögel/Arndt)* sowie die wichtigsten Aspekte hinsichtlich Tool-Unterstützung sowie das Vorgehen zu deren Auswahl *(Rageth)*.

Im **zweiten Teil** des Buches «Best Practices im CRM» vermitteln neun Fallstudien Einblicke in Konzeption und Umsetzung von CRM-Projekten. Diese wurden von Vertretern von Unternehmen bereitgestellt, die eine konsequent kundenorientierte Ausgestaltung verfolgen. Die Beiträge beschreiben jeweils eine bestimmte CRM-Initiative, die hinsichtlich der Konsequenz, mit der CRM-relevante Gestaltungsanforderungen umgesetzt wurden, als «Best Practice», als vorbildliche und empfehlenswerte Handlungsweise, bezeichnet werden kann. In einer vorangestellten Kurzbeschreibung ordnen wir den Fall im ZHAW-CRM-Framework ein.

Die ersten beiden Beiträge beschreiben das Vorgehen im Hinblick auf das Zusammenspiel technischer Lösungskomponenten und entsprechender Realisierungsvarianten (Mobi 24 - *Fischer/Lüthi*) und auf die Notwendigkeit, schon im Verlaufe des Projekts ein unternehmensweites Programm zu etablieren, das den Kunden in den Mittelpunkt aller Umsetzungsaktivitäten stellt (PriceWaterhouseCoopers – *Neuhaus/Flaschka*).

Im dritten Beitrag werden vom Gesichtspunkt der im CRM erforderlichen Analyse- und Planungsaktivitäten Konzepte der Kundensegmentierung und daraus ableitbare Kundentypen und Normstrategien zu deren Betreuung entlang der unterschiedlichen Phasen des Kundenlebenszyklus beschrieben (Sunrise Communications AG – *Nägele/Cicconi*).

Das Zusammenspiel zwischen operativen und analytischen CRM-Anwendungen zur Etablierung des «Closed Loop» im Marketing, Optimierungsmöglichkeiten in der Planung und Umsetzung von Selektionsaufgaben und die nachfolgenden Massnahmen der Kundenbearbeitung stellt der nächste Beitrag dar (Swisscom – *Bühler/Hary/Spring*).

Dem zunehmenden Stellenwert des Ausbaus und der Festigung von Kundenbeziehungen tragen die anschliessenden Beiträge Rechnung: Zunächst werden anhand von verschiedenen Praxisbeispielen die Erfolgsfaktoren und die Voraussetzungen zur Schaffung einer hohen Kundenbindung aufgezeigt. Diese gehen über die Kundenzufriedenheit hinaus und beziehen sich auf strategische Aspekte und die langfristige Erzeugung und Nutzung von Wissen über die eigene Kundschaft (Harrah's, Tesco, Debitel - *Friege*). Das Lead Management als Instrument der Kundenentwicklung aus dem Kundenbestand heraus stellt eine vertriebsorientierte Prozessintegration von zentralem Marketing und Kundenberater dar. Dieses wird im (Front) «Approach Management System» abgebildet (PostFinance – *Trachsel/Schünemann*). Wie eine hohe Korrelation zwischen Kundenzufriedenheit und Kundenbindung sichergestellt werden kann, zeigt der Einsatz der persönlichen Kundenbetreuung der Service-Mitarbeiter, die in enger Abstimmung mit dem Vertrieb erfolgen muss (Xerox – *Kälin/Winter*). Die konzeptionellen und technischen Bausteine, die zur Errichtung einer Infrastruktur erforderlich sind und die eine nach Kundenwert und Kundenbedürfnissen differenzierte Kundenbetreuung ermöglichen, werden im Projektbericht des Aufbaus eines Kundenservice-Centers beschrieben (Heineken – *Rickhaus/Spaar*).

Der letzte Beitrag des zweiten Teils befasst sich mit der Entwicklung und dem strategischen Einsatz einer selbst entwickelten Software-Lösung (FrontNet), die die kundenorientierten Prozesse Verkauf, Beratung und Geschäftsbeziehungseröffnung gezielt und strukturiert unterstützt (Credit Suisse – *Winzeler/Zürcher*).

Der **dritte Teil «Ergebnisse der aktuellen CRM-Forschung»** enthält drei empirische Studien, die sich mit Kundenzufriedenheit und Kundenbindung auseinandersetzen. Der erste Beitrag vergegenwärtigt, dass Kundenorientierung nicht nur ein Postulat für gewinnorientierte Unternehmen ist, sondern auch bei Non-Profit-Organisationen als oberste Direktive gelten sollte (*Troesch*). Hierbei wird der Status quo am Beispiel eines Schweizer Altersheims erhoben und, beruhend auf einer Defizitanalyse, werden Handlungsempfehlungen zur Steigerung der Kundenzufriedenheit abgeleitet. Die empirische Erhebung von *Siems* fokussiert sich demgegenüber auf die Effekte der

Preiswahrnehmung auf die Kundenbindung und leitet daraus allgemeingültige Empfehlungen zur kundenorientierten Preisgestaltung ab. Abschliessend befasst sich die Studie von *Lenz/Stadelmann* mit dem Status quo des Beschwerdemanagements bei 140 Schweizer Unternehmen verschiedenster Branchen und weist im Rahmen der Analyse der Erhebungsergebnisse ausdrücklich auf die Notwendigkeit einer strategischen Ausgestaltung des Beschwerdemanagements hin.

Insgesamt soll das vorliegende Buch einen Beitrag dazu leisten, die zahlreichen Diskussionen, die im Umfeld des Customer Relationship Management geführt werden, zu systematisieren, zu versachlichen und auf die übergeordnete Zielsetzung, namentlich auf die konsequente Ausrichtung des Unternehmens auf Kundenorientierung und Kundenzufriedenheit, zu fokussieren. Allen Beteiligten, die in irgendeiner Form zur Realisierung dieses Projekts beigetragen haben, insbesondere den Unternehmen, die dem Leser einen Einblick in die Praxis ihres Kundenmanagements gewähren, danken wir an dieser Stelle herzlich.

Winterthur, im Dezember 2007

Martin Stadelmann   *Sven Wolter*   *Mireille Troesch*

Teil I

CRM-Konzepte, -Instrumente, -Strategien

Kundenorientierte Unternehmensgestaltung – CRM als integrierendes Führungs- und Organisationsprinzip

Dr. Martin Stadelmann
Dr. Sven Wolter

Dr. Martin Stadelmann ist Geschäftsführer der eC4u Expert Consulting (Schweiz) AG, Hauptdozent im MAS CRM ZHAW (Zürcher Hochschule für angewandte Wissenschaften) und Lehrbeauftragter für Betriebswirtschaft an der Universität St. Gallen (HSG).

Dr. Sven Wolter verantwortet als Group Head den Bereich ICT Management bei der Detecon (Schweiz) AG und ist Dozent im MAS CRM ZHAW (Zürcher Hochschule für angewandte Wissenschaften).

Kundenorientierte Unternehmensgestaltung – CRM als integrierendes Führungs- und Organisationsprinzip

Ausgangssituation im Kundenmanagement

Bei Unternehmen aller Branchen wächst die Bereitschaft, sich von einer im Sinne des traditionellen Marketing-Mix nach innen orientierten Produkte- und Organisationszentriertheit zu lösen und alle unternehmerischen Funktionsbereiche konsequent auf spezifische, individuelle und klar identifizierbare Kundenbedürfnisse und -erwartungen auszurichten. Entsprechend gewinnen Analysen des Kundenverhaltens sowie das Erheben bzw. Ableiten von Erkenntnissen über situations- und lebenszyklusspezifische Dienstleistungsbedürfnisse und -anforderungen einzelner Kunden sowie eindeutig definierter Zielgruppen (bzw. Kundensegmente) zusehends an strategischer Bedeutung.

Gleichzeitig wird auch die Erkenntnis, dass das Unternehmen sich erst durch eine konsequente und umfassende Bedürfnisorientierung und die damit einhergehende Intensivierung der Beziehung zwischen Kunde und Produkt- bzw. Dienstleistungsanbieter die Loyalität seiner Kunden erwerben und langfristig sicherstellen kann, mehr und mehr zur übergeordneten Maxime, auf Basis derer unternehmerische Gestaltungs- und Investitionsentscheidungen gefällt werden. Im Vordergrund steht dabei nicht mehr der bedingungslose Kampf um Marktanteile («market share»), sondern ein stetiger Ausbau des Geschäftsvolumens, welches mit jedem einzelnen bestehenden Kunden realisiert werden kann, um dadurch sein Gesamtpotential («share of wallet») möglichst weitgehend auszuschöpfen.[1]

Aus Unternehmenssicht ist jedoch nicht jeder Kunde auch ein profitabler Kunde, d.h., nicht jeder Kunde weist einen gleich hohen Kundenwert und ein entsprechendes Wertschöpfungspotential für das Unternehmen auf. Somit ist es sowohl unter Effizienz- als auch unter Effektivitätsgesichtspunkten ausschlaggebend, dass die Geschäftsbeziehungen insbesondere mit denjenigen Kunden intensiviert und gefestigt werden, welche die höchsten potentiellen Kundenwerte aufweisen bzw. deren Lebenszeitwerte (customer lifetime value) und somit auch deren Ertragspotentiale am höchsten sind.

Damit die attraktiven und zugleich loyalen Kunden identifiziert werden können, müssen diese in einem ersten Schritt entsprechend bewertet und kategorisiert werden. Anhand ihrer Verhaltens- und Transaktionsmuster, ihrer soziodemografischen Eigenschaften, ihrer Bedürfnisprofile usw. können wert- und potentialbasierte Kundensegmente gebildet werden, die eine entsprechende Priorisierung der Betreuungsaufwände ermöglichen. Somit können Unternehmen in ihre profitabelsten Kunden zielgerichtet investieren (z.B. durch spezielle Betreuungsaktivitäten, kunden- bzw. segmentspezifische Dienstleistungs-/Servicedimensionierung oder eine differenzierte Konditionsgestaltung). Entscheidend hierbei ist, dass möglichst zeitnahe und detaillierte Informationen über sämtliche Kunden erfasst und entsprechend gepflegt werden. Es müssen einerseits unternehmenskulturelle Rahmenbedingungen geschaffen werden, innerhalb derer das Kundenwissen auf eine «multiplizierbare» (= mehrfach verwendbare und im Rahmen unterschiedlicher Kundenbindungs- und -betreuungsmassnahmen einsetzbare) Basis gestellt wird, und andererseits sichergestellt werden, dass eine hohe Qualität und Aktualität der Daten bestehender und potentieller Kunden erreicht wird. Hinsichtlich der Realisierung im Unternehmen wird ersteres durch die Einrichtung zentraler Kundendatenbanken mit entsprechenden, kundenbetreuungsrelevanten Funktionalitäten erreicht, letzteres kann insbesondere über entsprechende Anreiz- bzw. Sanktionssysteme gesteuert werden.

Gleichzeitig muss im Unternehmen angestrebt werden, dass das Customer Relationship Management sowohl über alle Hierarchieebenen als auch über sämtliche kundennahen Funktionsbereiche (also insbesondere Marketing, Vertrieb und Kundendienst) hinweg – von Mitarbeitern und Führungskräften - als integrierendes Führungs- und Organisationsprinzip verstanden und gelebt wird. Damit soll erreicht werden, dass alle Prozesse und Massnahmen einbezogen werden, die auf eine verbesserte Kundenorientierung und Kundenzufriedenheit gerichtet sind. Übergeordnete Zielsetzung muss es dabei sein, die Fähigkeiten eines Unternehmens sicherzustellen,
- langfristig profitable Kundenbeziehungen aufzubauen (*Kundenakquisition*),
- im Zeitablauf zu intensivieren (*Kundenentwicklung*) und
- aufrechtzuerhalten (*Kundenbindung*).

Customer Relationship Management umfasst somit das systematische Erschliessen und Ausschöpfen von Kundenpotentialen, dies - wo immer möglich und sinnvoll - unter konsequenter Nutzung durchgängiger Informations- und Kommunikationstechnologien.

Um den aus dieser CRM-Definition resultierenden Anforderungen an eine kundenorientierte Unternehmensgestaltung Rechnung zu tragen, müssen alle Aktivitäten und Prozesse der «kundennahen» Unternehmensfunktionen - Marketing, Vertrieb (Sales) und Kundendienst (Customer Care) - so konzipiert werden, dass sie alle Phasen des Kundenlebenszyklus umspannen und auf durchgängige und konsistente Art und Weise ineinandergreifen. Dabei gilt es,
a) die Schnittstellen zwischen den an der Kundenbetreuung beteiligten internen Unternehmensfunktionen für den Kunden möglichst reibungslos zu gestalten (= weitgehend «unsichtbar» zu machen) sowie

b) die Migration des Kunden von einer bestimmten Lebenszyklusphase zur nächsten[2] und die damit verbundenen Änderungen im phasenspezifischen Betreuungsansatz so zu gestalten, dass eine einheitliche und in sich stimmige Kundenerfahrung («customer experience») gewährleistet wird.

Darüber hinaus müssen die von diesen Unternehmensfunktionen getragenen Kundenmanagementaktivitäten in eine konsequent auf den Kunden und dessen Anforderungen an die jeweiligen Produkte und Dienstleistungen ausgerichtete Unternehmensführung und -organisation eingebettet werden. Dabei gilt es einerseits eine Organisationsstruktur anzustreben, die kurze und direkte Kommunikationswege vom Unternehmen zum Kunden und vom Kunden zum Unternehmen aufweist, andererseits müssen die zentralen Aufgaben des Kundenmanagements so definiert werden, dass sie eindeutig den entsprechend verantwortlichen Organisationseinheiten zugeordnet werden können. Hinsichtlich der Umsetzung sollte schon in der Phase der Konzeption von CRM-Initiativen ein Ansatz gewählt werden, der bereits in der Anforderungsanalyse alle für die Gestaltung des Kundenmanagements relevanten Aspekte und Dimensionen berücksichtigt und diese im Rahmen einer unternehmensspezifischen Lösung in die Schaffung durchgängiger Kundenprozesse mit einbezieht.

Das CRM-Framework – Modell für Analyse und Gestaltung des Kundenmanagements

Im Rahmen gemeinsamer Forschungs-, Lehr- und Beratungstätigkeiten hat das Zentrum für Marketingmanagement der Zürcher Hochschule für angewandte Wissenschaften (ZHAW) mit den Firmen Mummert Consulting und QCi Assessment Ltd. das CRM-Framework erarbeitet, das bis heute in über 140 namhaften Unternehmen zur CRM-Bestandsaufnahme (Ist-Analyse) sowie zur Entwicklung von unternehmensspezifischen CRM-Strategien eingesetzt wurde, darunter z.B. ABB, General Electric, LGT - Bank in Liechtenstein, Schweizerische Post - PostFinance, Viseca Card Services SA, Mitsubishi Motors, British Petroleum, British Telecom, Royal & Sun Alliance. Neben dem ganzheitlichen Analyse- und Gestaltungsrahmen, der in zehn unternehmerischen Kompetenzbereichen sowohl die «harten» (Analyse und Planung, Produkt- und Serviceangebot, Kundenmanagement-Aktivitäten, Information und Technologie, Organisation, Prozessmanagement, Messung der Wirkung) als auch die «weichen» CRM-Aspekte (z.B. Mitarbeiter, Kundenperspektive, Innovation) adressiert, zeichnet sich die Methodik des CRM-Frameworks dadurch aus, dass sie sich auf ca. 300 in akademischer Forschung und unternehmerischer Praxis identifizierten Best Practices im Kundenmanagement stützt. Diese wurden im Rahmen von Analyse- und Beratungsaktivitäten in

Unternehmen unterschiedlicher Branchen und mit unterschiedlichen Standorten zusammengetragen, weiterentwickelt und in Zusammenarbeit mit namhaften Forschungseinrichtungen (Universität St. Gallen, De Montfort University, Leicester/GB) fortlaufend konsolidiert und validiert. Entsprechend steht der dabei gesammelte Erfahrungsschatz als Wissensbasis sowohl für die Analyse als auch für die Erarbeitung zielführender CRM-Gestaltungsempfehlungen zur Verfügung.

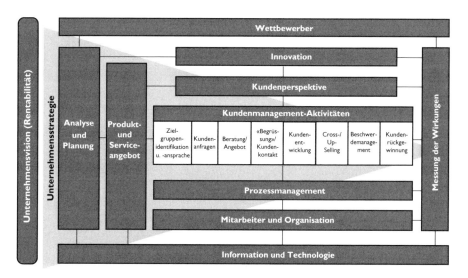

Abbildung 1: CRM-Framework – Modell für Analyse und Gestaltung des Kundenmanagements

Die einzelnen Elemente des dargestellten CRM-Frameworks werden im Folgenden näher erläutert.

Analyse und Planung

Ausgangspunkt eines auf die übergeordnete Unternehmensstrategie und die daraus abgeleiteten Unternehmensziele abgestimmten Kundenmanagements ist das Verständnis des Unternehmens hinsichtlich der Verhaltensweisen, Einstellungen sowie des Werts unterschiedlicher Kunden und Kundengruppen. Dieses Verständnis leitet sich aus den Analysen intern verfügbarer Daten (= analytisches CRM) und externer Informationsquellen ab; gleichzeitig werden weiterführende Fragen adressiert, die ihrerseits die Marktforschung (Marktbeobachtung, Kundenbefragungen, Konkurrenzanalysen usw.) eines Unternehmens bestimmen.

Sobald ein umfassendes Verständnis für die Marktsituation sowie das Verhalten und die Bedürfnisse sowohl der potentiellen als auch der bestehenden Kunden erreicht ist, kann die Planung der Kosten effektiver Akquisition und Erhaltung der Kunden sowie

der Entwicklung des Kundenstamms in Angriff genommen werden. Basierend auf den markt- und kundenrelevanten Vorgaben der Unternehmensstrategie befasst sich der Kundenmanagement-Kompetenzbereich der Analyse und Planung daher intensiv mit
- der Erfassung und Berücksichtigung aller für das Kundenmanagement relevanten Inputs aus Unternehmensstrategie und Unternehmensplanung,
- der Analyse von Kundenwerten und Kundenpotentialen,
- der Segmentierung von bestehenden und potentiellen Kunden,
- Konkurrenz- und Marktanalysen sowie
- der Gewinnung und Nutzung von Wissen über Kunden, deren Bedürfnisse, deren Verhalten und deren Wertschöpfungspotential für das Unternehmen.

Produkt- und Serviceangebot

Ein verbessertes Verständnis der Kundenbedürfnisse, abgeleitet aus den Analyseaktivitäten und der Marktforschung, ist Voraussetzung für die Definition und die Planung eines spezifischen Produkt- und Dienstleistungsangebots für jedes der identifizierten Markt- bzw. Kundensegmente. Dieses Angebot muss sowohl den Kunden als auch den im eigenen Unternehmen für dessen Produktion, Verkauf und die entsprechend bereitzustellenden Serviceleistungen verantwortlichen Personen effektiv nahegebracht und verständlich gemacht werden. Entsprechend befasst sich dieser Kompetenzbereich des Kundenmanagements mit
- der Definition und Entwicklung eines klaren, umfassenden und auf segmentspezifische Bedürfnisklassen ausgerichteten Produkt- und Serviceangebots,
- der permanenten Anpassung des Angebots an (sich wandelnde) Kundenbedürfnisse,
- der Inputaufnahme für die Entwicklung des Angebots,
- der internen und externen Darstellung und Kommunikation des Angebots sowie
- der Definition evtl. nach Kundensegmenten zu differenzierender Standards für die Dienstleistungsqualität (Service Levels).

Mitarbeiter und Organisation

Indem die Mitarbeiter die Mehrheit aller Customer Relationship-Massnahmen und -Aktivitäten tragen, stellen sie die wichtigste Schnittstelle zwischen einem Unternehmen und dessen Kunden dar. Bei der Wahrnehmung ihrer Aufgaben und Verantwortlichkeiten müssen sie möglichst weitgehend durch das Management unterstützt werden. Sie besitzen bestimmte Fähigkeiten und entwickeln diese im Rahmen von Aus- und Weiterbildungsaktivitäten.

Aufgrund des empirisch belegten und vielfach zitierten positiven Zusammenhangs zwischen Mitarbeiterzufriedenheit und -loyalität auf der einen und Kundenzufriedenheit, Kundenbindung und dem daraus resultierend positiven Einfluss auf den Unternehmenserfolg auf der anderen Seite weisen die Gestaltungsanforderungen dieses Kompetenzbereichs im Rahmen einer CRM-fokussierten Unternehmensausrichtung zentralen Stellenwert auf. Der CRM-Kompetenzbereich Mitarbeiter und Organisation ist dabei fokussiert auf

- eine kundenorientierte, wenig komplexe Organisationsstruktur mit direkten Kommunikationswegen zwischen Management, Front-Mitarbeitern und Kunden,
- die Identifikation der für die Kundenorientierung massgeblichen Aufgaben und Verantwortlichkeiten im CRM und deren Zuweisung zu entsprechenden Führungsrollen (Chief Customer Officer, Account Manager, Head of Marketing, Head of Customer Service etc.)[3],
- deutlich sichtbare Vorbildfunktionen beim Kundenmanagement (Management-Leadership),
- die Sicherstellung einer möglichst hohen Mitarbeiterzufriedenheit und Mitarbeiterloyalität,
- klare CRM-Zielsetzungen, die im Einklang mit den Unternehmenszielen stehen (CRM-Zielsystem, Zielhierarchie),
- die Förderung kundenorientierter Verhaltensweisen durch eine entsprechende Ausgestaltung von Führungsinstrumenten und Anreizsystemen,
- die Rekrutierung und die Ausbildung von Kundenmanagement-Mitarbeitern,
- die Identifikation und das Verständnis von erforderlichen Qualifikationen und Kompetenzen (Empowerment) der Mitarbeiter sowie
- die Auswahl und das Management von Lieferanten[4].

Information und Technologie

Der Kompetenzbereich Information und Technologie unterstützt alle anderen Bereiche, indem er die daten- und funktionsseitige Infrastruktur für das Customer Relationship Management bereitstellt. Kundenspezifische Daten (demografische Daten, Einkommen, Vermögen, Lebensstil usw.) sowie Daten über das jeweilige Kundenverhalten (Transaktionsdaten, Kontakthistorie, bezogene Service-/Dienstleistungen, Inanspruchnahme von Beratungsleistungen, Bezug von Informationsmaterial usw.) müssen erfasst, zur Auswertung bereitgestellt und konsequent als Hilfsmittel der Planung und Durchführung von Kundenmanagement-Aktivitäten eingesetzt werden.

Darüber hinaus bedarf die Systematisierung und Standardisierung von CRM-Prozessen insbesondere im B2C-Geschäft (Privat-/Retailkunden) einer konsequenten Unterstützung - teilweise bis zur automatischen Abwicklung - durch Softwareanwendungen. Dabei besteht die Hauptanforderung des Technologieeinsatzes darin, allen am

Wertschöpfungsprozess beteiligten Mitarbeitern über alle Phasen des Kundenmanagements hinweg eine Gesamtsicht (360-Grad-Kundensicht) auf den Kunden zu ermöglichen. Die datenseitige Integration vorhandener (häufig heterogener) transaktionsorientierter Vorsysteme, die systematische Konzeption und der funktionsspezifisch ausgestaltete Einsatz analytischer Anwendungen sowie die funktionale Zusammenführung aller möglichen Kontaktkanäle (Telefon/Call Center, Schalter, Internet-Homepage, E-Mail, Fax, Brief usw.) sind die grundlegende Voraussetzung dafür.

Aufgrund der innerhalb einer entsprechenden CRM-IT-Architektur zu bewältigenden Datenvolumina und -heterogenität ist der Einsatz von Informationstechnologie bzw. entsprechender Komponenten unerlässlich (vgl. Abbildung 2). Gleichzeitig muss jedoch das Bewusstsein gefördert werden, dass IT nicht zur Kostensenkung, sondern zur deutlichen Effizienz- und Effektivitätsssteigerung aller Prozesse und Aktivitäten des Kundenmanagements eingesetzt wird. Daher befasst sich der CRM-Kompetenzbereich Information und Technologie mit

- den Quellen und dem Verständnis für die Aussagekraft von Kundendaten und -information,
- der Informationsplanung (Abgleich von Informationsbedarf und Informationsverfügbarkeit),
- dem systematischen Qualitätsmanagement für Kunden- und Interessentendaten[5],
- den Funktionen und der datenseitigen Zugänglichkeit bestehender Kundenmanagement-Systeme im Sinne einer CRM-Business-Architektur,
- der Konzeption einer zweckgerichteten CRM-IT-Architektur und der Entwicklung bzw. Bereitstellung neuer Systeme und Anwendungen zur Unterstützung der Kundenmanagement-Aktivitäten,
- dem Erfassen der CRM-Potentiale neuer Technologien sowie
- der Ermittlung und der Definition zukünftiger Anforderungen an die Systementwicklung.

Kundenorientierte Unternehmensgestaltung | 27

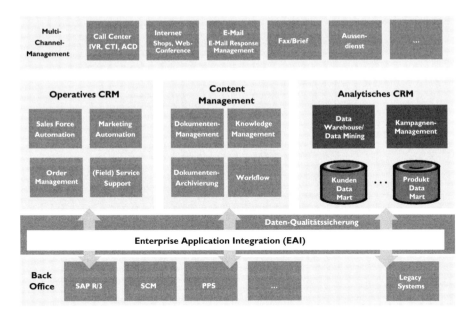

Abbildung 2: IT-Komponenten einer CRM-Architektur

Prozessmanagement

Alle CRM-Prozesse müssen im Sinne eines Qualitätssystems definiert, aktiv gestaltet und unter Zuhilfenahme entsprechender Controllingmechanismen gesteuert werden. Durch ein entsprechendes Prozessmanagement werden gleichzeitig ständige und schrittweise Prozessverbesserungen ermutigt, angeregt und möglich gemacht. Der CRM-Kompetenzbereich Prozessmanagement behandelt

- die Identifikation, Dokumentation und Standardisierung (inkl. Definition von Qualitäts- und Messkriterien) aller Kundenmanagement-Prozesse,
- die Messung der Prozessabwicklung und die Abbildung der Messaktivitäten in einem systematischen Controlling-Kreislauf (inkl. Zieldefinition, Abweichungsanalyse, Definition von Verbesserungsmassnahmen und Erfolgskontrolle),
- die Messung der Akzeptanz der CRM-Prozesse durch den Kunden (z.B. über die Durchführung von Kundenpanels, User Acceptance und Usability Tests),
- die Sicherstellung der internen Akzeptanz von CRM-Prozessen sowie
- die Planung und Durchführung von Massnahmen zur kontinuierlichen Prozessverbesserung (Continuous Improvement).

	Aufgabe	Funktionen (Beispiele)	Geschäftsnutzen
Operatives CRM	Pflege der gesamten Kundenbeziehung durch Abbildung von Kontakt- und Geschäftsdaten sowie der Besonderheiten (Präferenzen, Spezialwünsche, Verhaltensmerkmale etc.) einzelner Kunden, Bereitstellung entsprechender Workflows und standardisierter Routinen	• Kundendaten/-historie/-kontakte • Kontakthistorie • Vertriebsunterstützung • Prospect & Opportunity Management • Produktkonfigurator • Angebotskalkulation • Database Marketing	• Unternehmensweite Transparenz «Wer hat wann mit wem worüber gesprochen?» • Kunden treffen auf «informierte» Ansprechpartner
Analytisches CRM	Auswertung der in den operativen CRM-Systemen gewonnenen Daten, auch in Kombination mit Informationen aus weiteren operativen Systemen (z.B. Hostdaten)	• Kundensegmentierung • Kundenwertberechnung • Customer Value Scorecard • Vertriebssteuerung/Vertriebscontrolling • Data Mining, Potentialidentifikation (Cross-/Up-Selling)	• Aktive Gestaltung von Prozess und Strategie der Kundengewinnung und Kundenbindung • Übersicht der Unternehmensperformance in Marketing, Vertrieb und Service
Multi-Channel-Management	Interaktion und Kommunikation des Unternehmens mit Interessenten, seinen Kunden und Partnern	• Multi-Channel-Architektur • Multimedia Interaction Center (CTI, IVR, ACD, E-Mail-Management etc.)	• Unterstützung aller Kundenkontaktkanäle • Optimierung der Kundeninteraktion
Enterprise Application Integration (EAI)	Technische und funktionale Verbindung der CRM (= Front Office)-Systeme zu den operativen Back-Office-Systemen (z.B. SAP R/3 Produktion und Logistik, Hostanwendung)	• Datenaustausch via Online- oder Batch-Schnittstellen • Datenbewirtschaftung • Sicherstellung der Datenqualität	• Transaktionssichere Geschäftsvorfallverarbeitung • Konsistente, qualitätsgesicherte Datenhaltung über alle Systeme hinweg
Content Management	Verarbeitung komplexer Geschäftsvorfälle, die nicht fallabschliessend in einer Kundeninteraktion (z.B. Telefonanruf) erledigt werden können, Führung einer einheitlichen Kundenakte mit strukturierten und nichtstrukturierten Informationen	• Workflow-Unterstützung mit Wiedervorlage, Weiterleitung etc. • Knowledge Management und Dokumentenmanagement? • Anbindung optischer Dokumenten-Archive	• Konsistente und nachvollziehbare Geschäftsvorfallbearbeitung • Vollständige Sicht auf alle Kundendokumente direkt am CRM-Arbeitsplatz • Zentrale Wissensbasis, z.B. für Call-Center-Mitarbeiter

Tabelle: Aufgaben, Funktionen und Geschäftsnutzen der CRM-Technologiekomponenten

Kundenmanagement-Aktivitäten

Kundenmanagement-Aktivitäten							
Zielgruppenansprache	Kundenanfragen	Beratung/ Angebot	«Begrüssung»/ Kundenkontakt	Kundenentwicklung	Cross-/ Up-Selling	Beschwerdemanagement	Kundenrückgewinnung
Akquisition			**Entwicklung**			**Retention**	

Abbildung 3: Kundenmanagement-Aktivitäten

Pläne und Ziele, die während der Durchführung der Analysen und in der Angebotsentwicklung erarbeitet worden sind, bestimmen die CRM-Massnahmen entlang des gesamten Kundenlebenszyklus (= Customer Life Cycle) - vom potentiellen Kunden über den Interessenten zum neuen Kunden, weiter zu einem Stamm- oder Schlüsselkunden bis gegebenenfalls hin zum gefährdeten, abgewanderten (und damit zurückzugewinnenden) bis zum schliesslich zurückgewonnenen Kunden. Dieser Kompetenzbereich bildet den Kern des gesamten CRM-Frameworks und konzentriert sich auf die durchgängige und einheitliche Gestaltung der Kundenmanagementaktivitäten entlang des Kundenlebenszyklus, die im Einklang mit den im Rahmen der Analyse und Planung entwickelten Zielen und Plänen erfolgen muss. Die Planung und Durchführung der Kundenmanagement-Aktivitäten umfasst somit

- die Zielgruppenidentifikation und -ansprache (insbesondere durch Kampagnen),
- das Handhaben, Abwickeln und Beantworten von Kundenanfragen,
- die Durchführung von Beratungsaktivitäten und die Erstellung kundenspezifischer Angebote (Offerten),
- die spezifische Anerkennung und Unterstützung neuer Kunden (Begrüssung),
- die Informationserfassung und -verbreitung unter Kunden,
- die laufende Ermittlung und differenzierte Betreuung von Schlüssel- und Nicht-Schlüssel-Kunden,
- die Entwicklung und Umsetzung von Cross- und Up-Selling-Konzepten und Massnahmen,
- die Entwicklung und die Anwendung von Instrumenten und Massnahmen zur Förderung der Kundenbindung (Loyalitätsprogramme, Kundenclubs, Communities etc.),
- das Feedback- und Beschwerdemanagement sowie die Identifikation und das Management von Unzufriedenheit,
- die Erkennen abwanderungsgefährdeter (= «Frühwarnsystem») sowie
- die Rückgewinnung abgewanderter Kunden.

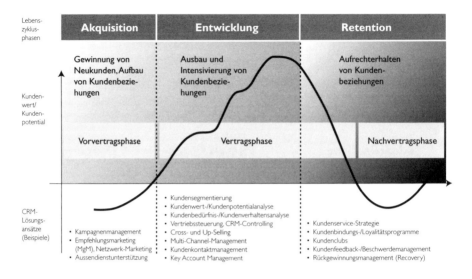

Abbildung 4: CRM-Instrumentarium und Lösungsansätze – Ausrichtung am Kundenlebenszyklus

Messung der Wirkungen

Messungen von Mitarbeiterleistungen, Prozessen, Kosten und Erträgen, Kanalleistungen und Kundenverhaltensweisen müssen die Vision und die Ziele des Kundenmanagements untermauern. Sie dienen dazu, eine Einschätzung von Erfolg bzw. Misserfolg von CRM-Aktivitäten und -Massnahmen vorzunehmen. Feedbacks über Erfolge und Misserfolge gestatten eine Verbesserung und Neudefinition zukünftiger Pläne und Aktivitäten. Voraussetzung dafür ist eine Berücksichtigung CRM-relevanter Messgrössen im Controlling-Instrumentarium des Unternehmens und die Einrichtung entsprechender geschlossener Führungs- und Steuerungskreisläufe (closed loops). Dieser CRM-Kompetenzbereich konzentriert sich daher auf

- die Definition und systematische Messung von Kennzahlen für das Kundenmanagement (KPIs),
- die Identifikation und Messung von Kundenverhalten und -zufriedenheit in den sogenannten «Momenten der Wahrheit» (z.B. Eröffnung einer neuen Geschäftsbeziehung, bei der Handhabung einer Beschwerde, der Regulierung eines Schadensfalls),
- die Messung der Effektivität von Kampagnen sowie
- die Messung der Effektivität von Kanälen und
- die Messung der Effektivität des einzelnen Mitarbeiters mit Aufgaben in den kundennahen Funktionsbereichen Marketing, Vertrieb oder Kundendienst.

Kundenperspektive

Kunden nehmen Kundenmanagement-Aktivitäten vor allem während der sogenannten «matchentscheidenden» Kundenkontaktsituationen (= «Momente der Wahrheit», moments of truth) wahr. Für ein konsequent kundenorientiertes Unternehmen ist es erfolgskritisch, dass verstanden wird, wie damit einhergehende Erfahrungen mittel- und langfristige Einstellungen und Verhaltensweisen der Kunden beeinflussen. Häufig gelingt dies nur, wenn der Versuch unternommen wird, die Kundenperspektive einzunehmen und das eigene Unternehmen aus eben dieser Perspektive zu betrachten und im Hinblick auf seine CRM-Leistungsfähigkeit kritisch zu beurteilen. Daher ist der Kompetenzbereich Kundenperspektive fokussiert auf

- das Verständnis von Kundeneinstellungen und -zufriedenheit,
- den Zusammenhang zwischen Kundenzufriedenheit und -loyalität,
- das Verständnis dessen, was/wie der Kunde empfindet (= customer experience, z.B. durch Mystery Shopping oder Ereignisbezogene Kundenforschung,), sowie
- die Identifikation und Anwendung von internen und unternehmensübergreifenden CRM-relevanten Vergleichsmassstäben (Benchmarks).

Innovation

Werden aufgrund von Kundenbedürfnisanalysen, in Untersuchungen des Kundenverhaltens oder durch Marktforschungsaktivitäten veränderte und/oder neue Kundenbedürfnisse identifiziert (z.B. mittels eines marktforschungsgestützten «Bedürfnisradars»), müssen kundenorientierte Unternehmen in der Lage sein, entsprechend darauf einzugehen. Aufgrund einer mit den Kompetenzbereichen Analyse und Planung und Produkt- und Serviceangebot durchzuführenden Abstimmung und Priorisierung gilt es, im CRM-Kompetenzbereich Innovation

- bestehende Produkte und Dienstleistungen sowie die korrespondierenden Abwicklungsprozesse (Delivery, Fulfillment) anzupassen,
- diese aufgrund veränderter Bedürfnissituationen neu zu gestalten und/oder
- neue Produkte und Dienstleistungen zu entwickeln.

Customer Relationship Management – Der Weg zum Unternehmenserfolg

Die Umsetzung eines konsequent kundenorientierten Geschäftsmodells, das den in den CRM-Kompetenzbereichen beschriebenen Gestaltungsanforderungen folgt, stellt die

Entscheidungsträger nun aber vor die Herausforderung, jene Funktionsbereiche ihres Unternehmens zu identifizieren, welche die ergebniswirksamsten Verbesserungspotentiale für das Kundenmanagement in Aussicht stellen - dies umso mehr, wenn sowohl personelle als auch finanzielle und Sachressourcen knapp sind und nur unter Nachweis einer direkten Ergebniswirksamkeit (Business Case) freigegeben werden.

Den entsprechenden Anforderungen des Topmanagements kann dadurch Rechnung getragen werden, dass mittels einer systematischen Stärken-/Schwächenanalyse über alle CRM-Kompetenzbereiche des Unternehmens (bzw. des zu betrachtenden Unternehmensbereichs) Massnahmenpakete definiert werden, die jeweils einen gemeinsamen inhaltlichen Schwerpunkt aufweisen, wie z.B. die Entwicklung einer unternehmensspezifischen Kundentypologie oder Kundensegmentierung, die Realisierung eines unternehmensweiten Modells zur Kundenwertberechnung, die Bereitstellung eines zentralen «Datentopfs» zur Umsetzung der Kundengesamtsicht (z.B. im Rahmen eines Data-Warehouse-Projekts), die Prozessoptimierung im Marketing, die Konzeption und Durchführung einer umfassenden Kundenbedürfnisanalyse oder die Einführung eines durchgängigen CRM-Zielsystems.

Diese Massnahmenpakete gilt es anschliessend in Abstimmung mit der Unternehmensstrategie sowie der daraus abzuleitenden CRM-Strategie zu priorisieren. Dabei sollten insbesondere die Priorisierungsdimensionen «Erwarteter Geschäftsnutzen» und «Geschätzter Realisierungsaufwand» zur Anwendung gelangen. Nachfolgend gilt es, die in der Nutzendimension mit «hoch» bewerteten Massnahmenpakete vor dem Hintergrund der verfügbaren Ressourcen und entsprechend ihrer Dringlichkeit in die Realisierung zu übergeben. In diesem Zusammenhang versteht es sich von selbst, dass den als «Quick Wins» eingestuften Massnahmenpaketen eine besondere Bedeutung zukommt. Gleichzeitig muss aber darauf hingewiesen werden, dass diese nicht mit «Quick Fixes» (= Notlösungen) verwechselt werden dürfen: Auch die Massnahmenpakete der Kategorie «Quick Wins» müssen den eingangs formulierten Anforderungen an die Durchgängigkeit und die inhaltliche Konsistenz einer umfassenden CRM-Konzeption vollumfänglich Rechnung tragen und dem CRM-Ansatz eines integrierenden Führungs- und Organisationsprinzips gerecht werden.

Trotz Anwendung dieser oder ähnlicher systematischer Vorgehensweisen in den frühen Phasen von CRM-Projekten geriet in der Vergangenheit ein Grossteil der initiierten Customer-Management-Projekte und -Initiativen ins Stocken oder zeitigte nicht den erwarteten Erfolg. Häufigste Ursachen für dieses Scheitern sind einerseits die Technologiezentriertheit des Vorgehens, wobei Entscheidungen für einzusetzende Softwarepakete und Technologien gefällt wurden, bevor im Unternehmen eine gemeinsam getragene Vision und ein Konsens bezüglich der strategischen Zielsetzungen des Kundenmanagements erreicht wurden. Andererseits führten fehlendes Top-Management-Verständnis und -Commitment sowie der damit verbundene Mangel an systematischer (= auf die Unternehmensstrategie abgestimmter) Planung und Konzeption des einzusetzenden Instrumentariums zu einer Vielzahl von Fehlschlägen bei der Umsetzung von CRM-Programmen.

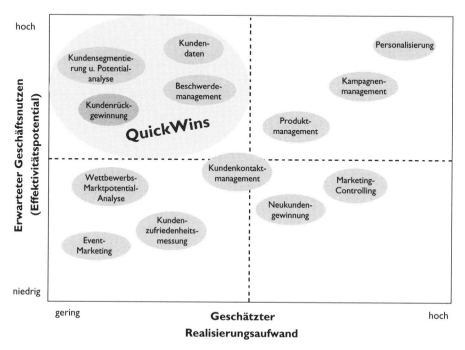

Abbildung 5: Priorisierung von CRM-Massnahmenpaketen (Beispiel)

Als Konsequenz dieser Misserfolge reift die Erkenntnis der Entscheidungsträger in den Unternehmen heran, dass erfolgreiches CRM mehr umfasst als nur den optimierten Einsatz von Informationstechnologie: Von der Kundensegmentierung und der zielgruppenspezifischen Ausrichtung des Produkt- und Serviceangebots bis hin zum systematischen Auf- und Ausbau einer Kundenbeziehung sind völlig unterschiedliche Unternehmensbereiche involviert, und es gilt, völlig unterschiedliche Funktionen und Aufgaben wahrzunehmen, die alle aufeinander abgestimmt werden müssen. Dies ist auch der Grund, weshalb insbesondere die Konzeption von unternehmensweiten CRM-Programmen mit einem hohen Grad an Komplexität verbunden ist.

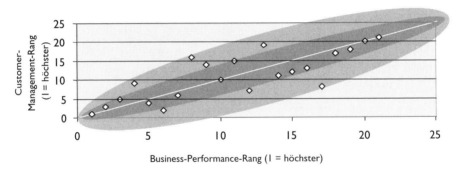

Abbildung 6: Zusammenhang zwischen Unternehmenserfolg und CRM-Assessment-Bewertung (n = 21)[7]

Zahlt sich aber ein entsprechend konzipiertes Kundenmanagement nun auch tatsächlich aus? Wirkt es sich in positiver Weise auf den Unternehmenserfolg aus? Gibt es einen direkten Zusammenhang zwischen CRM-Leistungsfähigkeit und Business Performance? Rechtfertigen sich Investitionen in ein umfassendes, systematisches und unternehmensweites Customer Relationship Management? Die 2000-2004 von QCi Assessment Ltd. durchgeführte Langzeit-Studie belegt, dass der wirtschaftliche Erfolg von Unternehmen deutlich mit der Ausgereiftheit und Qualität ihres Kundenmanagements korreliert.

Woodcock und Starkey[8] halten fest:

«Companies that manage their customers well using sensible, observable, well-implemented business practices are very likely to be good business performers. Conversely, companies that do not set up good customer management practices are likely to be poorer business performers.»

So erhielten diejenigen Unternehmen, welche die höchsten Ergebnisse im Rahmen eines Customer Management Assessments (CMAT) erzielten und somit die höchsten Positionen im CRM-Gesamtranking einnehmen, auch hinsichtlich ihrer wirtschaftlichen Performance (gemessen am Wachstum, Marktanteil, ROI usw.) die besten Bewertungen. Im Gegensatz dazu sind jene Unternehmen, die tiefe Kundenmanagement-Scores erzielten, auch im Business-Performance-Ranking nur auf den hinteren Plätzen zu finden.

Diese Erhebung ist nur eines von vielen Indizien, dass CRM längst kein Modewort oder IT-Trend mehr ist. Nur diejenigen Unternehmen, denen es gelingt, ihre gesamte Organisation konsequent auf die Anforderungen und Bedürfnisse ihrer potentiellen und bestehenden Kunden auszurichten, werden ihre Position auch in hart umkämpften Märkten behaupten und gleichzeitig ihren unternehmerischen Erfolg langfristig sichern und ausbauen können.

Anmerkungen

1. Stadelmann, Martin/Wolter, Sven (2004): Kunden erfolgreich binden - ein Leitfaden für Entscheidungsträger, in: Business Intelligence Magazine, Mai 2004, S. 18–20, ISBN 3-907659-07-4, Profile Publishing, Zürich.
2. Oder analog: von einem Kundensegment zum anderen (z.B. bei gestiegenem Kundenwert/-potential oder veränderter Bedürfnislage).
3. Stadelmann, Martin/Hosig, Andreas (2004): Chief Customer Officer - Motor einer kundenorientierten Unternehmung, in: Alpha, 10./11. Januar 2004, S.3.
4. Lieferanten können Unternehmen bei der Vermittlung von Fertigkeiten unterstützen, die es innerhalb der Organisation nicht gibt oder die (noch) nicht zum Kerngeschäft gehören.
5. Stadelmann, Martin/Baumann, Maja/Dobenecker, Gabriele (2004): Die Qualität der Kundendaten im Marketing von Schweizer Unternehmen - Wie hoch ist der Handlungsbedarf?, in: Marketing und Kommunikation - Jahrbuch CRM Schweiz «Marketingtrends 2004», April 2004, S.12–13.
6. Um eine erfolgreiche Realisierung sicherzustellen, müssen auch die Abhängigkeiten und Überschneidungen, welche die gewählten Massnahmenpakete möglicherweise zu denjenigen mit niedrigerer Prioritätsstufe aufweisen, berücksichtigt werden.
7. Woodcock, Neil/Starkey, Michael (2000): The Customer Management Scorecard - A Strategic Framework for Benchmarking Performance Against Best Practice, S.63, IBM/QCi Ltd.
8. Woodcock, N./Starkey, M. (2004): State of the Nation IV, 2005 – A five-year global study of how organisations manage their customers, QCi Ltd.

Literatur

Stadelmann, Martin/Wolter, Sven/Tomczak, Torsten/Reinecke, Sven: Customer Relationship Management (CRM). 12 CRM Best Practice-Fallstudien zu Prozessen, Organisation, Mitarbeiterführung und Technologie, Orell Füssli – Verlag Industrielle Organisation, 2003.

Stadelmann, Martin/Wolter, Sven: Kunden erfolgreich binden. Ein Leitfaden für Entscheidungsträger, in: Business Intelligence Magazine, Mai 2004, S.18–20, ISBN 3-907659-07-4, Profile Publishing, 2004.

Stadelmann, Martin/Hosig, Andreas (2004): Chief Customer Officer - Motor einer kundenorientierten Unternehmung, in: Alpha, 10./11. Januar 2004, S.3.

Stadelmann, Martin/Baumann, Maja/Dobenecker, Gabriele (2004): Die Qualität der Kundendaten im Marketing von Schweizer Unternehmen. Wie hoch ist der Handlungsbedarf? in: Marketing und Kommunikation - Jahrbuch CRM Schweiz «Marketingtrends 2004», April 2004, S.12–13.

Stadelmann, Martin/Hafner, Nils/Critchley, Geraldine/Hari, Jürg: Kunden zielgerecht ansprechen durch effiziente Kampagnen, in: Marketing und Kommunikation - Jahrbuch CRM Schweiz «Marketingtrends 2005», April 2005, S.38–39.

Woodcock, Neil/Starkey, Michael (2000): The Customer Management Scorecard. A Strategic Framework for Benchmarking Performance Against Best Practice, S.63, IBM/QCi Ltd.

Woodcock, Neil/Starkey, Michael (2004): State of the Nation IV: 2005 – State of the Nation IV: 2005 – A five-year global study of how organisations manage their customers, QCi Ltd.

Customer Centricity –
Der Pfad zu wahrer Kundenorientierung

• • • • •

Dr. Sven Wolter
Thomas Deuser

Dr. Sven Wolter verantwortet als Group Head den Bereich ICT Management bei der Detecon (Schweiz) AG und ist Dozent im MAS CRM ZHAW (Zürcher Hochschule für angewandte Wissenschaften).

Thomas Deuser ist Senior Consultant und Team Head Business Process Management bei der Detecon (Schweiz) AG.

Customer Centricity –
Der Pfad zu wahrer Kundenorientierung

Eine Reihe von Unternehmen hat in den vergangenen Jahren CRM-Vorhaben initiiert, um basierend auf einer besseren Kenntnis des Kunden und seiner Bedürfnisse, ihren Unternehmenserfolg zu steigern und langfristig sicherzustellen. Dabei wurden Initiativen gestartet, um insbesondere auf Kunden zugeschnittene Produkte und Dienstleistungen zu entwickeln, Vertriebs-, Marketing- und Servicekosten dank kundenwertoptimierter Prozesse und Abläufe zu optimieren und die Kundenerfahrung (customer experience) zwecks nachhaltiger Steigerung der Kundenloyalität zu verbessern.

Dass diese Anstrengungen nicht mit der notwendigen Konsequenz umgesetzt werden, hatte schon 2003 die Gartner Group (Marcus/Kimberly, 2003) prognostiziert: «… *by 2007, fewer than 20 percent of marketing organizations among Global 1000 enterprises will have evolved enough to successfully leverage customer-centric, value-added processes and services.*» Vermutlich ist es einem Grossteil der Unternehmen bis heute nicht gelungen, die notwendigen strukturellen Anpassungen vorzunehmen, um die kundenbezogenen Geschäftsprozesse bereichs- bzw. abteilungsübergreifend mit Blick auf die Erfordernisse des CRM zu reorganisieren.

Im Sinne eines möglichen Lösungsansatzes initiieren eine Reihe von Unternehmen derzeit Client- oder Customer-Centricity-Programme. Fraglich ist, ob es sich bei Customer Centricity lediglich um ein neues Management-Buzzword handelt, das bekannte und bewährte Konzepte beinhaltet, oder ob eine neuartige Philosophie dahintersteht. Unklar ist zudem, ob jedes Unternehmen denselben Customer-Centricity-Reifegrad erreichen muss oder ob es branchen- und/oder unternehmensspezifische Ausprägungen geben kann.

Diesen Fragestellungen soll im Folgenden nachgegangen werden.

CRM-Gestaltungselemente

Die erste Frage, die sich hinsichtlich des Begriffs Customer Centricity ergibt, ist, inwiefern sich dieser vom Begriff CRM unterscheidet. Um die Antwort vorwegzunehmen: Inhaltlich unterscheiden sich beide Ansätze nicht, da sie beide das Ziel verfolgen, den Kunden in den Mittelpunkt des gesamten unternehmerischen Wirkens und Handelns zu stellen. Customer Centricity stellt lediglich den höchsten, angestrebten Reifegrad auf einem modellhaften CRM-Entwicklungspfad dar (Thompson [Gartner Group], 2007; Gamm et al. [Detecon], 2005), wie in einem der folgenden Kapitel dargestellt. Bei der Einstufung des Reifegrads spielen eine Reihe von CRM-Gestaltungselementen und deren Entwicklungsstand eine Rolle. Das Modell von Detecon, das auf Basis des Capability Maturity Model for Software (SW-CMM), des eGovernment Maturity Model und des CRM Capabilities Assessment (CRM-CA) entwickelt sowie laufend durch die Anwendung in einer Reihe von Kundenprojekten im In- und Ausland verfeinert wurde, unterscheidet 9 Gestaltungselemente:

Abbildung 1: CRM-Gestaltungselemente (erweitertes CRM-Modell, in Anlehnung an Gamm et al., 2005)

CRM-Strategie

Ausschlaggebend für die erfolgreiche Umsetzung von CRM-Projekten ist die Definition einer klar auf den Kunden bzw. auf die Ausgestaltung der Kundenbeziehung ausgerichteten und schriftlich festgehaltenen *CRM-Strategie,* die von der übergeordneten Unternehmensstrategie abgeleitet ist. Diese CRM-Strategie muss unternehmensweit wirken – weit über den Marketing- und Vertriebsbereich hinaus – und soll primär über die Dimensionen Kundensegmente, Angebotsportfolio, CRM-Prozesse sowie Interaktionskanäle zwischen Kunde und Unternehmen Aufschluss geben.

Die anschliessende Umsetzung der CRM-Strategie verlangt oftmals nach einer tief greifenden Reorganisation des Unternehmens, die eine enge Zusammenarbeit der verschiedenen organisatorischen Einheiten des Unternehmens erfordert.

Organisations-Struktur

Bei einer optimalen kundenzentrierten *Organisations-Struktur* ist der Aufbau der Organisation vollumfänglich auf die Erzeugung einer zielgerichteten und koordinierten Lösung von Kundenbedürfnissen ausgerichtet. Dies steht klar im Gegensatz zu einem produktzentrierten Aufbau, bei dem die Organisationsstruktur durch Produkte, Produktgruppen o.Ä. geprägt ist und somit hauptsächlich auf die Erstellung und den Vertrieb von Produkten und Dienstleistungen fokussiert ist und sich weniger an den Bedürfnissen des Kunden orientiert.

Die Herausforderung des Wandels von einer produktzentrierten zu einer kundenzentrierten Organisations-Struktur besteht in der Etablierung von abteilungsübergreifenden Organisationseinheiten, die eine eindeutig festgelegte Verantwortung über den Kunden bzw. die Kundenbeziehung besitzen.

Hierbei besteht ein wichtiger Schritt in der Verankerung dieser Kundenverantwortung über alle Führungsebenen hinweg. Ein wichtiges Indiz für die Wandlung eines Unternehmens in Richtung kundenzentrierte Organisation ist die Schaffung der Rolle eines Chief Customer Officers (CCO), der kundenorientierte Themenstellungen auf Geschäftsleitungsebene verantwortet. Eine Reihe von Unternehmen, wie Alcoa, Coca-Cola, Debitel, Hershey, HP, Intel, Sanitas oder United Airlines, hat bereits solch eine Position geschaffen.

Der Organisationsaufbau sollte optimalerweise in eine entsprechende *kundenzentrierte Organisationskultur* eingebettet sein. Diese umfasst unter anderem die kundenzentrierte Werthaltung des Unternehmens und seiner Mitarbeiter, die den Kunden in den Mittelpunkt des gesamten unternehmerischen Handelns stellt. Die Werthaltung kann primär durch eine systematische Beeinflussung der Verhaltensmuster der Mitarbeiter gezielt geprägt werden. Kernelemente hierbei sind das uneingeschränkte Commitment des Topmanagements, eine laufende Kommunikation der übergeordneten strategischen Zielsetzungen und die Verankerung von kundenzentrierten Zielsetzungen in bestehenden Incentivierungs-Systemen.

Prozesse

Die festgelegte CRM-Strategie kann ebenfalls nur dann erfolgreich umgesetzt werden, wenn die primären, kundenbezogenen (Marketing, Sales und Service), aber auch die unterstützenden, sekundären *Geschäftsprozesse* den Anforderungen der CRM-Strategie in vollem Umfang gerecht werden und es ermöglichen, notwendige strategische Massnahmen im Tagesgeschäft umzusetzen. Meist müssen die bestehenden Geschäftsprozesse abteilungsübergreifend reorganisiert werden oder völlig neue, abteilungsübergreifende Geschäftsprozesse (z.B. in den Bereichen Accountplanung, Kundenergebnisrechnung, Kundenwertsteuerung usw.) implementiert werden. Eng mit der Neudefinition von Geschäftsprozessen verbunden sind die organisatorischen Strukturen, die im Unternehmen zu überdenken und entsprechend anzupassen sind. Das Gleiche gilt für die eingesetzte ICT-Infrastruktur, welche die kundenzentrierten Prozesse in optimaler Weise unterstützen soll.

Marketing
Das Marketing leistet einen wesentlichen Beitrag für die Entwicklung von Customer-Centricity-Initiativen. Im Kern geht es darum, die im Rahmen der Interaktion zwischen Kunden und Unternehmen gewonnenen Erkenntnisse in die kundenzentrierten Unternehmensprozesse einfliessen zu lassen. Sogenannte Closed-Loop-orientierte Marketingansätze (z.B. im Rahmen von Kampagnen-Management) basieren auf individuellen Kundenprofilen, die aufgrund von Kundenrückmeldungen auf eine Kampagne immer weiter verfeinert und verbessert werden. Dies bildet die Grundlage für weitere, zielgerichtete Massnahmen zur Steigerung der Kundenbindung und Reduktion von Abwanderungen.

Vertrieb
Kundenzentrierte Unternehmen zeichnen sich anstelle der reinen Produktorientierung durch den Vertrieb von kundenindividuellen Lösungen aus, die einen tatsächlichen Mehrwert für den Kunden darstellen. Das bedeutet, dass gerade beim Cross- und Up-Selling nicht mehr die Frage im Vordergrund steht, welche Produkte gemeinsam bzw. zusätzlich angeboten werden (push). Vielmehr werden die individuellen Kundenprofile genutzt, um massgeschneiderte Lösungen aus einer Hand anzubieten (pull).

Unternehmen mit einem hohen CRM-Reifegrad weisen eine kundenorientierte Vertriebsorganisation auf, die auf einzelne Kunden(-gruppen) ausgerichtet ist. Die traditionell vorherrschende produktorientierte Vertriebsorganisation wird durch die Einführung eines professionellen Key Account Managements oder die Bildung von Customer Business Units, die Kunden mit allen angebotenen Leistungen umfassend betreuen, konsequent weiterentwickelt. Parallel dazu steigt der Grad der Automatisierung der Vertriebs-Prozesse und der Grad der Unterstützung durch dezidierte ICT-Systeme.

Service
Die Implementierung eines kundenorientierten Services ist ein weiterer wesentlicher Faktor auf dem Pfad zur Kundenzentriertheit. Insbesondere die Definition und Umsetzung eines Servicekonzepts, das die Kundenbedürfnisse, deren Merkmale sowie deren Profitabilität berücksichtigt, stellt einen grundlegenden Erfolgsfaktor dar. Im Idealfall werden die Serviceleistungen (Inhalte, Erreichbarkeit etc.) am individuellen Kundenwert ausgerichtet.

Kundenkontakt-Kanäle/Touch Points

CRM-Best-in-class-Unternehmen bieten ihren Kunden eine breite Palette von Kontaktkanälen und Touch Points an: Telefon, Fax, Brief, E-Mail, IVR, Webservices und -shops. Die optimale Anzahl hängt von der Marktsituation und dem Reifegrad des Marktes ab. So bieten beispielsweise Telekom-Unternehmen in technisch unterentwickelten Märkten ihren Kunden eher Geschäfte (Shops) als Interaktionskanal an, während dieselben Unternehmen in technisch entwickelten Märkten mit ihren Kunden über vollautomatisierte Kontaktkanäle (z.B. individualisierter Self Service via Web, Chat oder spezifische Mobilfunk-Kanäle) kommunizieren. Ausführlich beschreibt diese Thematik der Beitrag «Integration der Vertriebswege im Retail Banking / Herausforderungen des Multi-Channel Managements» von *Hahn/Keck*.

ICT-Infrastruktur

Eine moderne *ICT-Infrastruktur* (Information & Communication Technology) stellt als «Customer Centricity-Enabler» Werkzeuge zur Unterstützung und Optimierung kundenbezogener Geschäftsprozesse zur Verfügung und erlaubt, deren Effizienz und Effektivität nachhaltig zu verbessern. Zudem dient sie der Synchronisation und operativen Unterstützung der zentralen Kundenkontaktschnittstellen Marketing, Vertrieb und Service sowie der Backend-Bereiche, der bereichsübergreifenden Integration aller Kommunikationskanäle zwischen Kunde und Unternehmen sowie der dazu erforderlichen Zusammenführung und Auswertung aller Kundeninformationen.

Operative CRM-Systeme unterstützen hierbei vornehmlich Vertriebsmitarbeiter an den Kundenkontaktstellen bei der Abwicklung kundenbezogener Geschäftsprozesse und dienen somit deren Steuerung und Synchronisation. Die Basis zur Abwicklung des operativen Tagesgeschäfts in den CRM-Geschäftsprozessen bildet eine operative Kundendatenbank. Ergänzend können Content-Management-Systeme eingesetzt werden, um neben den strukturierten Kundendatenbank-Informationen auch unstrukturierte Informationen in Form von Text, Grafik, Audio- und Videoinformationen zu integrieren und für die Unterstützung der Prozesse zur Verfügung zu stellen.

In *analytischen CRM-Systemen* werden, im Gegensatz zur unmittelbaren Unterstützung kundenbezogener Geschäftsprozesse durch operative CRM-Systeme, Kundenkontakte und Kundenreaktionen systematisch aufgezeichnet und zur kontinuierlichen Optimierung der kundenbezogenen Geschäftsprozesse und der damit verbundenen Kundenerfahrung ausgewertet. Die ICT-Infrastruktur wird somit zu einem lernenden System, in dem Kundenreaktionen systematisch genutzt werden, um die Abstimmung von Kundenkommunikation, kundenbezogenen Prozessen, Produkten und Dienstleistungen auf fein differenzierte Kundenbedürfnisse kontinuierlich zu verbessern.

Integriertes Kundencontrolling

Die Einführung kundenzentrierter Strategien im Unternehmen scheitert oftmals daran, dass die traditionellen, eher internen und meist rein produktivitätsorientierten Controllinginstrumente es nicht schaffen, Informationen und Interpretationen von betrieblichen Vorgängen aus der Perspektive der Markteffektivität und der Effizienz der Leistungserstellung zu integrieren. So lässt sich dann häufig keine Verbindung zwischen kundenzentrierten Strategien und Massnahmen und Veränderungen im Unternehmenserfolg nachweisen.

Gefordert ist vor diesem Hintergrund ein *kundenorientiertes Controlling,* das sich auf die effiziente Steuerung von Kundenbeziehungen ausrichten lässt. Dort stellen der aktuelle und der potentielle Wert der Kundenbasis die zentralen Steuerungsgrössen dar. Dies setzt aber die Kenntnis einer monetären Messgrösse für den Beitrag eines Kunden zum Erfolg des Unternehmens (sog. Kundenwert) voraus, aus der strategische und operative Gestaltungsmassnahmen zur Steigerung des Unternehmenserfolgs abgeleitet werden können. Ausführlich beschreibt diese Thematik der Beitrag «Kundenwertmanagement – Konzepte, Strategien und Massnahmen in der Praxis» von *Bruhn/Georgi/Hadwich.*

CRM-Reifegrade

Für jedes der beschriebenen Gestaltungselemente können unterschiedliche CRM-Reifegrade bzw. -Entwicklungsstufen definiert werden. Die Gestaltungselemente sind dann hinsichtlich des Inhalts, der ihnen zugrunde liegenden Auf- und Ablauforganisation, des Grads an IT-Unterstützung oder hinsichtlich der Anforderungen an die Mitarbeiter (und deren Vergütung) unterschiedlich ausgeprägt. In Kombination ergeben sich, wie aus Tabelle 1 ersichtlich, bestimmte CRM-Reifegrade. Ob Unternehmen den höchsten CRM-Reifegrad bedingungslos anstreben müssen, sollen die folgenden Ausführungen klären.

CRM Reifegrade / CRM Gestaltungselemente	Reifegrad 1 Rudimentary	Reifegrad 2 Basic	Reifegrad 3 Established	Reifegrad 4 Excellent	Reifegrad 5 Leading Edge (Customer Centric)
CRM Strategie	• Keine dezidierte Strategie	• Strategie nur mündlich diskutiert	• Strategie grob formuliert	• Strategie ist dokumentiert und kommuniziert	• Strategie ist dokumentiert und kommuniziert • Bildet gemeinsame Roadmap für abteilungsübergreifende Zusammenarbeit
Organisations-Struktur	• Innenorientiert • CRM Aktivitäten in isolierter Abteilung – keine Querverbindungen	• CRM Aktivitäten auf verschiedene Abteilungen verteilt • Erste Anzeichen von Kundenorientierung in Form/durch Bildung von Kundenteams	• Kooperation findet statt, jedoch einseitig getrieben • Center of Excellence • Wandel in der Organisationskultur • Angepasste Incentivierungs-Systeme	• Etablierung kunden-, kundengruppen- oder branchenspezifischer Organisationseinheiten	• Dedizierte Linienorganisation (Customer Business Units) • Etablierung eines CCO (Chief Customer Officers) • Kundenorientierte Incentivierungs-Systeme
Prozesse	• Innenorientiert • Fokussiert auf Abteilungen/Bereiche	• Abteilungsinterne Prozessoptimierungen aus Effizienzsicht	• Abteilungsinterne Prozessoptimierungen aus Kostensicht	• Abteilungsübergreifende Prozessoptimierungen aus Kundenwertbetrachtung	• Etablierung abteilungsübergreifende kundenorientierte «End-to-end»-Prozesse
Marketing	• Standardisierte Werbung für Produkte / kein Kampagnen-Management • Keine Kundenprofile • Keine Abwanderungs-Vorhersage	• Kampagnen basieren auf «Good Hope» • Segmentierung basiert auf limitierten Informationen • Grundlegendes Abwanderungs-Management	• Erhebung von Indikatoren zum Kampagnenerfolg • Kampagnen-Profile limitiert • Ex-post-Abwanderungs-Analyse	• Kampagnenerfolg ist planbar • Exzellente Profile werden für Kampagnen genutzt • Aktives Abwanderungsmanagement	• Anspruchsvolles Erfolgstracking & Abwanderungs-Vorhersage • Kundenprofile können leicht extrahiert werden
Sales	• Keine Cross- und Upselling-Strategie • Keine «Sales Force Automation» • Kein Inbound Selling	• Produktorientierte Cross- und Upselling-Strategie • Grundlegende Vertriebsanalyse • Kaum Support und Bestellüberwachung	• Cross- und Upselling-Strategie berücksichtigt individuelles Kundenverhalten • Standard Reporting und rudimentäre Vertriebsanalysen	• Regelbasierte Cross- und Upselling-Strategie • Sales-Force-Automation-Systeme inkl. strategischer Account-Planung	• Lösungsbasierte Cross- und Upselling-Strategie • Professionelles Key Account Management • Segmentierungsbasiertes Inbound-Selling
Service	• Limitierter Kundenservice • Keine Service Level Differenzierung	• Service-Level-Differenzierung erfolgt anhand spezifischer Kriterien • Kein kundenfokussierter Ansatz	• Grobe Differenzierung z.B. anhand Silber-, Gold- oder Platin-Programmen	• Differenzierung auf Basis des ökonomischen Werts des Kundensegments	• Differenzierung auf Basis des ökonomischen Werts des Einzelkunden
Kundenkontakt-Kanäle/ Touch Points	• Anzahl der Kundenkontakt-Kanäle begrenzt • Service-Level-Differenzierung nur in Grundzügen vorhanden	• Grundlegender Call Center Service während Tageszeiten • Begrenzte IVR-Funktionalität und web self-service Portfolio	• Erweiterte Call-Center und Web-Service-Funktionalitäten	• Bearbeitung von komplexen Kundenanliegen in Call Center Transaktionen werden manuell abgeschlossen	• «Best in Class»-Call-Center-Prozesse • Hoch automatisierte Prozesse (IVR, Self Service)
ICT-Infrastruktur	• Fragmentierte, rudimentäre ICT-Infrastruktur	• Fragmentierte ICT-Infrastruktur • Punktuell entwickelte Systeme	• Abteilungsinterne ICT-Systeme mit umfangreichen Funktionalitäten	• Etablierung abteilungsübergreifender ICT-Systeme	• Automatisierte und integrierte ICT-Systeme
Integriertes Kundencontrolling	• Keine Messung und Analyse von Customer Lifetime Value (CLV) • Unzureichende Datenqualität und Toolausstattung	• Keine Messung der Kundenzufriedenheit • Nur Ex-post-Analysen • Begrenzte Datenqualität • Office Anwendungen	• «Share of Wallet»-Analysen • Datenqualität immer noch verbesserungsbedürftig • OLAP Tools	• Zukunftgerichtete Profitabilitätsprognose • Gute Datenqualität • Data-Mining-Projekte	• Customer Lifetime Value Analyse • Exzellente Kundendatenqualität • Automatisierte Data-Mining-Prozesse

Tabelle 1: CRM-Reifegrade (erweitertes Detecon Maturity Model, in Anlehnung an Gamm et al. 2005)

Festlegung des richtigen Masses an Customer Centricity

Der Wandel von einem produktzentrierten zu einem kundenzentrierten Unternehmen ist stets mit einem hohen Aufwand verbunden. Da nicht jedes Geschäft zwingend mit einer engen Kundenbeziehung verbunden sein muss, ist das benötigte Mass an Kundenzentrierung genau abzuschätzen. Auch hier gilt: Der Ertrag aus der Kundenzentriertheit muss grösser sein als dessen Aufwand!

Galbraith (2005), an dem sich die weiteren Ausführungen orientieren, hat eine Methode entwickelt, die es ermöglicht festzulegen, wie stark die Kundenzentriertheit eines Unternehmens ausgeprägt sein soll. Ausgangspunkt für die Festlegung des optimalen Kundenzentriertheitsgrades ist das Selbstverständnis des Unternehmens. Versteht sich dieses als Lösungsanbieter, bei dem der Kunde mit seinen Bedürfnissen nutzenmaximierend, ganzheitlich bedient wird und ein massgeschneidertes Set aus einzelnen Produkt- und Leistungsbausteinen erhält? Eine kundenspezifische Lösung aus einer Hand stiftet hierbei mehr Kundennutzen als der Bezug von Einzelprodukten mit anschliessender eigener Zusammenstellung zu einer Gesamtlösung durch den Kunden. Für das Unternehmen bedeutet es jedoch erhöhten Aufwand, wenn Produkt- und Dienstleistungselemente nicht nur bereitgestellt, sondern auch kombiniert und integriert werden müssen. Je komplexer die Lösung ist, umso höher ist der Aufwand für deren Erstellung.

Massgeblich für den Aufwand ist zum einen die *Anzahl und die Unterschiedlichkeit* der zu integrierenden Leistungsbausteine. Je mehr Bausteine eine Lösung enthält und je unterschiedlicher diese Bausteine sind, desto mehr Partner oder Unternehmensbereiche (Länder, Regionen, Divisionen, Produktbereiche etc.) müssen bei der Leistungserstellung koordiniert werden. Die Komplexität der Lösung nimmt mit jedem zusätzlichen Lösungsbaustein zu. Zweiter Aspekt ist die Abhängigkeit zwischen den einzelnen Lösungsbausteinen, die *Integrationstiefe*. Sie reicht von einer losen Verknüpfung von unabhängigen Einzelprodukten (geringe Integration) bis hin zu komplexen Verflechtungen und Beziehungen zwischen den Lösungsbausteinen.

Das Unternehmen muss in der Lage sein, diese Komplexität zu beherrschen, das heisst, die benötigte Koordinationsleistung zu erbringen. Dies erreicht es, indem es die CRM-Gestaltungselemente konsequent auf die Erstellung und Bereitstellung der Lösung ausrichtet und dabei den spezifischen Komplexitätsgrad der Lösung berücksichtigt. Die den Gestaltungselementen zugrunde liegenden Prozesse und ICT-Systeme sowie die Aufbauorganisation (inkl. Mitarbeiter und deren Vergütung) müssen dementsprechend ausgerichtet und aufeinander abgestimmt sein. Der individuelle Reifegrad an Kundenzentriertheit orientiert sich damit genau am Komplexitätsniveau der Lösung. Wäre der Grad an Kundenzentriertheit höher als es das Komplexitätsniveau der Lösung verlangt, hätte dies eine Verschwendung von Ressourcen zur Folge. Wäre der Grad an

Kundenzentriertheit zu niedrig, wäre das Unternehmen nicht in der Lage, die Kundenbedürfnisse mit umfassenden Lösungen zu befriedigen (vgl. Abb. 2)

Bestimmungsfaktoren der Kundenkonzentriertheit

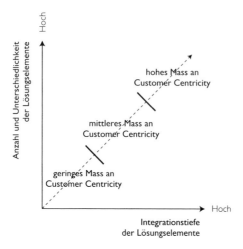

Abbildung 2: Bestimmungsfaktoren der Kundenzentriertheit (in Anlehnung an Galbraith, 2005)

Geringes Mass an Kundenzentriertheit

Entspricht CRM-Reifegrad 1 (Rudimentary) bis 2 (Basic)

Ein geringes Mass an Customer Centricity ist erforderlich, wenn beide Dimensionen schwach ausgeprägt sind. In der Lösung werden wenige Produkte und Leistungen kombiniert, die in geringer Beziehung zueinander stehen. Ein Beispiel hierfür ist der Aufbau eines Local Area Networks (LAN) eines IT-Dienstleisters, wo PCs, Drucker, Server und Netzwerkleitungen kombiniert werden. In einem solchen Fall ist es sinnvoll, dass die Unternehmensorganisation produkt- bzw. funktionsorientiert aufgestellt ist bzw. bleibt. Kunden werden in der bestehenden Aufbauorganisation in informellen Netzwerken oder formellen Teams berücksichtigt. Informelle Netzwerke tauschen Daten und Informationen zu den Kunden unregelmässig und lediglich bei Bedarf aus, formelle Teams haben die Kommunikation zu den Kunden institutionalisiert.

Kundenteams bei geringer Customer Centricity sammeln spezifische Informationen zu einem Kunden über Produktkategorien und Regions- und Landesgrenzen hinweg, bereiten diese auf und koordinieren daraus abgeleitete Aktivitäten. Die genutzten ICT-Systeme sind meist semiprofessioneller Natur. Office-Anwendungen oder gemeinsam genutzte Online-File-Sharing-Applikationen werden häufig angewandt.

Je nach Bedarf kann sich ein solches Team auf einzelne Unternehmensfunktionen beschränken (z.B. Key Account Teams im Vertrieb) oder mehrere Funktionen umfassen, wie das bei gemeinsamen Produktentwicklungen der Fall ist.

Formelle Kundenteams werden meist an der Steigerung des Geschäftsanteils, den sie bei einem Kunden erreichen, gemessen. Dies ist die Grundlage für eine leistungsorientierte, variable Vergütung der Mitarbeiter. Sie müssen in der Lage sein, funktionsübergreifend ohne strenge Hierarchien zu arbeiten, und werden dementsprechend ausgewählt.

Mittleres Mass an Kundenzentriertheit

Entspricht CRM-Reifegrad 2 (Basic) bis 3 (Established)

Ein mittleres Mass an Customer Centricity ist erforderlich, wenn eine der beiden Dimensionen hoch ausgeprägt ist, zum Beispiel wenn eine Vielzahl an Lösungselementen mit geringer Beziehung zueinander integriert wird. Nicht unüblich ist dies bei Gebäudedienstleistern wie MIBAG oder Hälg Facility Management AG. Diese bieten eine hohe Anzahl an Stand-Alone-Leistungen wie Instandhaltung, Parkplatzmanagement, Gärtnereileistungen, Catering etc. im Sinne eines One-Stop-Shopping-Konzepts an.

Wenn wenige Leistungsbausteine jedoch mit einer hohen Abhängigkeit bzw. hohen Integrationstiefe in einer Lösung verknüpft werden, ist ebenfalls ein mittleres Mass an Kundenzentriertheit notwendig. Ein Beispiel hierfür ist die Bankenbranche: Einem vermögenden Unternehmensinhaber soll im Rahmen des Verkaufs seines Unternehmens eine kombinierte Lösung aus Private Banking und Investmentbanking-Services angeboten werden.

Wird ein mittleres Mass an Customer Centricity benötigt, so werden einzelne formelle Teams nicht mehr ausreichen, um einen Kunden umfassend zu betreuen. Mehrere Teams werden notwendig (z.B. in verschiedenen Ländern oder zu verschiedenen Themengebieten). Die Rolle eines «Integrators» bzw. Global Account Koordinators wird daher notwendig. Er stellt, falls vom Kunden gewünscht, das Eingangstor des Topmanagements in die anbietende Organisation dar (Top Down) und nimmt bottom-up die Bedürfnisse und Anliegen des Kunden aus den Kundenteams auf. Er priorisiert die Kundenanliegen, koordiniert daraufhin die einzelnen Teams und Produktlinien, um kundenspezifische Lösungen zu erarbeiten, und eskaliert – falls erforderlich – an das Management.

Bei einer grossen Anzahl verschiedener Teams ist es denkbar, dass jedes Team seine Informationen (wie Kundenkontaktdaten, -historie und -kanäle, mögliche neue Leads etc.) in seiner eigenen Datenbank ablegt. Für einen fokussierten Kundenangang bedarf es jedoch einer Integration dieser isolierten Daten, zum Beispiel mittels einer einzigen, aber gemeinsam genutzten, integrierten CRM-Applikation. Daher ist der Integrator ebenfalls dafür verantwortlich, dass die genutzten IT-Systeme, die einen Kunden betreffen, standardisiert angewandt werden, um Datensilos zu vermeiden. Die damit geschaffene, umfassende Kundensicht ermöglicht es, einen integrierten Kunden-Accountplan aufzustellen, der auf Produkte, Regionen und Kundenteams heruntergebrochen werden kann. Zudem wird durch die Verknüpfung von spezifischen, kundenrelevanten Daten eine produkt- und länderübergreifende Kundenergebnisrechnung möglich, an der sich der Erfolg des Accountplans überprüfen lässt. Diese ist Basis für die variable Vergütung der Mitarbeiter.

Hohes Mass an Kundenzentriertheit

Entspricht CRM-Reifegrad 4 (Excellent) bis 5 (Customer Centric/Leading Edge)

Ein hohes Mass an Customer Centricity ist erforderlich, wenn viele unterschiedliche Leistungselemente in einer Lösung verknüpft werden, die eine sehr enge Verflechtung zwischen den Bausteinen erfordert. In der ICT-Branche ist dies der Fall, wenn zum Beispiel weltweit eine neue Software-Applikation inklusive neuer Hardware in die existierende IT-Landschaft integriert und über spezifische, gesicherte Telekommunikationsnetzwerke mit der Unternehmenszentrale verbunden werden soll. Der Koordinationsaufwand zur Erstellung einer solchen Lösung ist immens. Damit ist auch der Bedarf an Kundenzentriertheit hoch.

Einem hohen Bedarf an Customer Centricity wird in der Organisation zum Beispiel durch eine Matrixorganisation entsprochen. Bestehenden produkt- und länderspezifischen Organisationseinheiten werden Einheiten für Kunden, Kundengruppen oder Branchen hinzugefügt, was unter anderem durch die Etablierung der Position des Chief Customer Officers auf Vorstandsebene untermauert werden kann. Durch diese formelle Etablierung der Kundendimension auf der gleichen Hierarchieebene wie Produkte oder Länder wird eine Aufwertung der Bedeutung eines Kunden erzielt. In den Entscheidungsprozessen ist die Kundendimension damit ein gleichgestellter Partner.

Das höchste Mass an Customer Centricity wird organisatorisch erreicht, wenn man aus den Regionen, Produktlinien und Funktionen alle für einen Kunden bzw. Kundengruppen benötigten Ressourcen in einer eigenen Linienorganisation abbildet. Customer Business Units (sog. CBU's) sind die Folge. Sie stellen eigene Profitcenter dar und sind nicht selten eigenständige Legaleinheiten. Die Kundenergebnisrechnung entspricht dann nicht mehr einem rein internen Steuerungsinstrument, sondern wird Abbild der externen Gewinn- und Verlustrechnung, an der sich die Mitarbeiter messen lassen müssen.

Eine solche Organisation bedeutet eine fundamentale Änderung. Nicht mehr Produktlinien oder Funktionseinheiten, sondern der Kunde stellt das oberste Organisationskriterium dar. Es droht dabei die Gefahr, dass Primär- und Sekundärbereiche nicht mehr in vollem Umfang Grössenvorteile realisieren können, da die Einheiten gemäss den Kunden (-Segmenten) aufgesplittet werden. Diese Grössenvorteile dürfen jedoch nicht verloren gehen. Aus diesem Grund bieten sich Shared-Service-Center-Organisationen von HR, über Finance zu Produktion bis hin zum Service an, welche die verschiedenen, kundenbezogenen Organisationseinheiten beliefern. Neue bzw. angepasste Prozesse werden erforderlich, genauso wie weitestgehend automatisierte und integrierte ICT-Systeme, um die kundenbezogenen Einheiten mit den Shared-Service-Einheiten zu verbinden.

Das Konfliktpotential einer solchen Organisation ist gross. Hier helfen formelle Prozesse zur Entscheidungsfindung (u.a. hinsichtlich der Frage, welchen Kunden, welche Lösungen zu welchem Preis angeboten werden), um die Reibungsverluste so gering wie möglich zu halten.

Gerade für die Mitarbeiter stellt dieses hohe Mass an Komplexität eine Herausforderung dar, die durch ihre Skills bewältigt werden muss. Vor allem das Management mit seinen Leadershipfähigkeiten ist besonders gefordert.

Fazit

Customer Centricity bzw. Kundenzentriertheit ist das angestrebte Ziel von Unternehmen, die sich dem CRM-Gedanken verschrieben haben und den CRM-Entwicklungsprozess – wie anhand des CRM-Reifegradmodells dargestellt – durchlaufen werden.

Hierbei ist jedoch auch ausschlaggebend, in welchem Umfeld sich die Unternehmen bewegen und welche Art Leistungen sie auf ihren entsprechenden Märkten anbieten. Dementsprechend müssen die CRM-Gestaltungselemente bzw. die ihnen zugrunde liegenden Prozesse und ICT-Systeme sowie die Aufbauorganisation (inkl. Mitarbeiter und deren Vergütungssysteme) ausgerichtet und aufeinander abgestimmt werden. Dies ist ein stetiger Prozess, da die Dynamik der Märkte und der Kunden die Unternehmen zu einer laufenden Überprüfung ihrer CRM-Kapazitäten zwingt. Dieser Prozess stellt den Kunden stets ins Zentrum des unternehmerischen Handelns und dient somit als Motor auf dem Weg zur wahren Kundenorientierung.

Literatur

Cornelsen, J. (2000): *Kundenwertanalysen im Beziehungsmanagement*. Nürnberg: Verlag GIM.

Galbraith, J.G. (2005): *Designing the Customer-Centric organization. A guide to strategy, structure and process*. San Franciso: Jossey-Bass.

Gamm, S./Grümer, R./Müller, H.-J./Radjeb, T./Riveiro, M. (2005): *Telco CRM Matu-*

rity. *The Evolution and Maturity of CRM at Telcos in Central & Eastern-Europe*. Bonn: Whitepaper Detecon.

Homburg, C./Stock, R. (2000): *Der kundenorientierte Mitarbeiter*. Wiesbaden: Gabler Verlag.

Kingston, S. (2004): *Optimizing Customer-Centricity and Interaction Within an Enterprise*. Whitepaper: The Yankee Group.

Marcus, C./Kimberly, C. (2003): *Top-10 Marketing Processes for the 21st Century*, Gartner-Group Report SP-20-0671, http://www.gartner.com.

Shah, D./Rust R.T./Parasuraman, A./Staehlin, R./Day, G.S. (2006): *The path to Customer Centricity*. in: *Journal of Service Research*, Volume 9, Nr. 2, November 2006, S. 113-124.

Thompson, E. (2007): *Gartner CRM Scenario. Why the Future of CRM Will Look Very Different Than The Past*. Vortrag am Swiss CRM Forum 2007.

Kundenwertmanagement –
Konzepte, Strategien und Massnahmen in der Praxis

Prof. Dr. Manfred Bruhn
Dr. Dominik Georgi
Dr. Karsten Hadwich

Prof. Dr. Manfred Bruhn ist Ordinarius für Betriebswirtschaftlehre, insbesondere Marketing und Unternehmensführung, am Wirtschaftswissenschaftlichen Zentrum der Universität Basel und Honorarprofessor an der Technischen Universität München.

Dr. Dominik Georgi ist Inhaber der Deutsche Bank Professur für Dienstleistungsmanagement, insbesondere Retail Banking, an der Frankfurt School of Finance & Management in Frankfurt am Main, Deutschland.

Dr. Karsten Hadwich ist Habilitand am Lehrstuhl für Marketing an der Universität Basel, Schweiz.

Kundenwertmanagement –
Konzepte, Strategien und Massnahmen in der Praxis

Bedeutung des Kundenwertmanagements im CRM

Die kundengerichteten Aktivitäten vieler Unternehmen haben sich in den vergangenen Jahren deutlich gewandelt. Stand früher noch die Akquisition neuer Kunden an erster Stelle von marketingpolitischen Überlegungen, so rückt seit längerer Zeit die Kundenbindung in deren Zentrum (Grönroos 1994; Diller 1995; Bruhn 2003; Bruhn/Georgi 2006). Im Rahmen der wissenschaftlichen Diskussion und Unternehmenspraxis sind intensive Anstrengungen zu beobachten, die sich mit der Problematik des *Customer Relationship Managements (CRM)* auseinandersetzen.

Der Auslöser dieser Entwicklung ist die Erkenntnis, dass durch eine systematische Pflege der Kundenbeziehungen der unternehmerische Erfolg – in Form von höheren Wiederkaufraten, Weiterempfehlungen, Cross Selling oder einer geringeren Preissensibilität – gesteigert werden kann. Die diesbezüglich viel zitierte Studie von Reichheld und Sasser (1990) kommt zu dem Ergebnis, dass z.B. mit einer Steigerung der Kundenbindung um fünf Prozent in einigen Branchen eine Verdoppelung des Unternehmensgewinns erzielt werden kann. Eine zunehmende Beziehungsdauer geht demzufolge mit einer höheren Profitabilität einher.

Die Hypothese über einen positiven *Zusammenhang zwischen Kundenbindung und Profitabilität* ist in der Literatur allerdings nicht unumstritten. So zeigen Studien, dass beispielsweise nicht nur langfristige Beziehungskunden, sondern auch Transaktionskunden profitabel sein können (Garbarino/Johnson 1999; Krafft 2002). Die wesentliche Kritik gilt aber der Pauschalisierung bzw. groben Vereinfachung dieser Hypothese, die von einem Automatismus des Zusammenhangs zwischen Kundenbindung und Profitabilität ausgeht und damit eine undifferenzierte Kundenbindungspolitik von Unternehmen einfordert. Dabei werden jedoch zum einen Sättigungseffekte vernachlässigt, die ab einem bestimmten Niveau auftreten und dazu führen, dass Kundenbindungsinvestitionen unprofitabel werden. Zum anderen bleibt unberücksichtigt, dass der ökonomische Erfolg der Kundenbindung sich nicht einstellt, wenn auf der Kundenseite z.B. keine entsprechenden Ertragspotentiale vorhanden sind. Demzufolge sind längerfristige Beziehungen zu manchen Kunden profitabel, können aber zu anderen Kunden in einem spezifischen Kontext durchaus unprofitabel sein.

Aufbauend auf diesen Überlegungen wird postuliert, dass ein an ökonomischen

Zielen ausgerichtetes Customer Relationship Management eine *monetäre Bewertung von Beziehungsinvestitionen des Anbieters* voraussetzt. Das Ziel des Customer Relationship Managements ist eine differenzierte Steigerung der Kundenbindung, d.h., dass Beziehungen ausschliesslich zu besonders profitablen Kunden stabilisiert und ausgebaut werden (Eggert 2003, S. 45). Der Wert eines Kunden für den Anbieter stellt damit die zentrale Steuerungsgrösse für das Kundenbindungsmanagement dar.

Aufgrund der hohen Bedeutung des Kundenwertes für das Customer Relationship Management wird die Erreichung der Kundenziele durch eine Abstimmung mit einem systematischen *Kundenwertmanagement* unterstützt. Vor diesem Hintergrund widmet sich der vorliegende Beitrag dem Konzept des Kundenwertmanagements. In den folgenden Abschnitten wird dieses Konzept aus Sicht der Theorie vorgestellt. Anschliessend werden Befunde aus einer qualitativen Unternehmensstudie herangezogen, um zu veranschaulichen, wie das Kundenwertmanagement im Unternehmen gestaltet werden kann. Schliesslich zeigen die Ergebnisse einer quantitativen Unternehmensbefragung den Stand des Kundenwertmanagements in der Praxis auf.

Konzept des Kundenwertmanagements

Auf Basis des traditionellen Managementansatzes lässt sich ein idealtypischer *Prozess des Kundenwertmanagements* definieren, der für jede Branche und jedes Unternehmen entsprechend anzupassen ist. Dieser Prozess umfasst vier *Phasen* (Abbildung 1):

1. *Kundenwertanalyse*: In der Analysephase werden der Kundenwert selbst und weitere Aspekte untersucht, die mit diesem in Zusammenhang stehen. Basierend auf diesen Analysen werden Ziele auf der Gesamtkundenebene festgelegt (z.B. Steigerung des Gesamtkundenwertes um X %).
2. *Kundenwertstrategien*: Basierend auf der Kundenanalyse werden kundenwertorientierte Strategien entwickelt mit dem Ziel, individuelle, segmentbezogene Kundenwerte oder den Gesamtkundenwert zu verbessern. Beispielsweise werden für unterschiedliche Segmente Strategien im Sinne von Kundenportfoliostrategien festgelegt.
3. *Kundenwertmassnahmen*: In Abhängigkeit von den gewählten Strategien entwickeln Unternehmen konkrete Massnahmen, die den Kundenwert als Selektionskriterium verwenden und das Ziel haben, durch einen spezifischen Instrumenteeinsatz den Kundenwert zu erhöhen.
4. *Kundenwertkontrolle*: Schliesslich werden sowohl das Kundenportfolio selbst als auch die Strategien und Massnahmen dahingehend kontrolliert, ob die gesetzten Ziele erreicht wurden.

54 | Customer Relationship Management

Abbildung 1: Prozess des Kundenwertmanagements

Dieser Prozess – und vor allem die Reihenfolge der Phasen – ist schematisch und kann nicht als deterministischer Weg zur Durchführung und Umsetzung eines Kundenwertmanagements gesehen werden. In der Praxis bestehen unterschiedliche Herangehensweisen und verschiedene unternehmensspezifische Faktoren bestimmen den Ansatz des Kundenwertmanagements, der für ein bestimmtes Unternehmen geeignet ist.

Aktivitäten des Kundenwertmanagements in der Unternehmenspraxis
Qualitative Unternehmensstudie

Im Rahmen einer qualitativen Studie wurden 15 Tiefeninterviews mit Managern geführt, die im Bereich Kundenwertmanagement tätig sind. Die Probanden waren Dienstleistungsmanager von deutschen und schweizerischen Unternehmen aus sechs Branchen: Flugverkehrsbranche, Bankbranche, Versandhandel, Telekommunikation, Tourismus und Energieversorgung. Als Ergebnis der qualitativen Studie zeigte sich, dass die vier Phasen des Kundenwertmanagements geeignet sind, die kundenwertspezifischen Aktivitäten der untersuchten Unternehmen grundsätzlich zu erfassen. Die einzelnen Kundenwertaktivitäten, die im Rahmen der Interviews identifiziert werden konnten, zeigt Abbildung 2.

Phase des Kundenwertmanagements	Aktivität
Kundenwertanalyse	Ermittlung der Kundenprofitabilität
	Ermittlung der zukünftigen Kundenpotentiale
	Prognose des Kundenverhaltens
Kundenwertstrategie	Kundensegmentierung
	Festlegung von Kundenwertzielen
	Entwicklung von Kundenwertstrategien
	Abstimmung mit anderen Strategien
Kundenwertmassnahmen	Marketingmanagement
	Kundenmanagement
	Vertriebsmanagement
Kundenwertkontrolle	Kundenbezogene Kontrolle
	Massnahmenbezogene Kontrolle
	Strategische Kontrolle des Kundenwertmanagements

Abbildung 2: Einzelaktivitäten in den Phasen des Kundenwertmanagements

Aktivitäten der Kundenwertanalyse

In Bezug auf die Kundenwertanalyse lassen sich drei Aufgaben identifizieren:
1. Ermittlung der Kundenprofitabilität
2. Ermittlung zukünftiger Kundenpotentiale
3. Prognose des Kundenverhaltens

Im Rahmen der Kundenwertanalyse werden in der Unternehmenspraxis zum einen vergangenheitsbezogene Kundendaten und zum anderen zukunftsbezogene Potentialgrössen herangezogen. Die meisten befragten Unternehmen legen der vergangenheitsbezogenen Kundenwertanalyse eine Analyse der Kundenprofitabilität zugrunde. Hierbei werden überwiegend kundenspezifische Umsätze berücksichtigt. Nur ein Teil der befragten Unternehmen ist in der Lage, den einzelnen Kundenbeziehungen spezifische Produktkosten zuzuordnen. Bei keinem der befragten Unternehmen werden kundenspezifische Betreuungskosten ermittelt und bei der Kundenwertanalyse berücksichtigt. Dies wird damit begründet, dass die dahinter stehenden Prozesskosten weitgehend unbekannt sind. Der damit verbundene Erhebungsaufwand wird als zu hoch betrachtet und dessen Nutzen von den meisten der befragten Unternehmen auch in Frage gestellt, da die Betreuungskosten nur einen geringen Anteil der Gemeinkosten ausmachen.

Eine zweite Komponente der Kundenwertanalyse betrifft die Ermittlung des Kundenpotentials. Hier geht es um die Bestimmung der Möglichkeiten, eine bestimmte Kundenbeziehung oder ein bestimmtes Kundensegment auszubauen, d.h. beispielsweise, inwiefern ein Kunde grundsätzlich Bedarf an weiteren Leistungen hat. Von den interviewten Unternehmen verwenden etwa eine Fluggesellschaft und eine Telefongesellschaft den sog. Share-of-Wallet-Ansatz zur Bestimmung der Kundenpotentiale.

Der dritte Fokus im Rahmen der Kundenwertanalyseaktivitäten liegt bei den befragten Unternehmen in der Prognose des Kundenverhaltens. Hierbei geht es darum, jenen Anteil des Kundenpotentials zu bestimmen, der durch das Unternehmen realisiert werden kann. Unternehmen ermitteln Kaufverhaltenswahrscheinlichkeiten in Bezug auf die Abwanderung, Stabilisierung und Ausweitung von Kundenbeziehungen. Dazu werden oft sog. harte Indikatoren, wie z.B. das vergangene Kundenverhalten, herangezogen (z.B. Reinartz/Kumar 2003). Einer der Interviewpartner ist Manager eines Versandhandelsunternehmens, in dem individuelle Kundenverhaltenswahrscheinlichkeiten ermittelt werden. Hierzu werden Indikatoren wie die aktuelle Kaufmenge, der Zeitpunkt des letzten Kaufs, die Häufigkeit der Käufe usw. herangezogen.

Planung von Kundenwertstrategien

Die zweite Phase des Kundenwertmanagements betrifft die Planung von Kundenwertstrategien, die den Experteninterviews zufolge die folgenden vier Aufgaben umfasst:
1. Bildung von Kundensegmenten auf Basis des Kundenwerts
2. Festlegung von Kundenwertzielen
3. Entwicklung von Kundenwertstrategien
4. Abstimmung der Kundenwertstrategien mit anderen Strategien

Die Kundenwertdaten werden von den befragten Unternehmen als Grundlage einer kundenwertorientierten Segmentierung herangezogen. Dabei unterscheiden sich die Vorgehensweisen hinsichtlich des Differenzierungsgrads und der Dimensionalität der Segmentierung. Im Hinblick auf den Differenzierungsgrad betrachten die Unternehmen entweder einzelne Kunden (Segment-of-One) oder Kundengruppen als Segmente. Bei der Dimensionalität lassen sich ein- und mehrdimensionale Ansätze unterscheiden. Während eindimensionale Segmentierungsansätze ausschliesslich eine für den Kundenwert als besonders wichtige Grösse (z.B. Umsatz) verwenden, versuchen mehrdimensionale Ansätze die verschiedenen Wertbeiträge, z.B. durch die Kombination von ökonomischen und vorökonomischen Kennzahlen, zu berücksichtigen. Beispielsweise nimmt eine der befragten Banken eine mehrdimensionale Segmentierung durch die Gegenüberstellung der aktuellen Kundenprofitabilität und der aktuellen Kundenbedürfnisse vor. Die Segmente und deren dynamische Veränderung werden einer kontinuierlichen Kontrolle unterzogen. Zudem werden Migrationen von Kunden zwischen den Segmenten beobachtet. Bei den befragten Unternehmen überwiegt insgesamt die eindimensionale Segmentierung von Kundengruppen, wie sie z.B. in Form der ABC-Analyse zu finden ist.

Eine weitere wesentliche Aufgabe bei der Planung von Kundenwertstrategien wird von einem Teil der befragten Unternehmen in der Festlegung von Kundenwertzielen gesehen. Diese können in Abhängigkeit der Kundenwertanalyse und der Segmentbildung vorökonomischer und ökonomischer Art sein sowie für Einzelkunden oder Kundensegmente festgelegt werden.

Des Weiteren entwickeln Unternehmen spezifische Kundenwertstrategien für individuelle Kunden oder Kundensegmente, mit denen die zuvor definierten Kundenwertziele erreicht werden sollen. Beispielsweise entwickelte eine Bank Strategien für die verschiedenen Teilsegmente des Kundensegments mit geringer Profitabilität. Eines dieser Teilsegmente bestand aus unprofitablen Kunden, die ein hohes Potential aufweisen. Die Bank entwickelte für diese Kunden Strategien, um das Potential stärker auszunutzen. Die Beziehung zu diesen Kunden sollte dazu intensiviert werden. Darüber hinaus bildeten in dem Beispiel unprofitable Kunden mit geringem Potential ein weiteres Teilsegment, das die Bank durch Effizienzsteigerung profitabel machen wollte (z.B. mittels der Überführung von einer persönlichen in eine unpersönliche Betreuungsform, wie Online-Banking).

Schliesslich besteht eine Aktivität in der Abstimmung der Kundenwertstrategien mit anderen Strategien. In diesem Sinne vermeiden Unternehmen jene Strategien, die dem Kundenwert schaden könnten. So kann die Erreichung von Kundenwertzielen z.B. durch Kostensenkungsstrategien (z.B. Streichung von Value Added Services in Hochwertsegmenten) gefährdet werden. Die Integration der Kundenwertstrategien und anderer Strategien wird in einem Mobilfunkunternehmen beispielsweise explizit durch das Topmanagement sichergestellt.

Einsatz von Kundenwertmassnahmen

Bei der Festlegung von operativen Kundenwertmassnahmen stehen Unternehmen vor den folgenden Aufgaben:
1. Kundenwertorientiertes Marketingmanagement
2. Kundenwertorientiertes Kundenmanagement
3. Kundenwertorientiertes Vertriebsmanagement

Im Rahmen des kundenwertorientierten Marketingmanagements wird der Kundenwert verwendet, um Kunden für eine Marketingaktivität auszuwählen, die unabhängig vom Kundenwert entwickelt worden ist. Beispielsweise werden bei einer Direct-Mail-Aktion aus Kostengründen nicht alle Kunden angesprochen. Eine Adressauswahl erfolgt dann z.B. auf Basis des Kundenwerts. Der Kundenwert dient Unternehmen insofern als Kriterium zur Allokation von Marketingressourcen. Die dahinter stehende Überlegung ist, dass die Profitabilität von Marketinginvestitionen mit dem Wert eines Kunden steigt. Deshalb wurden im oben genannten Beispiel der Direct-Mail-Aktion nur die Kunden mit dem höheren Kundenwert ausgewählt. Dabei ist jedoch zu beachten, dass diese Vorgehensweise eigentlich nur ihre Richtigkeit hat, wenn dabei ein zukunftsbezogener Kundenwert, d.h. das Kundenpotential, zugrunde gelegt wird. Hierzu entgegnet allerdings wiederum ein befragter Manager einer Fluggesellschaft: «Wenn ein CEO und sein Assistent einchecken und wir genau noch einen Sitz für ein Upgrade zur Verfügung haben, müssten wir der Kundenwert-Theorie zufolge den Sitz demjenigen der beiden Kunden anbieten, der das höhere Potential hat. Nun stellen Sie sich vor, dass wir dem Assistenten vor diesem Hintergrund das Upgrade geben und seinen Chef, der 30 Jahre bei unserer Gesellschaft geflogen ist, in der niedrigeren Klasse fliegen lassen...»

Das kundenwertorientierte Kundenmanagement plant operative Massnahmen unter dem Blickwinkel der Kundenwertsteigerung. Unternehmen planen dabei entsprechend z.B. ihre Kommunikationsmassnahmen für einzelne Kunden(-segmente) mit dem Ziel, den Kundenwert in diesen Segmenten zu steigern. Ein Beispiel stellt hier die Multichannelstrategie von Banken dar, in deren Rahmen auf Basis von Kontakt- bzw. Interaktionsbedürfnissen von Kunden sowie des Kundenwerts profitable Vertriebsinstrumente, wie z.B. Telefon- und Online-Banking, entwickelt werden. Ein weiteres Beispiel sind Zusatzleistungen für Mitglieder der Vielfliegerprogramme von Fluggesellschaften (z.B. Lounges, Sonder-Check-in), die speziell für diese Kundengruppen entwickelt wurden. Eine Direktbank entwickelte beispielsweise für ihre wertvollen Kunden, die sogenannten «Heavy Traders», spezifische Angebote für den Aktienhandel.

Schliesslich wird in vielen Unternehmen dem kundenwertorientierten Vertriebsmanagement gesonderte Aufmerksamkeit gewidmet. Diese zusätzliche, isolierte Betrachtung reflektiert die häufig in der Praxis vorliegende organisatorische Trennung von Marketing und Vertrieb. Der Vertrieb hat aufgrund seiner Stellung gegenüber den Kunden zudem eine besondere Bedeutung für die Umsetzung von Kundenwertmassnahmen. Beim Vertriebsmanagement geht es im Wesentlichen um die Steuerung von Mitarbeitern über Vergütungssysteme. Entsprechend setzen Unternehmen hier an, um den Vertrieb am Kundenwert auszurichten. Beispielsweise waren die Bonuszahlungen von Kundenberatern bei einer der befragten Banken in der Vergangenheit von der Grösse des Kundenportfolios im Sinne der Zahl der Kunden des Beraters abhängig. Mit der Einführung der Kundenwertüberlegungen wurde das Vergütungssystem so modifiziert, dass der Bonus von der Kundenprofitabilität des Kundenportfolios des Beraters abhängig gemacht wurde.

Aktivitäten der Kundenwertkontrolle

Als weiteres Aufgabenfeld ist die Kontrolle des Kundenwertmanagements zu betrachten. Die Befragung ergab, dass eine kundenwertorientierte Kontrolle bisher nur von wenigen Unternehmen durchgeführt wird. Die damit verbundenen Kontrollaktivitäten lassen sich drei Gruppen zuordnen:
1. Kundenbezogene Kontrolle
2. Massnahmenbezogene Kontrolle
3. Strategische Kontrolle des Kundenwertmanagements

Die kundenbezogene Kontrolle überprüft die Erreichung der Kundenwertziele auf der Ebene von Einzelkunden, Kundensegmenten und/oder Kundenstamm. Des Weiteren wird bei der massnahmenbezogenen Kontrolle das Erreichen von operativen Zielen, z.B. im Rahmen eines Campaign Managements, überprüft. Schliesslich sind auch Aktivitäten zu beobachten, die der strategischen Kontrolle des Kundenwertmanagements dienen. Hierunter fällt beispielsweise die Beurteilung der Profitabilität von Aktivitäten der Kundenwertanalyse (z.B. Aufwand, der mit den eingesetzten Methoden der Kundenwertanalyse verbunden ist).

Die identifizierten Massnahmen waren die Basis zur Entwicklung eines standardisierten Fragebogens, mit dessen Hilfe der Stand des Kundenwertmanagements in der Unternehmenspraxis quantitativ erfasst wurde.

Quantitative Studie zum Stand des Kundenwertmanagements in der Praxis

Zur quantitativen Messung des Stands des Kundenwertmanagements wurde eine schriftliche Befragung von Managern mit Kundenwertverantwortung durchgeführt (vgl. Bruhn/Georgi/Hadwich 2006). Die Probandenauswahl erfolgte dabei in zwei Schritten. Zunächst wurden Branchen ausgewählt, in denen Kundenwertüberlegungen eine wichtige Rolle spielen. Diesbezüglich sind ein hoher Wettbewerbsdruck, Sättigungstendenzen und die Verfügbarkeit bzw. Beschaffbarkeit von kundenwertrelevanten Daten zentrale Einflussgrössen. Der zweite Schritt diente der Identifikation der für die Befragung geeigneten Personen. Die Identifikation von potentiellen Probanden erfolgte durch telefonische oder schriftliche Anfragen bei Unternehmen. Die Verantwortlichkeit der Probanden für kundenwertbezogene Aktivitäten sowie Bereitschaft zur Teilnahme an der Befragung wurde durch einen Anruf sichergestellt. Danach erhielten die Probanden den Fragebogen mit dem Hinweis, ihn an eine andere Person im Unternehmen weiterzuleiten, falls er diesen doch nicht beantworten kann. Zur empirischen Konzeptualisierung wurde der Fragebogen an 478 Manager versendet. Der Rücklauf betrug 92 (auswertbare) Fragebögen (19 Prozent).

Die Überprüfung der im Rahmen der qualitativen Studie entwickelten Messskalen erfolgte mit Hilfe von PLS Graph 3.00 unter Verwendung der standardisierten Daten. Die Ergebnisse der PLS-Analyse zeigen auf der Ebene der Messmodelle, dass die Indikatoren der vier formativen Messmodelle mit t-Werten grösser als 2,02 auf dem 5-Prozent-Niveau signifikant sind. Für das reflektive Messmodell ergibt die Analyse hohe Indikatorladungen (Loadings) von über 0,87 mit hohen t-Werten. Auch die durchschnittlich erfasste Varianz und die Composite Reliability weisen gute Werte auf. Auf der Ebene des Strukturmodells wird zunächst anhand der Korrelation zwischen den exogenen Modellkonstrukten die Diskriminanzvalidität der vier formativen Messmodelle untersucht. Alle Werte liegen deutlich unter 0,9, so dass die Diskriminanzvalidität gegeben ist. Die Pfadkoeffizienten im Strukturmodell werden in Abbildung 6 wiedergegeben. Drei von vier Pfadkoeffizienten sind signifikant, während der Pfadkoeffizient zwischen Kundenwertanalyse und dem reflektiven Messmodell nicht signifikant ist. R^2 ist mit 0,62 zufriedenstellend.

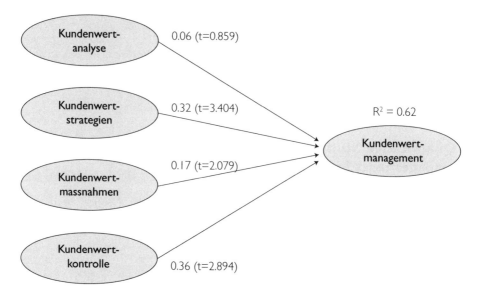

Abbildung 3: Wirkungen der Phasen des Kundenwertmanagements auf dessen Erfolg

Insgesamt kann das (auf Basis der Literatur und der qualitativen Interviews) entwickelte Messmodell des Kundenwertmanagements durch die Daten bestätigt werden. Ausnahme bildet die Dimension Kundenwertanalyse, deren Messmodell zwar gute Werte aufweist, für die jedoch kein signifikanter Effekt auf das reflektive Messmodell zum Kundenwertmanagement nachgewiesen werden kann. Eine Erklärung hierfür könnte sein, dass die Kundenwertanalyse von den Unternehmen besser bewertet wurde als die anderen drei Dimensionen (Abbildung 4). Die globale Beurteilung des Kundenwertmanagements, die durch das reflektive Messmodell wiedergegeben ist, weist ebenfalls geringere Mittelwerte auf. Es wird daher vermutet, dass in vielen Unternehmen die Defizite nicht im Bereich der Kundenwertanalyse, sondern bei den Kundenwertstrategien, Kundenwertmassnahmen und Kundenwertkontrollen gesehen werden. Diese bilden daher die relevanteren Ansatzpunkte zur Verbesserung des Kundenwertmanagements. Es kann jedoch nicht angenommen werden, dass die Kundenwertanalyse nicht Bestandteil des Kundenwertmanagements ist. Es ist zu bedenken, dass bei der Befragung insbesondere Unternehmen untersucht wurden, die ein Kundenwertmanagement umsetzen. In diesen Unternehmen gehörte die Kundenwertanalyse meist zu dem ersten Schritt bei der Umsetzung des Kundenwertmanagements. Für Unternehmen, die bisher kein Kundenwertmanagement institutionalisiert haben, kann das Ergebnis aber nicht heissen, dass keine Kundenwertanalyse notwendig ist.

Dimension	Indikatoren	Mittelwert	Standardabweichung
Kundenwertanalyse	Ermittlung der Kundenprofitabilität	2.80	1.23
	Ermittlung der zukünftigen Kundenpotentiale	2.55	1.00
	Prognose des Kundenverhaltens	3.11	1.33
Kundenwertstrategie	Kundensegmentierung	3.05	1.28
	Festlegung von Kundenwertzielen	3.48	1.21
	Entwicklung von Kundenwertstrategien	2.61	1.11
	Abstimmung mit anderen Strategien	2.77	2.07
Kundenwertmassnahmen	Marketingmanagement	3.02	1.27
	Kundenmanagement	2.92	1.25
	Vertriebsmanagement	3.78	1.29
Kundenwertkontrolle	Kundenbezogene Kontrolle	3.27	1.27
	Massnahmenbezogene Kontrolle	3.53	1.23
	Strategische Kontrolle	3.66	1.10
Kundenwertmanagement Gesamt	Status der Implementierung	4.18	1.05
	Zufriedenheit mit dem Implementierungsstatus	3.63	1.11
	Wahrgenommener Erfolg des Kundenwertmanagements	3.48	1.33

Abbildung 4: Aktivitäten des Kundenwertmanagements mit Mittelwert und Standardabweichung als Ergebnis der quantitativen Studie (Skala von 1 = Trifft voll zu bis 5 = Trifft gar nicht zu)

Zusammenfassung und Ausblick

Die vorgestellten empirischen Befunde zum Kundenwertmanagement lassen Schlussfolgerungen für die Marketingforschung und die Unternehmenspraxis zu.

Für die Marketingwissenschaft konnte aufgezeigt werden, dass eine stärkere Auseinandersetzung mit implementierungsorientierten Konzepten des Kundenwertmanagements notwendig ist. Insgesamt sind nicht nur Methoden zur Kundenwertermittlung, sondern auch strategische und operative Konzepte stärker an den Anforderungen einer praktischen Umsetzung zu orientieren. Hierzu gehören z.B. die Fragestellung der Kundenwertsegmentierung bei bereits bestehenden Kundensegmenten oder die Entwicklung von kundenwertorientierten Kontrollsystemen. Neben analytisch-methodischen und strategisch-konzeptionellen sind insbesondere organisationsbezogene Fragestellungen stärker zu gewichten. Dahingehend scheint z.B. eine Diskussion der Ausgestaltung von kundenwertorientierten Unternehmensstrukturen, -systemen und -kultur unter Berücksichtigung situativer Rahmenbedingungen von hoher Relevanz.

Für die Unternehmenspraxis zeigt der dargestellte Prozess des Kundenwertmanagements einen Ansatz zur systematischen Überprüfung des Stands des Kundenwertmanagements auf, der vor allem die Identifikation von Implementierungsdefiziten ermöglicht. Zu den zentralen Determinanten einer erfolgreichen Umsetzung des Kundenwertmanagements zählen neben der Schaffung einer geeigneten Datengrundlage die Kundenwertsegmentierung sowie die strategische Verankerung des Kundenwertmanagements. Auch der operative Einsatz von Kundenwertmassnahmen im Rahmen der Kundenakquisition ist stark ausbaufähig.

Sowohl für die Marketingwissenschaft als auch Unternehmenspraxis liefern die vorliegenden Ergebnisse Ansatzpunkte für eine systematische Auseinandersetzung mit dem Kundenwertmanagement.

Literatur

Blattberg, R.C./Deighton, J. (1996): Manage Marketing by the Customer Equity Test, in: Harvard Business Review, Vol. 74, No. 4, S. 136–144.

Bruhn, M. (2003): Relationship Marketing. Management of Customer Relationships, Harlow u.a.

Bruhn, M./Georgi, D. (2006): Services Marketing. Managing the Service Value Chain, Harlow.

Bruhn, M./Georgi, D./Hadwich, K. (2006): Dimensions and Implementation Drivers of Customer Equity Management (CEM) Conceptual framework, Qualitative Evidence, and Preliminary results of a Quantitative Study, in: Journal of Relationship Marketing, Vol. 5, No. 1, S. 21–38.

Cornelsen, J. (2000): Kundenwertanalysen im Beziehungsmarketing, Nürnberg.

Diller, H. (1995): Kundenbindung als Zielvorgabe im Beziehungs-Marketing, Arbeitspapier Nr. 40, Lehrstuhl für Marketing, Universität Erlangen-Nürnberg, Nürnberg.

Dwyer, F.R. (1997): Customer Lifetime Valuation to Support Marketing Decision Making, in: Journal of Direct Marketing, Vol. 11, No. 4, S. 6–13.

Eggert, A. (2003): Die zwei Perspektiven des Kundenwerts: Darstellung und Versuch einer Integration, in: Günter, B./Helm, S. (Hrsg.), Kundenwert. Grundlagen, Innovative Konzepte, Praktische Umsetzungen, 2. Aufl., Wiesbaden, S. 41–59.

Garbarino, E./Johnson, M.S. (1999): The Different Roles of Satisfaction, Trust and Commitment in Customer Relationships, in: Journal of Marketing, Vol. 63, No.2, S. 70–87.

Grönroos, Ch. (1994): From Marketing Mix to Relationship Marketing: Towards a Paradigm Shift in Marketing, in: Management Decision, Vol. 32, No. 2, S. 4–20.

Günter, B./Helm, S. (Hrsg.) (2003): Kundenwert. Grundlagen, Innovative Konzepte, Praktische Umsetzungen, 2. Aufl., Wiesbaden.

Krafft, M. (2002): Kundenbindung und Kundenwert, Heidelberg.

Reichheld, F.F./Sasser, W. (1990): Zero Defections. Quality Comes to Services, in: Harvard Business Review, Vol. 68, No. 5, S. 105–111.

Reinartz, W.J./Kumar, V. (2003): The Impact of Customer Relationship Characteristics on Profitable Lifetime Duration, in: Journal of Marketing, Vol. 67, No. 1, S. 77–99.

Die Emotionalisierung im CRM:
Messung – Nutzung – Intensivierung

. . . . .

Dr. Christian Huldi

Dr. Christian Huldi ist Inhaber und Geschäftsführer der dr.huldi.management.ch ag und Studienleiter Marketing-Management der KS Kaderschulen AG sowie Mitglied im CRM-Expertenrat (D) und Jurymitglied des DM-Awards (CH) und des «CRM Best Practice Award» (D).

Die Emotionalisierung im CRM:
Messung – Nutzung – Intensivierung

«Alles fliesst und die einzige Konstante ist die Veränderung.» Diese Aussage trifft auch für Marketing und Kommunikation zu. Die Konsequenz ist, dass auch hier laufende Anpassungen unabdingbar sind. Ein besonders wichtiger Aspekt ist die steigende Emotionalisierung im Marketing: Herausforderung und Chance zugleich – vor allem auch im Kundenbeziehungsmanagement. Doch wie kann die Emotionalität einer Kundenbeziehung gemessen und gegebenenfalls intensiviert werden und was bringt dies alles für einen Nutzen? Diese Aspekte werden nachfolgend vertieft.

Ausgangspunkt ist hierbei der vollzogene Wandel im Verständnis des Marketings von einem produkt- zu einem kundenorientierten Unternehmen, der deutlich gemacht hat, dass

- es heute kein Unternehmen mehr gibt, welches völlig auf Marketing und Kommunikation verzichten kann, sofern es morgen noch existieren will,
- es fortlaufend neue, moderne Ansätze in Marketing und Kommunikation benötigt, wenn ein Unternehmen seine ohnehin beschränkten Mittel nicht vergeuden will,
- CRM ein sicherer Weg ist, vielen neuartigen Marketingtrends gerecht zu werden, der sich jedoch ebenso neuen Herausforderungen stellen muss!

Modernes CRM ist emotionales CRM
Marketing und Kommunikation werden emotionaler

Auffällig im Alltag als Konsument ist, dass die Bedeutung der Emotionen im Marketing, vor allem aber auch im Kundenmanagement steigt. Dies zeigt sich teilweise in so auffälligen (jedoch sehr erfolgreichen) Claims wie: «Ich bin doch nicht blöd!», «Ich liebe es!», aber auch sehr emotionalen, ja träumerischen Ansätzen selbst in Industriebetrieben. Dieser Wandel rührt wohl daher, dass die Emotionalität oft noch das letzte mögliche Differenzierungsmerkmal ist, in einer Welt, in welcher Produkte und Dienstleistungen schon lange zu austauschbaren Commodities mutiert sind.

Auch im Kundenmanagement steigt die Bedeutung der Emotionalität

Emotionen sind im Kundenmanagement nichts Neues – sind sie doch die Basis jeder Beziehung. Dies macht auch die treffende Umschreibung von Prof. H. Meffert deutlich: «CRM ist, dem Kunden das Gefühl geben, mehr als ein Käufer zu sein.» Die Emotionalität im CRM manifestiert sich in zahlreichen Loyalitäts- und Loyalisierungsmodellen. Dabei wird die Intensität der Kundenbeziehung in verschiedene Stufen eingeteilt: vom potentiellen Markt über den Interessenten und den Prospect zum Erstkunden; und von dort via Loyalisierung zum Folgekunden (Zweitkauf) über den Mehrfachkauf zum Topkunden.[1] Exemplarisch sei hier das Modell von Bruhn dargestellt:

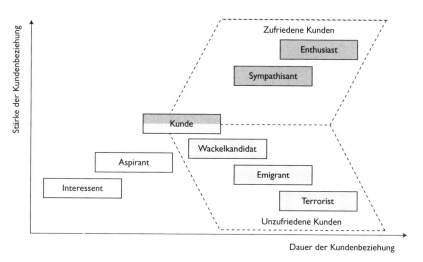

Abbildung 1: Phasen der Kundenbeziehung in Abhängigkeit von Dauer und Stärke der Kundenbeziehung (Quelle: Bruhn, 2001)

Die Zielsetzung ist klar: es gilt, möglichst viele treue, zufriedene, ja enthusiastische Kunden zu haben – «Ambassadoren», wie andere Modell-Ansätze dieses oberste Segment auch nennen. Die Erfahrung in Theorie und Praxis zeigt, dass mit den oben genannten Herausforderungen für Marketing/Kommunikation auch die Bedeutung der Emotionalität im CRM steigt (Arussy 2005). Ganz besonders ins Licht des Interesses rückt dabei das Empfehlungsmarketing.[2]

Ohne Emotionalität im CRM keine Empfehlungen durch die Kunden

Neuere Ansätze machen deutlich, dass nur bei wirklich loyalen, emotional an das Unternehmen gebundenen, am liebsten enthusiastischen Kunden resp. Ambassadoren an ein Empfehlungsmarketing zu denken ist. So unterscheiden einzelne Modelle zu Recht zwischen Kundenbindung und Loyalität, wobei der Unterschied hauptsächlich in der Emotionalität bzw. der Begeisterung liegt:

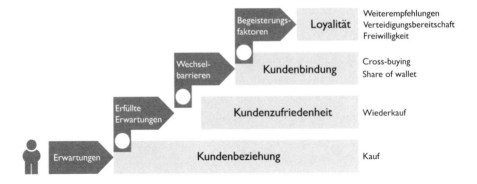

Abbildung 2: Kundenbindung versus Loyalität (Quelle: Loyalty Management & Communications)

Damit gewinnen die Fragen, wie einerseits die (v.a. emotionale) Stärke der Kundenbeziehung gemessen und wie andererseits die Intensität der Beziehung überhaupt gesteigert werden kann, massiv an Bedeutung. Nachfolgend wird näher darauf eingegangen.

Involvement als dritte Dimension in der Kundenbewertung

Vorstellung des dreidimensionalen Kundenbewertungsmodells

Es gibt zwar eine Reihe von Ansätzen zur Berechnung des Kundenwertes, die die Frage beantwortet, welches die «wertvollen» bzw. «guten» Kunden sind, die jedoch in der Praxis zu wenig Hinweise geben, wie diese Ergebnisse in geeignete Massnahmen umzusetzen sind. Zudem zeichnet viele dieser Ansätze aus, dass sie rein quantitativer Natur sind (z.B. Customer-Lifetime-Berechnungen) und keine qualitativen Elemente berücksichtigen. Bewusst anders ist hierbei das dreidimensionale Cube-Modell (Huldi/ Staub 2002), welches auf einer Einteilung und Qualifizierung der Kunden/Interessenten in drei Dimensionen (Würfelkanten) basiert. Diese lassen sich überblicksmässig wie folgt beschreiben:

Involvement → Emotionen	Potential → Zukunft	Bisheriger Deckungsbeitrag
• Beteiligung, Engagement und Freiwilligkeit in der Kundenbeziehung • Vertrauen dem Unternehmen und der Marke gegenüber • Loyalität • manifestiert sich häufig in individuellen spezifischen Reaktionen der Kunden und Interessenten (z.B. Reklamationen) • ist Voraussetzung für Weiterempfehlung	• Lifetime value ab heute → zu erwartender Wert / Deckungsbeitrag in der Zukunft • strategische Bedeutung einer Kundenbeziehung / eines Kunden in der Zukunft → auch möglich: Referenzpotential eines Kunden / Interessenten	• bisherige Rentabilität auf individueller Ebene (für jeden einzelnen Kunden) • effektiv erzielter Lifetime value • Umsatz (besser jedoch Deckungsbeitrag) pro Kunde
emotionale und qualitative Grösse, deren Messbarkeit möglich, aber nicht immer einfach ist	vor allem quantitative Zukunftsgrösse	quantitative Vergangenheitsgrösse

Tabelle 1: Beschreibung der drei Dimensionen des Cube-Ansatzes

Überblicksmässig lassen sich die drei Dimensionen kombiniert wie folgt darstellen:

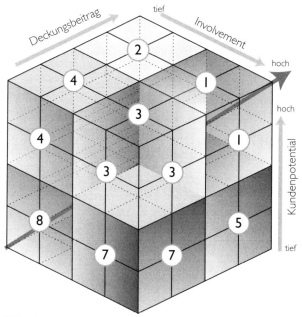

Abbildung 3: Der Cube-Ansatz zur Kundenbewertung

Wie bei anderen Kundenbewertungsansätzen werden pro Dimension Scorewerte berechnet, welche erlauben, die genaue Position des Kunden im Würfel zu bestimmen. Die Praxiserfahrungen (sowohl im B2B- als auch im B2C-Bereich) haben gezeigt, dass es mit einem vertretbaren Aufwand möglich ist, für alle drei Würfeldimensionen Hilfsgrössen und Scoring-Modelle zu definieren und damit auch die Berechnung automatisiert durchführen zu lassen. Aufgrund der periodisch wiederkehrenden Positionierung lässt sich auch die Kundenhistorie jedes Individuums im Kontext des Würfels aufzeigen.

Neuartig beim Cube-Ansatz ist vor allem die dritte Dimension, das «Involvement». Absichtlich wurde der Begriff aus dem Englischen gewählt und so belassen, weil er dort für «Verwicklung, Verstrickung, Beteiligung, Betroffensein, Engagement, Beziehung, Verhältnis und Umgang» steht – alles Ausdrücke, die für die eingangs geforderte emotionale Beschreibung der Kundenbeziehung verwendet werden können.

Die 8 Untergruppen mit Zielen und adäquaten Massnahmen

Jede der drei Dimensionen wird im einfachsten Fall in zwei gegensätzliche Ausprägungen geteilt, woraus sich 8 Unterwürfel (sog. «Sub-Cubes») ergeben. Jeder Sub-Cube kann theoretisch weiter unterteilt werden.

Abgeleitet vom Cube lassen sich für jeden Sub-Cube Ziele und Massnahmen definieren. Durch die Zuteilung zu einem entsprechenden Sub-Cube ist der einzelne Kunde grundsätzlich schon positioniert und es ist einfach ersichtlich, welches mögliche Zielsetzungen und sinnvolle resp. vor allem lohnende Marketingmassnahmen für ihn einzusetzen sind. Die Diagonale durch den Würfel (sog. Würfelachse) stellt die Investitionswürdigkeit des Kunden dar. Je weiter rechts oben (in Richtung Sub-Cube 1) sich ein Kunde befindet, desto mehr lohnt sich für ihn zusätzlicher Aufwand.

Nachfolgend werden die einzelnen Sub-Cubes 1–8 (vgl. oben Abbildung 3) genauer vorgestellt – inkl. die einzuleitenden Massnahmen:

Sub-Cube 1 «Ideale Kundenbeziehungen»
hohes Involvement, hoher Deckungsbeitrag, hohes Kundenpotential
- Wunschkunden, Wunschbeziehungen mit gegenseitiger hoher Zufriedenheit
- wirtschaftlich betrachtet interessanteste Kunden, da diese auch in der Zukunft aufgrund des hohen Potentials profitabel und durch hohe emotionale Bindung sehr treu bleiben
- Gefahr der Abwanderung gering, da Involvement hoch ist (hohes Involvement dient als Schutz vor Abwerbung durch die Konkurrenz)
- unternehmensseitiges Engagement und Zusatzdienstleistungen werden geschätzt bzw. belohnt.

Zu treffende Massnahmen bei Sub-Cube 1:
- unbedingt Halten ➔ Zufriedenheit kontinuierlich ermitteln und Zufriedenheitsgrad möglichst hochhalten
- Involvement durch emotionale Aktionen hochhalten
- Anzahl dieser Kunden mengenmässig ausbauen ➔ hohe Anzahl solcher Beziehungen als Zielsetzung verfolgen
- mit höchster Priorität behandeln

- Einsatz von Stammkunden- oder Key-Account-Managementmassnahmen zwecks weiterer Abschöpfung des Potentials
- Empfehlungs-Marketingmassnahmen besitzen in dieser Kundengruppe einen hohen Wirkungsgrad

Sub-Cube 2 «Gefährdete Kundenbeziehungen»
Tiefes Involvement, hoher DB, hohes Kundenpotential
- aus der Perspektive der Profitabilität sehr interessante Kunden / Kundenbeziehungen (in Vergangenheit und auch Zukunft)
- Grundzufriedenheit ist vorhanden (gute Deckungsbeiträge in der Vergangenheit)
- lassen sich jedoch (evtl. vom Kunden gewollt) emotional nicht bzw. nicht mehr anbinden
- relativ grosse Gefahr der Abwerbung durch Konkurrenz, da Involvement tief ist
- für die Konkurrenz besonders interessante Kunden, da sie ein hohes Potential aufweisen, jedoch kein besonders hohes Involvement besitzen
- unternehmensseitige Zusatzanstrengungen und -dienstleistungen lohnenswert

Zu treffende Massnahmen bei Sub-Cube 2:
- Hohe Sensibilität zeigen ➔ auf Wünsche eingehen (v.a. hinsichtlich Involvement)
- Haltestrategien entwickeln und starke Bindungsmassnahmen (v.a. auch emotionale) konzipieren, um Involvement zu heben (zu beachten ist, dass sich das Involvement evtl. nicht kundengruppenweit steigern lässt, da einzelne Kunden gar nicht darauf ansprechen)

Sub-Cube 3 «Beginnende Kundenbeziehungen»
Hohes Involvement, tiefer DB, hohes Kundenpotential
- Häufig Neu-/Erstkunden (Kunden am Anfang einer Kundenbeziehung)
- Anfangsinvestitionen wurden seitens des Unternehmens getätigt, deshalb tiefer oder gar negativer Deckungsbeitrag
- Kunden mit hohem Zukunftspotential
- Spezielles Interesse hinsichtlich Firma / Angebot vorhanden (zeigt sich in hohem Involvement)
- Allenfalls über einen bereits bestehenden Kunden angeworben, der ein hohes Involvement besitzt

Zu treffende Massnahmen bei Sub-Cube 3:
- Involvement muss hochgehalten werden, z.B. durch Bestätigungen und entsprechende Bindungsmassnahmen
- langfristige Beziehung ist anzustreben, damit aus dem hohen Potential auch ein

positiver Deckungsbeitrag generiert werden kann ➔ Abschöpfungsstrategien ➔ Ausnutzen der guten Ausgangslage
- Investitionen sind lohnend – insbesondere ins Involvement
- Empfehlungs-Marketingmassnahmen greifen gut

Sub-Cube 4 «Zu entwickelnde (auszubauende) Kundenbeziehungen»
Tiefes Involvement, tiefer DB, hohes Kundenpotential
- zukünftig interessante Kunden (jedoch weniger interessant als Sub-Cube 3), da Involvement noch aufgebaut werden muss
- Zusatzanstrengungen und -dienstleistungen punktuell lohnend
- Es besteht die Gefahr, dass der Deckungsbeitrag (v.a. wegen des tiefen Involvements) nicht gesteigert werden kann
- Typische Konkurrenzkunden mit hohem Potential (müssen abgeworben werden) ➔ Dies ist dann relativ gut möglich, wenn das Involvement gegenüber der Konkurrenz noch nicht allzu ausgeprägt ist

Zu treffende Massnahmen bei Sub-Cube 4:
- Grundsätzlich interessante / lohnenswert scheinende Beziehung, da hohes Potential ➔ ein gezieltes Investment ist lohnenswert
- Potential des Kunden / Interessenten muss in Deckungsbeitrag umgewandelt werden
- Kundenbindung (v.a. auf Involvement-Ebene) ist auszubauen
- laufende Kontrolle bleibt wichtig, um rechtzeitig auszusteigen ➔ Schwelle muss gesetzt werden

Sub-Cube 5 «Abklingende Kundenbeziehungen»
Hohes Involvement, hoher DB, tiefes Kundenpotential
- Kunden am Ende ihres Lebenszyklus, es lassen sich aufgrund des niedrigen Potentials in der Zukunft keine hohen Deckungsbeiträge erzielen
- Unternehmen hat diesem Kundensegment viel zu verdanken (hoher Deckungsbeitrag in der Vergangenheit)
- Unternehmen hat gegenüber Kundengruppe moralische Verpflichtung und sollte deshalb die Beziehung nicht (sofort) beenden
- Bindung auf emotionaler Ebene muss gehalten werden ➔ sinnvoll aus Sicht des Empfehlungsmarketings

Zu treffende Massnahmen bei Sub-Cube 5:
- Es ist zu untersuchen, weshalb die Kundenbeziehung abklingend ist ➔ Involvement muss ausgenutzt werden

- Empfehlungsmarketing via Members-get-Members-Programme und Information ➔ diese Kunden sollen neue (Cube 3) Kunden bringen
- Allenfalls neue Produkte lancieren, um neues Kundenpotential zu schaffen und zu erschliessen

Sub-Cube 6 «Zu Ende gehende Kundenbeziehungen»:
tiefes Involvement, hoher DB, tiefes Kundenpotential
- Diese Kunden haben häufig vorangehend dem Sub-Cube 5 angehört
- Involvement ist nicht mehr vorhanden (aus diversen, nicht unbedingt vom Unternehmen verursachten Gründen)
- Für Unternehmen rückblickend erfolgreiche Beziehung, jedoch ohne Zukunftspotential

Zu treffende Massnahmen bei Sub-Cube 6:
- Beendigung der Beziehung empfehlenswert: wird vom Kunden nicht als Schaden empfunden, da kein Involvement (mehr) vorhanden.
- Allenfalls abklären, ob Potential resp. Involvement nochmals gesteigert werden können (z.B. mit anderen Angeboten/Relaunching oder neuer Positionierung/Tonalität)

Sub-Cube 7 «Engagierte / überzeugte Kundenbeziehungen»
hohes Involvement, tiefer DB, tiefes Kundenpotential
- Kunden am Anfang ihrer Kundenbeziehung (auf den ersten Blick aufgrund des niedrigen Potentials wirtschaftlich jedoch noch nicht vielversprechend)
- Kunden aus Members-get-Members-Programmen / Empfehlungsmarketing-Kunden, die emotional gewonnen wurden
- Kundenpotential muss nicht zwangsläufig in Zukunft tief bleiben (z.B. junge Kunden mit momentan niedrigem Einkommen)
- sind häufig auch Entscheidungsbeeinflusser (z.B. in der Familie: Ehefrau, Kinder) oder Absatzhelfer, Absatzmittler

Zu treffende Massnahmen bei Sub-Cube 7:
- Diese Gruppe gezielt in Marketingaktivitäten einbeziehen ➔ hohes Involvement ist auszunützen
- Allenfalls Leistungsangebot überprüfen und anpassen
- Involvement ist durch geeignete Massnahmen hochzuhalten
- Der Kontakt ist auf jeden Fall aufrechtzuerhalten, wobei die Kosten im Auge behalten werden müssen (Deckungsbeitrag darf nicht allzu negativ sein)
- Interessant für Empfehlungsmarketing
- Members-get-Members-Programme durchführen, um neue Kunden zu gewinnen

Sub-Cube 8 «Potentielle Kundenbeziehungen (objektives Auswahlpotential)»
Tiefes Involvement, tiefer DB, tiefes Kundenpotential
- Es handelt sich hierbei um den potentiellen Markt mit allgemeinen, objektiven Daten und Angaben. Mit anderen Worten kommen Kunden / Interessenten mangels ausreichender Angaben bzw. Daten in diesen Sub-Cube 8
- Durch die Bildung von Analogien werden die Daten subjektiv (auf das Unternehmen) angewandt und es können die am erfolgversprechendsten Kunden ermittelt werden
- Gerade hier kann eine weitere Unterteilung des Sub-Cubes in weitere Unterwürfel sinnvoll sein (z.B. 8/8 = Blacklist = zu vermeidende Kundenbeziehungen)

Zu treffende Massnahmen bei Sub-Cube 8:
- Datenanreicherung zur detaillierteren Bewertung der Kunden
- Anwendung statistischer Auswertungen zwecks Bildung von Analogien und weiterer Unterteilung dieses Würfels zur Ermittlung potentieller Kunden
- Ansprache der aussichtsreichsten Kunden und Umgruppierung bei Reaktion zu den Sub-Cubes 3, 7 oder 4 (bei Nichtreaktion bleiben sie in Unterwürfel 8)

Abschliessend soll angemerkt werden, dass die Zugehörigkeit eines Kunden zu einem Sub-Cube nicht statisch ist, sondern dynamisch in periodischen Zeitabständen (ca. alle 3 Monate) neu bestimmt wird. Dadurch kann unter anderem rückwirkend die Entwicklung eines Kunden dokumentiert und analysiert werden.

Wie lassen sich Kundenbeziehungen emotional stärken?

Nachdem die Rolle und Bedeutung des Kunden-Involvements in der Kundenbewertung dargestellt wurde, soll diskutiert werden, wie Beziehungen zum Kunden (emotional) intensiviert werden können. Die Antwort hierzu ist simpel: Indem sich das Unternehmen darauf besinnt, was eine gute, funktionierende (Kunden-)Beziehung ausmacht und seine bestehenden Kundenbeziehungen systematisch daraufhin untersucht (und ggf. optimiert). Obwohl dies einleuchtend ist, fällt auf, dass viele Unternehmen von CRM sprechen und dabei offensichtlich nicht berücksichtigen, was eine (emotionale) Kundenbeziehung ist oder wie sie funktioniert. Doch nur wer diese Regeln in das Unternehmen und seine Kultur einfliessen lässt, wird das Involvement in den Kundenbeziehungen ausbauen und ausnützen und so erfolgreiches Empfehlungsmarketing betreiben können.

Es seien an dieser Stelle ein paar zu berücksichtigende Aspekte aufgeführt
- *Motivation, eine Beziehung einzugehen (Voraussetzung dafür = Nutzen)*: Viel zu häufig gehen Unternehmen davon aus, dass potentielle Kunden nur darauf warten, in eine

(geschäftliche) Beziehung zu treten. In der Regel wartet jedoch kein Kunde auf ein Produkt oder Leistung, vielmehr müssen es die Unternehmen verstehen, den individuellen Kundennutzen der Beziehung aufzuzeigen, um (langfristige) Beziehungen aufzubauen oder zu intensivieren. Dies gilt auch für das Empfehlungsmarketing: Der allseitige Nutzen ist darzustellen und muss entsprechend attraktiv sein.

- *(Gewachsenes) gegenseitiges Vertrauen*: Beziehungen basieren auf Vertrauen und dieses muss erarbeitet werden; auch braucht der Vertrauensaufbau Zeit. Diese Tatsache wird zu häufig vergessen – dies zeigt sich beispielsweise darin, dass immer noch zu oft überstürzte (Cross- und Upselling-) Angebote unterbreitet werden. Zuerst muss sich der (Neu-)Kunde an das Unternehmen gewöhnen, damit er sich dann mittels eines sorgfältig geplanten Loyalisierungsprogrammes intensiver und emotionaler an das Unternehmen bindet. Deshalb ist es auch gefährlich, Empfehlungsmarketing-Aktionen zu schnell einzusetzen.
- *Engagement, Einsatz (Ressourcen)*: Beziehungen brauchen Ressourcen, Engagement und ein ehrliches Bemühen. Vielfach vergessen Unternehmen gerade ihre Highly-involved-Kunden, die regelmässig und unbeachtet ihre Käufe tätigen. Häufig spürt das Unternehmen deren Verlust erst, wenn die Umsatzzahlen zurückgehen. Hierbei werden die Ressourcen oftmals falsch eingesetzt – häufig bei den fordernden, aber nicht immer wertvollen Kunden. Empfehlungsmarketing kann gerade bei diesen Kunden ein Beweis sein, dass man sie ernst nimmt und ihre Hilfe in Anspruch nimmt. Voraussetzung ist, dass dies nur bei denjenigen Kunden mit hohem Involvement geschieht.
- *Proaktives Agieren* ➔ *Initiative*: In der heutigen Zeit sind vor allem die Kunden mit hohem Potential einem dauernden Wettbewerb und entsprechenden Verführungen ausgesetzt. Deshalb ist es wichtig, dass das Unternehmen die Initiative ergreift und immer wieder auf die Kunden zugeht. Allerdings geht es nicht darum, irgendetwas zu kommunizieren, sondern den richtigen Kunden zum richtigen Zeitpunkt mit den richtigen Informationen zu versorgen. Mit anderen Worten ist ein stringentes Kampagnenmanagement ein Muss. Deutlich wird jedoch auch, dass Empfehlungsmarketingmassnahmen aktiv, in Form von Kampagnen geplant und durchgeführt werden sollen.
- *Kommunikation, Informationsaustausch* ➔ *Dialog*: Ohne Dialog, sprich wechselseitigen Informationsaustausch, kann keine emotionale Beziehung entstehen oder aufrechterhalten werden. Somit ist das Dialogmarketing und das Wissen, wie dieses funktioniert, fundamentale Voraussetzung für eine Beziehung, wobei auch für das Empfehlungsmarketing gilt: «Ohne Dialogmarketing kein Empfehlungsmarketing».
- *Daten und Informationen*: Beziehungen können ohne die Erfassung, Speicherung und Auswertung von Daten und Informationen weder aufgebaut noch erhalten

werden. Nur so kann das Interesse, aber auch die Wertschätzung am Gegenüber sichtbar gemacht werden. Daten sind auch die Basis für eine periodische Überprüfung von Kundenwert und vor allem Involvement zwecks Identifikation derjenigen Kunden, die Empfehlungen abgeben würden.
- *Begeisterung und Wertschätzung*: Wie dargelegt, liegt gerade in diesem Punkt ein enormes Potential, denn echte Loyalität und hohes Involvement kann nur durch emotionale Verankerung bzw. Begeisterung entstehen. Entsprechend sind immer Massnahmen mit Begeisterungspotential zu entwickeln und umzusetzen. Exemplarisch sei hier das Beispiel des «Feierns der Kundenbeziehungsdauer» erwähnt. Statt den Kunden eine Geburtstagskarte zu senden, wird das Datum und die Dauer der Kundenbeziehung «gefeiert» – z.B. mit einem Dankesschreiben oder einem kleinen Geschenk. Auch bei Empfehlungsmarketingkampagnen muss dafür gesorgt werden, dass sich die Begeisterung der Empfehler auf die neu zu gewinnenden Kunden überträgt und diese somit buchstäblich angesteckt werden.
- *Innovation, neue Ideen*: Nichts ist für eine emotionale Beziehung tödlicher als Langeweile! Was im sonstigen Leben gilt, ist bei geschäftlichen Beziehungen ebenso gültig. Gefordert sind Überraschungen zur Verblüffung der Kunden. Übertragen auf das Empfehlungsmarketing heisst dies, dass immer wieder neuartige, zielgruppengerechte Kampagnen zu entwickeln sind.
- *Authentizität und Ehrlichkeit*: Ein ganz wichtiger Punkt zum Schluss: Das Unternehmen muss darauf achten, dass sämtliche Massnahmen «echt» sind und auch so wirken. Dies bedeutet vor allem auch, dass Beziehungen immer in einem engen Verhältnis zur Marke des Unternehmens stehen müssen. Damit lassen sich (im positiven Sinne) mittels CRM immer auch langfristige Branding-Ziele erreichen. Deshalb funktionieren nur ehrliche, authentische Empfehlungsmarketingansätze. Der Kunde darf sich keinesfalls ausgenützt vorkommen.

Nur diejenigen Unternehmen, die oben stehende Grundsätze befolgen, werden bei ihren Kunden Erfolg haben, «wahre» Beziehungen zu ihren Kunden aufbauen und so auch eine positive Wirkung auf das Involvement der Kunden erzielen.

Anmerkungen

[1] Vgl. dazu auch: Curry (1993), welcher als einer der ersten Autoren diese Zusammenhänge und auch notwendige Massnahmen dargestellt hat.
[2] Dies zeigt sich auch im kürzlich erschienenen Buch von F. Reicheld (2006), in welchem das Empfehlungsmarketing mit der «ultimativen Frage» dramatisiert wird.

Literatur

Arussy, Lior (2005): Passionate Profitable, Wiley, 2005.

Bruhn, Manfred (2001): Relationship Marketing, Verlag Vahlen, 2001.

Curry, Jay (1993): In 10 Schritten zum erfolgreichen Kunden-Marketing, Econ, 1993.

Huldi, Christian/Staub, Felix (2002): Der Cube-Ansatz als effektives Instrument zur Qualifizierung von Kunde und Kundenbeziehung, in Thexis 1/2002.

Reichheld, Fred/Franz-Josef Seidensticker (2006): Die ultimative Frage: Mit dem Net Promoter Score zu loyalen Kunden und profitablem Wachstum, Carl Hanser Verlag, 2006.

Kennzahlengestütztes Controlling der Kundenbindung

• • • • •

Prof. Dr. Sven Reinecke
Dr. Sabine Reinecke

Prof. Dr. Sven Reinecke ist Assistenzprofessor für Betriebswirtschaftslehre mit besonderer Berücksichtigung des Marketing an der Universität St. Gallen (HSG), zudem leitet er das Kompetenzzentrum «Marketing Performance Management» am Institut für Marketing und Handel sowie das Forschungsprogramm «Best Practice in Marketing».

Dr. Sabine Reinecke, geb. Dittrich, promovierte zum Thema Kundenbindung am Institut für Marketing und Handel an der Universität St. Gallen.

Kennzahlengestütztes Controlling der Kundenbindung

Facetten und Sichtweisen der Kundenbindung

Kundenbindung ist vermutlich eines der am meisten diskutierten Themen der heutigen Marketingwelt. Häufig wird vereinfacht angenommen, dass Kundenbindung ein wiederholtes Kaufverhalten abbildet, bei genauerer Analyse zeigt sich jedoch ein wesentlich vielschichtigeres Bild. Zunächst gilt es daher, zwischen einer nachfrager- und einer anbieterbezogenen, bzw. wie Meffert (2005) es formuliert, einer kaufverhaltens- und managementbezogenen Sichtweise der Kundenbindung zu unterscheiden.

Nachfragerorientierte Sichtweise

Nimmt man die nachfragerorientierte Perspektive ein, so steht der Kunde mit einer bestimmten Einstellung oder einem speziellen Verhalten im Mittelpunkt. Seine Treue oder Bindung kann sich beispielsweise auf ein Produkt, eine Marke, eine Firma, ein Handelsgeschäft, eine Technologie oder auf eine Person beziehen (Jackson 1985; Morris/Holman 1988). Die umfangreichsten Forschungsergebnisse liegen diesbezüglich zur Markentreue und auch zur Einkaufsstättentreue (Matthes 1967; Nolte 1976; Kroeber-Riel/Weinberg 2003) vor.

Behavioristische Markentreue-Konzepte, die rein auf die Widerkaufhandlung bezogen sind, kennzeichnen wiederholtes Kaufen einer Marke als Markentreue (Nolte 1976). Für die Kundenbindung würde dies bedeuten, Kunden sind dann gebunden, sobald sie Wiederkäufe tätigen.

Dem «Warum» widmen sich *einstellungsorientierte* Konzepte (Nolte 1976), die Markentreue durch Präferenz und Verhaltensabsichten beim Kunden erfragen. Diese psychischen Faktoren, die dem Verhalten vorgelagert sind, können gezielt durch Marketingmassnahmen beeinflusst werden. Einstellungen sind jedoch nur als ein mehr oder weniger treffender Indikator für zukünftige Kaufhandlungen zu werten.

Zudem sind sich die Autoren nicht einig, welche Einstellungsaspekte zum Konstrukt Kundenbindung gehören sollen. Hierzu zählt ebenfalls die Frage, inwiefern sich die kundenseitige Einstellung von der Kundenzufriedenheit unterscheidet. Der zunehmende Fokus auf eine langfristige Kundenzufriedenheit, die die gesamte Beziehung zum Anbieter betrifft, erschwert eine Trennung der beiden Konstrukte. Zudem hat die qualitative Ausprägung der Einstellungskomponente einen Einfluss darauf, ob es sich um Kundenloyalität oder -bindung handelt.

Kundenloyalität oder -treue ist ein deutlich älterer Begriff als Kundenbindung. Loyale Kunden bleiben beim Unternehmen, weil sie sehr zufrieden sind, eine positive Einstellung oder grosses Vertrauen in die Kompetenz und das Verhalten der Mitarbeiter besitzen (Helm 1995). Loyalität setzt bei Jacoby/Kyner (1973) Alternativen voraus: Der Kunde muss die Wahl haben, bewerten und entscheiden können. Mehrmarkenloyalität ist ebenfalls möglich. Der Begriff Kundentreue lässt sich zudem gut gegenüber den eigenen Kunden kommunizieren und ist deshalb auch in der Praxis sehr beliebt. Da Kunden allerdings nicht nur aus diesen Gründen wiederkaufen, bewog es bereits Autoren früherer Studien, zwischen «wahrer» und «falscher» Loyalität zu unterscheiden. Bei einer falschen oder unechten Kundentreue sind Entscheidungen des Kunden allein beispielsweise auf den günstigsten Preis, die niedrigsten Kosten, eine begrenzte Informationssuche, schnelle Lieferzeiten, staatliche Einflüsse oder auf fehlende Alternativen zurückzuführen (Jarvis/Wilcox 1977; Bubb/van Rest 1973).

Kundenbindung berücksichtigt zusätzliche materielle und formelle Wechselbarrieren und deren subjektive Wahrnehmung. Sie entstehen beispielsweise durch das Wissen um fehlende oder gar schlechtere Alternativen, gesetzliche Bestimmungen, hohe Wechselkosten, proprietäre Technologien (kognitiv) oder aufgrund von Sympathie, Geschmack, Vorliebe (affektiv) (Wiswede 1992).

Der Begriff Kundenbindung wird hier *wertfrei* verwendet, obwohl dies vornehmlich der Praxis Schwierigkeiten bereitet. Deutsche Wörterbücher erklären Bindung mit «Verpflichtung», «Gebundensein», aber auch mit «innerer Verbundenheit» und «Zusammenhalt». Jemanden binden heisst, ihn an der Bewegung hindern, ihn zu fesseln, und kann zudem bedeuten, sich «auf etwas festzulegen» (Wahrig 2005; Brockhaus 2005; Duden 2006). Die vermeintlich besser klingende englische Bezeichnung «Customer Retention» ist allerdings nicht ganz deckungsgleich mit dem Begriff Kundenbindung, weil darunter vornehmlich das «Halten» von (bereits) hochprofitablen Kunden verstanden wird (Fornell/Wernerfelt 1987; Reichheld/Sasser 1990).

Wiederholtes Kaufverhalten kann, muss aber nicht aufgrund von Treue oder Zufriedenheit erfolgen. Kundentreue ist so betrachtet auch nicht der Kundenbindung vorgelagert, sondern kann ein Bestandteil davon sein (anders Homburg/Bruhn 2005, S. 10). Insofern ist der Begriff Kundenbindung umfassender und wird auch von vielen Autoren in ähnlicher Form definiert (Bruhn 1998, S. 212, m.w.N.; Meyer/Oevermann 1995, Sp. 1341).

Zusammenfassend kann aus nachfragerorientierter Sicht Kundenbindung wie folgt definiert werden: Kundenbindung ist dann vorhanden, wenn es auf Kundenseite

Gründe gibt, die wiederholtes Kaufen als sinnvoll und/oder notwendig erscheinen lassen. Dies äussert sich im bisherigen Kauf- und Weiterempfehlungsverhalten sowie durch zukünftige Kauf- und Weiterempfehlungsabsichten.

Anbieterorientierte Sichtweise: Kundenbindung als Kernaufgabe

Eine *anbieterorientierte Sichtweise* berücksichtigt die unternehmensseitigen Massnahmen zur Erhöhung der Kundenbindung. Viele Beiträge in der Literatur beschränken sich auf eine Untersuchung einzelner Instrumente, wie beispielsweise Verkaufsförderung, Direct Marketing, Beschwerdemanagement, Kundenberatung, Internet, Kundenzeitschriften, Kundenkarten, Kundenclubs, Hotlines, Bonusprogramme, Servicegarantien.

Das Kundenbindungsmanagement umfasst die systematische Konzeption, Planung, Durchführung und Kontrolle aller Tätigkeiten, um im Rahmen der Unternehmensziele eine positive Einstellung und ein zielkonformes Verhalten bei vorhandenen Kunden zu erhalten und auszubauen (Meyer/Oevermann 1995).

Allerdings geht es um weit mehr als um das Bemühen, Abnehmer mittels ökonomischer, sozialer, technischer oder juristischer Mittel an einen Lieferanten zu ketten. Als *eine der vier Kernaufgaben* im Rahmen des «aufgabenorientierten Ansatzes» (Tomczak/Reinecke 1996 und 1999; Tomczak/Reinecke/Mühlmeier 2002) übernimmt die Kundenbindung weitere wichtige Funktionen. Dieser Ansatz rückt die zentralen Wachstums- und Erfolgsgeneratoren eines Unternehmens bzw. eines Geschäftsbereichs in den Mittelpunkt: Wachstums- und Gewinnziele lassen sich mit zukünftigen und/oder aktuellen Kunden sowie neuen und/oder bestehenden Leistungen realisieren.

Aus den Wertgeneratoren leiten sich die vier Kernaufgaben im Marketing ab (vgl. Abb. 1): Kundenpotentiale erschliessen (Kundenakquisition) und ausschöpfen (Kundenbindung) sowie Leistungspotentiale erschliessen (Leistungsinnovation) und ausschöpfen (Leistungspflege). Unter *Kundenbindung* werden dabei sämtliche Massnahmen verstanden, die zu *kontinuierlichen oder vermehrten Wieder-, Zusatz- und Folgekäufen* führen bzw. *verhindern, dass Kunden abwandern* (Tomczak/Reinecke 1999).

Diese Definition offenbart bereits einen Unterschied zur nachfragerorientierten Sichtweise der Kundenbindung. Letztere betont allein die kontinuierlichen Käufe über einen gewissen Zeitraum. Weitere Angaben über deren Quantität, also vermehrte Käufe, sowie deren Qualität (Folge, Wiederholungs- oder Zusatzkäufe) können jedoch daraus nicht abgeleitet werden. Zusatzkäufe sind zudem, wie die Ausführungen zu Arten des Kaufverbunds zeigen, nicht nur über einen Zeitraum, sondern auch zu einem gewissen Zeitpunkt möglich (z.B. Mengen- oder Einkaufsverbund). Somit sind die nachfrager- und die anbieterorientierte Definition nicht deckungsgleich.

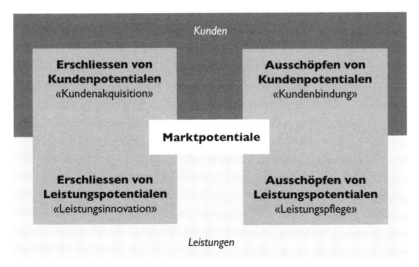

Abbildung 1: Die vier Kernaufgaben im Marketing (Quelle: in Anlehnung an Tomczak/Reinecke/Mühlmeier 2002, S. 17)

Aus anbieterorientierter Sicht umfasst die Kernaufgabe Kundenbindung demnach das *Ausschöpfen von Kundenpotentialen*. Hierzu gehören alle Massnahmen, die zu kontinuierlichen oder vermehrten Wieder-, Zusatz- und Folgekäufen führen bzw. verhindern, dass Kunden abwandern.

Kennzahlengestütztes Controlling der Kundenbindung

Ein allgemein gültiges Controllingsystem für die Kundenbindung ist weder möglich noch sinnvoll. Sowohl Branchenbesonderheiten als auch vorhandene Rahmenbedingungen, Anspruchsgruppen, das Zusammenspiel mit den anderen Marketingaufgaben (Kundenakquisition, Leistungsinnovation und -pflege) sowie die vorhandene Infrastruktur (Berichtswesen, Informatikunterstützung) sind zu beachten (Krulis-Randa 1990).

Der Fokus liegt nachfolgend vielmehr auf der Frage, wie der *Erfolgsbeitrag* der Kundenbindung erhoben werden kann. Dazu müssten sämtliche Kosten und Erlöse der jeweils getroffenen Entscheidung ermittelt werden, um einen Erfolgssaldo zu erhalten. Das ist jedoch praktisch nicht umsetzbar, weil 1) nicht alle Konsequenzen einer Entscheidung zu überblicken sind (z.B. Sekundäreffekte, zukünftige Wirkungen) und insbesondere 2) nicht alle Kosten- und Erlöswirkungen der einzelnen Entscheidung zugeordnet werden können (z.B. Personalkosten, beispielsweise Plinke/Rese 2000).

Aus diesem Grund setzt man bei den *Bezugsobjekten* (Produkt, Kunde, Absatzgebiet) an, auf die sich die Entscheidungen richten (Plinke/Rese 2000). So lässt sich beispielsweise – ähnlich anderen üblichen Rentabilitätsgrössen – das Verhältnis vom Kundendeckungsbeitrag eines Kunden(segments) zum finanziellen Aufwand (Investitionen) bewerten. Zur Berechnung des Optimums aller Anstrengungen zur Kundenbindung sind Kosten und Erlöse ebenfalls spezifisch zu erfassen und zuzuordnen. Das Optimum der Ausgaben läge dort, wo der (ökonomische) Kundendeckungsbeitrag am höchsten ist.

Insbesondere dann, wenn die individuelle Geschäftsbeziehung zum Gegenstand des Controllings wird, ist das Problem der Periodengebundenheit üblicher Kosten- und Erlösrechnungen offensichtlich. Geschäftsbeziehungen als Investitionsobjekte sind i.d.R. periodenübergreifend und sollten auch so erfasst werden (Plinke 1989). Es erscheint daher sinnvoll, beim Controlling der Kundenbindung nicht mehr allein das Produkt oder den Kunden in den Mittelpunkt zu stellen, sondern insbesondere die *Geschäfts- oder Kundenbeziehung*. Demzufolge werden die Tätigkeiten auf Kunden- und Anbieterseite in Form einer vereinfachten Ursache-Wirkungs-Kette berücksichtigt (vgl. 2).

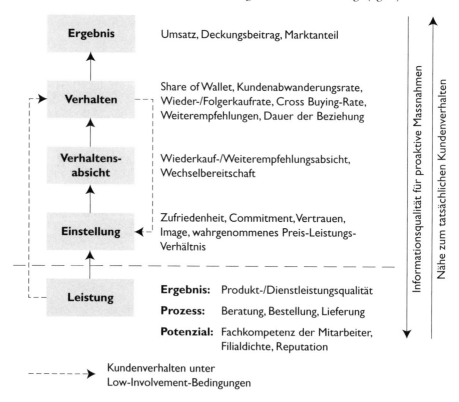

Abbildung 2: Controllingebenen der Kundenbindung (mit ausgewählten Kennzahlen) (Quelle: in Anlehnung an Dittrich 2002, S. 198 und Reinecke 2004, S. 288)

Zur Controllingebene *Leistung* gehört die Qualität der Austauschobjekte, das heisst der Produkte und Dienstleistungen als Leistungsergebnisse. Damit verbunden sind Austauschprozesse auf Informations-, Leistungs- und Entgeltebene (vgl. die Forschungsarbeiten der IMP-Gruppe, beispielsweise Ford 1990). Zur ersten Ebene gehören etwa die persönliche Beratung, gemeinsame Workshops für die Produktentwicklung oder die Reaktion bei Beschwerden. Logistikprozesse (z.B. Bestellung, Lieferung, Rücknahme) fallen unter die Ebene zwei. Zur Entgeltebene schliesslich zählt beispielsweise der Prozess der Rechnungsstellung. Da es sich um kundennahe Prozesse bzw. Prozesse an der Schnittstelle zum Kunden handelt, sind hiermit nicht alle Leistungsprozesse des Anbieters erfasst. Die beziehungsspezifischen Prozesse beruhen auf Potenzialen (i.S.v. Ressourcen, Fähigkeiten). Sie können materiell als auch immateriell (z.B. Reputation) und von grosser oder geringer strategischer Relevanz sein.

Während diese Sichtweise in erster Linie vom Anbieter ausgeht, muss ausserdem der Erfolg beim Kunden gemessen werden (ähnlich Diller/Haas/Ivens 2005, S. 366ff.), denn nicht die objektiven, sondern die subjektiv wahrgenommenen Qualitätsmerkmale sind entscheidend. Hierzu gehören die Messung der Kundenzufriedenheit und anderer Einstellungsgrössen (Präferenzen, Commitment, Vertrauen), die Verhaltensabsichten sowie das konkrete Kundenverhalten. Letztlich beeinflusst das Verhalten die ökonomischen Erfolgsgrössen.

Je nach Unternehmenssituation werden die verschiedenen Ebenen durch bestimmte Merkmale abgebildet, die erst noch zu operationalisieren sind und sowohl positiv wie auch negativ zur Kundenbindung beitragen können. Während sich nach oben das tatsächliche Kundenverhalten und damit auch das ökonomische Ergebnis immer besser abbilden lassen, dienen die Grössen in umgekehrter Richtung zunehmend dazu, möglichst frühzeitig einzugreifen und beispielsweise potenzielle Schwachstellen als Ursachen für rückläufige Wiederkäufe zu beseitigen.

Beispiel: Die «Qualität des Lieferprozesses» hat einen positiven Einfluss auf die Kundenzufriedenheit und die Wiederkaufrate. Dabei existieren zwei kritische Grössen, nämlich «Lieferzeit» (Zeitdauer von der Bestellung bis zur Lieferung an den Kunden vor Ort) und «Liefermenge» (bestellte/tatsächliche Menge). Die Grössen liefern das Rechnungswesen, die Qualitätskontrolle vor Versand sowie mögliche Kundenbeschwerden.

Eine bestimmte Einstellung, Verhaltensabsichten und tatsächliches Verhalten erklären Kundenbindung aus nachfrageorientierter Perspektive. Es genügt i.d.R. nicht, sich lediglich auf einzelne Komponenten zu stützen. Messergebnisse können einerseits mögliche Störfaktoren in der Ursache-Wirkungs-Kette aufdecken, andererseits lassen sich mit Hilfe eines Kundenbindungs-Index einfache Zeit- und Regionenvergleiche durchführen. So ermittelt beispielsweise ein internationales Unternehmen der Befestigungstechnik durch eine regelmässige Befragung seiner Kunden einen Kundenbindungsindex. Er errechnet sich aus Wahrscheinlichkeit des Wiederkaufs (50 Prozent),

Kaufweiterempfehlung an Dritte (25 Prozent) und Gesamtzufriedenheit (25 Prozent). Damit lässt sich primär die «Stimmung» im Markt abbilden. Nach der jeweiligen Indexhöhe können ausserdem Kundensegmente gebildet werden, die auch Ländervergleiche zulassen.

Einstellungsgrössen gehen von der Annahme aus, dass eine bestimmte Einstellung zum Anbieter und seinen Leistungen (kognitiv, affektiv) bzw. ein gewisses Ausmass an Zufriedenheit, Vertrauen und Commitment zu positiven Verhaltensabsichten führen (Helm 1995; Zeithaml/Berry/Parasuraman 1996). Besonders die Messung der Kundenzufriedenheit findet branchenübergreifend eine grosse Resonanz. Die Kundenzufriedenheit kann neben einer Kontroll- v.a. eine Frühwarnfunktion übernehmen, da Umsatzzahlen als traditionelle Feedbackinformationen zu einer zeitlich stark verzögerten Unternehmensreaktion führen würden (Kaas/Runow 1984; Burmann 1991; Dichtl/Schneider 1994; Helm 1995). Grundsätzlich werden zur Erhebung von Zufriedenheitsdaten objektorientierte (z.B. statistische Qualitätskontrolle, Scoring-Verfahren, Fehlerkostenanalyse) und kundenorientierte Verfahren (z.B. Testanrufe, Wartezeiten- und Bearbeitungsanalyse, Kundenbefragungen) angewandt (siehe hierzu beispielsweise Stauss/Hentschel 1990; Hentschel 1995; Berry/Parasuraman 1997). Insbesondere Kundenbefragungen bieten ein breites Spektrum an möglichen Messinhalten und -methoden.

Allerdings haben Zufriedenheitsbefragungen einen Nachteil. Es lässt sich daraus vornehmlich die Bindungsstärke aufgrund von Attraktivität bestimmen (Will-Bindungen), nicht aber die Abhängigkeit, die durch spezifische Investitionen, direkte Wechselkosten, vertragliche, organisatorische oder technisch-funktionale Bindungen entsteht.

Zu den *direkt ermittelbaren Absichten* gehören Wechselabsicht bzw. -bereitschaft, Wiederkaufabsicht, Weiterempfehlungsabsicht, Zusatzkaufabsicht sowie die Bereitschaft zur Intensivierung der Geschäfte (vgl. beispielsweise Anderson/Sullivafn 1993; Jones/Sasser 1995; Zeithaml/Berry/Parasuraman 1996; Berry/Parasuraman 1997). I.d.R. werden sie durch persönliche, telefonische oder schriftliche Befragungen erhoben.

Allerdings ist die Validität direkt erfragter Kaufabsichten unsicher, weil eine Absicht lediglich eine potentielle Kaufwahrscheinlichkeit ausdrückt (Morrison 1979; Bänsch 2002; Kroeber-Riel/Weinberg 2003). Es gibt also zwei Unsicherheitsaspekte. Zum einen geben direkt erfragte Kaufabsichten keine Auskunft darüber, warum der Kunde (nicht) wiederkaufen will oder muss. Zum anderen ist es nicht zwingend, dass sich die befragten Kunden tatsächlich so verhalten werden. Andererseits sind Verhaltensabsichten näher am Kaufverhalten als Einstellungskonstrukte.

Verhaltensgrössen zur Messung der Bindungsstärke beziehen sich entweder auf den Kundenstamm und/oder auf einzelne Kunden. Sie kennzeichnen konkretes Verhalten (z.B. Wechselrate) oder ökonomische Resultate (z.B. durchschnittlicher Umsatz pro Kundensegment). Zudem können die Informationen von vorhandenen oder von verlorenen Kunden stammen (z.B. bei Abwanderungsanalysen, beispielsweise Stornoanalysen bei Joho 1996). Letztere bilden wiederum Frühwarnindikatoren, um weitere Wechsel zu vermeiden. Abbildung 3 zeigt eine Übersicht über verschiedene Verhaltensgrössen. Das Zeichen * bedeutet, dass sich diese Kennzahlen vornehmlich auf den Gesamtkundenstamm beziehen, wogegen die anderen Grössen auch das Verhalten von Einzelkunden abbilden.

Kundenverhalten (ausser Kauf)
Kontakthäufigkeit: Anzahl der kundeninitiierten Kontakte pro Zeiteinheit (per Telefon, per E-Mail, Besuche auf der Web-Seite usw.; Ladenbesuche)   **Beschwerde- bzw. Reklamationszahl:** Zahl der Beschwerden in einer Periode (ggf. aufgeschlüsselt nach Beschwerdearten)   **Weiterempfehlungen:** Anzahl der Weiterempfehlungen in einer Periode t
Kaufverhalten
Umsatz pro Kauf: durchschnittlicher Kaufbetrag von Stammkunden   **Kaufintensität:** Anzahl der Käufe pro Zeiteinheit   **Wiederkaufrate:** Anteil der Kunden am Gesamtkundenstamm, die Wiederkäufe getätigt haben oder Anteil des Umsatzes mit vorhandenen Kunden (mit mindestens einem Wiederkauf) am Gesamtumsatz   **Auftragsquote:** Aufträge in Relation zu Anfragen bei Stammkunden   **Relative Zeitdauer seit letztem Kauf:** Zeitdauer seit dem letzten Kauf bzw. erwartete durchschnittliche Zeitdauer bis zum Wiederkauf   **(Gewichtete) Kundenbindungsrate:** Anteil der Kunden aus t_0, die in t_1 noch Kunde sind (pro Jahr oder nach Alter der Beziehung) (ggf. gewichtet nach Umsatz oder Deckungsbeitrag)   **Kundenhalbwertszeit:** Zeitdauer, nach der die Hälfte aller neu akquirierten Kunden das Unternehmen wieder verlassen hat (bzw. haben würde) («Drehtürgeschwindigkeit»)   **Rückgewinnungsrate:** Anteil der zurück gewonnenen Kunden an der Gesamtzahl der kontaktierten abgewanderten Kunden   **Rabattanteil am Umsatz:** durchschnittliche Rabattgewährung am Umsatz mit Stammkunden   **(Gewichtete) Stornoquote bei Stammkunden:** Anteil der stornierten Aufträge von Stammkunden an allen Aufträgen (ggf. umsatzgewichtet)   **Kundendurchdringungsrate:** Anteil der Bedarfsdeckung des Kunden beim Anbieter in Relation zum (geschätzten) Gesamtbedarf des Kunden (= Share of Wallet, Kundenanteil, Kundenpenetrationsrate)   **Relative Kundendurchdringungsrate:** Anteil der Bedarfsdeckung des Kunden beim Anbieter in Relation zum Anteil des grössten Konkurrenten   **Cross Buying Rate:** Zusatzkäufe nach Anzahl/Art, Umsatz pro Zeiteinheit   **Erschliessungsgrad:** Zahl der eigenen Kunden im Verhältnis zur Zahl potentiell möglicher Nachfrager

Abbildung 3: Verhaltensgrössen der Kundenbindung (Beispiele) (Quelle: Reinecke 2004, aufbauend auf DeSouza 1992, Jones/Sasser 1995, und Dittrich 2002)

Die Kenngrössen sind – in Abhängigkeit von der Unternehmens- und Marktsituation – in ihrer Aussagekraft sehr unterschiedlich. So ist der «share of wallet» ein wichtiges Kriterium, das den Gesamtbedarf des Kunden bzw. die relevante Konkurrenz einbezieht. Das erfordert jedoch genauere Kundeninformationen. Die Grösse «Zeitdauer nach letztem Kauf» wird stark von der Kauffrequenz beeinflusst. Hiermit lassen sich beispielsweise «schlafende» Kunden ermitteln, zu denen man innerhalb eines Jahres keinen Kontakt mehr hatte. Die Kontaktfrequenz ist für den Handel, den persönlichen Verkauf oder bei individuellen Dienstleistungen eine relevante Grösse.

Vorausgesetzt, dass Anbieter die Zahl ihrer verlorenen Kunden kennen, können Kosten- und Umsatzanalysen tendenziell zeigen, wie hoch der Schaden durch den Verlust abgewanderter Kunden ist und wie hoch die Zahl der Neukunden sein müsste, um die entgangenen Erlöse bei Kern- und Zusatzleistungen sowie die meist niedrigeren Betreuungskosten der verlorenen Kunden auszugleichen. Auch könnte man berechnen, was es kosten würde, diese Abwanderungsrate zu verringern (Aufwand im Vergleich zum Schaden durch Abwanderung).

Unternehmen in mehrstufigen oder anonymen Massenmärkten wird es schwer fallen, kundenbezogene Verhaltensgrössen zu ermitteln. Ihr Bezugsobjekt ist oft das Produkt oder die Marke. Den ökonomischen Markterfolg spiegeln die Wiederholungskaufrate (Ausmass, in dem die gewonnenen Käufer die Marke wiederkaufen) sowie das Kaufvolumen (Marktanteil der Marke) wider (Kroeber-Riel/Weinberg 2003, S. 408 f.). Ein ergänzendes Controlling auf Kundensegmentebene ist sinnvoll.

Um die Kundenbindungsstärke ausgewogen und langfristig zu messen und zu regeln, empfiehlt es sich, die dargestellten Einzelkennzahlen im Rahmen eines Kennzahlensystems zu verdichten; dieses kann gegebenenfalls auch mit einem integrierten Marketingkennzahlensystem (vgl. hierzu ausführlich Reinecke 2004) oder mit einer Balanced Scorecard (Kaplan/Norton 2006) abgestimmt werden.

Für eine integrierte Kontrolle der Kundenbindung ist es allerdings erforderlich, nicht nur die Bindungsstärke zu messen, sondern auch die Struktur und die Stabilität der Bindungen zu bewerten (Reinecke 2004). Hier stösst ein ausschliesslich auf Kennzahlen gestütztes Controlling an seine Grenzen. Langfristig sollte sichergestellt werden, dass die Kundenbindungsmassnahmen zwar nicht unbedingt in jedem Einzelfall, aber doch in ihrer Gesamtheit sowohl zu hoher Attraktivität als auch zu einer gewissen Abhängigkeit führen. Die in Abbildung 4 erwähnten exemplarischen Normstrategien helfen dabei, Einzelmassnahmen zu verändern, wenn sich der Gesamtmix nicht im Gleichgewicht befindet.

Die Kontrolle der Kundenbindung darf allerdings nicht nur statisch und rückblickend erfolgen, beispielsweise durch Analyse von Beschwerden oder Kundenabwanderungen. Daher ist auch der Stabilität der Kundenbindung eine besondere Aufmerksamkeit zu widmen. So sollten potentielle Gefährdungen der Kundenbindung, wie beispielsweise der Ablauf von Verträgen bzw. Patenten oder der Markteintritt neuer Wettbewerber, antizipiert werden. Die Szenariotechnik ist ein mögliches Hilfsmittel, um solche Veränderungen darzustellen.

Zusammenfassend kann festgestellt werden, dass sich die Stärke der Kundenbindung mit geeigneten spezifischen Kenngrössen kontrollieren lässt. Um Struktur und Stabilität ebenfalls in ein integriertes Kundenbindungscontrolling einzubeziehen, bedarf es weiterer Controllinginstrumente, beispielsweise Portfolio- und Szenariotechniken.

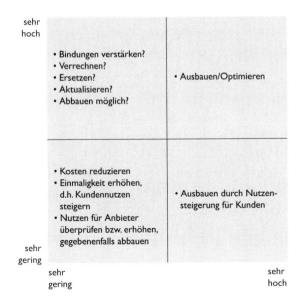

Abbildung 4: Gleichgewicht der Kundenbindung und beispielhafte Normstrategien für einzelne Kundenbindungsmassnahmen

Fazit

Der vorliegende Beitrag hat den Schwerpunkt insbesondere auf die Analyse langfristiger Geschäftsbeziehungen sowie ein auf Kennzahlen gestütztes Controlling der Kundenbindung gelegt. Ein wirksames Controlling der Kundenbindung darf aber nicht isoliert sein, sondern sollte im Rahmen eines integrierten Marketingcontrollings (Reinecke/Janz 2007) erfolgen. So sind beispielsweise insbesondere die Kundenstruktur sowie Wechselbeziehungen zu anderen Marketingaufgaben im Sinne einer durchdachten Marketingstrategie zu berücksichtigen: Beispielsweise sollten sich Kundenbindungsmassnahmen auf attraktive Kunden fokussieren; ferner besteht die Gefahr, dass sich eine übertriebene Kundenbindung durchaus negativ auf die Leistungsinnovationsfähigkeit eines Unternehmens auswirkt.

Entscheidend für ein wirksames Kundenbindungsmanagement in der Praxis ist ferner, dass die Umsetzung der Kundenbindung durch geeignete Ressourcen und eine optimale Organisation erleichtert wird (vgl. hierzu Dittrich 2002 sowie Homburg/Bruhn 2005).

Literatur

Anderson, E.W./Sullivan, M. (1993): The Antecedents and Consequences of Customer Satisfaction For Firms, in: Marketing Science, Vol. 12, No. 2/1993, Spring, pp. 125-143.

Bänsch, A. (2002): Käuferverhalten, 9. Auflage, München.

Bubb, P. L./van Rest, D. J. (1973): Loyalty as a Component of the Industrial Buying Decision, in: Industrial Marketing Management, Vol. 3/1973, pp. 25-32.

Burmann, C. (1991): Konsumentenzufriedenheit als Determinante der Marken- und Händlerloyalität, Das Beispiel der Automobilindustrie, in: Marketing – Zeitschrift für Forschung und Praxis, 13. Jg., Nr. 4/1991, S. 249–258.

DeSouza, G. (1992): Designing a Customer Retention Plan, in: Journal of Business Strategy, March/April 1992, pp. 24–28.

Dichtl, E./Schneider, W. (1994): Kundenzufriedenheit im Zeitalter des Beziehungsmanagements, in: Belz, Ch./Schögel, M./Kramer, M. (Hrsg.): Lean Management und Lean Marketing, St. Gallen, S. 6–12.

Diller, H./Haas, A./Ivens, B. (2005): Verkauf und Kundenmanagement, Eine prozessorientierte Konzeption, Stuttgart.

Dittrich, S. (2002): Kundenbindung als Kernaufgabe im Marketing, 2. Auflage, St Gallen.

Ford, D. (Hrsg.) (1990): Understanding Business Markets: Interaction, Relationships and Networks, London et al.

Fornell, C./Wernerfelt, B. (1987): Defensive Marketing Strategy by Customer Complaint Management: A Theoretical Analysis, in: Journal of Marketing Research, Vol. 24, November 1987, pp. 337-346.

Helm, R. (1995): Strategisches Controlling für den Vertrieb zur Unterstützung der Marketing-Kommunikation, in: Marktforschung & Management, 39. Jg., Nr. 1/1995, S. 27-32.

Homburg, C./Bruhn, M. (2005): Kundenbindungsmanagement – Eine Einführung in die theoretischen und praktischen Problemstellungen, in: Bruhn, M./Homburg, Ch. (Hrsg.): Handbuch Kundenbindungsmanagement, Grundlagen – Konzepte – Erfahrungen, 5. Auflage, Wiesbaden, S. 3-37.

Jackson, B. B. (1985): Winning and Keeping Industrial Customers, Lexington Mass.

Jacoby, J./Kyner, D. B. (1973): Brand Loyalty Vs. Repeat Purchasing Behavior, in: Journal of Marketing Research, Vol. 10, No. 2/1973, pp. 1–9.

Jarvis, L./Wilcox, J. (1977): True Vendor Loyalty or Simply Repeat Purchase Behavior, in: Industrial Marketing Management, Vol. 7, No. 1/1977, pp. 9–14.

Joho, C. (1996): Ein Ansatz zum Kundenbindungs-Management für Versicherer, Diss., Bern/Stuttgart/Wien.

Jones, Th. O. / Sasser, W. E. (1995): Why Satisfied Customer Defect, in: Harvard Business Review, Vol. 73, November/December 1995, pp. 88–99.

Kaplan, R. / Norton, D. (2006): How to Apply the Balanced Scorecard to Corporate Strategy, Boston Mass.

Kroeber-Riel, W. / Weinberg, P. (2003): Konsumentenverhalten, 8. Auflage, München.

Krulis-Randa, J. S. (1990): Theorie und Praxis des Marketing-Controlling, in: Siegwart, H. et al. (Hrsg.): Management Controlling, Meilensteine im Management, Basel/Frankfurt am Main, S. 257–272.

Matthes, D. (1967): Die Markentreue, Diss., 1966, o. O.

Meyer, A. / Oevermann, D. (1995): Kundenbindung, in: Tietz, B./Köhler, R./Zentes, J. (Hrsg.): Enzyklopädie der Betriebswirtschaftslehre, Bd. 4, Handwörterbuch des Marketing, 2. Auflage, Stuttgart, Sp. 1340–1351.

Morris, M. H. / Holman, J. L. (1988): Source Loyalty in Organizational Markets: A Dyadic Perspective, in: Journal of Business Research, Vol. 16, No. 2/1988, pp. 117–131.

Morrison, D. G. (1979): Purchase Intentions and Purchase Behavior, in: Journal of Marketing, Vol. 43, Spring 1979, pp. 65–74.

Nolte, H. (1976): Die Markentreue im Konsumgüterbereich, Bochum.

Plinke, W. (1989): Die Geschäftsbeziehung als Investition, in: Specht, G./Silberer, G./Engelhardt, H. W. (Hrsg.): Marketing-Schnittstellen, Stuttgart, S. 305–325.

Plinke, W. / Rese, M. (2000): Analyse der Erfolgsquellen, in: Kleinaltenkamp, M./Plinke, W. (Hrsg.): Technischer Vertrieb, Grundlagen des Business-to-Business-Marketing, 2. Auflage, Berlin et al., S. 691–759.

Reichheld, f. f. / Sasser, W. E. Jr. (1990): Zero Defections: Quality Comes to Services, in: Harvard Business Review, Vol. 68, No. 5/1990, pp. 105–111.

Reinecke, S. (2004): Marketing Performance Management, Empirisches Fundament und Konzeption für ein integriertes Marketingkennzahlensystem, Wiesbaden.

Reinecke, S. / Tomczak, T. (2006) (Hrsg.): Handbuch Marketingcontrolling. Effektivität und Effizienz einer marktorientierten Unternehmensführung, 2. vollst. überarb. u. erw. Auflage, Wiesbaden, S. 891-913.

Reinecke, S. / Janz, S. (2007): Marketingcontrolling, Stuttgart.

Stauss, B. / Hentschel, B. (1990): Verfahren der Problemdeckung und -analyse im Qualitätsmanagement von Dienstleistungsunternehmen, in: GfK-Jahrbuch der Absatz- und Verbrauchsforschung, 36. Jg., Nr. 3/1990, S. 232–259.

Tomczak, T. / Reinecke, S. (1996): Der aufgabenorientierte Ansatz: Eine neue Perspektive für das Marketing-Management, Fachbericht für Marketing, Nr. 5/1996, St Gallen.

Tomczak, T. / Reinecke, S. (1999): Der aufgabenorientierte Ansatz als Basis eines marktorientierten Wertmanagements, in: Gründig, R./Pasquier, M. (Hrsg.): Strategisches Management und Marketing, Festschrift für Richard Kühn, Bern et al.

Tomczak, T./Reinecke, S./Mühlmeier, S. (2002): Der aufgabenorientierte Ansatz – Ein Beitrag der Marketingtheorie zu einer Weiterentwicklung des ressourcenorientierten Ansatzes, Arbeitspapier des Instituts für Marketing und Handel an der Universität St. Gallen, St. Gallen.

Wiswede, G. (1992): Die Psychologie des Markenartikels, in: Dichtl, E./Eggers, W. (Hrsg.): Marke und Markenartikel als Instrumente des Wettbewerbs, München, S. 71–95.

Zeithaml, V. A./Berry, L. L./Parasuraman, A. (1996): The Behavioral Consequences of Service Quality, in: Journal of Marketing, Vol. 60, April 1996, pp. 31 f.

Integration der Vertriebswege im Retail Banking
Herausforderungen des Multi-Channel-Managements

· · · · ·

Marco Hahn
Markus Keck

Marco Hahn leitet das Servicemanagement von «FrontNet», dem integrierten und webbasierten Arbeitsplatz der Relationship Manager der Credit Suisse.

Markus Keck leitet im Bereich Privat- und Geschäftskunden der Commerzbank AG die Weiterentwicklung und den Betrieb der Selbstbedienungsterminals.

Integration der Vertriebswege im Retail Banking
Herausforderungen des Multi-Channel-Managements

Die Chancen im heutigen Retail Banking ergeben sich aus einer hohen Kundenanzahl, verbunden mit einem grossen, mengengetriebenen Absatzpotential. Dem gegenüber stehen ein traditionell geringes Erlöspotential pro Kunde sowie ein hoher Kostenblock, der zu einem bedeutenden Teil aus den Vertriebskosten resultiert. Gleichzeitig werden die Marktbedingungen für filialzentrierte Universalbanken immer schwieriger. Kritischere Kunden, zunehmender Wettbewerb und rasanter technologischer Fortschritt benennen nur einige der Herausforderungen, denen sich Banken heute stellen müssen. Gerade in dem wieder entdeckten und hart umkämpften Retail-Banking-Markt wird der Umbruch besonders deutlich.

Der Multi-Channel-Vertrieb wird in diesem Umfeld als grosse Chance für eine höhere Profitabilität gesehen. In den vergangenen Jahren galt die Aufmerksamkeit in Praxis und Literatur jedoch fast ausschliesslich dem Vertriebsweg Internet. Diese Sichtweise ist zu einseitig. Zum einen steigt die Zahl der für das Retail Banking interessanten Absatzwege weiter an, zum anderen wird die Filiale auch in absehbarer Zukunft der dominante Vertriebsweg bleiben. Eine aus der Vertriebsstrategie im Retail Banking abgeleitete und Erträge wie auch Kosten berücksichtigende Auswahl der Vertriebswege, wird damit zu einer strategischen Aufgabe.

Der nachfolgende Beitrag zeigt auf Basis einer wirkungskreisbasierten fundierten Betrachtung des Retail Bankings in Deutschland, dass der Multi-Channel-Vertrieb eine strategische Alternative darstellt, um die vorgenannten Herausforderungen zu bewältigen.

Multi-Channel-Vertrieb als strategische Aufgabe

Der Multi-Channel-Vertrieb beherrscht seit dem Aufkommen des E-Commerce in der zweiten Hälfte der 90er-Jahre die Diskussion im Marketing. Die förmlich aus dem Boden geschossenen neuen Technologien sorgten für eine euphorische Goldgräberstimmung bei der Erschliessung alternativer Vertriebskanäle. Die Kommunikation über neue elektronische Vertriebswege, wie insbesondere das Internet, aber auch Mobiltelefone, PDAs oder digitale TV-Receiver, wurde als breiter Kundenwunsch postuliert. Dies und anbieterseitige Bedrohungsszenarien wie sie z.B. in der Aussage von Bill Gates,

«Banking is necessary, banks are not», bekannt wurden, bildeten das grundlegende Motiv für hohe Investitionen in neue Technologien. Aufgrund der besonderen Eignung der immateriellen Finanzdienstleistung für den elektronischen Vertrieb spielten die Banken hierbei eine besondere Rolle.

Die Existenz technologieinduzierter Vertriebswege hat zwischenzeitlich umfangreichen Einzug in die strategische Vertriebsplanung gefunden. Jedoch ist in der Literatur und Praxis nur selten eine übergreifende Integration des Multi-Channel-Vertriebs erkennbar. Viele Banken bewerten den Multi-Channel-Vertrieb nach wie vor isoliert hinsichtlich seiner Chancen und Risiken und pressen die elektronischen Vertriebskanäle in den seit vielen Jahren etablierten Rahmen der operativen Vertriebspolitik. Heraus kommen häufig isolierte und unabgestimmte Vertriebsmassnahmen für Filiale, Internetbanking, den mobilen Aussendienst oder alternative Vertriebswege, deren geplante Wirkung in den meisten Fällen verpufft. Ein zusätzlicher Vertriebserfolg stellt sich häufig nicht ein, da die isolierten Massnahmen den Kunden eher verwirren, oder im schlimmsten Fall sogar verärgern, wenn er z.B. im Nachhinein erfährt, dass er im Internet einen besseren Zins als bei seiner Filiale bekommen hätte.

Isolierte Vertriebswege, die in der Organisation irgendwo neben aktuellen Kostensparprojekten und spontanen Vertriebsmassnahmen angesiedelt werden, sind daher keineswegs eine adäquate Antwort auf die heutigen komplexen Marktanforderungen. Viel mehr ist es erforderlich, den Multi-Channel-Vertrieb als eine strategische Aufgabe – im ureigenen Verständnis des Strategiebegriffs – zu betrachten, und ihn mit genau diesem Stellenwert im Vertrieb zu positionieren.

Dem Kunden werden im Rahmen einer Multi-Channel-Strategie eine Vielfalt an Zugangs- und Kontaktwegen zur Bank geboten, aus denen er sich selbstbestimmt die von ihm präferierten auswählen kann. So empfindet ein Kunde es heute bereits als Selbstverständlichkeit, wenn er seine Kontoumsätze am Kontoauszugsdrucker oder im Internet ansehen kann bzw. den Kontoauszug über den Postweg erhält. Je nach seinen persönlichen Präferenzen kann er den für sich günstigsten Informationsweg auswählen. Dieses Beispiel verdeutlicht sehr gut die Möglichkeiten der Bank zur Steuerung der Kundenpräferenzen. So kann bspw. der für die Bank sehr preisgünstige «virtuelle Kontoauszug im Internet» auch für den Kunden preislich besonders attraktiv sein. Im Marketing noch effektiver ist die ganzheitliche Botschaft an den Kunden: «Wir sind immer und auf allen denkbaren Vertriebskanälen für Sie erreichbar!» In der folgenden Abbildung 1 wird dieser Marketingantritt am Beispiel der Citibank verdeutlicht.

Der Werbeantritt und vor allem der zentrale Slogan «7 × 24» zeigt sehr anschaulich, wie erst über das Zusammenspiel der Vertriebskanäle dem Kunden der marketingwirksame Mehrwert vermittelt wird.

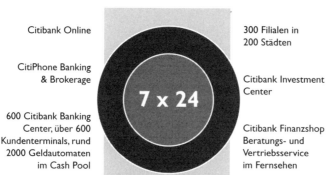

Abbildung 1: Multi-Channel-Marketing der Citibank Privatkunden AG (Quelle: Citibank Privatkunden AG {2004})

Ausrichtung des Multi-Channel-Vertriebs

Eine weitere Steigerung des Kundennutzens ist durch eine konsequente Ausrichtung des Multi-Channel-Vertriebs am Kaufprozess zu erwarten. Ziel dabei ist es, dass der Kunde seine Bank über alle Absatzkanäle und in allen Phasen des Kaufprozesses konsistent wahrnimmt (Schögel/Sauer 2002). Der Kunde wählt entsprechend seiner Präferenzen in den unterschiedlichen Phasen des Kaufprozesses den jeweils für sich optimalen Kontaktpunkt.

Dieses sog. «Channel Hopping» setzt einen prozessübergreifenden, integrierten Multi-Channel-Vertrieb voraus. Informationen aus der Pre-Sales-Phase müssen für die Beratungsphase bzw. den Kaufabschluss in jedem anderen Absatzkanal verfügbar sein. Das in Abbildung 2 auf Seite 93 dargestellte Beispiel zeigt einen solchen integrierten Multi-Channel-Prozess anhand von vier Vertriebswegen.

So informiert sich z.B. der junge, viel beschäftigte Kunde (Kreis) abends selbstständig im Internet und trifft auf Basis der dort vorliegenden Informationen seine Entscheidung über eine Finanzierung. Da er generell gut über Bankprodukte informiert ist, hat er keinen hohen Beratungsbedarf. Den Abschluss tätigt er in der Filiale, in der die Unterlagen bereits vorbereitet zur Unterschrift bereitliegen. Seine Rückfrage hinsichtlich einer Ratenstundung erledigt er zwei Monate später telefonisch über das Call Center.

Im Gegensatz dazu informiert sich der ältere, technologisch unerfahrene Rentner (Quadrat), telefonisch im Call Center über die Zinsen einer Geldanlage und vereinbart

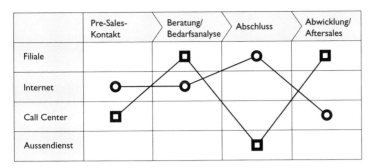

Abbildung 2: Der vernetzte Kaufprozess im Multi-Channel-Vertrieb

einen Beratungstermin in der Filiale. Im Beratungsgespräch wird klar, dass ein Investmentfonds seinen Anlagezielen näher kommt. Eine Entscheidung möchte der Kunde aber noch nicht treffen. Kurze Zeit später entschliesst sich der Rentner, den Fonds zu erwerben. Letzte Fragen klärt er mit dem mobilen Aussendienst, bei dem er auch den Produktabschluss tätigt. Eine Rückfrage zur steuerlichen Behandlung der Fonds, die einige Wochen später auftaucht, wird im Rahmen eines Routinetermins in der Filiale besprochen.

Beide Beispiele zeigen deutlich den Zuwachs an Bequemlichkeit für den Kunden und unterstreichen damit die weitreichenden Potentiale des Multi-Channel-Vertriebs.

Noch weiter geht die Bedeutung des Multi-Channel-Vertriebs für die Kundenbindung, wenn die vorgenannten Ansätze um ein One-to-One-Marketing ergänzt werden. Der Begriff bezeichnet das Konzept einer individualisierten Kundenbeziehung, wobei das Ziel verfolgt wird, den Umsatz und Gewinn mit dem Kunden durch die besonders gute Kenntnis seiner speziellen und aktuellen Bedürfnisse zu steigern. Entsprechend dieser Definition basiert das One-to-One-Marketing auf dem Beziehungsmarketing. Durch eine permanente Lernbeziehung über den sich verändernden Bedarf des Kunden steht – im Gegensatz zum Massenmarketing – eine individuelle Kundenansprache im Vordergrund des Konzeptes. Damit ist der Ansatz vergleichbar mit dem «Tante-Emma-Prinzip» – also dem Mitte des letzten Jahrhunderts in Deutschland populären Geschäftsmodell, bei dem jeder Kunde persönlich begrüsst wurde und die Verkäuferin die speziellen Vorlieben des Kunden kannte (Reichardt 2000). Um diesen Zustand in der heutigen, von einer Kontaktvielzahl geprägten Geschäftswelt wieder zu erreichen, bedarf es eines umfassenden DataMinings, worunter «...der Prozess des Entdeckens, Überprüfens oder Quantifizierens von Zusammenhängen und daraus ableitbarer Informationen in grossen Datenbeständen» (Elsner 2003) verstanden wird. Grundlage dafür bildet eine systematische Erfassung aller Bestands- und Kontaktinformationen im Sinne einer lückenlosen Kontakthistorie über alle Kontaktpunkte im Multi-Channel-Vertrieb. Die freie Auswahl der Kontaktpunkte zu seiner Bank wie auch die integrative Verknüpfung aller Kontaktpunkte über den Kaufprozess bedeuten für den Kunden eine Vereinfachung und erhöhen damit seine Convenience. Die Umsetzung eines One-to-One-Marketings erlaubt darüber hinaus eine an den Vorlieben des Kunden ausgerichtete, persönliche Kommunikation. Aufgrund jeder dieser Massnahmen ist der integrierte Multi-Channel-Vertrieb geeignet, die Kundenzufriedenheit und damit die Kundenloyalität zu steigern. Der gezielte Einsatz dieser Massnahmen zur Kundenbindung erfolgt häufig im Rahmen einer CRM-Strategie.

Grundlagen des Multi-Channel-Managements

Trotz des weit verbreiteten Gebrauchs des Begriffes Multi-Channel-Management (MCM) findet sich in der Literatur keine einheitlich verwendete Definition. Je nach Ziel der Untersuchung werden unterschiedliche Definitionsmerkmale herangezogen, um das Multi-Channel-Management von anderen Konzepten abzugrenzen.[1] Daraus ergeben sich eine Vielzahl von unterschiedlichen Interpretationen und ein uneinheitliches Bild. Im Folgenden wird versucht, aus den verschiedenen in der Literatur und der Praxis zu findenden Vorstellungen die wesentlichen Merkmale herauszuarbeiten, damit Abgrenzungen vorzunehmen und eine Arbeitsdefinition zu gewinnen.

Mehrkanalsystem: In der betriebswirtschaftlichen Literatur wird das Multi-Channel- oder auch Mehrkanalsystem als eine Kombination von mindestens zwei unterschiedlichen Kanälen verstanden (Schögel/Sauer/Schmidt 2004). Ein Kanal kann unterschiedliche Funktionen übernehmen. Aus diesem Grund können funktional Informations-, Kommunikations-, Transaktions-, Akquisitions- oder Vertriebskanäle unterschieden werden. Dabei ist es durchaus üblich, dass ein Kanal nicht nur eine Funktion, sondern mehrere Funktionen gleichzeitig übernimmt. Die klassischen Kanäle einer deutschen Grossbank sind beispielsweise die stationären Filialen, das Internet, das Call Center, die Selbstbedienungsterminals (SB) oder auch eine mobile Beratung in Form eines Aussendienstes. Erweitern lassen sich die Kanäle von Finanzdienstleistern durch Direct-Mails, technologische Entwicklungen wie M-Commerce via UMTS oder neuerdings auch um TV-Finanzshops, auf welche in diesem Beitrag jedoch nicht speziell eingegangen werden soll. Vorliegende Publikation wird sich vor allem mit zwei Kanälen auseinandersetzen: der Filiale und dem Internet. Denn entsprechend einer Untersuchung von Cambridge Technology Partners (Silberberger 2002) verwenden 81% aller Kunden diese beiden Kanäle für den Abschluss eines Finanzprodukts. Hinzufügen lässt sich, dass diese Kanäle vom Kunden entweder einzeln, in einer sequentiellen Abfolge oder auch gleichzeitig (Kracklauer/Wagemann/Voigt 2004) genutzt werden können. Beispielsweise ist es heute durchaus üblich, das persönliche Wertpapierdepot über das Internet abzurufen, eigenständig verschiedene Analysen und Vergleiche durchzuführen und sich zeitgleich vom Call Center die gewünschten Produktinformationen für eine neue Wertpapieranlage liefern zu lassen. Daneben gibt es auch die Möglichkeit, ausschliesslich eine Filiale für eine Wertpapierberatung zu nutzen. In nachfolgenden Kapiteln wird beschrieben, dass sich das Kanalnutzungsverhalten anhand von Segmentierungskriterien differenzieren lässt. Eine weitere Unterscheidung liegt darin begründet, ob ein Mehrkanalsystem organisatorisch und rechtlich einem einzelnen Finanzinstitut zuzurechnen oder durch eine Kooperation (Schulz-Moll/Waltmann 2003) mit einem Distributionspartner entstanden ist. Beispielsweise nutzt die Deutsche Postbank AG neben 700 eigenen Postbank-Centern auch zusätzlich über 9.000 physische Filialen der Post AG als Distributionskanal (Deutsche Postbank AG 2005).

Aktive Gestaltung und effiziente Steuerung: Die Literatur fügt hinzu, dass es sich um eine aktive Gestaltung und Steuerung eines Mehrkanalsystems handelt (Grimm/Röhricht 2003). In diesem Verbund werden einzelne Kanäle nicht nur bewusst ausgewählt, gestaltet und gesteuert, sondern auch wirksam voneinander abgegrenzt und effizient eingesetzt (Schögel/Sauer/Schmidt 2004). Denn gegenüber der Distribution über einen einzigen Kanal besteht beim Einsatz mehrerer Kanäle die Herausforderung darin, eine Rollen- und Aufgabenverteilung zwischen den eingesetzten Kanälen vorzunehmen, um Konflikte effizient zu managen. Entsprechend leitet sich die zentrale Zielsetzung ab, die vorhandenen Vertriebskapazitäten möglichst optimal einzusetzen.

Grad der Integration: Eine Unterscheidung bei der Führung von Mehrkanalsystemen besteht darin, in welchem Grad die Kanäle untereinander integriert sind. Unter der Integration wird verstanden, ob die Kanäle eigenständig und organisatorisch getrennt eingesetzt werden oder ob sich die Kanäle gegenseitig ergänzen (Schögel/Sauer 2002). Aus diesem Grund wird in der Literatur eine Trennung zwischen isolierten, kombinierten und integrierten Ansätzen vorgenommen (Engberding/Wastl 2003). Die Entstehung dieser Ansätze lässt sich im Retail Banking der vergangenen 10 Jahre anschaulich beschreiben:

Isolierter Ansatz

Beim *isolierten Ansatz* dominiert die Unabhängigkeit, wobei Abhängigkeiten zwischen Kanälen weitgehend vermieden werden. Diese werden meist dezentral geführt und mit einem separaten Daten-, IT- und Prozessmanagement nebeneinander betrieben.

Die Nachteile: Durch die fokussierte Sichtweise auf einzelne Vertriebskanäle bestehen in einem solchen Mehrkanalsystem kaum Anreize, um sich gegenseitig zu unterstützen oder Synergien bei der Umsetzung von Entwicklungen zu nutzen. Die Folge ist, sofern identische Zielgruppen bearbeitet werden, eine unkoordinierte Kundenansprache. In diesem Fall konkurrieren die Vertriebskanäle um dieselbe Kundenbeziehung. Der Erfolg des einzelnen Kanals steht im Vordergrund (McKinsey 2004).

Die Vorteile: Das unabhängige Auftreten schafft ein unternehmerisches Spannungsfeld innerhalb des Mehrkanalsystems, welches mit hoher Eigenverantwortung verbunden ist. Der interne Wettbewerb kann hierdurch auch vorteilhaft sein. Beispielsweise gehörte es Mitte der 90er-Jahre bis 2000 zur Vertriebswegestrategie einiger deutscher Finanzinstitute, eine Direktbank oder einen Online-Broker als eigenständiges Geschäftsmodell zu etablieren. Angestrebt wurde, einen kostengünstigen Vertriebskanal mit eigenständigem Markenimage und Markenbrand im Marktsegment der Discount-Broker zu positionieren. Dadurch sollten neue Zielgruppen angesprochen und preissensitive Kunden von Konkurrenzinstituten gewonnen werden. Entstanden sind dadurch die Advance Bank AG der Dresdner Bank AG, die comdirect AG der Commerzbank AG oder mit zeitlicher Verzögerung auch der S-Broker der Sparkassen.

Kombinierter Ansatz

Der *kombinierte Ansatz* kann als eine Weiterentwicklung des isolierten Ansatzes bezeichnet werden. Dies wird nachfolgend am Beispiel der Commerzbank AG mit Hauptsitz in Frankfurt, Main, verdeutlicht. Während 1995 die comdirect AG als eigenständige Tochtergesellschaft mit dezentraler Führung in Quickborn gegründet wurde, entwickelte sich das Mehrkanalsystem der Muttergesellschaft, bestehend aus Filialen, Call Center und Internet ebenfalls weiter. Damit wurde eine zweigleisige Mehrkanalstrategie verfolgt. Dies zeigte sich dadurch, dass die Call Center der Commerzbank AG und der comdirect getrennt voneinander aufgebaut wurden. Daneben wurde 2002 unabhängig von der comdirect AG ein zusätzlicher Vertriebskanal im Internet aufgebaut. Dort wurde das Mehrkanalsystem der Muttergesellschaft miteinander verbunden und die Kundenansprache wurden aufeinander abgestimmt. Dies erfolgte dadurch, dass Filial-, Direct Mail und Online-Vertriebskampagnen zeitlich synchronisiert und kombiniert eingesetzt wurden. Zu bemerken ist, dass bei diesem kombinierten Ansatz die IT-Architekturen der verschiedenen Kanäle meist noch nicht vollständig miteinander verbunden sind.

Die Vorteile: Durch eine weitgehende Unabhängigkeit der Vertriebskanäle kann eine Marktpositionierung weitgehend aufrechterhalten werden, wobei Synergien durch Technologiepartnerschaften innerhalb des Konzerns trotzdem möglich sind.

Die Nachteile: Die Transparenz über das Kundenverhalten innerhalb eines Konzerns über verschiedene Kanäle hinweg ist unzureichend. Die Entwicklungen einzelner Kanäle erfolgen meist durch unterschiedliche organisatorische Zuständigkeiten nebeneinander statt miteinander. Dies hat zur Folge, dass Synergiepotentiale erst spät erkannt oder bedingt durch unterschiedliche technologische Plattformen nicht genutzt werden können.

Integrierter Ansatz

Der *integrierte Ansatz* stellt das am weitesten entwickelte und anspruchsvollste Mehrkanalsystem dar. Dabei sind die einzelnen Kanäle vollständig miteinander koordiniert (Meffert/Backhaus/Becker 2004). Die Geschäftsprozesse orientieren sich am Kundenverhalten, so dass eine Unterscheidung in Filial- und Online-Kunden weitgehend vermieden wird. Die Kunden, welche über verschiedene Zugangswege mit dem Finanzdienstleister in Kontakt treten, werden als Multi-Channel-Kunden verstanden. Der Vertriebsprozess kann im Idealfall in Abhängigkeit vom individuellen Kundenbedürfnis bzw. der persönlichen Lebens- oder Ereignissituation in einzelne Teilleistungen gegliedert werden. Als Teilleistungen werden einzelne Bestandteile des Vertriebsprozesses wie die Information bzw. die Beratung über ein Produkt, eine Transaktion oder ein Produkt- und Serviceabschluss verstanden. Dadurch wird es möglich, einzelne Teilleistungen unterschiedlicher Kanäle miteinander zu kombinieren. Dabei stehen das Kundenprofil sowie auch sämtliche Verhaltens- und Transaktionsdaten innerhalb des Mehrkanalsystems zur Verfügung, können synchronisiert sowie in einheitlichen IT- und CRM-Systemen weiterverarbeitet werden. Erreicht wird dies durch eine einheitliche IT- und Prozess-Architektur. Eine Konkurrenzsituation zwischen den Kanälen wird dadurch vermieden, dass eine zentrale Steuerung die unterschiedlichen Aufgaben und Ziele der Kanäle definiert. Im Vordergrund stehen nicht technische, organisatorische oder prozessorientierte Lösungen einzelner Vertriebskanäle, sondern die Optimierung des gesamten Mehrkanalsystems. Dieser Ansatz wurde von der Citibank AG aufgebaut oder nachträglich von der Deutschen Bank AG oder der Deutschen Postbank AG durch die Re-Integration des Online-Brokerages Maxblue oder Easytrade angestrebt.

Die Vorteile: Durch die Zusammenarbeit zwischen den Kanälen kann insbesondere die Effizienz im Mehrkanalsystem erhöht werden. Für den Kunden besteht dadurch die Möglichkeit, beliebig oft und störungsfrei zwischen einzelnen Kanälen zu wechseln.[2]

Die Nachteile: Allerdings sind mit einem integrierten MCM-Ansatz auch Konflikte und Herausforderungen verbunden. Hierzu gehören beispielsweise eine eindeutige Zuordnung von Vertriebserfolgen zu einem Kanal oder das Ausnutzen von kanalspezifischen Preisvorteilen.

Abbildung 3: Ansätze des Multi-Channel-Managements (MCM)

Grundsätzlich ist anzumerken, dass die Auswahl einer dieser Ansätze von der Ausgangssituation und der Zielsetzung eines Finanzinstituts abhängig ist. Für die Mehrheit der europäischen Universalbanken gilt allerdings, dass der Kunde eine bedarfsgerechte Anzahl und Auswahl an Vertriebskanälen fordert. Es stellt sich somit häufig nicht die Frage, welche Vertriebskanäle eine Bank anbieten muss, sondern wie das optimale Zusammenspiel zwischen den einzelnen Absatzkanälen aussieht.

Der vorliegende Beitrag konzentriert sich somit auf den strategisch besonders relevanten integrierten MCM-Ansatz, der wie folgt definiert werden kann:

Integriertes Multi-Channel-Management bezeichnet ein effizientes Mehrkanalsystem, welches aktiv gestaltet und gesteuert wird sowie den hohen Grad gegenseitiger Integration zwischen den Kanälen sicherstellt.

Erfolgslogik des Multi-Channel-Managements

Die Ziele des Multi-Channel-Managements liegen in einer Erhöhung der Erträge und der Kundenbindung sowie einer Reduzierung der Kosten. Von Bearing Point wurde 2001 eine Befragung von 100 Retail-Banken in Deutschland, in Österreich und der Schweiz durchgeführt, um eine Priorisierung dieser Ziele zu erhalten (Schüler/Stürtz/Lipphardt/Gerstenberger 2002). Mit Priorität 1 wurde die Erhöhung der Erträge und der Kundenbindung genannt. Priorität 2 bekam das Ziel der Kostensenkung durch Rationalisierungen. Das Ziel der Neukundengewinnung erhielt immerhin noch Priorität 3.

Weitere Ziele in Zeiten eines verstärkten Kostenmanagements und vermehrter

Filialschliessungen waren die Ergänzung des Filial- und Zweigstellennetzes sowie eine Verbesserung des Images der Finanzinstitute.

Wie kann ein Finanzinstitut diese Ziele erreichen? Welche Abhängigkeiten zwischen diesen Zielen sind zu beachten und welche Einflussgrössen zu berücksichtigen? Zur Beantwortung dieser Frage greifen wir auf die Methode des vernetzten Denkens zurück. Zur Mustererkennung innerhalb eines komplexen Systems bietet die Methode des vernetzten Denkens einen sehr guten Ansatz (Honegger/Vettiger 2003). Zur Veranschaulichung soll eine Filiale als einziger Vertriebskanal angenommen werden. Durch Hinzunahme des Kanals Internet wird dann eine Erfolgslogik erarbeitet, welche die Wirkungen in einem vereinfachten Mehrkanalsystem beschreibt. Dabei ist beabsichtigt, die miteinander verknüpften Erfolgsfaktoren durch eine Netzwerksicht transparent zu machen und ein erstes Verständnis für die Wirkungszusammenhänge herzustellen (siehe Abbildung 4).

Im Anschluss werden die innerhalb des Systems beeinflussbaren Erfolgsfaktoren beschrieben. Diese werden nachfolgend als Stellhebel bezeichnet. Gleichzeitig soll gefragt werden, ob auch kritische Erfolgsfaktoren existieren, die einen wesentlichen Einfluss auf den Erfolg des Mehrkanalsystems haben. Nachfolgend werden zu diesem Zweck vier unterschiedliche Wirkungsketten entwickelt, welche die Zusammenhänge verdeutlichen.

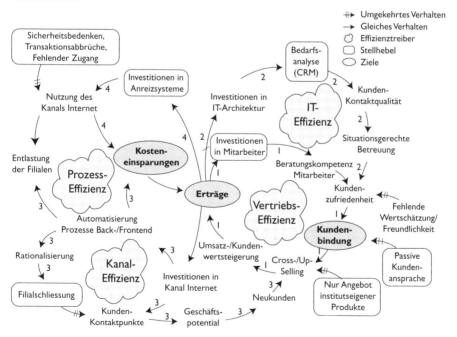

Abbildung 4: Erfolgslogik des Multi-Channel-Managements

Im Mittelpunkt des Wirkungssystems stehen die Erträge, da diese als wichtigste Ziele genannt wurden. Ausgehend davon wird durch eine Investition in die eigenen Mitarbeiter eine erste Wirkungskette entwickelt. Als Folge von beratungsorientierten Qualifizierungsmassnahmen wird eine Erhöhung des Know-hows erreicht, die sich in der Beratungskompetenz der Mitarbeiter niederschlägt. Eine höhere Kompetenz in der Kundenberatung ist eine wichtige Voraussetzung für die Kundenzufriedenheit und stärkt mittelfristig auch die Kundenbindung. Eine verbesserte Kundenbindung führt wiederum zu einer höheren Neigung des Kunden, mehr Produkte und Serviceleistungen des Finanzdienstleisters nachzufragen. Dies zeigt sich in zusätzlichen Verkaufserfolgen mit verbundenen Produkten (Cross Selling) und Abschlüssen mit höheren Margen (Up-Selling). Die Folge sind Umsatz- und Kundenwertsteigerungen sowie schliesslich höhere Erträge.

Durch Einbeziehung von Investitionen in IT-Architekturen wird in einer zweiten Wirkungskette die Voraussetzung für eine kanalübergreifende Kundenbedarfsanalyse ermöglicht. Beispielsweise besteht die Möglichkeit, umfangreiche Nutzungs- und Verhaltensdaten von Kunden über unterschiedliche Kanäle hinweg zu generieren. Durch die intelligent ausgewählten und aufbereiteten Informationen kann zielgerichteter auf die wesentlichen Kundenbedürfnisse eingegangen werden. Dies führt zu einer verbesserten Kunden-Kontaktqualität und einer intensiveren Kundenbetreuung. Das wird sich wiederum mittelfristig auch positiv auf die Kundenzufriedenheit auswirken. Die erste Wirkungskette wird zusätzlich verstärkt bzw. unterstützt. Dieser Effekt tritt allerdings nicht automatisch ein. Der gleiche Kreislauf hat eine negative oder zumindest gedämpfte Wirkung auf das Ziel, wenn es nicht gelingt, die Beratungskompetenz der Mitarbeiter zu verbessern. Ebenso verhält es sich damit, wenn die Kunden keine Wertschätzung oder Freundlichkeit erfahren oder nur routinemässig und ohne Rücksicht auf den persönlichen Beratungsbedarf kontaktiert werden. Negativ wirkt zudem, wenn Kunden nur institutseigene Finanzprodukte angeboten bekommen. Denn Kunden erwarten eine Auswahl der besten Finanzprodukte unterschiedlicher Anbieter (Best-of-Class) und nicht nur das begrenzte Angebot des eigenen Finanzinstituts empfohlen zu bekommen. Wie entscheidend diese Erfolgsfaktoren für den Wirkungskreislauf sind, wurde in einer europäischen Bankenstudie der Unternehmensberatung Booz Allen Hamilton (2003) nachdrücklich bestätigt. Demnach sind 74% der befragten Kunden unzufrieden mit den angebotenen Produkten, 68% erwarten eine aktive Ansprache und Initiative des Beraters und für 42% ist die Kompetenz das wichtigste Kriterium für einen Produktabschluss. Mit Abstand folgt die Freundlichkeit des Beraters mit 13%.

Die Erfolgslogik wird nun durch das Hinzufügen des Kanals Internet, der dritten Wirkungskette, erweitert. Die Investitionen in den Kanal Internet erhöhen zunächst die Anzahl der Zugangswege zum Kunden. Damit werden neue Kunden-Kontaktpunkte zu bestehenden oder neuen Zielgruppen erschlossen. Diese Kontaktpunkte erhöhen das Potential des Beraters, neue Kunden zu gewinnen bzw. zu erreichen und bestehende Kundengruppen zu aktivieren. Weiterhin können positive Wechselwirkungen, sog. Cross-Channel-Effekte zwischen einzelnen Kanälen erreicht werden. Diese Effekte treten dann ein, wenn ein Kunde sich im Internet über die Produkte des Finanzinstituts informiert und anschliessend einen Abschluss in einer Filiale sucht. Dies wiederum führt zu einer Erhöhung der Cross- und Up-Selling-Quoten. Gleichzeitig besteht durch eine zunehmende Automatisierung die Möglichkeit, Kosteneinsparungen zu erreichen. Durch die Automatisierung interner Abläufe oder durch die Zusammenlegung von Prozessen im Backend kann die Aufwandquote gesenkt werden. Durch Effizienzsteigerungen können Filialen entweder entlastet, zusammengelegt oder geschlossen werden. Allerdings wird bereits hier eine negative Rückkopplung sichtbar. Die Reduzierung von Filialen führt zu einer Verringerung der Kunden-Kontaktpunkte und damit auch zu einer Reduzierung des Geschäftspotentials. Dies geschieht insbesondere dann, wenn nicht berücksichtigt wird, dass für 80% der Kunden die Filiale noch immer der wichtigste Vertriebs- und Informationskanal ist.

Als letzte und vierte Wirkungskette wird die Betrachtung um die Investition in Anreizsysteme zur Nutzung des Internets erweitert. Beispielsweise kann eine bewusste Differenzierung der Preise und Konditionen im Internet zu einer Lenkung des Kanalnutzungsverhaltens führen. Insbesondere dann, wenn Kunden für standardisierte Transaktionen wie Wertpapierorders nicht länger kostenintensive Filialen aufsuchen, sondern zunehmend das kostengünstigere Internet nutzen. Zusätzlich können auch Entlohnungs- oder interne Zielsysteme so geändert werden, dass die eigenen Mitarbeiter von der Verlagerung standardisierter Transaktionen ebenfalls profitieren und einen alternativen Vertriebskanal damit leichter akzeptieren. Weiterhin trägt auch eine gezielte Kundenansprache zur Änderung des Nutzungsverhaltens bei. Vergleichen lässt sich dies wohl am besten mit dem Gewöhnungsverhalten der Kunden, die zu Beginn der 90er-Jahre noch Kontoauszüge und Bargeld am Schalter abgeholt haben, bis Geldausgabeautomaten und Kontoauszugsdrucker in Selbstbedienungszonen (SB) eingeführt wurden. Allerdings ist auch hier eine dämpfende Wirkung zu beobachten. Beispielsweise werden von den bereits 20 Millionen Online-Konten in Deutschland nur 30% regelmässig genutzt. Weiterhin halten 52% aller Kunden mit Online-Zugang das Internet für «nicht sicher»» bzw. «überhaupt nicht sicher». Weitere 25% halten das Netz für «zu unpersönlich» (Jung 2004).

Aus der dargestellten Erfolgslogik lässt sich bereits jetzt eine Erkenntnis ziehen: Es ist entscheidend, die Herausforderung des Multi-Channel- Managements von verschiedenen Sichtweisen aus zu betrachten. Die Methodik des vernetzten Denkens eignet sich dabei sehr gut für eine systematische Erarbeitung von Zusammenhängen. Die nach und nach entstehende Landkarte bietet dabei den Vorteil, eine zu frühe Fokussierung auf Einzelaspekte zu vermeiden. Denn nicht in der isolierten Verbesserung einzelner

Teile, sondern in der Optimierung des gesamten Wirkungssystems liegt der Schlüssel zum Erfolg.

Stellhebel und kritische Erfolgsfaktoren

Nachdem die wesentlichen Wirkungsbeziehungen beschrieben und transparent gemacht worden sind, erfolgt nun die Interpretation des Netzwerkes. Hierfür gilt es, sich bewusst zu machen, dass ein komplexes System nicht beherrschbar ist. Jedoch existieren immer Stellhebel, mittels derer die Zielgrössen beeinflusst werden können. Diese können über das vernetzte Denken identifiziert und nutzbar gemacht werden.

Für die dargestellten Wirkungsbeziehungen im Vertrieb gelten die folgenden Stellhebel:
- Angebot von Best-of-Class-Finanzprodukten
- Aktive Kundenansprache durch Berater
- Bereitschaft und Vermögen der Berater zur bedarfsgerechten Aktivierung des Kunden für alternative Vertriebskanäle
- Erhöhung der Beratungskompetenz der Berater
- Anpassung interner und externer Anreizsysteme
- Abbau von Sicherheitsbedenken der Kunden und Mitarbeiter zur Nutzung des Internets
- Abbau von Transaktionsabbrüchen bei Nutzung des Internets

Bei Betrachtung der Erfolgslogik zeigt sich, dass die lenkbaren Stellhebel einen positiven, aber auch negativen Einfluss auf die Zielgrössen haben können. Dabei bestätigt sich erneut, dass die Filiale eine wesentliche Voraussetzung ist, um mit Kunden in einen persönlichen Kontakt zu kommen und Beratungsleistungen anzubieten. Im internationalen Vergleich belegte Booz Allen Hamilton (2003), dass die Filiale signifikant ist für das Wachstum im Retail Banking. Über 90 % aller Kundenbeziehungen werden in der Filiale gewonnen oder verloren. Entsprechend gilt das Filialgeschäft nach langen Jahren der Konsolidierung heute bei vielen Banken wieder als der Wachstumsmotor im Privatkundengeschäft.

Weiterhin wird deutlich, dass über die verschiedenen Vertriebskanäle hinweg die individuellen Kundenbedürfnisse erkannt werden müssen, um situationsgerecht in den Kundendialog einzutreten und passende Finanzlösungen anzubieten.

Aus diesem Grund werden folgende zwei Erfolgsfaktoren als besonders kritisch bewertet:
- Aufrechterhaltung regionaler Präsenz von Filialen
- Kundenindividuelle Bedarfsanalyse

Weiterhin lässt sich ableiten, dass erhebliche Investitionen in Mitarbeiter, IT-Systeme und Prozesse sowie in veränderte Anreizsysteme erfolgen müssen, um die Wirkungskreisläufe überhaupt in Gang zu setzen. Zusätzlich sind Wirkungsverzögerungen innerhalb der Ketten zu berücksichtigen. Wird zusätzlich beachtet, dass sich die Investitionen innerhalb dieses Wirkungssystems mit einem positiven Business Case begründen lassen müssen und die Zusammenhänge der verschiedenen Erfolgsfaktoren erst durch eine vernetzte Sichtweise transparent werden, dann ergibt sich eine anspruchsvolle Erwartung an das Multi-Channel-Management.

Wie in den vergangenen Kapiteln aufgezeigt wurde, sind Komplexitätsmanagement, vernetztes Denken und das Wissen um die strategische Bedeutung integrierter Vertriebskanäle entscheidende Voraussetzungen zur Erfüllung dieser Ansprüche und damit zur Stärkung der individuellen Wettbewerbsfähigkeit im Retail Banking.[3]

Anmerkungen

[1] In diesem Beitrag werden Begriffe wie Multi-Channel-Marketing, Multi-Channel-Distribution oder Multi-Channel-Retailing als Synonym für das Multi-Channel-Management verstanden.

[2] Durch die Integration von Channels untereinander erfolgt in dieser Arbeit eine Abgrenzung zum Multiple-Channel-Management, welche eine vereinfachte Form des Multi-Channel-Managements darstellt.

[3] Eine sehr detaillierte Aufbereitung dieser Erfolgsfaktoren enthält das Fachbuch «Integration der Vertriebswege – Herausforderung im dynamischen Retail Banking» von M. Keck und M. Hahn.

Literatur

Elsner, R. (2003): Optimiertes Direkt- und Database Marketing unter Einsatz dynamischer Modelle, 1. Aufl., Deutscher Universitäts-Verlag, Gabler, Wiesbaden 2003.

Engberding, K./Wastl, S. (2003): Brick+Brick=Click? – Allianzen der Old Economy zur Erschliessungss des eBusiness, in: Multikanalstrategien: Konzepte, Methoden und Erfahrungen, hrsg. von D. Ahlert, Wiesbaden 2003.

Grimm, S./Röhricht, J (2003): Die Multichannel Company, hrsg. von Galileo Press GmbH, Bonn 2003.

Honegger, J./Vettiger, H. (2003): Ganzheitliches Management in der Praxis, Zürich 2003.

Jung, C.(2004): Internet und Online Banking: Warum «Offliner» Offliner sind, in: Die Bank 04/2004.

Keck, M./Hahn, M. (2006): Integration der Vertriebswege – Herausforderung im dynamischen Retail Banking, Wiesbaden 2006.

Kracklauer, A./Wagemann, B./Voigt, M. (2004): Multichannel-Management in der Konsumgüterwirtschaft, in: Multichannel-Marketing-Handbuch, hrsg. von O. Merx und C. Bachem, Heidelberg 2004.

Meffert, H./Backhaus. K./Becker J.(2004): Multi-Kanal-Marketing - was bringen Mehrkanalstrategien? – Wissenschaftliche Gesellschaft für Marketing und Unternehmensführung e.V., hrsg. von H. Meffert, K. Backhaus und J. Becker, Münster 2004.

Schögel, M./Sauer, A. (2002): Multi-Channel-Marketing – Die Königsdisziplin im CRM, in: Thexis 01/2002.

Schögel, M./Sauer, A./Schmidt, I.(2004): Multichannel-Management-Vielfalt in der Distribution, in: Multichannel-Marketing-Handbuch, hrsg. von O. Merx und Dr. C. Bachem, Heidelberg 2004.

Schüler, K./Stürtz, N./Lipphardt U.P./Gerstenberger, R. (2002): Der lange Weg zum Kunden: Die Zukunft des Vertriebs im Retail Banking, in: Bearing Point Retail Banking Survey 2001/2002.

Schulz-Moll, E./ Waltmann, E. (2003): Kundenbeziehungen mit MultiChannelstrategien gezielter managen – Ein Beispiel aus dem Finanzdienstleistungsmarkt, in: Multikanalstrategien: Konzepte, Methoden und Erfahrungen, hrsg. von D. Ahlert, Wiesbaden 2003.

Silberberger, H.(2002): MultipleMultiple-Channel oder MultiMulti-Channel?, in: Retail Technology 01/2002.

Reichardt, C. (2000): One-to-One-Marketing im Internet. Erfolgreiches E-Business für Finanzdienstleister, Gabler Verlag, Wiesbaden 2000.

Web-Download:

Digital Transformation - Multiple Channels oder MultiChannel für Versicherer, *www.mckinsey.com*, Download: 12.12.2004

Europäische Bankenstudie belegt: Schliessung von Filialen vernichtet Basis der Wertschöpfung, *www.boozallen.de*, Download: 20.02.2005

Strategie der Deutschen Postbank AG, *www.postbank.de,* Download: 15.02.2005

Implementierung von CRM
mittels SOA-basierender Geschäftsprozesse

Dr. Wolfgang Martin

Dr. Wolfgang Martin ist unabhängiger Analyst und ist ein europäischer Experte auf den Gebieten BI/CPM (Business Intelligence/Corporate Performance Management), BPM (Business Process Management), SOA (Service Oriented Architecture) und CRM.

Implementierung von CRM
mittels SOA-basierender Geschäftsprozesse

Kundenorientierung – Modell und Implementierung

«Kundenorientierung ist ein ganzheitlicher Ansatz und stellt den Kunden in den Mittelpunkt des Geschäftsmodells. Die Implementierung erfolgt durch CRM-Prozesse, wobei alle CRM-Prozesse aus der Strategie abgeleitet und auf den Kunden ausgerichtet werden.» Prozess trifft Kunde. So steht es in den heutigen Lehrbüchern, und so ist es ja auch richtig. Wie aber implementiert man dieses Geschäftsmodell zur Kundenorientierung?

Bis vor kurzem war gängige Meinung, dass man mit einer CRM-Applikation die CRM-Prozesse bekommt, die Kundenorientierung als Geschäftsmodell unterstützen. Doch wenn man genauer hinschaut, stellt man fest, dass kundenorientierte Prozesse Aktivitäten umfassen, die schon in anderen Applikationen implementiert sind, und umgekehrt gibt es Prozesse im ERP, SCM etc., in denen Kundenorientierung fehlt. Schauen wir uns dazu eine CRM-Applikation an. Werden dort kundenorientierte Prozesse auch tatsächlich vollständig abgebildet? Teilweise ja, keine Frage, aber wie sieht es beispielsweise mit dem Bestellprozess aus? In der Regel ist dieser nicht vollständig im CRM-System abgebildet. Kann er ja auch nicht, da Teile dieses Prozesses von anderen Applikationen unterstützt werden. So ist beispielsweise eine Produktverfügbarkeitsprüfung meist im Rahmen einer Supply-Chain-Lösung bereits implementiert. Man braucht sie im Rahmen von Kundenorientierung aber u.U. im Webshop oder in der Filialapplikation. Und umgekehrt sieht man schnell, dass es Prozesse in anderen Applikationen gibt, in denen Kundenorientierung fehlt. So ist Servicelevel-Differenzierung eine gute Praxis im Modell für Kundenorientierung, aber im Webshop und/oder der Filialapplikation fehlt vielfach ein Bezug der Prozesse zum Kundenwert, um gemäss dem Prinzip «Gib den besten Kunden die besten Services» verfahren und steuern zu können.

So weit ist das Problem nicht neu, und die resultierende Aufgabe heisst Integration: Die in der Applikation vorhandenen Prozessteile müssen mit den Prozessteilen anderer Applikationen integriert werden, um eine Durchgängigkeit zu erreichen. Die CRM-Prozesse innerhalb einer CRM-Applikation reichen eben nicht aus. Das ist die eine Seite der Medaille, aber es gibt noch eine zweite Seite. CRM-Prozesse sind auch nicht ausreichend, wenn es darum geht, Kundenorientierung in alle für das Geschäftsmodell relevanten Unternehmensprozesse zu bringen.

> *Nehmen wir als **Beispiel** das Mahnwesen: Die Prozesse im Mahnwesen sind sicher keine CRM-Prozesse, aber sie könnten mit Kundenorientierung durchaus etwas zu tun haben: Für ein Mahnwesen sollte man sich auch überlegen, inwieweit Kundenorientierung sinnvoll und wertschöpfend eingesetzt werden kann. Wollen wir einem unserer besten und strategischen Kunden, der gerade mal mit einer Rechnung (aus welchen Gründen auch immer) in Verzug geraten ist, gleich mit aller Schärfe des gesetzlich Möglichen eine Mahnung schicken, wie jedem anderen – nicht so wichtigen – Kunden? Die Mahnprozesse sind nicht in der CRM-Applikation enthalten. Mit anderen Worten: Ist eine CRM-Applikation traditioneller Art überhaupt eine ausreichende Lösung für Kundenorientierung?*

Wir sehen: Es kommt nicht auf die Applikationen an, sondern auf die Prozesse. Prozessorientiert zu denken ist angesagt.

Geschäftsprozessmanagement per serviceorientierte Architektur (SOA)

Was macht Prozessorientierung so interessant für das Management und die Geschäftsführung? Sie unterscheidet Marktsieger von Verlierern. Die Attribute erfolgreicher, prozessorientierter Unternehmen sind wohlbekannt:

- Höhere Produktivität
- Optimierte Ressourcen
- Reduzierte Komplexität
- Schnellere Durchlaufzeit
- Geringere Fehlerquote
- Verkürzte Time-to-market
- Loyale und zufriedenere Kunden
- Loyale und zufriedenere Mitarbeiter

Das sind die wesentlichen Ziele des Managements in wohl jedem Unternehmen. Der Schlüssel zum Erfolg: das Industrialisieren von Prozessen und deren Agilität, damit man Marktsieger ist und bleibt. *Industrialisierung* bedeutet Standardisierung, Automatisierung und kontinuierliche Verbesserung. *Agilität* bedeutet die Flexibilität, Strategieänderungen unverzüglich umzusetzen, damit man jederzeit Marktänderungen folgen und auch sich ändernde Kundenanforderungen schnellstens erfüllen kann. Schnelle Reaktionen und proaktive Initiativen binden Kunden und schlagen Wettbewerber aus dem Feld. Angesichts der derzeitigen wirtschaftlichen Herausforderungen ist eine solche Agilität für den Erfolg ausschlaggebend. Eine immer höhere Markt- und Kundendynamik sind die treibenden Kräfte. Weitere Antriebskräfte sind wie immer Kostensenkung, aber auch die Einhaltung von Standards. Daher konzentrieren sich führende und erfolgreiche Unternehmen darauf, ihre Strategien mittels durchgängiger, intelligenter, flexibler und industrialisierter Geschäftsprozesse umzusetzen. Prozesse stehen so für das Management im Mittelpunkt des Interesses.

Dazu braucht man *Business Process Management*, ein Kreislaufmodell, das den Entwicklungslebenszyklus von Geschäftsprozessen beschreibt:
- *Phase 1:* Analysieren, modellieren, dokumentieren, testen und simulieren von Geschäftsprozessen
- *Phase 2:* Ausführen von Geschäftsprozessen durch applikationsübergreifende Arbeitsabläufe (workflow), die vorhersehbare und unvorhersehbare Ereignisse umfassen
- *Phase 3:* Planen, Überwachen und Steuern der Prozesse und ihrer Leistung (performance) im Zusammenspiel aller Geschäftsprozesse

BPM ist in diesem Sinne eine neue, prozessorientierte Version der Unternehmensführung: Planung, Ausführung und Performanz Management sind von jeher die drei Basiselemente jeden Managements gewesen («Mach einen Plan, führe ihn aus und sieh zu, dass dein Ergebnis in Einklang mit dem Plan bleibt»). Entsprechend sollte der Kernbegriff «Prozess» nun definiert werden:

Ein Geschäftsprozess ist ...
- eine Menge von Aktivitäten und Aufgaben,
- ausgeführt von Ressourcen (Services geleistet von Menschen und Maschinen)
- unter Nutzung unterschiedlicher Information (strukturiert und unstrukturiert)
- mittels unterschiedlicher Interaktionen (vorhersehbar und unvorhersehbar)
- gesteuert von Management-Politiken und Prinzipien (Geschäftsregeln und Entscheidungskriterien)
- mit dem Ziel, vereinbarte Endergebnisse zu liefern (Strategien und Ziele).

Dabei gelten die folgenden Grundprinzipien einer Prozess-Orientierung:
- Prozesse basieren auf dem Konzept von *Unterprozessen*, also kann ein Prozess ein Service sein und ein Service ein Prozess.
- Es gibt zwei *Prozesstypen,* den automatisierten, von einer Maschine ausgeführten Prozess («Dunkelverarbeitung») und den auf menschlichen Interaktionen basierenden Prozesstyp.
- Ein Prozess kombiniert also beide Prozesstypen in beliebiger Weise entsprechend der *Prozesslogik*.

- Die Prozesslogik beschreibt den Ablauf («Fluss») der Aktivitäten, die Verantwortlichkeiten, die zeitlichen und monetären Vorgaben für die Ausführung von Aktivitäten, Eskalationsmanagement und Ausnahmenbehandlung.

Eine solche Prozess-Orientierung erfordert ein flexibles Instrumentarium, mit dem sich die Geschäftsprozesse in flexibler Art und Weise standardisieren und automatisieren lassen, Kompetenzen regional und global zu Services gebündelt werden können, Lastspitzen on demand abgedeckt werden können und Services von Dritten im Sinne eines Outsourcings bezogen werden können. Im Endeffekt bedeutet dies eine Service-Orientierung, bei der die Geschäftslogik, die traditionell in den Applikationen steckt, jetzt applikationsunabhängig ist. Sie hat die Aufgabe, Services – also die Geschäftslogik – gemäss der Prozesslogik zu orchestrieren.

So wird ein applikationsorientiertes in ein prozessorientiertes Unternehmen transformiert. Die Aufgabe, die zu lösen ist, heisst *SOA-basierendes BPM* oder auch *Top Down SOA*. Dabei kommt es auch auf die geeignete IT-Unterstützung mit der richtigen Infrastruktur für BPM an. BPM auf einer SOA ermöglicht automatisierte, standardisierte, zuverlässige, revisionssichere und anpassungsfähige Prozesse über Geschäftsfunktionen, Abteilungen und sogar Unternehmen hinweg.

Serviceorientierte Architekturen

Mittels einer SOA werden Prozesse von den zugrunde liegenden IT-Systemen und -Anwendungen unabhängig: Ein Unternehmen kann Prozesse im Einklang mit der Marktdynamik und den Bedürfnissen der Kunden ändern. Der Nutzen einer SOA ist daher, *Software for Change* zu ermöglichen.

Wie dabei der Name schon sagt, ist eine SOA eine Architektur. Unter einer *Architektur* verstehen wir nicht Technologien, sondern Abbildungsvorschriften, wie fachliche Ziele und Anforderungen in Bauvorschriften umgesetzt werden sollen. Insofern dient eine Architektur der Konzeption einer fachlichen Lösung im Sinne eines Designansatzes. Der Grundgedanke der *Service-Orientierung* besteht in der Bereitstellung von Services, die eine fachliche Anforderung unterstützen und gemäss einer Vereinbarung ausführen. Insofern passt eine SOA sehr gut in das Konzept der *Prozess-Orientierung*. Ein Prozess wird verstanden als die Orchestrierung von Aktivitäten mit dem Ziel, Zustandsänderungen so auszulösen, dass vorher vereinbarte Endzustände erreicht werden. Dabei werden *Aktionen* durch *Services* unterstützt und ausgeführt. Da Prozesse auf dem Konzept von *Unterprozessen* basieren, kann ein Prozess ein Service sein und ein Service ein Prozess. Insofern sind Serviceorientierung und Prozessorientierung zwei unterschiedliche Sichten auf ein und dieselbe Aufgabenstellung, das Erreichen von Zielen sicherzustellen. Darin liegt dann auch der Nutzen einer SOA als Infrastruktur für BPM,

bei der die Geschäftslogik von der Prozesslogik strikt getrennt wird. Die Prinzipien einer SOA sind:
- SOA ist ein Design-Ansatz für eine spezielle Unternehmensarchitektur und für eine spezielle informationstechnische Software-Architektur.
- SOA ist in jedem Falle technologieunabhängig.
- Technisch gesehen ist die Serviceorientierung eine Evolution von Komponentenarchitekturen («LEGO»).
- SOA-Services sind fachlich getrieben: Die Granularität der Prozessmodellierung bestimmt die Granularität der fachlichen Services.

Eine Architektur ist serviceorientiert, wenn die folgenden Prinzipien[1] gelten:
- Prinzip 1 – *Konsequente Ergebnisverantwortung.* Der Service-Geber übernimmt die Verantwortung für die Ausführung und das Ergebnis des Services. Der Service-Nehmer übernimmt die Verantwortung für die Kontrolle der Service-Ausführung.
- Prinzip 2 – *Eindeutige Service Level.* Jede Serviceausführung ist eindeutig vereinbart hinsichtlich Zeit, Kosten, Qualität. Input und Output der Services sind klar definiert und beiden Parteien bekannt per Service Level Agreement (SLA).
- Prinzip 3 – *Proaktives Event Sharing.* Der Service-Nehmer ist über jede vereinbarte Statusänderung seines Auftrages informiert. Der Service-Geber ist verpflichtet, den Service-Nehmer unmittelbar über unvorhergesehene Ereignisse zu informieren.

Damit diese drei Regeln funktionieren können, braucht man ein Business-Vokabular, damit in allen SOA-basierenden Prozessen die gleiche Sprachweise verwendet werden kann. Was die Integrationsdrehscheibe für eine SOA ist, ist das Business-Vokabular für Meta- und Stammdaten.

Eine SOA als Infrastruktur für BPM hat demnach zwei entscheidende Vorteile:
- BPM auf einer SOA ist revisionssicher, da wir Transparenz und Nachvollziehbarkeit durch das Business-Vokabular sicherstellen.
- Über die SLAs erreichen wir Qualität durch das kontrollierte Erbringen, Überwachen und Verrechnen von IT-Services.

Kundenorientierte Geschäftsprozesse

Die Alternative zu einer Implementierung von Kundenorientierung per CRM-Applikation lautet also: Mittels BPM werden die CRM-Prozesse gemäss den drei Prinzipien modelliert, implementiert, betrieben, geplant, überwacht und gesteuert. Dazu greift man auf die Geschäftslogik der bereits implementierten Applikationen zurück und nutzt diese als Services im Rahmen eines ereignisorientierten Workflows. Das Modell BPM führt zu neuem Denken, löst eine ganze Reihe alter Probleme und gibt uns eine Alternative zur Implementierung von Kundenorientierung: Prozess trifft Kunde.

> *Kommen wir auf unser **Beispiel** der kundenorientierten Mahnprozesse zurück. Die Mahnprozesse sind nicht in der CRM-Applikation enthalten. Mit anderen Worten: Sie kennen den Kunden nicht und behandeln jeden Kunden gleich, was hier gegen die Idee der Servicelevel-Differenzierung verstösst, während SOA-basierende Mahnprozesse beispielsweise den Kundenwert aus dem Data Warehouse als Service nutzen können, um zu entscheiden, ob gemahnt werden soll oder ein alternatives Verfahren eingesetzt werden soll. Hier könnten SOA-basierende Mahnprozesse auch kollaborative Services wie E-Mail nutzen, um den Account Manager und für den Kunden zuständigen Controller zu informieren und Massnahmen einzuleiten, wobei beispielsweise die Information, wer denn der Account Manager des Kunden ist, als Service aus der CRM-Applikation kommt.*

Das Beispiel zeigt die Innovationskraft, die in SOA-basierenden Prozessen steckt. Technologisch gesehen bedeutet das, dass CRM-Funktionalität weiterhin aus CRM-Applikationen kommen wird, aber zukünftig eben als «Services», aus denen sich die Unternehmensprozesse bedienen. Die traditionelle CRM-Applikation wird so zu einem Behälter, der für das Unternehmen relevante CRM-Services bereitstellt und als «Backend» arbeitet. CRM-Services brauchen wir, um kundenorientiert in unseren Prozessen zu handeln und zu agieren. So vollzieht man den Schritt von einer applikationszentrischen Architektur («Die CRM-Applikation implementiert Kundenorientierung») zu einer serviceorientierten Architektur (SOA): Kundenorientierung wird durch kundenorientierte Prozesse implementiert. Die Einführung von CRM-Applikationen war in diesem Sinne ein Irrweg, so wie das Client/Server-Modell in den 90er-Jahren, aber wir können immerhin die implementierten CRM-Applikationen im neuen BPM-Modell weiter nutzen: Investitionsschutz ist gegeben.

Eine SOA beschreibt das Design einer Infrastruktur für Geschäftsprozess-Management. Kern der Infrastruktur ist eine Integrationsdrehscheibe, die das Lebenszyklusmanagement der Prozesse unterstützt und die Backend-Services managt. Hierzu gehören auch die Datenservices (DI = Datenintegration) und die Metadaten/Stammdaten-Services des Business-Vokabulars. Die Integrationsdrehscheibe stellt auch die Schnittstelle zu externen Services für B2B dar. Informationsdomänen wie Content Management, Wissensmanagement, Office und CAD/CAM können über die Integrationsdrehscheibe auch als Services orchestriert werden. Corporate Performance Management (CPM) agiert dabei wie ein Gehirn des prozessorientierten, intelligenten Unternehmens: Mittels «Intelligenz» werden die Prozesse und ihre Performance geplant, überwacht und gesteuert. Business-Analytik wird dazu per Services in die Prozesse eingebettet, um Probleme und Risiken rechtzeitig zu erkennen. Das PM Portal agiert als Mensch-Maschine-Schnittstelle und unterstützt die menschlichen Interaktionen durch Kollaborations- und Präsentations-Services (siehe Abb. 1).

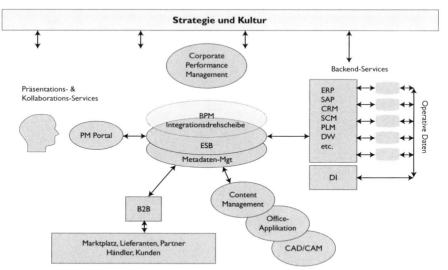

(PM Portal = Process Management Portal; ERP = enterprise resource planning; CRM = customer relationship management; SCM = supply chain management; PLM = product life cycle management; DW = data warehouse; CAD/CAM = computer aided design/manufacturing; B2B = business to business; BPM = Business Process Management, ESB =enterprise service bus)

Abbildung 1: SOA-basierende Geschäftsprozesse

Ein weiterer Vorteil: Die Einführung von Kundenorientierung geschieht nicht als Big Bang, sondern man geht von Prozess zu Prozess iterativ vor und implementiert die Prozessmodelle als sogenannte «Compound-» oder «Composite-Applikationen». Prozessänderungen und Anpassungen an sich ändernden Strategien sind wesentlich besser und schneller möglich, da die Composite-Applikationen eben unabhängig von den darunter liegenden Applikationen sind: So erreicht man das SOA-Ziel «Software for Change».

Services, die nicht in den existierenden Applikationen vorhanden sind, werden entweder neu entwickelt oder lizenziert ganz im Sinne des traditionellen Make or Buy. In der Prozesswelt bietet sich jetzt aber eine neue, dritte Alternative an: «SaaS» (Software as a Service»; im CRM auch «CRM on Demand» genannt). Die Idee von SaaS ist die, Software als Service quasi so einfach wie elektronischen Strom aus der Steckdose zu beziehen. So versprechen es jedenfalls die Marketingabteilungen der entsprechenden Anbieter. Aber mit einer SOA ist das in der Tat möglich, da die Services in einer SOA entkoppelt sind und daher isoliert auch von Drittanbietern bezogen werden können, um die hausintern implementierten Services zu ergänzen.

Fazit – die Bedeutung von BPM auf einer SOA für Kundenorientierung

- Kundenorientierung mittels einer CRM-Applikation zu implementieren, geht mitunter am Ziel vorbei, kundenorientierte Geschäftsprozesse zu schaffen und zu leben.
- Kundenorientierung mittels einer CRM-Applikation zu implementieren schafft Redundanz, hohe Schnittstellenkosten und hohen Integrationsaufwand.
- Um kundenorientierte Geschäftsprozesse zu fahren, sollten Unternehmen SOA-basierende Geschäftsprozesse einsetzen.
- SOA-basierende Geschäftsprozesse ermöglichen, Kundenorientierung in alle Geschäftsprozesse einzubringen.

Kundenanalytik als analytische Services in SOA-basierende Prozesse einbetten

Eine SOA ermöglicht auch «intelligente» Prozesse: Analytik kann per Services in Prozesse eingebettet werden. Als Beispiele hatten wir schon die Produktverfügbarkeit und den Kundenwert kennengelernt. (Analytik ist ja auch die Technologie für CPM.) Die Aufgabe von Analytik ist dabei nicht nur Analyse und Diagnose wie im Rahmen der traditionellen Business Intelligence, sondern insbesondere auch das rechtzeitige Erkennen von Problemen, um gegensteuernde Massnahmen rechtzeitig einzuleiten. Analytik muss proaktiv sein.

> Ein **Beispiel** aus dem täglichen Leben erläutert, was proaktiv bedeutet: In einem Kaufhaus werden die Verkaufsflächen rechtzeitig disponiert, beliefert und nachgefüllt, bevor die Produkte vergriffen sind. So wird das Problem vermieden, dass ein Kunde mit Kaufabsicht ein leeres Regal vorfindet und das Produkt nicht kaufen kann.

In einem prozessorientierten Unternehmen gehören ja gemäss unserer Definition CPM und BPM zusammen (vgl. Abb. 1). CPM ist definiert als ein Geschäftsmodell, das einem Unternehmen ermöglicht, Unternehmensziele und Geschäftsprozesse kontinuierlich aufeinander abzustimmen und konsistent zu halten. Das Konzept heisst metrikorientiertes Management, die Methodologie hierzu ist CPM und die Technologie ist die Analytik. Die Business-Strategie bestimmt, welche Geschäftsprozesse vom Unternehmen ausgeführt und gesteuert werden müssen. Geschäftsmetriken werden an jeden Geschäftsprozess gekoppelt. Die Geschäftsmetriken werden abgeleitet aus den Zielen, so dass der Prozess durch Informationen, Performanzindikatoren, Regeln und prädiktive Modelle messbar wird.

Analytik ist diesem Sinne die Weiterentwicklung von Business Intelligence, aber gestaltet sich grundsätzlich anders als der traditionelle Business-Intelligence-Ansatz. In Prozesse integrierte Analytik ist bei der Entscheidungsfindung der nächste Schritt nach Business Intelligence. Mit traditionellen Business-Intelligence-Werkzeugen (etwa Berichtswesen, Ad-hoc-Abfragen, OLAP (online analytical processing), Data Mining etc.) war es immer schwierig, die richtigen Informationen zum richtigen Zeitpunkt am richtigen Ort für den aktuellen Zweck zur Verfügung zu haben. Diese traditionellen Werkzeuge gaben nicht das her, was man wollte: Ergebnisse, die man direkt auf Geschäftsprozesse und Strategien anwenden und umsetzen konnte. Der Return-on-Investment (ROI) solcher Werkzeuge war in der Regel sehr niedrig, wenn er überhaupt messbar war. Traditionelle Business-Intelligence-Werkzeuge waren schwer zu handhaben. Nur eine handvoll Experten waren in der Lage, aus den alten Werkzeugen die richtige Information herauszuziehen. Management-Entscheidungen und Massnahmen wurden aufgrund von Vermutungen getroffen, weniger aufgrund von Fakten. Die Einbettung von Analytik in die Prozesse mit Hilfe einer SOA beseitigt auch diese Probleme (Abb. 2).

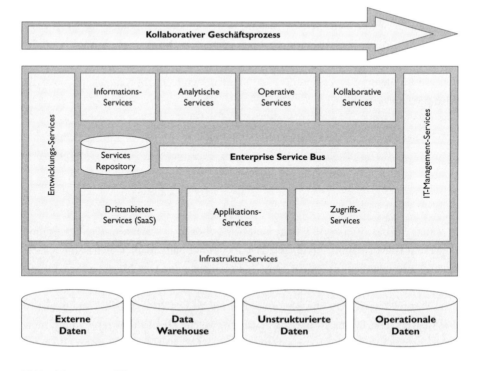

Abbildung 2: Services in einer SOA

Geschäftsprozesse sind applikationsunabhängig. Sie orchestrieren die Services gemäss dem SOA-Modell. Die grundlegende Idee der Serviceorientierung ist die Trennung von Prozesslogik und Geschäftslogik. Es gibt vier Klassen von fachlichen Services, Informations- und Daten-Services, analytische Services, operative Services und kollaborative Services: Die fachlichen Services setzen sich aus technischen Services zusammen, die von Drittanbietern (SaaS), aus den existierenden Applikationen und unterschiedlichen Datenquellen stammen können. Darüber hinaus braucht man Entwicklungs-Services, um neue Services zu bauen, und IT-Management-Services, um Administration, Ausführung und Sicherheit von Services zu managen. Der Enterprise Service Bus kann als intelligente Middleware zur Service-Brokerage verstanden werden. Hierzu gehören auch das Service Directory und die Publikation aller verwendeten Services.

Eine SOA macht die Einbettung von Analytik möglich, weil ja die Prozesslogik und der Prozessablauf von der Geschäfts- und Applikationslogik getrennt werden. Analytik wird als analytischer Service ein Teil der Geschäftslogik. So wird Business Intelligence operationalisiert, d.h. operative Prozesse werden mittels Analytik überwacht und gesteuert (BAM: business activity monitoring). Metriken werden so in den Kontext des Prozesses eingebaut, um einzelne Prozessschritte zu überwachen und zu steuern. Die Ideen dazu stammen aus der Kontrolltheorie: Genauso wie man eine Raumtemperatur über einen geschlossenen Regelkreis überwachen und steuern kann, so will man jetzt Geschäftsprozesse operativ überwachen und steuern. Das ermöglicht das proaktive Performance Management. Schon bei frühen Prozessschritten lässt sich abschätzen, ob das Endergebnis des Prozesses das gesetzte Ziel erreichen wird.

> *Beispiel:* Der Abgleich des Produktangebotes in einem Webshop mit der Produktverfügbarkeit. Die Produktverfügbarkeit ist eine operative Metrik, die den Bestand von Produkten anhand der Verkaufs- und Lieferungstransaktionen misst. Die Produktverfügbarkeit ist also mit den Transaktionen synchronisiert. Sinkt nun die Produktverfügbarkeit unter einen vordefinierten Schwellenwert, so kann ein Alarm ausgelöst werden. Ein solcher Alarm könnte nun eine ausserordentliche Nachlieferung auslösen. Ist eine Nachlieferung nicht möglich, dann könnte man das Produkt aus dem Katalog des Webshops herausnehmen oder sperren, so dass Kunden das Produkt nicht mehr bestellen können. Damit ist proaktiv sichergestellt, dass Kundenaufträge nicht storniert werden müssen, Kundenfrust wird vermieden. Zusätzlich könnte man auch noch automatisch einen Vermerk in den Webshop stellen, wann das Produkt wieder lieferbar wäre.

Man sieht an diesem Beispiel, wie im CPM-Modell Prozesse mit eingebetteter Analytik überwacht und gesteuert werden können – auch «voll» automatisch, also ohne händische Eingriffe von Menschen. CPM beginnt also mit dem Modellieren und Design operativer Prozesse. Metriken müssen gleichzeitig und parallel mit den Prozessen abgeleitet und entwickelt werden. Ziele müssen messbar gemacht werden. Zielerreichung muss kontinuierlich kontrolliert werden. Es müssen Massnahmen getroffen werden, um die Performance der Prozesse ständig zu überwachen und zu steuern. Insofern ist auch CPM ein Kreislaufmodell («closed-loop»).

Fazit

Eine SOA als Infrastruktur macht es möglich: Unterschiedliche Ansätze und Modelle wie Geschäftsprozess-Management, Kundenorientierung, Business Intelligence und auch das Managen strukturierter und unstrukturierter Daten kommen zusammen. Der grundlegende Gedanke ist der eines Services, der unabhängig und isoliert von anderen Services im Rahmen der Prozesslogik gemanagt werden kann. Hier steckt ein enormes Innovationspotential für die Unternehmen: Neue innovative Prozesse jenseits heutiger Arbeitsweisen werden möglich.

Anmerkungen

[1] nach Jörg Hubacher, Amadee AG

Literatur

Huldi, Christian/Kreutzer, Ralf T./Martin, Wolfgang/Schimmel-Schloo, Martina/Schwetz, Wolfgang/Winkelmann, Peter (2007): CRM-Jahresgutachten 2007, Schimmel-Media Verlag, Würzburg, 2007.
Martin, Wolfgang (2005): Service-Orientierte Architekturen für CRM, eBook, CRM Expert Site, Schimmel Media Verlag, Würzburg, 2005.
Martin, Wolfgang (2005): Predictive Analytics – dem Kunden auf der Spur, eBook, CRM Expert Site, Schimmel Media Verlag, Würzburg, 2005.
Martin, Wolfgang (2007): CRM – Das Thema für mein Unternehmen, in M. Hubschneider, K. Sibold (Hrsg,): CRM – Erfolgsfaktor Kundenorientierung, Haufe Mediengruppe, 2007, S. 28–32.
Walser, Konrad (2006): Auswirkungen des CRM auf die IT-Integration, Eul Verlag, Lohmar/Köln, 2006.

Langfristiger Unternehmenserfolg = Strategie + Innovationen + CRM

Prof. Dr. René Rüttimann

Prof. Dr. René Rüttimann ist gewählter Professor an der Zürcher Hochschule für angewandte Wissenschaften (ZHAW) und unterrichtet an der School of Management (SoM). Seine Forschungsschwerpunkte liegen in den Bereichen «marktgetriebene, zukunftsorientierte unternehmerische Visionen und Strategien», «Innovationen» sowie «CRM».

Langfristiger Unternehmenserfolg =
Strategie + Innovationen + CRM

Unternehmerisch erfolgreich zu sein, ist nicht einfach. Ein Blick in Statistiken zeigt, dass Unternehmen oft nicht sehr lange bestehen. Dies widerspricht klar dem allgemeinen Verständnis der Langlebigkeit von Unternehmen. «Fortune 500»-Unternehmen hatten noch vor kurzem eine durchschnittliche Lebensdauer von knapp über 50 Jahren (Schulman/Stallkamp 2004). Diese Zeitspanne wird durch das vermehrte Aufkommen von global tätigen Unternehmen, durch Firmenkäufe und Veränderungen mit Venture Capital reduziert. Somit heisst die Frage heute: Was macht (unser) Unternehmen langfristig erfolgreich?

Langfristig erfolgreiche Unternehmungen zeichnen sich dadurch aus, dass sie – ausgehend von einer marktgetriebenen Strategie – die für das eigene Unternehmen optimalen Innovationen auf den Markt bringen und die bestehenden wie auch die potentiellen Kunden in ein marktgetriebenes CRM einbinden. Nur diese Kombination bringt längerfristigen Unternehmenserfolg, auf welchem alle Beteiligten (Share- und Stakeholders) eine erfolgreiche Zukunft aufbauen können.

Der Kampf um unternehmerische Erfolge wird immer härter. Einerseits wandeln sich die bestehenden und potentiellen Kunden, andererseits verändert die zunehmende Markttransparenz das traditionelle Marktverständnis. Die zunehmende Markttransparenz übt Einfluss aus. Die Kunden werden zu Einkäufern, welche ihre Entscheidungen unabhängig von der ursprünglichen Kundentreue fällen. Kunden, speziell die hochwertigen, entwickeln sich von VIPs zunehmend zu VEPs (Very Experienced People) und handeln dementsprechend differenzierter in ihren Kaufentscheidungen.

Für die Unternehmen wird es dadurch zunehmend schwieriger, sich mit dem eigenen Produkt und den verzahnten Dienstleistungen entscheidend von der Konkurrenz abheben zu können, an Kunden heranzukommen und ertragsreich zu verkaufen.

Durch die Globalisierung der Märkte und der Leistungserstellung herrscht neben dem erbitterten Preis- auch ein Qualitätswettbewerb. Der hohe Qualitätsstandard *Six Sigma*[1], welcher bei unterschiedlichen Unternehmen teilweise mit den gleichen Maschinen und Prozessen erreicht wird, lässt in vielen Branchen kaum noch Differenzierungsmerkmale zu. Zudem stehen auch erfolgreichen Unternehmen immer weniger Lieferanten zur Verfügung, da sich die im Weltmarkt führenden Lieferanten von OEM zu erfolgreichen ODM weiterentwickelt haben[2] und mit eigenen Marken die Weltmärkte beeinflussen. Konkret bedeutet dies: Unternehmen sind heute enorm gefordert, erfolgreich zu sein und auch es auch langfristig[3] zu bleiben. Die Lösung für diesen enormen Erfolgsdruck liegt zu einem grossen Teil im strategischen Bereich des Unternehmens. In erster Linie gilt es, eine klare, zukunftsorientierte Strategie zu erarbeiten und darauf aufbauend marktgetriebene Innovationen, die sich direkt auf die anvisierten Marktziele ausrichten, zu entwickeln und ein kundennahes Kundenmanagement, welches sich an den Bedürfnissen der anvisierten Kunden orientiert, zu konzipieren.

Eine Erfolgsstrategie fokussiert sich auf lukrative Marktpotentiale

In vielen Unternehmen werden Strategien immer noch im Zusammenhang mit Budgetfragen – als jährlich wiederkehrende Veranstaltung in einem Seminarhotel oder als einsame Arbeit von höchster Stelle – betrachtet. Allzu oft ist die Strategieentwicklung eher eine Pflichtübung im Sinne einer Abarbeitung von Pendenzen, wobei die interne, unternehmenszentrierte Sichtweise vorherrscht. Sie wird hier «unternehmenszentrierte Sichtweise» genannt, da der Fokus vor allem darauf liegt, das interne Wissen in der Unternehmung zu bündeln. Die Sichtweise gleicht der eines Blickes aus einem Fenster, bei welchem die interne Sichtweise im Hinblick auf das zukünftige Marktgeschehen dominiert. Gerade die vielen Übernahmen von Unternehmen und die neuen Besitzverhältnisse, welche durch Raiders und Venture Capital Funds eingeleitet werden, zeigen auf, wie viele Unternehmen im strategischen Bereich grosse Defizite aufweisen.

Unternehmen, die erfolgreich sein wollen, benötigen eine Strategie, welche sich klar auf die zukünftigen Chancen abstützt. Einzig das Marktpotential der Zukunft ist der Garant für einen langfristigen unternehmerischen Erfolg. Konsequenterweise muss eine externe Sichtweise der Hauptfokus einer unternehmerischen Strategie sein, eine «marktzentristische Sichtweise».

Eine solche Strategie, die marktgetrieben entwickelt wird, basiert auf mehreren Stufen (siehe Abbildung 1).
1. Der erste Schritt für eine unternehmerische Erfolgsstrategie ist die umfassende Bestimmung des zukünftigen Marktes, dessen Bedürfnisse und das damit zusammenhängende Marktpotential. Es gilt dabei, das breite, zukünftige unternehmerische Umfeld (1) zu bestimmen. Dies geschieht u.a. durch Analyse von Expertenmeinungen, mittels Trendanalysen, Entwicklungen rund um Lieferanten, technologische Weiterentwicklungen sowie Regeln der zukünftigen Interaktionen. Dabei ist auch zu beachten, welche Diskontinuitäten im Markt bestehen – was ist künftig nicht mehr erwünscht? Aus diesen wichtigsten Einflussfaktoren,[4] der eigenen Erfahrung

und der Meinung der Kunden lassen sich die zukünftigen Marktkräfte definieren. Das Gesamtziel ist es, herauszufinden, was die «Erfolgstreiber» der Zukunft sind, die sogenannten «Key Drivers of Change».

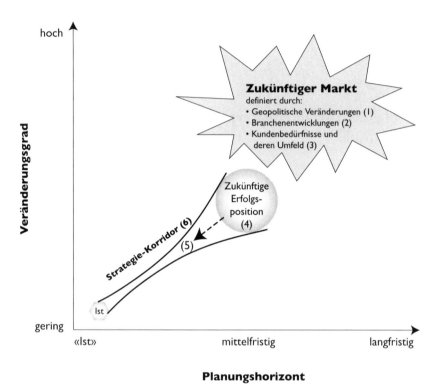

Abbildung 1: Marktgetriebene Strategieentwicklung

2. Im zweiten Schritt der Strategieentwicklung wird auf die zukünftigen Entwicklungen innerhalb der eigene Branche oder Industrie (2) fokussiert. Auch hier wird, u.a. unter Mithilfe von Benchmarks, Wettbewerberanalysen, Veränderungstendenzen sowie der klassischen Elemente der Porter'schen Fünf-Kräfte-Analyse[5], bestimmt, wie die eigene Geschäftsumgebung in einigen Jahren aussehen wird. Auch dieser zweite Schritt hat ein klares Ziel: Er soll die zukünftigen Erfolgsfaktoren, die «Key Success Factors», definieren.
3. Diese beiden Schritte zielen darauf ab, den zukünftigen Markt transparent zu machen. Im Prinzip wird so das Umfeld bestimmt, welches in Schritt 3 die zukünftigen Kundenbedürfnisse (3) definiert: Für welche Bedürfnisse sollen Produkte und Dienstleistungen entwickelt werden? Welche Leistungsangebote werden besonders attraktiv sein? Wie viel sind potentielle Kunden bereit, für gute Lösungen auszu-

geben? Diese Fragen zeigen, dass die zukünftigen Kundenbedürfnisse und deren Ausschöpfung im Zentrum des gesamten Strategieprozesses stehen.
4. Wenn diese drei Hauptschritte, welche den zukünftigen Markt betreffen, erarbeitet sind, dann ist der grösste Teil der Arbeit erledigt. Im dritten Schritt wurde bereits die gewünschte Position der eigenen Unternehmung im künftigen Markt bestimmt, der nun in Schritt 4 neu zu definieren ist. Das Ziel des vierten Schrittes ist es, zu bestimmen, welche lukrative Position das Unternehmen einnehmen will: Wie soll sich das eigene Unternehmen zukünftig positionieren? Welche zukünftigen Kundengruppen sind attraktiv in Bezug auf Grösse, Ansprechbarkeit, Kaufkraft etc.? Mit welcher Positionierung, sprich mit welchem Produkt- und Dienstleistungsangebot können langfristig Erfolge erzielt werden? Mit welchem Leistungsangebot kann sich das Unternehmen von der Konkurrenz abheben? Lukrativ ist hier ganz im Sinne von Kundenpotential, Rentabilität und wenig Konkurrenz zu verstehen.

   Es handelt sich bei der Marktpotentialabklärung im Prinzip um die Bestimmung der zukünftigen strategischen Geschäftsfelder oder Zielgruppen, wie sie auch genannt werden. Im Zentrum stehen Marktbedürfnisse, welche durch Personengruppen mit übereinstimmenden Bedürfnissen und Merkmalen nach einer einheitlichen Lösung gebildet werden. Somit ist das Marktpotential die Schnittmenge zwischen erkannten Kundenbedürfnissen (= Zukünftiger Markt) und innovativen Produkten und Dienstleitungen.

   Im vierten Schritt wird der Weg zur Zielposition in invertierter Richtung bestimmt im Sinne von Retropolieren. Welches ist der zurückzulegende Weg aus der Perspektive der anvisierten zukünftigen Position (5) zum Ist-Zustand. Bildlich gesprochen setzt man sich zuerst auf die Bergspitze, um dann den optimalen Weg zur angestrebten Neupositionierung zu bestimmen. Hier muss ganz klar darauf hingewiesen werden, dass erst jetzt der Ist-Zustand zum Tragen kommt, und das auch nur mit zweiter Priorität. Es geht also bei einer erfolgreichen Strategiefindung darum, zuerst das optimale Ziel zu definieren und danach den Weg dahin zu bestimmen.
5. Diese Art von Strategieentwicklung, bei welcher der Soll- mit dem Ist-Zustand verbunden wird, mündet in der Definition eines Strategiekorridors (6). Dieser definiert alle unternehmerischen Aktivitäten in direktem Bezug zu den definierten Kundenpotentialen.

An dieser Stelle des Strategieprozesses müssen auch drei Fragen gestellt werden, welche grosse strategische und menschliche Konsequenzen haben können:
1. Welche Kompetenzen besitzt das Unternehmen und wird sie diese auch in der Zukunft benötigen?
2. Welche Kompetenzen fehlen dem Unternehmen noch, braucht es aber künftig?

3. Welche Kompetenzen besitzt das Unternehmen bereits und benötigt es in Zukunft nicht mehr?

Häufig wird an dieser Stelle der Fehler begangen, dass die dritte Frage nicht gestellt bzw. beantwortet wird und deswegen keine Konsequenzen gezogen werden. Die dritte Frage ist für die Führung die anspruchvollste, speziell für diejenigen Personen, welche am Strategieprozess beteiligt sind und deren Kompetenzen in Zukunft nicht mehr benötigt werden. Beispiele dafür sind u.a. Filmspezialisten, welche nach dem Übergang zur digitalen Fotografie nicht mehr benötigt wurden (z.B. Kodak, Polaroid) oder Spezialisten für einfache Kassierstationen (z.B. NCR), welche durch Programmierer von elektronischen Kassen ersetzt wurden. Firmen, die kontinuierlich das Gleiche tun, verlieren zunehmend an Relevanz. Die Antwort zu dieser dritten Frage und deren konsequente Umsetzung ist entscheidend in Bezug auf eine klare, eindeutige Neuausrichtung und der damit verbundenen Verteilung der Ressourcen. Auch in Relation zum später behandelten kundengerechten CRM muss hier klar gesagt werden: Ein kundenbedürfnisgerechtes CRM kann nur auf der Basis der in den ersten beiden Fragen bestätigten Kernkompetenzen basieren. Nur die wirklich gewünschten Kompetenzen werden von den Kunden geschätzt und entsprechend honoriert.

Eine marktgetriebene, unternehmerische Neuausrichtung, und das kann nicht oft genug hervorgehoben werden, hat nur eine Ausgangslage: die zukünftigen Kundenbedürfnisse und deren Ertragspotential. Eine solche Strategie ist auch die einzig erfolgreiche Ausgangslage für das gesamte Innovationsverhalten eines Unternehmens. Nur in einem solchen Umfeld, das den Strategiekorridor marktgetrieben definiert, kann eine gute Innovationskultur entstehen und eine mit Innovationen gefüllte Pipeline (Rüttimann 2003) aufgebaut werden. Zudem sind auch der spätere Verkauf von neuen Produkten und Dienstleistungen fokussierter und die damit verbundenen CRM-Aktivitäten in der anvisierten Zielgruppe eingebunden. Nur auf einer solchen Basis kann überhaupt ein kundengerechtes CRM aufgebaut werden.

«Marktgetriebene» Innovationen

Leider besteht bei allzu vielen Unternehmen eine grosse Diskrepanz zwischen dem Hervorheben der eigenen Innovationskraft und der Marktrealität. Über Innovationen zu reden ist viel einfacher, als wirklich innovativ zu sein. Nach den grossen Ankündigungen und den Glanzprospekten kommt meistens das böse Erwachen, man hat vergessen, dass Innovationen Zeit benötigen und enorm Ressourcen binden. Echte Innovationen hervorzubringen bedeutet, einerseits kreative Ideen zu finden und andererseits auch viel Knochenarbeit. Schritt für Schritt gilt es, das Visionäre umzusetzen, mit Rückschlägen umzugehen, die Risiken zu tragen und sich nicht von ihnen beherrschen zu lassen. Vom Lippenbekenntnis zur erfolgreichen Innovation ist es ein langer Weg.

Für viele Unternehmen sind Innovationen eher eine Art der Marktbesänftigung, mit der das Unternehmen auf aktuelle Marktbedürfnisse reagiert. Gekoppelt mit dieser Sichtweise geht eine interne Sichtweise einher, dass man, ohne den Markt zu befragen, zu wissen glaubt, was die zukünftigen Bedürfnisse wirklich sind. Es herrscht ein «unternehmensinterner Ansatz» vor. Anhand dieses Ansatzes werden neue Produkte und Dienstleistungen entwickelt und auf dem Markt eingeführt, was meistens nicht zum geplanten Erfolg führt.

Eine erfolgversprechende Vorgehensweise ist der «externe, marktgetriebene Ansatz». Dabei stehen die wirklichen Marktbedürfnisse im Vordergrund. Dieser Ansatz ist für viele Unternehmen neu. Das Entscheidende dabei ist, in einem sehr frühen Stadium das angepeilte Marktpotential klar zu verifizieren. Am Anfang, direkt nach der Ideenfindung, gilt es, die zukünftigen Kundenbedürfnisse genau zu ergründen, zu definieren und das entsprechende Marktpotential auszuloten. Damit die wirklichen Bedürfnisse der zukünftigen Kunden auch gefunden werden, gilt es, diese interdisziplinär zu erforschen. Dabei ist es nicht unüblich, Psychologen, Ethnografen, Politologen, Historiker, Designer und andere Spezialisten einzusetzen, um durch die differenzierte Sichtweise der einzelnen Spezialisten zu versuchen, die wirklichen Bedürfnisse der Kunden zu ergründen. Das Ziel dieser Arbeit ist es, ein klares Bedürfnis- und Serviceportfolio für die angedachte Innovation zu erhalten. Indem die Bedürfnisse klar definiert sind, sind auch die Chancen und Potentiale frühzeitig bekannt und die Entwicklung der Innovation nimmt einen ganz anderen Lauf. Einerseits kann – basierend auf dem klaren «Soll»-Verständnis – die Entwicklungsarbeit parallel vorangetrieben werden und andererseits kann von einem «Kosten»-Verständnis der Innovation auf ein «Profit»-Verständnis gewechselt werden. Es steht somit nicht mehr ein Entwicklungsbudget im Forderground, das mehrheitlich durch interne Kostensätze geprägt ist, sondern ein aus Marktpotential und Kundennutzen getriebener Innovationsplan, welcher die Zeitpläne, die gewünschten Zusatznutzen und selbstverständlich auch die Entwicklungskosten steuert.

Der leider noch allzu oft eng definierte traditionelle Ansatz der Innensicht muss durch den hier beschriebenen breiter angelegten systematischen Ansatz (Weisshaupt 2006) erweitert werden, um eine Innovation erfolgreich zu entwickeln. Ein solch breit angelegtes Ausloten der spezifischen Kundenbedürfnisse der jeweiligen Marktsegmente durch Spezialisten verschiedener Disziplinen und das Zusammenfügen der Resultate in eine einheitliche Sichtweise ist der einzige Weg, Innovationen erfolgreich auf dem Markt zu platzieren. Zudem ist dies auch der einzige breit abgesicherte Weg, neue Plattformen und Systeme (Rüttimann 2003) in einem immer stärker vernetzten Marktumfeld klar zu positionieren und eine unternehmerische Einzigartigkeit zu erzielen. Speziell die Wahl von Plattformen, die ja sehr stark mit Innovationen verbunden sind, gehört heute zu den wichtigsten Entscheidungen von Unternehmen. Sie helfen, Kosten zu sparen und vor allem schnell auf Marktveränderungen und segmentspezifische Anforderungen zu reagieren. Auch diese eher kurzfristigen Entscheidungen werden enorm durch die hier vorgeschlagene breite Marktabklärung unterstützt.

Ziel ist es, vor dem Beginn der Weiterentwicklung einer Idee zur Innovation, die wirklichen Kundenbedürfnisse genau zu verstehen und zu beschreiben, seien es latente, unausgesprochene oder offen kommunizierte Bedürfnisse, Werte oder Verhaltensweisen. Die dabei gewonnenen Erkenntnisse sind dann die Ausgangslage und das Ziel für neue Produkte und Dienstleistungen. Einzig diese unternehmensexterne, breit angelegte Sichtweise hilft, marktgetriebene Innovationen und Dienstleistungen erfolgreich zu entwickeln und im Markt zu implementieren. Dadurch sind Innovationen nicht mehr Produkte des Zufalls, sondern bewusst gestaltete Antworten auf erkannte Marktbedürfnisse. Sicherlich ist der Aufwand am Anfang gross. Dafür spart die klare Sichtweise danach in der Leistungserstellung Zeit und Ressourcen. Gesamthaft wirkt sich das positiv auf eine kurze und kapazitätssparende Entwicklung aus. Ein solcher Ziel-/Start-Fokus erlaubt es, zielsicher neue Produkte und Dienstleistungen auf bisher nicht befriedigte und nicht ausgeschöpfte Marktpotentiale auszurichten.

Die nachfolgende Grafik illustriert die zwei Ansätze. Der obere Pfeil zeigt das traditionelle Vorgehen auf, bei dem mehrheitlich von innen nach aussen gedacht wird. Innovationen werden gemäss dem internen Verständnis des zukünftigen Kundenbedürfnisses entwickelt und entsprechend im Markt eingeführt. Der untere Pfeil weist auf das neue Vorgehen hin, bei dem zuerst die genauen Marktbedürfnisse abgeklärt werden, um die individuellen Kundenbedürfnisse zu erfüllen. Diese Sichtweise von aussen nach innen ist die erfolgversprechendste Ausgangslage für die Entwicklung neuer Leistungsangebote.

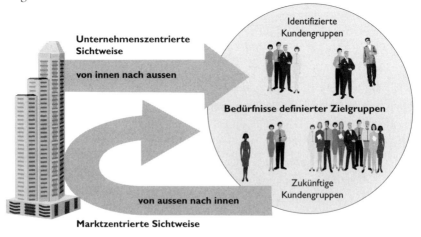

Abbildung 2: Unternehmens- und marktzentrierte Ausgangslage für die Entwicklung neuer Produkte und Dienstleistungen

Beispiele für die Wichtigkeit, in einem Frühstadium die wirklichen Bedürfnisse zu ergründen, lassen sich z.B. bei den Bankautomaten gut erkennen. Wer hat nicht schon erfahren, wie «benützerfeindlich» diese Automaten (Automated Teller Machine, ATM) eigentlich sind? Wie wird mit Handtaschen umgegangen, wie mit der Eingabe des Codes und wie schützt sich überhaupt eine Person, die ihr Sichtfeld ganz von möglichen Gefahren abwendet? Dieses Beispiel zeigt auf, dass dieser Apparat zwar viele wichtige Funktionen besitzt, diese aber nicht aus Anwendersicht geplant wurden. Andere Beispiele sind die Fahrkartenautomaten der SBB oder die Bedienung der elektronischen Telefonbücher in den Telefonkabinen sowie auch Innovationen für Entwicklungsländer, die wie Fremdkörper in das jeweilige Lebensumfeld eingeführt werden.

Durch die hier beschriebene kundensegmentorientierte Analyse der wirklichen Bedürfnisse von Innovationen und deren Umfeld wird die Erfolgsquote von Innovationen drastisch erhöht und die Entwicklungszeit reduziert. Da auch die oben beschriebene Strategiefindung sich konsequent auf die zukünftigen Marktbedürfnisse ausrichtet, reiht sich das Innovationspotential einer Unternehmung nahtlos in den definierten Strategiekorridor ein. Unter dieser Voraussetzung kann sich eine echte Innovationskultur entwickeln und die Qualität des unternehmerischen Innovationsprozesses steigt.

Customer Relationship Management (CRM)

Die Zusammenhänge zwischen einer erfolgreichen, vom Kundenpotential getriebenen Strategie und ihrer Umsetzung durch Innovationen wurden oben beschrieben. Die gegenwärtigen und zukünftigen Marktchancen sind, wie aufgezeigt, die Basis für eine langfristige Kundenbindung. Hier ist das CRM in den Innovationsprozess eingebettet. Als Prozess der Kundennähe und Kundenpflege aufgefasst, erhält es hier seinen Bezugsrahmen – extern – zum Markt und – intern – zu den Produktentwicklern.

CRM muss sich aber auch einerseits den Lebensphasen von Innovationen und andererseits den allgemeinen wirtschaftlichen Zyklen anpassen. In der Einführungsphase, also am Anfang der Lebensphase neuer Produkte und Dienstleistungen, ist ein intensives CRM entscheidender für den Verkaufserfolg als in späteren Phasen – den potentiellen Kunden muss der gesamte Nutzen «verkauft» werden. Beim Höchststand des Verkaufs, welcher zugleich auch die Marktsättigung einleitet, flachen die CRM-Aktivitäten für die sich im Abschwung befindenden Produkte und Dienstleistungen ab – der Kunde kennt die Vor- und Nachteile aller Produkte. In der Ablösungsphase spielen diese Produkte nur noch eine sporadische Rolle in den CRM-Aktivitäten, im Zentrum stehen dann die Innovationen der Ablöseprodukte – bestehende und neue Kunden müssen in die Welt des neuen Leistungsangebotes hinübergeführt werden. Eine ähnliche Veränderung spielt sich in Abhängigkeit zur Konjunktur ab. In Zeiten des wirtschaftlichen

Aufschwungs ändern sich die Kundenbedürfnisse und die Ansprüche der Kunden zu einer eher flacheren Beziehungskurve, da es im Trend ist, zu kaufen. Ganz im Gegensatz dazu sind die Verhältnisse in eher flauen konjunkturellen Phasen, welche intensivere Anforderungen an das CRM stellen. Speziell in diesen verkaufsarmen Zeiten kommt das CRM zur vollen Blüte. In dieser Zeit besteht die Aufgabe darin, mit allen gewünschten Kunden eine starke Kundenbeziehung zu pflegen, was im Prinzip nur funktioniert, wenn tatsächlich innovative neue Leistungen angeboten werden können.

Die Leistungsvermarktung, zu welcher das CRM entscheidend beiträgt, funktioniert nur effektiv und effizient, wenn die Strategie und die neuen Produkte und Dienstleistungen sich konkret an den Kundenbedürfnissen und den daraus resultierenden Marktpotentialen ausrichten. Dadurch entsteht eine Einheit von Zielsetzung und -erreichung, welche langfristige und profitable Kundenbeziehungen erlaubt und diese voll ausschöpft: «Return on Customer (ROC) is a metric that tracks the genuine value created by your customers (…). Adopt ROC as your metric of success and you will become a better company (…). Rather than just counting how many products you sold this quarter, you're going to tabulate how much shareholder value your customers created for you this quarter. (Peppers/Rogers 2005)». Konkret geht es darum, aus Unternehmersicht aus allen Kunden das Beste herauszuholen in Bezug auf deren echte Bedürfnisse. Je mehr die Kunden kaufen, desto höher ist der Ertrag im Verhältnis zu den Aufwendungen, was wiederum auf die Wichtigkeit der Topkunden hinweist, welche einen hohen Kundenwert aufweisen. Somit zeigt das ROC, welche Werte durch echte Kundenbeziehungen erwirtschaftet werden oder auch im Vergleich mit Konkurrenten, welche Werte durch ungenügende Leistungen nicht ausgeschöpft oder gar zerstört werden.

Das ist die echte Basis, auf welcher Kundenwert entstehen kann, welche einerseits den Kunden einen grossen Nutzen bringt und andererseits dem Unternehmen einen nutzengerechten Preis, sprich hohe Rentabilität, erlaubt.

Zusammenfassung

In diesem Artikel ist es das Ziel, aufzuzeigen, dass viele Unternehmen sehr viel über ihre eigenen Stärken, die Bedürfnisse der bestehenden Kunden und die eingesetzten Fähigkeiten wissen. Dies ist jedoch kein Garant für die Zukunft, in der sie sich zunehmend den sich veränderten Bedürfnissen, Motivationen und Verhaltensweisen der Kunden stellen müssen. Veränderungen, die noch durch multikulturelle Aspekte und die globalen Verhaltenswellen verstärkt werden, welche die potentiellen Kunden unterschiedlich mitschwemmen. Eine solche unternehmenszentristische Sichtweise kann die zukünftigen Herausforderungen kaum erkennen und schon gar nicht deren Potential ausschöpfen.

Anders die hier geforderte marktgetriebene externe Sichtweise, welche von den zukünftigen Marktbedürfnissen ausgeht. Die treffende Antizipation der Veränderungen im Markt gewährleistet den langfristigen Erfolg eines Unternehmens. Die neuen Marktbedürfnisse, welche systematisch erforscht und in einen konkreten Systemansatz integriert werden, sind die Basis für die Unternehmensstrategie, für neue Produkte und Dienstleistungen sowie für alle Aktivitäten mit den bestehenden und zukünftigen Kunden.

Nur wer die Kunden und deren echten Bedürfnisse wirklich kennt, kann sein Leistungsangebot darauf ausrichten, mit ihnen erfolgreich kommunizieren und langfristigen Mehrwert für beide, Käufer und Unternehmen, generieren.

Anmerkungen

[1] Eine weit verbreitete Methode ist die Six-Sigma-Methode des Qualitätsmanagements. Sie wurde in Japan entwickelt. Sie zielt, basierend auf den Anforderungen aus Kundensicht, darauf hin, die Prozesse so zu verbessern, dass Produkte und Dienstleistungen möglichst fehlerfrei sind – maximal 3,4 Fehler auf eine Million Fehlermöglichkeiten.

[2] Traditionell wurden viele Produkte durch Original Equipment Manufacturers (OEM), gemäss vorgegebenen Spezifikationen, hergestellt. Sie produzieren Produkte im grossen Stil, ohne sie selbst auf den Markt zu bringen. Da diese Produktionsstätten jedoch zunehmend ein breites Know-how aufbauten, wechselte ihre Position. Sie wandelten sich zu Wissensträgern (Original Design Manufacturers [ODM], z.B. in der Herstellung von PCs, Bildröhren und Flachbildschirmen). Dadurch werden viele traditionsreiche Unternehmen in der westlichen Welt zu reinen Labeling-Organisationen. Faktisch kleben sie nur noch ihre Logos auf Produkte, die sie im Prinzip nicht mehr selbst entwickeln können (siehe PC-Branche) und auch nicht selbst produzieren. Zunehmend stossen die OEMs nun mit eigenen Labels auf den Markt (z.B. Haier Group; chinesische Textilunternehmen) und vertreiben so ihre eigenen Produkte. Diese Entwicklung entspricht klar der «International Product Life Cycle Theory».

[3] «Die durchschnittliche Lebensdauer einer ‹Fortune 500›-Unternehmung liegt unter 54 Jahren», sagen Schulmann/Stallkamp. In einer Studie von McKinsey über globale Unternehmen «The elusive goal of corporate outperformance» (Janamitra Devan, Matthew B. Klusas and Timothy W. Ruefli; Web exclusive, April 2000; www.mckinseyquarterly.com/article) wird aufgezeigt, wie schwierig es ist, ein Topunternehmen zu sein: «Only 9 out of 1,077 large global companies outperformed their competitors on both revenue growth and profitability over a decade, a study finds — confirming that such strong performance is rare and that many executives

impose unrealistic expectations on their organizations.» Weniger als 1% der untersuchten Unternehmen übertrumpfen ihre Konkurrenten über eine längere Zeit bzw. besitzen echte und nachhaltige Wettbewerbsvorteile.

4   Empfehlenswert ist es, die Suchfelder auf die Bereiche der politischen, ökonomischen, sozialen, technologischen, ökologischen und rechtlichen Einflussfaktoren zu konzentrieren. Dabei werden die wichtigsten Einflussfaktoren in ein Gesamtbild der Veränderungen integriert, um die zukünftigen grossen Veränderungen und deren Auslösefaktoren zu kennen.

5   Basierend auf dem Konzept von Michael Porter wird die Attraktivität einer Branche durch fünf Kräfte bestimmt: Die zukünftige Verhandlungsmacht der Kunden, die Bedrohung durch Ersatzprodukte, die sich abzeichnende Macht der Lieferanten, die Bedrohung durch neue Anbieter und der zukünftigen Rivalität innerhalb der Branche bilden die Schlüsselfaktoren. Die zukünftige Entwicklung dieser fünf Wettbewerbskräfte gilt es zu bestimmen und in einem Gesamtbild über den Zustand der eigenen Branche abzuklären. Die Resultate beeinflussen dann das eigene strategische Verhalten, weil dadurch erkannt wird, wie Wettbewerbspositionen aufgebaut und verteidigt und die Marktpotentiale ausgeschöpft werden können. (Porter, Competitve Strategy (1980))

Literatur

Peppers, Don/Rogers, Martha (2005): Return on Customers; A Revolutionary Way to Measure and Strengthen your Business. Creating Maximum Value from your Scarcest Resource. Currency Books, Doubleday, New York.

Rüttimann, René (2003): Wie man das Rad erfindet. Marktnahes und ergebnisorientiertes Innovationsmanagement. Orell Füssli, Zürich.

Porter, Michael (1980): Competitive Strategy. Techniques for Analyzing Industries and Competitors. The Free Press, New York.

Shulman, Joel/Stallkamp, Thomas (2004): Getting Bigger by Growing Smaller. FT Prentice Hall, New Jersey.

Weisshaupt, Bruno (2006): systemInnovation. Orell Füssli, Zürich.

Wirksamkeitsmessung im Direktmarketing –
Einsatz permanenter und massnahmenspezifischer Kontrollgruppen

Dr. Miltiadis Sarakinos
Dr. Ingo Hary

Dr. Miltiadis Sarakinos ist bei Swisscom Fixnet Residential für den Bereich Data Mining Analytics und für die Planung und Auswertung von Testprogrammen im Databasemarketing verantwortlich. Nebenberuflich ist er als Dozent für Datenanalyse und Database Marketing an der Hochschule für Wirtschaft Zürich (HWZ) tätig.

Dr. Ingo Hary leitet die Abteilung CRM Strategy & Analytics bei Swisscom Fixnet Residential. Die Abteilung ist zuständig für die Segmentierung des Kundenbestandes, für die Durchführung kundenbezogener Analysen für taktische und strategische Planungszwecke sowie für die Steuerung der Direktmarketing-Massnahmen bei Swisscom Fixnet Residential.

Wirksamkeitsmessung im Direktmarketing –
Einsatz permanenter und massnahmenspezifischer Kontrollgruppen

Im Direktmarketing wird eine Vielfalt von technologischen (IT) und quantitativ-analytischen Methoden (Reporting, Datamining) für die Planung und Optimierung des Gesamtprozesses eingesetzt. Ein hieraus erwachsender und entscheidender Vorteil des Direktmarketings gegenüber der klassischen Marketingkommunikation liegt in der Möglichkeit, durch den Einsatz ausgeklügelter Steuerungs- und Entscheidungslogiken im Rahmen der Zielgruppenselektion und Angebotsgestaltung beträchtliche Wirksamkeits- und Kostenvorteile zu erzielen. Wettbewerbsvorteile lassen sich aber im Direktmarketing prinzipiell nicht nur durch Minimierung von Streuverlusten, sondern auch durch die Nutzung von Lerneffekten erzielen. Diese erhält man, indem man Einzelkunden zielgerichtet anspricht, ihre Reaktionen systematisch erfasst und analysiert.

Voraussetzung hierfür ist jedoch ein gutes Verständnis der einzelnen Prozessschritte, sowie die technische und fachliche Fähigkeit, Erkenntnisse zu generieren und sie in einem iterativen Optimierungszyklus einzubauen. Ein zentrales Element ist dabei die Erfolgsmessung der Direktmarketingmassnahmen, also der Messung der Wirksamkeit (Verhältnis zwischen Zielerreichungsgrad und Mitteleinsatz) und der wirtschaftlichen Effizienz (Output-Input-Verhältnis).

Der vorliegende Beitrag befasst sich ausschliesslich mit der Methodik der *Wirksamkeitsmessung*. Im Anschluss an die Ausführungen zum Thema der permanenten Kontrollgruppen wird dieser Ansatz am Geschäftsfall «Kundenretention in vertragsgebundenen Kundenbeziehungen» vertieft, dem u.a. in Telekommunikationsunternehmen und in der Versicherungs- und Bankenwirtschaft eine grosse Bedeutung zukommt.

Bedeutung und Arten von Kontrollgruppen

Das Kernproblem der Erfolgsmessung im Direktmarketing – wie in der Durchführung von Kundenmanagementaktivitäten überhaupt – liegt in der Unsicherheit, inwiefern die Veränderung einer Erfolgsgrösse ursächlich auf die getätigte Massnahme zurückzuführen ist. Direktmarketingmassnahmen können Verstärkungen oder Abschwächungen durch Wechselwirkungen mit anderen Instrumenten des Marketing-Mix (z.B. Angebotsgestaltung, -preis, -kanal) oder anderen Kommunikationsmassnahmen erfahren. Es ist auch schwierig, die Wirksamkeit von Massnahmen zeitlich abzugrenzen. Verzögerungen im Eintreten der Wirkung lassen sich kaum präzise erfassen und können zu Überlappungseffekten mit nachfolgenden Kundenansprachen führen. Diese für das Direktmarketing typische Verflechtung einzelner Aktionen untereinander führen zu Wirkungsunter- und Überschätzungen, die aus methodischer Sicht in der Erfolgsmessung grundsätzlich beherrschbar wären. Die dafür erforderlichen, komplexen Behandlungs- und Kontrollgruppenstrukturen[1] sind jedoch im operativen Direktmarketing nicht umsetzbar. Die in Kundenkommunikationsketten entstehenden Wechselwirkungen und «Carry Over»-Effekte können in der Praxis meist nicht exakt kontrolliert und damit auch nicht quantifiziert werden.

In der Praxis muss man sich für die Erfolgsmessung auf einfache Behandlungs- und Kontrollgruppenstrukturen beschränken. Deren konsequenter und methodisch korrekter Einsatz ermöglicht aber dennoch eine bedingte Messbarkeit der Wirkung von Direktmarketingmassnahmen. Der strategische Wert von Kontrollgruppen liegt – insbesondere auch im Zusammenspiel mit der Durchführung von Testkampagnen – darin, Fortschritte in der Kundenbewirtschaftung gegenüber dem Status quo messbar zu machen. Und natürlich sind sie notwendig, um die Faktoren identifizieren zu können, die massgeblich zu diesem Fortschritt beitragen. Der konsequente Einsatz von Kontrollgruppen ist daher im Direktmarketing ein unverzichtbares Element, um den oben angesprochenen systematischen Auswertungs- und Lernprozesses überhaupt zu ermöglichen. Nur dienen Kapazitätsbeschränkungen (Zeit, Grösse des Kundenpotentials etc.) häufig als Argument dafür, die Frage nach der Bildung von Kontrollgruppen im Rahmen von Direktmarketing-Aktionen nachrangig zu behandeln.

Man unterscheidet zwischen Kontrollgruppen, die der Wirksamkeitsmessung einzelner Aktionen und der vier zentralen Aktionsparameter Zielgruppenauswahl, Angebotsart und -gestaltung, Kreation, und Zeitpunkt der Ansprache dienen, und einer permanenten Kontrollgruppe, die die Wirksamkeitsmessung aller Massnahmen auf der Ebene des gesamten Kundenportfolios über einen längeren Zeitraum ermöglicht. Wie weiter unten gezeigt wird, ist die Etablierung einer permanenten Kontrollgruppe besonders bei Vorliegen vertragsgebundener Kundenbeziehungen von grosser Bedeutung für die Wirksamkeitsmessung im Direktmarketing.

Aufbau und Verwendung einer permanenten Kontrollgruppe (PKG)

Eine permanente Kontrollgruppe (PKG) ist im Direktmarketing eine repräsentative Stichprobe des gesamten Kundenpotentials (KP), welche ab einem bestimmten Startzeitpunkt und für einen bestimmten Zeitraum (z.B. ein Jahr) von allen Direktmarketingmassnahmen ausgeschlossen wird.² Die Kunden, die für Direktmarketingmassnahmen zur Verfügung stehen, wird die Bezeichnung verfügbare Gruppe (VG) verwendet.

Es reicht aus, wenn sich die Grösse der PKG, als Anteil am Kundenbestand, im einstelligen Prozentbereich bewegt. Typische Werte sind 3% bis 5%. Es ist jedoch darauf zu achten, dass die absolute Anzahl an Kunden in der PKG ausreichend gross ist, um Vergleiche zwischen der PKG und der VG statistisch absichern zu können. Je grösser der Kundenbestand und je grösser die Merkmalsdifferenzen sind, die statistisch abgesichert werden sollen, desto weniger Kunden müssen für die PKG reserviert werden (siehe z.B. Roberts und Berger, 1999, für ausführliche Erläuterungen zur Methodik der Stichprobenziehung).

Die PKG sollte so festgelegt werden, dass sie grundsätzlich zur Messung der Wirksamkeit verschiedener Massnahmenbereiche Verwendung finden kann. Deshalb sollte die PKG sich nicht nur auf den Bestandskundenbereich beschränken, sondern auch das Neukundenpotential umfassen (Abbildung 1).

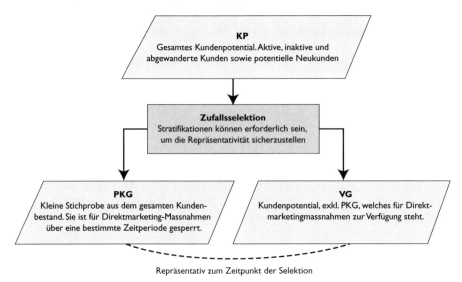

Abbildung 1: Selektion der PKG. Am Startzeitpunkt sind alle drei Gruppen, KP, PKG, VG, repräsentativ voneinander

Die Wirksamkeit des Direktmarketings misst man dadurch, dass man zielkonforme Schlüsselattribute über längere Zeit für die beiden Gruppen PKG und VG erfasst und vergleicht. Typische Indikatoren sind z.B. Anzahl Kunden, Marktanteil, Produktabsatzrate, Abwanderungsrate, Akquisitionsrate. Die Entwicklung der Indikatoren in der PKG wird als autonom angenommen, das heisst, man geht ceteris paribus davon aus, dass es sich hier um diejenigen Werte handelt, die sich einstellen würden, wenn mit dem gesamten Kundenpotential keinerlei Direktmarketing-Aktionen durchgeführt würden.

Entwickeln sich die Schlüsselindikatoren über die Zeit in der VG signifikant besser als in der PKG, so ist von einem signifikanten Beitrag des Direktmarketings über die autonome Entwicklung der Indikatoren hinaus auszugehen. Entwickeln sich die zwei Gruppen PKG und VG annähernd gleich, so leistet das Direktmarketing keinen Beitrag zur Erreichung der Marketingziele. Der dritte Fall eines negativen Beitrages tritt z.B. ein, wenn das Direktmarketing überwiegend nur Streuverluste[3] erzeugt.

Die Wirksamkeit des Direktmarketings, wird somit nur durch Indikatoren dargestellt, die um die autonome Indikatorentwicklung bereinigt sind. Die Differenzbildung zwischen autonomem Effekt in der PKG und Brutto-Effekt in der VG verhindert falsche Schlussfolgerungen. Tabelle 1 zeigt hierzu unterschiedliche Beispiele auf, wie sie besonders für das Direktmarketing unter vertragsgebundenen Kundenbeziehungen relevant sind. Situation 1 schildert eine Konstellation, in der das Direktmarketing im Zeitverlauf das gesetzte Ziel bezüglich eines zuvor definierten Indikators erreicht hat. Ohne PKG müsste man die Schlussfolgerung ziehen, dass das Direktmarketing erfolgreich war. Es fehlt jedoch eine empirische Bestätigung für diese Schlussfolgerung. Diese Bestätigung kann der Vergleich mit einer PKG liefern, sofern die PKG sich bezüglich des gewählten Schlüsselindikators im Zeitverlauf tatsächlich schlechter entwickelt hat als die VG (rechte Seite der Tabelle). Situation 2 schildert den Fall, in dem die PKG sich nicht schlechter entwickelt hat als die VG. Ohne PKG würde man also eine falsche Schlussfolgerung bezüglich der Wirksamkeit des Direktmarketings ziehen. Das Ziel wäre aufgrund autonomer Effekte ohnehin erreicht worden. Die Direktmarketingmassnahmen müssen als Fehlinvestitionen angesehen werden. Situation 2 tritt häufig in Wachstumsmärkten auf. Ein typisches Beispiel wäre der Internet-Breitbandmarkt in der Telekommunikationsbranche. In einem stark wachsenden Markt läuft man Gefahr, Marketing-Ressourcen in Kundenpotentiale zu investieren, die ohnehin das Produkt kaufen würden (autonomer Effekt). Dies kann zu einer massiven Überschätzung der Wirksamkeit des Direktmarketings führen.

Die Beispielsituationen 3 und 4 sind analog zu interpretieren, mit dem Unterschied, dass das Direktmarketing eine negative Auswirkung auf den Zielindikator zu haben scheint. Situation 4 schildert wiederum den Fall, in dem der Vergleich mit der PKG offenlegt, dass der beobachtete negative Trend auf autonome Effekte zurückzuführen ist, und nicht auf das Direktmarketing. Ohne PKG wird man auch in Situation 3 diese falsche Schlussfolgerung ziehen: Das Direktmarketing hat tatsächlich dazu beigetragen, den negativen autonomen Trend zumindest einzudämmen.

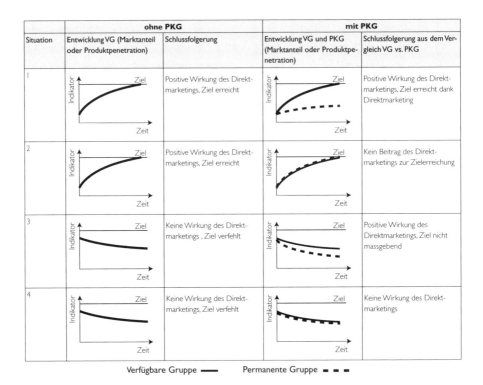

Tabelle 1: Schlussfolgerungen aus Indikatorenentwicklung, ohne und mit Vergleichsgruppe

Mögliche Einwände gegen den Aufbau einer PKG

Unsere praktische Erfahrung mit dem Aufbau und der Auswertung von permanenten Kontrollgruppen hat gezeigt, dass im betrieblichen Kontext einer solchen Initiative oft massive Bedenken entgegengebracht werden. Eine PKG lässt sich nicht testweise umsetzen – man muss sie richtig implementieren. Zudem muss man die PKG über einen genügend langen Zeitraum beibehalten, um aussagekräftige Wirksamkeitsmessungen durchführen zu können. Mit anderen Worten: der Nutzen der PKG ist erst mit erheblichem Zeitverzug erkennbar. Nachfolgend versuchen wir, die beiden gängigsten Einwände gegen eine PKG zu entkräften.

Einwand 1: Um unsere Ziele zu erreichen, können wir keine Kunden von Direktmarketingmassnahmen ausschliessen

Dieses Argument geht davon aus, dass Massnahmen und Aktionsparameter bereits optimiert sind und man mögliche Zielbeiträge durch die Bildung der PKG preisgibt. Eine einfache Risikoanalyse genügt jedoch, um diese Argumentation zu entkräften.

Selbst im unrealistischen Fall eines vollständig optimierten Direktmarketings ist die Einführung einer PKG mit sehr niedrigen bis keinen tatsächlichen Opportunitätskosten verbunden. Er bewegt sich maximal in der Grössenordnung des Anteils der PKG am Gesamtkundenpotential (3%–5%). Der Verzicht auf diese Methodik kann jedoch massive Opportunitätskosten erzeugen, wie Tabelle 1 zeigt. Besonders anfällig sind Unternehmen die sich in der Situation 2 befinden.

Einwand 2: *Wir können die Wirksamkeit des Direktmarketings auch ohne eine PKG messen*

Dieser Fall geht von der Annahme aus, dass es keine autonomen Effekte gibt. Dies trifft aber nur dann zu, wenn ein Kunde ausschliesslich durch Direktmarketingmassnahmen von dem Angebot (oder den Angebotssequenzen) erfahren würde und nur durch die im Rahmen der Massnahme kommunizierten Response-Kanäle auf das Angebot reagieren könnte. Allein die Existenz eines Webportals, auf dem die Angebote beworben werden, genügt, um autonome Effekte hervorzurufen. Werden zusätzlich auf breiter Front Instrumente der klassischen Marketingkommunikation eingesetzt, wie dies z.B. in der Telekommunikationsbranche üblich ist, dann sind (aus Sicht des Direktmarketings) sehr hohe autonome Effekte zu erwarten.

Verwendung massnahmenspezifischer Kontrollgruppen

Die Reduktion der Kundenabwanderung zu Konkurrenzunternehmen («Churn») ist ein bedeutsames Geschäftsproblem in Branchen, welche eine vertragsgebundene Kundenbeziehung pflegen. Berühmt-berüchtigt in diesem Zusammenhang ist das immer wieder vorgebrachte CRM-Mantra wonach die Akquisition von Neukunden bzw. Rückgewinnung von Altkunden um ein Vielfaches teurer sei als die Retention von Bestandskunden. Dementsprechend werden häufig höhere (Direktmarketing-)Investitionen in die Reduktion der Churn-Quoten getätigt als in die Rückgewinnung abgewanderter Kunden (win back). Ohne die Verwendung massnahmenspezifischer Kontrollgruppen ist es in der Regel unmöglich, die Stichhaltigkeit solcher Annahmen zu erhärten.

Aufbau von Direktmarketingmassnahmen zur Churn-Reduktion

Für die weitere Darstellung wird von folgender Konstellation ausgegangen: Um wechselwillige Kunden zu behalten, wird ein Angebot erstellt und ausgewählten Kundengruppen mittels Direktmarketing-Kampagnen offeriert. Kunden, die das Angebot akzeptieren, sind für einen bestimmten Zeitraum (z.B. 24 Monate) vertraglich gebunden, sie haben also keine Möglichkeit, zur Konkurrenz zu wechseln. Um Steuerverluste zu vermeiden, muss das Angebot bei wechselwilligen Kunden sehr hohe Akzeptanz finden, nicht aber bei loyalen.

Idealerweise würde man bei der Steuerung der Kampagne versuchen, für das Angebot nur diejenigen Kunden zu selektieren, die tatsächlich wechseln wollen (wechselwillige Kunden), die nicht wechselwilligen Kunden dagegen auszuschliessen (loyale Kunden). Das Problem besteht nun darin, dass eine Retentionswirkung nur dann erzielt werden kann, wenn jene Kunden das Retentionsangebot auch annehmen, die ohne das Angebot tatsächlich zur Konkurrenz gewechselt wären. In allen anderen Fällen (siehe Tabelle 2) erzielt die Massnahme nur Kosten, wenn auch in unterschiedlicher Höhe. Grundsätzlich ist es nur sinnvoll, die Kunden vom Typ A mittels Retentionskampagne zu kontaktieren. Alle anderen Ansprachen verursachen nur Kosten, die Ansprachen an Kundentyp C die höchsten (maximaler Streuverlust). Wechselwilligkeit/Loyalität und Akzeptanz des Angebots sind jedoch a priori nicht als Datum bekannt, sondern nur in Form von Wahrscheinlichkeiten.

Kundentyp	Verhalten ohne Kampagne	Kundenverhalten gegenüber dem Angebot	Wirksamkeit der Direktmarketingmassnahme bzgl. Retention	Kostenwirkung
A	wechselt zur Konkurrenz	akzeptiert	erfolgreich: Retention	Angebotskosten + Kontaktkosten
B	wechselt zur Konkurrenz	akzeptiert nicht	keine	Kontaktkosten
C	loyal	akzeptiert	keine	Angebotskosten + Kontaktkosten
D	loyal	akzeptiert nicht	keine	Kontaktkosten

Tabelle 2: Mögliche Konstellationen aus Wechselwilligkeit, Akzeptanz und Wirksamkeit im Rahmen einer Retentionskampagne.

Aus dieser Situation ergeben sich die folgenden 3 Handlungsoptionen.

Option 1: Die Kampagne wird an die Kunden mit der höchsten Wechselwahrscheinlichkeit, p_C, gerichtet.

Man geht von der Annahme aus, dass die Wahrscheinlichkeit, $p_{Akzeptanz}$, das Angebot zu akzeptieren, eine hohe Korrelation mit der Wechselwahrscheinlichkeit aufweist. Um die Retentionswirkung der Massnahme zu maximieren, selektiert man daher die n Kunden mit der höchsten Wechselwahrscheinlichkeit, p_{Churn} (die Ausstattungstiefe n wird in der Regel durch Budget- und/oder Anspracherestriktionen begrenzt). Das Problem besteht nun darin, dass implizit angenommen wird, die Struktur der Angebotsakzeptanz sei bei den Wechselwilligen und Loyalen gleich hoch. In mathematischer Form ausgedrückt bedeutet dies:

$$n_A/(n_A+n_B) = n_C/(n_C+n_D) = p_{Akzeptanz} \qquad (1)$$

wobei n_A, n_B, n_C, n_D die Anzahl Kunden vom Typ A, B, C und D darstellen. Gleichung (1) beschreibt den Fall einer erfolgreichen Retentionskampagne. Die Annahme, $p_{Akzeptanz}$ sei bei Loyalen und Wechselwilligen gleich strukturiert und korreliere hoch mit der Wechselwahrscheinlichkeit p_{Churn} begründet das Selektionsvorgehen (Priorität auf

Kunden mit hoher Wechselwahrscheinlichkeit p_{Churn}): Je höher der Anteil kontaktierter Wechselwilliger, desto höher die Wirksamkeit (hier: Anzahl vertragsgebundener Kunden n_A) der Massnahme.

Empirisch zeigt sich aber, dass mit diesem Vorgehen aufgrund der Unsicherheiten in den prognostizierten Wechselwahrscheinlichkeiten und der häufig unzureichenden Korrelation zwischen Wechselbereitschaft und Akzeptanz hohe Streuverluste erzeugt werden. Anders ausgedrückt: Ein hoher Anteil von B- und C-Kunden werden angesprochen. Daher entspricht Gleichung (2) eher der Realität als Gleichung (1):

$$0 \sim n_A/(n_A+n_B) << p_{Akzeptanz} << n_B/(n_A+n_B) \sim 1 \qquad (2)$$

Wie kann man nun bei der Erfolgsmessung zwischen den beiden Fällen unterscheiden? Die übliche Erfolgskontrolle mittels Messung der Angebotsakzeptanzrate $p_{Akzeptanz}$ kann hier nicht relevant sein. Berechnen möchte man nämlich n_A, die Anzahl bzw. den Anteil der Kunden, die man tatsächlich dank der Kampagne vertraglich gebunden hat. Dieser Anteil wäre $n_A/(n_A+n_B+n_C+n_D)$.

Die Retentionswirkung einer solchen Kampagne kann einzig mit Hilfe einer kampagnenspezifischen Kontrollgruppe (KKG) gemessen werden: Eine zufällige Stichprobe der Zielgruppe wird als Kontrollgruppe behandelt und erhält kein Angebot. Die KKG muss repräsentativ zur Zielgruppe sein, die das Angebot erhält (ZGA). Die Wechselrate der KKG nach einer bestimmten Zeit ist $(n_A+n_B)/(n_A+n_B+n_C+n_D)$. Die Wechselrate in der ZGA hingegen sollte kleiner ausfallen: $n_B/(n_A+n_B+n_C+n_D)$. Daraus folgt:

$$n_A/(n_A+n_B+n_C+n_D) = (n_A+n_B)/(n_A+n_B+n_C+n_D) - n_B/(n_A+n_B+n_C+n_D) \qquad (3)$$

Eine Retentionswirkung wird nur dann erzielt, wenn die Zielgruppe, die ein Angebot erhält, schliesslich eine niedrigere Wechselrate aufweist als die entsprechende zielgruppenrepräsentative KKG. Dieses Vorgehen ist aber kein Lösungsansatz zur Erreichung einer optimalen Steuerung von Retentionskampagnen. Es zeigt lediglich das richtige Vorgehen auf, mit dem die Retentionswirkung einer Massnahme messbar gemacht wird.

Option 2: Kombination von Churnrisiko und Angebotsakzeptanz für die Kampagnensteuerung

Eine Möglichkeit, die Steuerung zu verbessern, besteht darin, nicht ausschliesslich die Kunden mit der höchsten Wechselwahrscheinlichkeit anzusprechen. Es handelt sich um eine Verfeinerung der Option 1. Man lockert die Annahme, wonach die Angebotsakzeptanz $p_{Akzeptanz}$ in allen Kundensegmenten gleich strukturiert sei. Der eigentlichen Massnahme wird eine Pilotkampagne vorgeschaltet. Sie richtet sich an eine repräsentative Stichprobe der Kundenbasis. Auf der Grundlage der Ergebnisse der Pilotkampagne schätzt man kundenspezifische Akzeptanzwahrscheinlichkeiten $p_{Akzeptanz}$. Nachfolgend behandelt man $p_{Akzeptanz}$ und p_{Churn} auf Kundenebene als unabhängige stochastische

Variablen und selektiert die Kunden mit der höchsten verbundenen Wahrscheinlichkeit $p_{Churn} \times p_{Akzeptanz}$. Dieses Vorgehen in der Kampagnensteuerung ist ebenfalls suboptimal, da von einer Unabhängigkeit der beiden Wahrscheinlichkeiten p_{Churn} und $p_{Akzeptanz}$ ausgegangen wird. Streuverluste sind die Folge.

Option 3: Integration der Steuerung und Wirksamkeitsmessung einer Retentionskampagne

Um Retentionsmassnahmen sowohl richtig zu steuern als auch zu bewerten, bedarf es eines zweistufigen Vorgehens (Pilot- und Roll-out-Phase). Abbildung 4 zeigt die erste Phase: Es wird eine Pilotkampagne (PK) mit dem Retentionsangebot durchgeführt. Als Zielgruppe wird eine repräsentative Stichprobe aus der Kundenbasis gezogen und nachfolgend nach dem Zufallsprinzip in die beiden Gruppen PK und KKG aufgeteilt. Das Wechselrisiko fliesst nicht in die Steuerung oder Selektion der PK oder KKG ein.

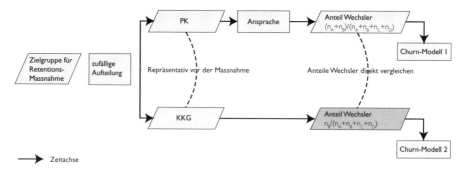

Abbildung 4: Erste Phase einer Retentionskampagne

Zu einem späteren Zeitpunkt (mehrere Monate nach der Pilotkampagne) werden die beiden Gruppen verglichen. Ist keine signifikante Reduktion der Wechselrate in der PK zu beobachten, so hat das Angebot keine Retentionswirkung und wird verworfen. Stellt man jedoch eine signifikante Retentionswirkung fest, kann man die optimale Steuerungslogik für den Roll-out ermitteln.

Hierzu werden auf der Grundlage der Ergebnisdaten der PK und der KKG zwei verschiedene Prognosemodelle für die Wechselwahrscheinlichkeit erstellt. Das auf der PK geschätzte Modell liefert die Wechselwahrscheinlichkeit jedes Kunden nach Ablauf der Kampagne (Churn-Modell 1). In diesem Modell ist die Angebotsakzeptanz bereits implizit berücksichtigt. Das zweite Modell prognostiziert die Wechselwahrscheinlichkeit der Kunden, sofern sie kein Retentionsangebot erhalten (Churn-Modell 2).

In der Roll-out-Phase gestaltet sich die Steuerungslogik wie folgt: Für jeden Kunden in der Kundenbasis werden die Wechselwahrscheinlichkeiten nach Churn-

Modell 1 (p_{Churn} 1) und den Churn-Modell 2 (p_{Churn} 2) ermittelt und die Differenz p_{Churn} 2 − p_{Churn} 1 (Spreizung) berechnet. Für den Roll-Out werden diejenigen Kunden selektiert, die die grösste Spreizung aufweisen. Eine aus der selektierten Zielgruppe gezogene, repräsentative Stichprobe bildet schliesslich die KKG.

Dieser Lösungsansatz erfordert:
- eine auf lange Frist orientierte Marketingstrategie für Retention, da das Wissen über die Retentionswirkung unterschiedlicher Angebote aufgebaut werden muss. Phase 1 kann mehrere Monaten dauern.
- ausgeprägtes Know-how im Direktmarketing bezüglich der Prognose von Wechselwahrscheinlichkeiten auf der Grundlage einer sehr geringen Informationsdichte.

Schlussbemerkungen

Die Ergebnisse aus der Messung der Wirksamkeit von Direktmarketingmassnahmen dienen dazu, die Effektivität von Entscheidungen zu verbessern und die betriebswirtschaftliche Vorteilhaftigkeit von Direktmarketingmassnahmen zu belegen. Der Einsatz von Kontrollgruppen ist ein in hohem Masse dafür geeignetes Instrument.

Die Verwendung von Kontrollgruppen zur Beurteilung von Einzelmassnahmen ist in der Fachliteratur relativ gut dokumentiert. Der Frage aber, wie man zu einer aussagekräftigen Beurteilung ganzer Massnahmenbereiche des Direktmarketings über einen längeren Zeitraum hinweg (z.B. ein Geschäftsjahr) gelangt, scheint dagegen bisher relativ wenig Aufmerksamkeit geschenkt worden zu sein[4]. Nach Ansicht der Autoren ist für diesen Zweck der Einsatz einer permanenten Kontrollgruppe unverzichtbar. Dies gilt insbesondere dann, wenn vertragsgebundene Kundenbeziehungen vorliegen und/ oder wenn Angebote auch über klassische, breitenwirksame Kommunikationsmittel beworben werden. Darüber hinaus dient eine permanente Kontrollgruppe nicht nur der Ex-post-Wirksamkeitsmessung, sondern sie ist auch ein wichtiges Instrument für die Abschätzung autonomer Effekte, die eine signifikante Auswirkung auf die optimale Gestaltung der Zielgruppenzusammensetzung und Ausstattungstiefe von Direktmarketingmassnahmen haben können.

Am Fallbeispiel einer Retentions-Kampagne haben die Autoren gezeigt, dass der Einsatzzweck von massnahmenspezifischen Kontrollgruppen über die Wirksamkeitsmessung selbst hinausreichen kann. Auch hier sind Kontrollgruppen als integraler Bestandteil der Planung und effektiven Umsetzung von Direktmarketingmassnahmen anzusehen. Sie sind notwendig, um die Steuerungslogik für solche Massnahmen – dies ganz im Sinne einer Minimierung von Streuverlusten – optimal zu gestalten.

Anmerkungen

1. Kontrollgruppen sind hier als Teil eines Marketingexperiments zu verstehen. Merkmale eines Marketingexperiments sind: i) unabhängige Variablen, deren Einfluss gemessen werden soll (Marketingmassnahmen und -aktionsparameter); ii) abhängige Variablen (Marketingziele), an denen die Wirkung gemessen werden soll; iii) kontrollierte Variablen, deren Einfluss konstant gehalten wird (u.a. die Zielgruppencharakteristik); iv) Störgrössen, die einen unkontrollierten Einfluss auf die abhängigen Variablen haben. Marketingexperimente sollen die Existenz von Kausalzusammenhängen zwischen Aktionsparametern und den Marketingzielen überprüfen.
2. Die Repräsentativität der PKG wird mittels einer Zufallsselektion sichergestellt. Die Kunden, die für Direktmarketingmassnahmen zur Verfügung stehen, nennt man hier die verfügbare Gruppe (VG). Sind mehrere Zielgruppen zueinander repräsentativ, dann besitzen alle Zielgruppen dieselben Eigenschaften, d.h., sie weisen zum Ziehungszeitpunkt innerhalb des statistischen Fehlers gleiche Charakteristiken hinsichtlich der Durchschnittswerte beliebiger Stamm- oder Bewegungsdaten, wie Alter, Produktnutzung oder Umsatz, auf. Da jede Direktmarketing-Massnahme insbesondere die Bewegungsdaten von Kunden verändert, besteht die Repräsentativität zwischen der PKG und der VG nur zum Zeitpunkt der Selektion der PKG. Mit der Durchführung der ersten Kampagnen auf der VG geht also die Repräsentativität der beiden Gruppen zueinander zunehmend verloren.
3. Streuverluste sind monetäre Verluste, die entstehen, wenn eine Marketingmassnahme Empfänger erreicht, die nicht zur anvisierten Zielgruppe gehören.
4. Diese Aussage steht unter dem Vorbehalt, dass im Rahmen der Vorbereitung dieses Beitrages nur eine begrenzte Literaturrecherche durchgeführt werden konnte. Die einzige direkte Referenz zum Thema der permanenten Kontrollgruppe, die wir finden konnten, stammt von Tooker (2002): «Most people use A/B splits and control groups as standard testing methodology when they implement direct mail or e-mail projects. But you should consider creating and maintaining a permanent control group across your entire customer file. The purpose is to measure the cumulative, long-term effect of your database marketing programs in the aggregate, an important metric for determining how much of your marketing resources to direct to database marketing vs. broad-based media.»

Literatur

Roberts, M.L. / Berger, P.D. (1999): Direct Marketing Management. 2nd Edition. Prentice Hall, New Jersey.

Tooker, R.N. (2002): Back to basics. 20 ways to make database marketing pay. DIRECT, Primedia Business Magazines, June 2002.

Effizienzsteigerungen im B2B-Vertrieb
durch ein standardisiertes Verkaufsprojektmanagement

David D. Laux
Mario A. Pufahl

David D. Laux ist Vorstand der eC4u Expert Consulting AG, Geschäftsführer der eC4u Expert Consulting (Schweiz) AG und Vorstand der xact4u strategy consulting AG und verantwortet die Bereiche International Business, Alliances und Investments.

Mario A. Pufahl ist Partner der xact4u strategy consulting AG und verantwortet den Bereich Customer Management. Er ist Experte und Trusted Advisor für die Bereiche Marketing und Vertrieb sowie das damit verbundene Berichtswesen.

Effizienzsteigerungen im B2B-Vertrieb durch ein standardisiertes Verkaufsprojektmanagement

Das Hauptziel einer jeden Unternehmung ist es, wirtschaftlich erfolgreich zu sein. Zum Erfolg gehört es, maximale Effizienz in allen Prozessen und Geschäftsbereichen zu erzielen. CRM hat hier grosse Verbesserungen gebracht, aber insbesondere im B2B-Vertrieb sind die Effizienzsteigerungs-Potentiale noch lange nicht ausgeschöpft.

Umsatzsteigerungen sind der eine Hebel zur Effizienzsteigerung. – Diese erreicht man mit höheren Preisen, mehr Produkten und Leistungen, neuen Vertriebskanälen, zusätzlichen Geschäften mit bestehenden und letztlich mit mehr neuen Kunden. Gesteigerter Umsatz zieht oft, jedoch nicht zwingend, höheren Vertriebsaufwand nach sich. Ein gekonntes Vertriebsmanagement als zweiter Effizienz-Hebel lässt hier auf lange Sicht mehr Umsatz bei gleichen Kosten realisieren. Ansätze dazu zeigt der vorliegende Artikel.

Key Performance Indicators (KPIs)

Erste Voraussetzung für eine effizienzsteigernde Vertriebsmethodik ist eine klar strukturierte Organisation, aber ebenso müssen auch prozessnahe und permanente Messgrössen im Vertrieb etabliert werden. Dies kann mit so genannten *Key Performance Indicators (KPIs)* geschehen, welche die Effizienz quantifizierbar und folglich mess- bzw. steuerbar machen. Zieht man einen typischen *Verkaufsprozess im B2B-Vertrieb* heran, so können die in Abbildung 1 aufgeführten KPIs abgeleitet werden.

Aufgrund der erhobenen Daten lassen sich auch KPIs zur *Vertriebsqualität* formulieren, um Effizienzlücken zu identifizieren und zu schliessen:
- Anteil Neukundengeschäft versus Anteil Bestandeskundengeschäft
- Durchschnittlicher Vertriebszyklus vom Lead bis zum Abschluss
- Anteil administrative Tätigkeiten versus Zeit des Vertriebs am Point of Sale (POS)
- Anzahl Leads versus Anzahl Verträge
- Anzahl Angebote versus Anzahl Verträge

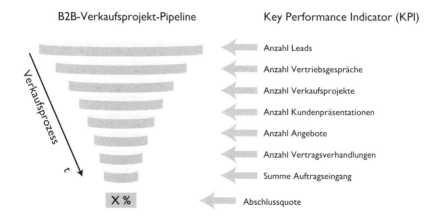

Abbildung 1: KPIs für den idealtypischen B2B-Verkaufsprozess

Neben der Erfassung der KPIs empfiehlt es sich, alle wichtigen, während des Verkaufsprozesses gewonnenen Informationen im Sinne eines umfassenden und durchgängigen Kundenmanagements methodisch und lückenlos in einem dafür vorgesehenen CRM-System abzulegen. Von hoher Relevanz sind hierbei auch Wettbewerbsinformationen und Benchmarks im Vergleich zu den unternehmenseigenen KPIs.

Das Instrumentarium *Verkaufsprojektmanagement* – auch als «Opportunity Management» bekannt – ist das organisatorische Vehikel, das den Vertriebsmitarbeiter sicher durch den (Vor-)Verkaufsprozess führt.

Verkaufsprojektmanagement

Um ein wirksames Verkaufsprojektmanagement im Unternehmen einzuführen, sind folgende Voraussetzungen zu erfüllen:
- Das Unternehmen muss sein individuelles Verkaufsprojektmanagement-Konzept erarbeiten.
- Die Schnittstellen zwischen Mensch und Systemen müssen innerhalb des Unternehmens eindeutig und systematisch definiert werden.
- Die generelle Akzeptanz der Mitarbeiter muss gegeben sein und vor allen Dingen gelebt werden.
- Zur Erfassung von Verkaufsprojekten und den zugehörigen Informationen bedarf es eines anforderungsgerechten CRM-Systems, welches das unternehmensspezifische Verkaufsprojektmanagement abzubilden vermag und die Integration in die Unternehmensprozesse sicherstellt.

Am Anfang eines jeden Verkaufsprojektes steht der «Lead» – damit bezeichnet man die Möglichkeit für ein Unternehmen, seine Produkte und Leistungen zu verkaufen. Jeder Lead beschreibt und speichert das Interessenpotential sowie zusätzliche relevante Daten zum identifizierten, potentiellen Käufer. Mit einem Erfolg versprechenden Lead beginnt nun das eigentliche Verkaufsprojektmanagement. Ein Verkaufsprojekt wird dabei definiert als überprüfte und qualifizierte Möglichkeit, Produkte oder Leistungen zu veräussern. Durch die entsprechende Weiterentwicklung und stete Bearbeitung wird der gesamte Verkaufszyklus mit dem Verkaufsprojektmanagement aktiv gesteuert. Als systematischer Managementprozess erfolgt es über alle Kontaktkanäle zum (potentiellen) Kunden und verfolgt das Ziel der Wertmaximierung des Kundenportfolios. Folglich erstreckt es sich über alle Kundenmanagement-Aktivitäten im ZHAW-CRM-Framework, wie es in der Einleitung von Stadelmann/Wolter gezeigt wird.

Ein effizientes Verkaufsprojektmanagement ermöglicht somit die klare Fokussierung auf die ertragreichen Kaufinteressen bei den «richtigen» Kunden und Interessenten und gewährleistet zudem eine optimale Steuerung der gesamten Vertriebstätigkeiten inklusive der strukturierten und konsistenten Speicherung der gewonnenen Daten in einem CRM-System.

Im Rahmen eines professionellen Verkaufsprojektmanagements sollten Vertriebsmethodiken eingesetzt werden, um die Effizienz zu steigern. Nur ein standardisiertes Vorgehen im Vertrieb ermöglicht es, dem Kunden eine gleich bleibend hohe Qualität im Angebotsprozess zu bieten und die einzelnen Verkaufsprojekte im Vertriebscontrolling vergleichbar zu machen.

Vertriebsmethodiken als Standardisierungsgrundlage im Verkaufsprojektmanagement

Im B2B-Umfeld sind die Kunden in der Regel bekannt. Um diese möglichst effizient zu bedienen und den Share of Wallet zu maximieren, werden komplexe Vertriebsmethodiken in den Unternehmen gezielt eingesetzt und trainiert, um das Buying Center des Kunden innerhalb eines professionellen Verkaufsprojektmanagements zu analysieren. Die fünf wichtigsten Vertriebsmethodiken werden im Folgenden kurz vorgestellt (vgl. auch Acquisa 07/2002).

Der Klassiker: Die Miller-Heiman-Methode

Die *Miller-Heiman-Methode* ist ein System für das sogenannte «strategische Verkaufen». Der Verkäufer sammelt so viele Daten über den Kunden und dessen Marktpositionierung, dass er einen zielführenden Verbesserungsvorschlag für den Kunden einbringen kann. Dabei wird unterstellt, dass der Kunde das Produkt lediglich kaufen wird, wenn sein Mehrwert in einem Verkaufsgespräch klar dargestellt wird.

Die Methodik zielt auf die Top-Entscheider-Ebene, denn das endgültige «Ja» kommt nach Auffassung von Robert B. Miller und Stephen E. Heiman von einem Entscheider, einem Gremium oder einem Komitee auf Top-Entscheider-Ebene. Damit der Verkäufer an diese herankommt, muss er sich des Verkaufstrichters bedienen. Das heisst: Im ersten Schritt sammelt der Verkäufer so viele Informationen wie möglich über den Kunden. Erst wenn dabei mindestens ein Defizit bei einem Produkt oder im Unternehmen selbst festgestellt wird, kann der Verkäufer den potentiellen Käufer angehen. Gleichzeitig muss der Verkäufer jede Schlüsselfigur kennen, die in den Kaufprozess involviert ist, und die Ergebnisse ermitteln, die jeder für seine Entscheidung benötigt. Das Angebot kann nur auf diesem Weg so zugeschnitten werden, dass die Interessen des Gegenübers vollumfänglich gedeckt sind. So werden die Verkaufspläne mit den Zielen des Kunden verbunden. Egal, ob Abschluss oder nicht, laut Miller-Heimann verkürzt sich dadurch der Zeitraum beim Verkaufsvorgang.

Top-Entscheider im Fokus: Das Power-Base-Prinzip

Das *Power-Base-Selling* stellt eine Weiterentwicklung des strategischen Verkaufens dar. Bei dieser Methode, die vom Amerikaner Jim Holden entwickelt wurde, geht es darum, die richtige Wettbewerbsstrategie in grossen Projekten und schwierigen Situationen zu finden. In solchen Fällen gilt es, den richtigen Ansprechpartner zu suchen. Der Verkäufer muss die Entscheider mit Einfluss, die so genannte «Power-Base», kennenlernen und sich in deren Welt hineinversetzen. Denn nach dieser Theorie sind lediglich Entscheider, die einen Mehrwert fürs Unternehmen schaffen und diesen auch noch sichtbar machen, die wahren Key Accounts für den Verkäufer. Wenn er erkennt, dass sich aus dem Verkaufsprojekt ein Mehrwert für diesen Key Account ergibt, muss er beginnen, eine informelle Beziehung aufzubauen. Der potentielle Entscheider wird wie folgt klassifiziert: Ist er ein «Kontakt», ein «Unterstützer» oder gar ein echter «Verbündeter»?

Hat der Verkäufer einen Verbündeten gefunden, muss er ihn entsprechend pflegen – insbesondere nach Abschluss des Geschäfts. Dies stellt gemäss Holden die Eintrittskarte zu allen anderen wichtigen Entscheiden in diesem Unternehmen dar.

Das Projekt vor Augen: Die Target-Account-Selling-Methode (TAS)

Im Gegensatz zum Power-Base-Selling liegt der Fokus beim *Target-Account-Selling* auf einzelnen Grossprojekten, die meist nur von Verkaufsteams betreut werden können. Es soll ein strukturierter Prozess ablaufen, der Informationen über den Kunden, das Geschäft und den Wettbewerb hinterfragt. Hierfür durchleuchtet das Verkaufsteam mit dem

Verkaufsleiter das eigene Angebot nach Stärken und Schwächen. Das Ziel ist es, in Verhandlungen weniger Zugeständnisse machen zu müssen und einen klaren Wettbewerbsvorteil zu definieren. Verkaufsteams, die Projekte bei Grosskunden betreuen, können anhand dieser Methode ihren gemeinsamen Arbeitsstil finden.

Schwierige Märkte bearbeiten: Das Solution-Selling-Modell

Der Ansatz des *Solution Selling* hat sich vor allem für erklärungsintensive und komplexe Produkte wie E-Business-Lösungen etabliert. Der Verkäufer muss auch hier die Anforderungen und Probleme des Kunden und dessen Marktes genau kennen, um eine Lösung anbieten zu können. Schwerpunkte dieser Verkaufsgespräche sind meist gekoppelt an die notwendigen Serviceleistungen.

Um die Kundensituation zu verstehen, müssen primär Hintergrundinformationen gesammelt werden. Wichtig ist bei dieser Methode, dass die Zahlen, auf denen die Kostenberechnung basiert, direkt vom Kunden stammen. Nur so kann der Verkäufer Vertrauen schaffen.

Im Nachgang an eine mit dem Kunden abgestimmte Kostenberechnung muss der Verkäufer gemeinsam mit dem Kunden eine Vision entwickeln, was die Lösung für dessen Geschäft bieten kann. Die Gespräche beginnt der Verkäufer bei diesem Konzept typischerweise mit den Worten: «Wenn Sie könnten . . .» oder «Stellen Sie sich einmal vor . . .». Erst nach diesem Arbeitsschritt soll dem Kunden ein Lösungsvorschlag unterbreitet werden. Das Produkt darf in dieser Phase keinesfalls genannt werden.

Nachdem die Kosten exakt feststehen, darf der Verkäufer von bestimmten Produkten oder Dienstleistungen reden. Der Verkäufer muss dann die Lösung an der betrieblichen Situation des Kunden ausrichten. Der Hintergrund: Das macht es dem Kunden weitaus schwieriger, von wichtigen Bestandteilen Abstand zu nehmen und Einwände zu finden, warum er eines der vorgeschlagenen Produkte nicht erwerben möchte.

Um das Geschäft zum Abschluss zu bringen, sollte der Verkäufer auf folgende Punkte vorbereitet sein:
- Er muss mit den vorhandenen Daten den Return-on-Investment (ROI) des Kunden berechnen können,
- die Einwände des Kunden müssen mit dem gewonnenen Vorwissen ausgeräumt werden,
- das Angebot muss auch die Serviceleistungen im Bereich Support und Wartung enthalten.

Mit dem Solution-Selling-Modell beginnt der Verkäufer beim nächsten Geschäft wieder von vorne – selbst bei bestehenden Kunden. Beim Solution Selling müssen die Daten kontinuierlich auf den neuesten Stand gebracht werden. Solution Selling eignet sich insbesondere für Verkäufer, die serviceintensive und erklärungsbedürftige Produkte anbieten.

Psychologie des Fragens: Die Spin-Selling-Methode

Die *Spin-Selling-Methode* beschäftigt sich hauptsächlich mit der richtigen Fragetechnik und fokussiert das Kundengespräch. Die Vertreter dieser Methode betonen, dass der psychologische Einfluss während des Kundenkontakts ausschlaggebend ist für den Erfolg. Der Verkäufer soll dafür verschiedene Fragetechniken nutzen.

Nach Ansicht von Neil Rackham, dem geistigen Vater der Spin-Selling-Methode, werden von unerfahrenen Verkäufern beim ersten Kontakt hauptsächlich situative Fragen gestellt:
- Was ist Ihre Position?
- Wie viele Mitarbeiter beschäftigen Sie?
- Welche Art von Geschäft betreiben Sie?

Erfahrene Verkäufer fragen demgegenüber eher nach Problemen wie: «Läuft Ihre Maschine richtig?» Wenn der Kunde Schwierigkeiten hat, spiegelt sich das meist in seiner Antwort indirekt wider: «Es ist schon schwierig, aber irgendwie haben wir gelernt, das Ding zum Laufen zu bringen». Gute Verkäufer haken in einem solchen Fall ein und stellen sogenannte Implikationsfragen wie: «Sie sagen, es ist schwierig, die Maschine zum Laufen zu bringen. Welche Auswirkungen hat das auf Ihre Produktion?»

Dadurch entsteht eine Frage-Antwort-Situation, in der ein Verkäufer das Problem in seiner vollen Wirkung dem Kunden vor Augen führen kann. Werden dem Kunden die Schwierigkeiten langsam bewusst, schwenken gute Verkäufer zu expliziten Fragen über. Ein typisches Beispiel: «Ist es für Sie wichtig, dieses Problem zu lösen?» Ein guter Verkäufer spürt, wann der richtige Zeitpunkt gekommen ist, die Fragetechnik zu wechseln. Die Verkaufstrainings mit der Spin-Selling-Methode sollen diese Fähigkeit schulen. Das Ziel ist auch hier, den Kundennutzen zu benennen und explizit in das Angebot einfliessen zu lassen.

Die Vertriebsmethodik be.smart als integratives Konzept und das Hilfsmittel smart WIZARD

Die Vertriebsmethodik *be.smart* wurde von der xact4u strategy consulting AG in Zusammenarbeit mit der St. Galler Business School und der eC4u IT Solutions AG erarbeitet, um die Vorteile der vorab genannten Verkaufsmethodiken in einer neuen zu vereinen (vgl. Abbildung 2).

Vertriebs- phase Anbieter	Markt- planung	Kunden- planung	Geschäfts- anbahnung	Anfragen- prüfung	Angebots- erstellung	Gegen- seitige Abstim- mung	Verhand- lung	Auftrags- abwicklung	After Sales Betreuung
Strategic Selling (Miller-Heiman)		X	X			X			
Power-Base-Selling		X	X			X	X		
Target Account Selling (TAS)	X	X	X				X		
Solution-Selling			X				X		
Spin-Selling			X				X		
be.smart	X	X	X	X	X	X	X	X	X

Abbildung 2: Vergleich von be.smart mit den klassischen Vertriebsmethodiken, Quelle: xact4u strategy consulting AG (2007)

be.smart unterstützt somit das gesamte Spektrum des Vertriebsprozesses im Rahmen einer ganzheitlichen Vertriebsmethodik. Insbesondere die Punkte «Anfragenprüfung», «Auftragsabwicklung» und «After-Sales-Betreuung» runden den Vertriebszyklus methodisch ab (vgl. Abbildung 3).

Abbildung 3: Gesamtübersicht be.smart, Quelle: xact4u strategy consulting AG (2007)

smart WIZARD

Durch den *smart WIZARD* hebt sich be.smart signifikant von anderen Vertriebsmethodiken ab. Der smart WIZARD kann nahtlos in eine CRM-Software implementiert werden, um den Vertriebsmitarbeiter aktiv im Vertriebsprozess zu unterstützen.

Nachdem es in der vierten Phase zu einer Anfrage seitens des Kunden gekommen ist, nimmt der Vertriebsmitarbeiter den smart WIZARD als schnelle Hilfe in Anspruch. Dieser beinhaltet eine ausgewählte Anzahl an Kriterien, die für alle Anfragen individuell bewertet werden müssen. Dadurch ergeben sich für jede Anfrage unterschiedliche

Schwerpunkte, die das weitere Vorgehen beeinflussen. Nach Abschluss der Kriterieneinschätzung gibt der *smart WIZARD* eine Empfehlung für die weitere Verfahrensweise im jeweiligen Vertriebsprozess ab. Dadurch können – je nach Kriterienbewertung – einzelne Phasen oder Phasenunterpunkte ausgelassen werden. Dies führt zu einer Konzentration auf das Wesentliche und damit zu einer effizienteren Ressourceninanspruchnahme.

Für die *smart WIZARD*-Analyse wurden elf Kriterien entwickelt, welche zur Beurteilung herangezogen werden können:

1. *Auftragseinschätzung*: Als Erstes gilt es zu analysieren, welcher finanzielle Nutzen (Umsatz, Deckungsbeitrag oder Gewinn) sich aus dem Auftrag ergibt. Wird dieser als *hoch* eingeschätzt, so muss das Angebotsmanagement in umfassenderem Masse betrachtet werden. Auch die Verhandlungsphase muss gründlich adressiert werden.
2. *Eintrittswahrscheinlichkeit*: Hier wird eine erste Prognose über das Zustandekommen der Anfrage von Seiten des Vertriebsmitarbeiters abgegeben. Die Eintrittswahrscheinlichkeit wird innerhalb des Verkaufsprojekts von Beginn an bewertet und steigt in der Regel mit der Fortführung des Verkaufsprojekts an. Sie ist ein verlässlicher Indikator im B2B-Umfeld, wie viele Ressourcen eingesetzt werden können, um den Auftrag zu gewinnen.
3. *Eintrittszeitpunkt*: Der Eintrittszeitpunkt bei Realisierung der Anfrage kann je nach Branche, Produkt oder Unternehmen eine bedeutende Rolle spielen. So muss diesem Kriterium beispielsweise bei saisonal bedingten Produkten oder wetterabhängigen Rohstofflieferungen, Montagen oder Produktionen eine hohe Bedeutung zugerechnet werden. Birgt der Eintrittszeitpunkt ein *hohes* Risiko, so muss dies im Angebotsmanagement und in der Verhandlung berücksichtig werden, da sonst eine Weiterbearbeitung wenig Sinn macht.
4. *Risikoeinschätzung*: Die Risikoeinschätzung betrachtet sowohl die finanziellen Risiken als auch Imagerisiken, die durch den Auftragsgewinn entstehen können. Wird die Risikoeinschätzung *hoch* eingestuft, so muss dies im Angebotsmanagement und in der Verhandlung ausdrücklich berücksichtigt werden, damit der Auftrag zufriedenstellend durchgeführt werden kann.
5. *Ressourceninanspruchnahme*: Bei der Annahme eines Auftrags ändert sich die Auslastung der Ressourcen, wie Maschinen, Mitarbeiter oder Produktion. Es ist festzustellen, inwieweit diese erhöhte Inanspruchnahme gedeckt werden kann bzw. in welcher Form sie durch den Auftragswert gedeckt ist. Eine hohe Ressourceninanspruchnahme ist zwingend mit der Produktion abzustimmen, um die zeitnahe Fertigstellung eines Auftrags bereits im Vorfeld abzusichern. Hier wird insbesondere die Grundlage für die Vertragsverhandlungen in Bezug auf einen späteren Lieferverzug gelegt.
6. *Kundenstatus*: Beim Kundenstatus muss der Vertriebsmitarbeiter angeben, ob es sich

um einen Neu- oder Bestandeskunden handelt (Neukunde; Halber Bestandeskunde (ab der 2. Bestellung); Bestandeskunde (ab der 3. Bestellung)). Der Kundenstatus hat – isoliert betrachtet – keinerlei Auswirkungen auf die Gewichtungen im Hinblick auf das weitere Vorgehen. Denn unabhängig davon, ob Bestandes- oder Neukunde, jeder muss optimal bedient werden, um eine langfristige Kundenbindung aufbauen zu können. Der Kundenstatus kann jedoch ein wichtiges Kriterium für die Vertriebsstrategie und -steuerung sein. So ist es beispielsweise von Bedeutung, hier eine spätere Auswertung hinsichtlich Neu- und Bestandeskundengeschäft im Verkaufsprojektmanagement zu gewährleisten.

7. *Produktkomplexität*: Mit Hilfe dieses Kriteriums lässt sich eruieren, wie komplex das Gesamtprodukt ist. Dazu gehören Lieferung, mögliche Vertragsgestaltung und Inhalte sowie Bereitstellung und Ausführung. Wird die Produktkomplexität mit einem *hohen* Risiko eingestuft, so muss dies in der Ausgestaltung des Angebots und in der Verhandlung berücksichtigt werden.

8. *Auslastungsgrad*: Dieses Kriterium gibt an, wie sich der Beschäftigungsgrad durch die Annahme des Auftrags verändern wird. Liegt nach Auftragsannahme Unterbeschäftigung vor, ist im Hinblick auf die Durchführung kaum mit Risiken zu rechnen. Sollte es jedoch zur Voll- oder gar Überbeschäftigung kommen, steigt das Risiko, dass unerwartet Mehrkosten auf das Unternehmen zukommen (geringes Risiko: Unterbeschäftigung; mittleres Risiko: Vollbeschäftigung; hohes Risiko: Überbeschäftigung). Führt der Auslastungsgrad zu einem hohen Risiko, so muss zunächst intern geklärt werden, ob eine weitere Bearbeitung sinnvoll ist oder ob der Auftrag unter keinen Umständen angenommen werden kann. Wird der Auftrag angenommen, muss das Auftragsmanagement eingehend betrachtet werden, damit der Auftrag trotz Überbeschäftigung kundengerecht ausgeführt werden kann.

9. *Strategische Bedeutung*: Die strategische Bedeutung bestimmt, welche langfristigen Auswirkungen die Auftragsannahme für das Unternehmen haben kann. Handelt es sich z.B. um einen Auftrag, durch den ein neuer Markt oder gar eine neue Branche erschlossen werden kann? Handelt es sich um einen potentiellen Schlüsselkunden, durch den mit hoher Wahrscheinlichkeit weitere Kunden auf uns zukommen werden? Insofern befasst sich dieses Kriterium nicht mit operativ kurzfristigen Kennzahlen, sondern legt den Fokus auf die langfristigen bzw. zukünftigen Auswirkungen, die die Annahme des Auftrags auf das gesamte Unternehmen haben kann.

10. *Wettbewerbssituation*: In der Marktplanungsphase hat sich der Vertriebsmitarbeiter bereits vorab ein Bild von der vorherrschenden Marktsituation gemacht. Im *smart WIZARD* ist nun nochmals zu bewerten, wie intensiv sich die Wettbewerbssituation bei der konkret vorliegenden Anfrage präsentiert (geringes Risiko: kaum Mitbewerber; mittleres Risiko: einige Mitbewerber, aber gute Marktposition; hohes Risiko: sehr viele Mitbewerber). Besteht ein *hohes* Risiko, so muss dem Angebots-

management eine erhöhte Bedeutung zugerechnet werden, damit sich der Kunde optimal bedient fühlt und ihm ein individualisiertes Angebot unterbreitet werden kann. Dadurch kann sich das Unternehmen klar vom Wettbewerb abgrenzen und die Chance auf einen Vertragsabschluss steigern.

11. *Leistungsart*: Hier wird festgehalten, um welche Art der Leistungserbringung es sich bei dem Auftrag handeln soll. Geht es um ein klassisches Standardprodukt aus dem Produktportfolio, eine Produktneueinführung, -weiterentwicklung oder um einen Wartungs- oder Instandsetzungsauftrag? Je nach Leistungsart werden unterschiedliche Leistungsrisiken diagnostiziert:

    Geringes Leistungsrisiko: Standardprodukt, Wartungsauftrag, Instandsetzungsauftrag

    Mittleres Leistungsrisiko: Produkterweiterung, Produktweiterentwicklung

    Hohes Leistungsrisiko: Individuell konzipierter Spezialauftrag, Sonderanfertigung, Produktneueinführung

    Resultiert ein hohes Leistungsrisiko, müssen die Phasen 5 bis 7 (vgl. Abbildung 3) verstärkt untersucht werden, damit sowohl für den Kunden als auch für das eigene Unternehmen sämtliche Risiken abzuschätzen sind.

Die konkrete Kriterienauswahl, die einzelnen Gewichtungen und Risikoeinschätzungen werden dann im «Customizing» definiert, da diese von Unternehmen zu Unternehmen sehr unterschiedlich ausgeprägt und ausgelegt sein können. Ergibt die Analyse, dass es sich um einen strategisch wichtigen Auftrag handelt, müssen die Phasen 5 bis 7 konsequent und vertieft durchgeführt werden, um den erhofften, strategisch wichtigen Vertragsabschluss zu maximieren.

Effizienzsteigerungen durch Verkaufsprojektmanagement

Der Einsatz von be.smart innerhalb eines Verkaufsprojektmanagements bietet in der Praxis folgende Vorteile:

1. Quantitative Messbarkeit der Mengenwerte im Verkaufsprozess (Anzahl Leads, Vertriebsgespräche, Besuchsberichte, Verkaufsprojekte, Kundenpräsentationen, Angebote, Verträge und Auftragseingänge)
2. Qualitative Bewertung wichtiger Verkaufsprojekte und Vergleichbarkeit durch eine standardisierte Vertriebsmethodik
3. Klarer Handlungsrahmen und schnelles Einarbeiten für neue Vertriebsmitarbeiter
4. Einfache und schnelle Ermittlung von Abschlussquoten für Niederlassungen, Gebietsleiter und Vertriebsmitarbeiter
5. Klare Trennung und Analysemöglichkeiten von Neukunden- und Bestandeskundengeschäft

Ein professionelles Verkaufsprojektmanagement schafft mit dem Einsatz einer durchgängigen Vertriebsmethodik mehr Transparenz im Vertrieb, da die Leistungen einzelner Niederlassungen, Bezirke und Vertriebsmitarbeiter im B2B-Geschäft in höherem Masse vergleichbar werden. Zudem ermöglicht ein optimales Verkaufsprojektmanagement die Selbststeuerung durch den Vertriebsmitarbeiter sowie eine gründliche Ursachenforschung und das frühzeitige Eingreifen durch die Vertriebsleitung bei unzureichenden Abschlussquoten. Die Effizienzsteigerungen sind je nach Einsatz des Verkaufsprojektmanagements beachtlich:

1. Allein die Transparenz schafft Effizienzsteigerungen, da schwache Leistungen im Vertrieb evident werden.
2. Die Durchlaufzeiten von Verkaufsprojekten von der Akquise bis zum Vertragsabschluss werden häufig erstmals transparent und können optimiert werden.
3. Das Verhältnis von Vertragsabschlüssen zu Akquisen kann berechnet und verbessert werden.
4. Grosse Verkaufsprojekte werden optimal für den Kunden durchgeführt und wichtige Fragestellungen werden zwangsläufig analysiert, da die Ergebnisse dokumentiert werden.
5. Sämtliche Verkaufsprojekte verlaufen innerhalb vordefinierter Vertriebsstufen. Dies ermöglicht individuelle Prüfungen im Verkaufsprozess im Rahmen der CRM-Software und realisiert Effizienzsteigerungen durch geringere Einarbeitungszeiten bei neuen Mitarbeitern durch das standardisierte und unterstützte Vorgehen sowie einen höheren Automatisierungsgrad bei der Bearbeitung von Kundenanfragen.

Es gilt zu erwähnen, dass die Effizienzsteigerungen nur realisiert werden können, wenn der Vertriebsmitarbeiter und dessen Bedürfnisse ausdrücklich im Verkaufsprojektmanagement berücksichtigt werden. Die Vertriebsstufen in einem Verkaufsprojektmanagement sind so zu definieren, dass sie das tägliche B2B-Geschäft widerspiegeln. Des Weiteren sollte das Verkaufsprojektmanagement sukzessive vervollständigt werden, um die Vertriebsmannschaft mittelfristig auf die Standardisierung vorzubereiten – ansonsten drohen Widerstände, die im Nachgang nur schwer zu beseitigen sind. Die Implementierung muss daher durch entsprechende Change-Management-Bemühungen begleitet werden. Auf diesem Wege lassen sich Effizienzsteigerungen nachhaltig realisieren.

Literatur

N.N. (2002): Vertriebsmethoden im Überblick, Acquisa (07/2002): Haufe Fachmedia, Freiburg.

Miller, Robert B./Heiman, Stephen E. (1997): Strategisches Verkaufen, 8. Auflage, Moderne Industrie, Landsberg.

Strategisches Beschwerdemanagement

Prof. Dr. Bernd Stauss

Prof. Dr. Bernd Stauss ist als Professor für Betriebswirtschaftslehre an der Wirtschaftswissenschaftlichen Fakultät der Katholischen Universität Eichstätt-Ingolstadt tätig und hat dort den Lehrstuhl für Dienstleistungsmanagement inne. Im Mittelpunkt seiner wissenschaftlichen Arbeit stehen Managementfragestellungen, die bei der Erstellung und Vermarktung von Dienstleistungen für interne und externe Kunden auftreten.

Strategisches Beschwerdemanagement

Das Strategische Potential des Beschwerdemanagements und die Notwendigkeit einer strategischen Planung

Das Beschwerdemanagement stellt einen eigenständigen und spezialisierten Funktionsbereich im Unternehmen dar, der für die Planung, Durchführung und Kontrolle aller Massnahmen verantwortlich ist, die ein Unternehmen im Zusammenhang mit Beschwerden ergreift.[1] Diesem Funktionsbereich kommt in zweierlei Hinsicht strategische unternehmerische Bedeutung zu.

- Zum einen hat das Beschwerdemanagement zentrale Relevanz im Rahmen des Customer Relationship Mangements. Beschwerdeführer sind unzufriedene Kunden und repräsentieren daher gefährdete Umsatz- und Deckungsbeitragspotentiale. Sie stellen somit auch die primäre Zielgruppe jeder Kundenbindungsstrategie dar. Zudem wünschen sich beschwerende Kunden eine Lösung für ihr Problem. Wenn Unternehmen diese Lösung anbieten, beweisen sie, dass nicht nur die Kunden, sondern auch sie eine Beziehung eingegangen sind und Verantwortung übernehmen. Das ist – wie vielfach empirisch nachgewiesen – eine hervorragende Basis, um Vertrauen und Commitment beim Kunden zu erreichen und die Voraussetzung für anhaltende Kundenloyalität zu schaffen.[2]
- Zum anderen ist das Beschwerdemanagement dafür verantwortlich, die in den Beschwerden enthaltenen Informationen über die von den Kunden wahrgenommenen Qualitätsprobleme zu erfassen und auszuwerten. Die Beschwerdeanalyse ist damit eine wesentliche Grundlage für Initiativen zur kontinuierlichen Qualitätsverbesserung. Insofern hat das Beschwerdemanagement auch ein hohes strategisches Potential für das unternehmerische Qualitätsmanagement.

Die Ergebnisse verschiedener empirischer Studien lassen jedoch den Schluss zu, dass es dem betrieblichen Beschwerdemanagement oft nicht gelingt, dieses strategische Potential auszuschöpfen und damit den angestrebten Beitrag zur Erhöhung von Gewinn und Wettbewerbsfähigkeit zu leisten. Zum einen ist häufig die Beschwerdezufriedenheit ausserordentlich gering.[3] Zum anderen erfolgt auch nur selten eine systematische Nutzung der Beschwerden als Informationspotential für Qualitätsverbesserungen.[4]

Verschiedene Faktoren scheinen für diesen Sachverhalt verantwortlich zu sein. So spricht viel dafür, dass die strategische Bedeutung des Beschwerdemanagements durch die Unternehmensleitung, aber auch durch die Verantwortlichen für das Kundenbeziehungs- und Qualitätsmanagement unterschätzt wird. Auch heute noch wird das Beschwerdemanagement vielfach allein als Einheit für den operativen Kundendialog angesehen, der Beitrag für die Wertschöpfung und Wettbewerbsfähigkeit des Unternehmens aber nur im Ausnahmefall voll erkannt. Als Folge davon wird das Beschwerdemanagement auch kaum an strategischen Entscheidungsfindungen beteiligt, obwohl es mit der Verfügung über relevantes, aktuelles und detailliertes Kundenwissen besonders bedeutsame Impulse liefern könnte. Dieser Umstand wird aber auch dadurch gefördert, dass das Beschwerdemanagement selbst nur wenige Anstrengungen unternimmt, den eigenen Wertschöpfungsbeitrag nachzuweisen und für diesen Funktionsbereich eine fundierte strategische Planung vorzunehmen. Aus diesem Grunde ergibt sich die Notwendigkeit, eine strategische Planung für den Funktionsbereich Beschwerdemanagement vorzunehmen[5], für die hier ein Konzept vorgestellt wird.[6]

Strategische Planung

Unter *Strategie* versteht man Grundsatzregelungen mittel- bzw. langfristiger Art, die strukturbestimmenden Charakter haben und nicht leicht korrigierbar sind. Sie gibt den handlungsleitenden Rahmen für alle Entscheidungen über Ziele, Massnahmen und Mittel zur Erreichung dauerhafter Wettbewerbsvorteile.[7] *Die strategische Planung* umfasst einen systematischen Prozess zur Fundierung, Formulierung, Bewertung und Auswahl von Strategien. Üblicherweise bezieht sich die strategische Planung auf das grundsätzliche Marktverhalten des gesamten Unternehmens oder aber eigenständig geführter strategischer Geschäftseinheiten. Mit dem zunehmenden Bewusstsein jedoch, dass auch unternehmerische *Funktionsbereiche* Dienstleistungen erstellen und potentiell mit externen Dienstleistern im Wettbewerb stehen, setzt sich mehr und mehr die Erkenntnis durch, dass auch auf dieser Ebene eine strategische Planung notwendig ist, um eine zielorientierte und kundengerechte Leistungserstellung zu gewährleisten.[8] Diese Transfer-Überlegungen sind hier für den Funktionsbereich des Beschwerdemanagements anzustellen, und zwar in den idealtypischen drei Schritten jeder strategischen Planung: 1. Strategische Ist-Analyse, 2. Entwicklung von Strategieoptionen, 3. Strategiebewertung und -auswahl.

Strategische Ist-Analyse

In einem ersten Schritt ist eine umfassende strategische Analyse der Ausgangssituation vorzunehmen. Die Bereichsleitung Beschwerdemanagement muss zum Ersten die wesentlichen externen und internen Ansprüche und Einflussfaktoren identifizieren (Umweltanalyse). Zum Zweiten ist der eigene Funktionsbereich im Hinblick auf das Leistungsspektrum, die Qualität der Leistungserfüllung sowie die bestehenden Handlungsrestriktionen detailliert zu erfassen und zu bewerten (Funktionsbereichsanalyse), siehe Abbildung 1.

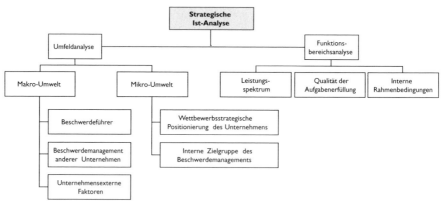

Abbildung 1: Felder der strategischen Ist-Analyse

Umfeldanalyse

Im Rahmen der *Umfeldanalyse* sind zwei Betrachtungsebenen zu unterscheiden: die externe unternehmerische Umwelt einerseits (Makroumwelt) und die interne unternehmerische Funktionsumwelt (Mikroumwelt) andererseits.

Bei der Analyse der *Makroumwelt* sind primär die Beschwerdeführer, aber auch die Beschwerdemanagement-Aktivitäten anderer Unternehmen zu beachten sowie sämtliche Umweltfaktoren, die Einfluss auf das Beschwerdemanagement haben.

Die Beschwerdeführer sind die zentrale externe Zielgruppe des Beschwerdemanagements. Das Ziel, die unzufriedenen Kunden wieder zufrieden zu stellen, kann nur erreicht werden, wenn die wesentlichen Anforderungen der Kunden an das Beschwerdemanagement bekannt sind. Insofern ist zu ermitteln, welche Erwartungen die Beschwerdeführer an die unternehmerische Reaktion haben, welche Aspekte ihre Beschwerdezufriedenheit bestimmen und wie Kundenabwanderung vermieden werden kann. Nur auf der Basis dieser Kenntnisse können strategische und operative Handlungsoptionen geplant werden.

Darüber hinaus ist es sinnvoll, sich ein Bild vom *Beschwerdemanagement anderer Unternehmen* zu machen. Unzufriedene Kunden erleben die Vorgehensweisen verschiedener Unternehmen und bilden ihre generellen Erwartungen an das Beschwerdemanagement aufgrund dieser Erfahrungen. Insofern kommt es vor allem darauf an, Erkenntnisse über die Praxis des Beschwerdemanagements von Unternehmen in der eigenen Branche zu erhalten sowie von Unternehmen anderer Branchen, die eine ähnliche strategische Positionierung einnehmen.

Zudem sind diejenigen *unternehmensexternen Faktoren* zu identifizieren und zu untersuchen, die die Aktivitäten des Beschwerdemanagements beeinflussen. Diese Faktoren können politisch-rechtlicher, gesellschaftlicher, wirtschaftlicher oder technologischer Art sein.[9] Bei der Analyse dieser Faktoren ist herauszufinden, welche Auswirkungen sie auf das Beschwerdeverhalten der Kunden haben und somit Anforderungen an den Beschwerdemanagementprozess stellen. Dies ist z.B. der Fall, wenn sie zu quantitativen Verschiebungen des Beschwerdeaufkommens oder zu einer qualitativen Veränderung der Beschwerdeerwartungen von Kunden führen.

In Bezug auf die *politisch-rechtliche Dimension* sind die Einflüsse des Gesetzgebers und der Rechtsprechung zu betrachten. Hier ist in erster Linie relevant, welchen politischen Stellenwert die Verbraucherpolitik erhält und wie sich dieser in rechtlichen Regelungen etwa zu Gewährleistungsansprüchen des Kunden oder Fragen der Produzentenhaftung widerspiegelt.

Im Hinblick auf die *gesellschaftliche Dimension* interessieren insbesondere Fragen des gesellschaftlichen Wertewandels, soweit dieser in einer erhöhten Sensibilität bezogen auf bestimmte Problemstellungen (z.B. Ökologie, Sicherheit usw.) zum Ausdruck kommt. Ebenfalls relevant sind generelle Verhaltenstendenzen, die Auswirkungen auf das Beschwerdeverhalten haben können, beispielsweise Trends in Richtung auf steigende Anspruchsniveaus, sinkende Toleranzschwellen, erhöhte Kritikbereitschaft oder abnehmende Bindungsbereitschaften.

Auch Aspekte der *wirtschaftlichen Umweltdimension* können bedeutsam sein. Insbesondere muss beobachtet werden, wie sich konjunkturelle Einflüsse, beispielsweise reduzierte Arbeitseinkommen und erhöhte Arbeitslosigkeit auf das Kaufverhalten sowie die Dialogformen und die Loyalität von Kunden auswirken. Von noch stärkerer Bedeutung sind die Intensität und Dynamik des Wettbewerbs auf den Märkten, denn sie bestimmen das Ausmass der Relevanz kundenorientierten Verhaltens. Beispielsweise ist die Bedeutung eines beziehungsorientierten Beschwerdemanagements umso grösser, je stärker der Wettbewerb, je intensiver der Kampf um die Kunden und je teurer die Neukundengewinnung ist.

In *technologischer* Hinsicht sind insbesondere Entwicklungen in den Bereichen der neuen Informations- und Kommunikationstechnologien zu beachten, die zugleich neue Medien der Kommunikation zwischen Beschwerdeführer und Unternehmen darstellen (wie Internet, E-Mail, SMS). Sie sind im Hinblick auf die zu erwartende Verbreitung und Nutzung für den Dialog zu überprüfen, aber auch hinsichtlich ihrer Chancen zum Einsatz von Self-Service-Technologien.

Das Beschwerdemanagement ist nicht nur in eine externe, sondern auch eine innerbetriebliche Umwelt eingebunden. Deshalb geht es im Bereich der *Analyse der internen Funktionsumwelt (Mikroumwelt)* darum, die wettbewerbsstrategische Positionierung des Gesamtunternehmens festzustellen sowie die internen Anspruchsgruppen mit ihren Anforderungen und Wünschen zu identifizieren.

Bezüglich der *wettbewerbsstrategischen Positionierung* lassen sich nach dem weithin akzeptierten Konzept Porters[10] vereinfacht zwei alternative Ansätze zur Erreichung dauerhafter Wettbewerbsvorteile unterscheiden: Kostenführerschaft und Differenzierung. Als Kostenführer gelingt es dem Unternehmen, eine Leistung kostengünstiger als die Wettbewerber anzubieten und somit den Kunden einen Preisvorteil zu bieten. Der Qualitätsführer wählt dagegen eine Differenzierungsstrategie, die es ihm ermöglicht, den Kunden eine höherwertige Leistung im Sinne eines Zusatznutzens zu offerieren. Die vom Unternehmen gewählte wettbewerbsstrategische Ausrichtung hat erhebliche Konsequenzen für die unternehmerische Ausrichtung des CRM und Qualitätsmanagements und damit die relevante strategische Option des Beschwerdemanagements.

Beschwerdemanagement hat nicht nur Aufgaben gegenüber den externen Kunden zu erbringen, sondern auch differenzierte Informationsleistungen gegenüber unterschiedlichen *internen Zielgruppen,* deren Informationsbedarf präzise zu erheben ist. Eine erste wesentliche Kundengruppe ist die *Unternehmensleitung*. Sie hat den Funktionsbereich Beschwerdemanagement eingerichtet und ist zentraler Auftraggeber. Im Rahmen der Analyse ist zunächst zu prüfen, welche Relevanz die Unternehmensleitung dem Customer Relationsship Management und dem Qualitätsmanagement einräumt, welche konkreten Zielvorgaben sie diesbezüglich macht und welche Erwartungen sich daraus für das Beschwerdemanagement ableiten lassen. In Bezug auf das CRM ist hier insbesondere an Beiträge zur Steigerung von Kundenzufriedenheit und -loyalität, zur Erzielung von Umsätzen aus Cross-Selling-Aktivitäten und zur Vermeidung negativer Mund-zu-Mund-Kommunikation zu denken. Zum Zweiten sind die von der Kundenkritik betroffenen Bereiche als Kundengruppen anzusehen. Dies können *Geschäftsbereiche* (wie Sparten) sein, deren Produkte und Dienstleistungen Gegenstand von Beschwerden sind, aber auch andere *Funktionsbereiche*, die zur effizienten Erfüllung ihrer Aufgaben auf Beschwerdeinformationen zurückgreifen können (Vertrieb, Qualitätsmanagement, Controlling u.a.m). Zusätzlich ist an die Mitarbeiter selbst, temporäre Einheiten, Netzwerkpartner und Interessenvertretungen zu denken. Jeweils ist festzustellen, inwiefern das Beschwerdemanagement mit Hilfe konkreter Informationsdienstleistungen dazu beitragen kann, dass die internen Kunden ihre eigenen Aufgaben effektiver und/oder effizienter erfüllen können (siehe Abbildung 2).

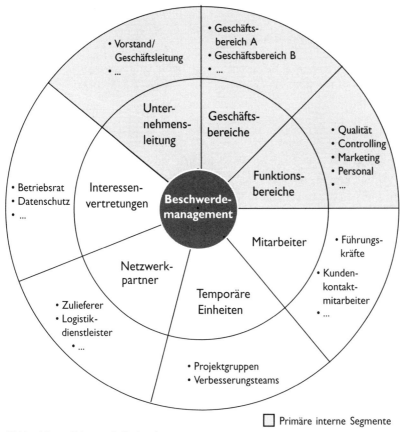

Abbildung 2: Interne Zielgruppen des Beschwerdemanagements

Funktionsbereichsanalyse

Nachdem die Makro- und Mikroumwelt mit ihren Anspruchsgruppen und Einflussfaktoren betrachtet ist, gilt es, im Rahmen der *Funktionsbereichsanalyse* das eigene Handlungsfeld zu untersuchen. Hier sind vor allem drei Analyseebenen zu betrachten: das Leistungsspektrum, die Qualität der Aufgabenerfüllung, und die Rahmenbedingungen.

Zunächst einmal ist genau zu analysieren, welches *Leistungsspektrum* das Beschwerdemanagement anbietet und wie die Aktivitäten so zu Leistungsbündeln zusammengefasst werden können, dass für sie analog zu strategischen Geschäftsfeldern eigenständige Strategien entwickelt werden können.[11] Diese Überlegungen sind differenziert für die verschiedenen externen und internen Kundengruppen anzustellen.

Für die Endkunden bietet das Beschwerdemanagement *externe Problemlösungsdienstleistungen* an, indem es einen leicht zugänglichen Weg für die Artikulation einer

Beschwerde schafft, die Beschwerde annimmt, bearbeitet und eine Lösung des Kundenproblems anbietet. *Für die Unternehmensleitung als internen Kunden* liefert das Beschwerdemanagement vor allem Informationen zur Entscheidungsunterstützung, indem aufgrund von Beschwerdeauswertungen differenziert nachgewiesen werden kann, wodurch in welchem Umfang unternehmerische Produkte und Verhaltensweisen zu Kundenunzufriedenheit führen, wo vom Kunden wahrgenommene Qualitätsmängel vorliegen und wie gross die Gefahr von Kundenverlusten ist. Das Beschwerdemanagement erbringt somit eine interne Informationsdienstleistung, die der Unternehmensleitung vor allem zur kunden- bzw. qualitätsorientierten Steuerung interner Prozesse und organisatorischer Einheiten dient. Dabei kann diese generelle *interne Informationsdienstleistung* je nach Informationsinhalt detailliert in der Form spezieller Leistungen ausdifferenziert werden (Kundenproblemanalyse, Kundenverlustanalyse, Fehlerkostenanalyse usw.).

Auch für die *anderen internen Zielgruppen* liefert das Beschwerdemanagement *interne Informationsdienstleistungen*. Die gelieferten Informationen beschreiben konkrete Gefährdungspotentiale wie Qualitätsmängel, Kundenverluste oder Fehlerkosten und geben Hinweise auf Marktchancen durch kundenorientierte Angebotsgestaltungen und Effizienzsteigerungen. Bei Bedarf ist es möglich, den internen Kunden weitergehende Formen informatorischer Dienstleistungen anzubieten, nämlich Beratungs- und Weiterbildungsdienstleistungen. In *Beratungsdienstleistungen* nimmt das Beschwerdemanagement eine eigenständige Interpretation und Verarbeitung der Information vor, indem es beispielsweise eine Ursachenanalyse durchführt, Handlungsempfehlungen ausspricht sowie gegebenenfalls die Abteilung bei der Umsetzung der Empfehlungen unterstützt. Darüber hinaus sind *Weiterbildungsdienstleistungen* denkbar. Sie bestehen darin, dass Mitarbeiter in Trainings über die Relevanz der Kundenorientierung, wesentliche Aspekte der Kundenzufriedenheit, den Umgang mit unzufriedenen Kunden, Grundzüge des Beschwerdemanagements und ähnliche Inhalte unterrichtet werden.

Zur Ist-Analyse gehört es auch, sich ein genaues und ungeschöntes Bild von der *Qualität der Aufgabenerfüllung* im Beschwerdemanagement zu verschaffen. Hierfür sind für sämtliche Aufgabenbereiche relevante Qualitätsdimensionen und -indikatoren zu identifizieren und entsprechende Messungen vorzunehmen. Um für die Bewertung des Ist-Zustandes Anhaltspunkte zu bekommen, sind Vergleiche anzustellen. Dabei bietet es sich an, auf die Ergebnisse der im Bereich der Makro-Umwelt-Analyse vorgenommenen Untersuchung des Beschwerdemanagements anderer Unternehmen zurückzugreifen und insbesondere die «Best Practices» von Unternehmen mit einem vergleichbaren strategischen Profil als Massstab heranzuziehen.

Aufgrund der Analyse von Leistungsspektrum und Qualität der Aufgabenerfüllung kann ein Leistungsportfolio erstellt werden. Dabei bietet es sich an, in Analogie zu bekannten Portfolio-Konzepten der strategischen Planung für Geschäftsbereiche als

Dimensionen der Portfolio-Matrix die Dimensionen «Leistungsattraktivität» und «Leistungsstärke» zu wählen. Die *«Leistungsattraktivität»* wird aufgrund der externen und internen Umweltanalyse bestimmt, indem Faktoren wie das Anspruchsverhalten der externen Kunden, das verbraucherpolitische Umfeld sowie die Nachfrage der internen Kunden bewertet werden. Die *«Leistungsstärke»* ergibt sich aufgrund der Leistungsbewertung durch die externen und internen Kunden bzw. auf der Grundlage des Benchmarking im Rahmen der Funktionsbereichsanalyse. Abbildung 3 zeigt ein Anwendungsbeispiel. Dabei zeigt sich, dass für den untersuchten Funktionsbereich Beschwerdemanagement vor allem Handlungsbedarf in den Bereichen der Entwicklung von Qualitätsverbesserungen und der Kundenverlustanalyse besteht, da hier zwar ein hoch attraktives Handlungsfeld vorliegt, aber Leistungsdefizite zu verzeichnen sind. Zudem ist zu prüfen, inwieweit weitere Kapazitäten für die Informationsdienstleistung der Kündigungsprognose gestellt werden sollen, da die Attraktivität der Leistung als gering einzuschätzen ist.

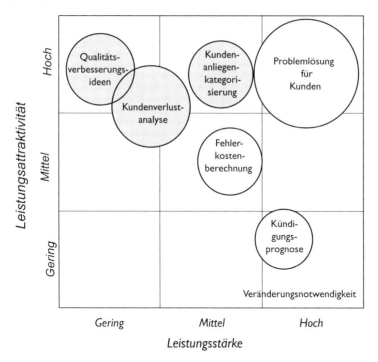

Abbildung 3: Portfolio-Analyse im Bereich Beschwerdemanagement (Beispiel)

Zur vollständigen Ist-Analyse des Funktionsbereichs gehört auch die sorgfältige Durchleuchtung der *Rahmenbedingungen*. Die Aufgabenerfüllung im Beschwerdemanagement hängt wesentlich von der Anzahl, der Motivation und der Qualifikation der zur Verfügung stehenden Mitarbeiter, der (insbesondere) informationstechnologischen Infrastruktur und der Höhe des zugewiesenen Budgets ab. Insofern muss hier eine quantitative und qualitative Bestandsaufnahme der *menschlichen, technologischen und finanziellen Ressourcen* erfolgen. Darüber hinaus müssen Szenarien für die zukünftige Entwicklung der Ressourcenausstattung erarbeitet werden, um eine realistische Sicht vom Handlungsspielraum für die strategische Ausrichtung des Beschwerdemanagements zu erhalten. Zu der Analyse der Rahmenbedingungen gehört auch eine Bestandsaufnahme der *organisatorischen Einbindung* des Beschwerdemanagements und der damit verbundenen Anweisungs- und Kommunikationsstrukturen. Diese internen Rahmenbedingungen sind kurzfristig als fixe Restriktionen zu akzeptieren. Allerdings ist zugleich im Rahmen der späteren Strategiebewertung mit zu reflektieren, welche Veränderungen in der Ressourcenausstattung oder der Organisationsgestaltung erforderlich sind, um eine angestrebte Strategie auch realisieren zu können.

Strategieoptionen

Auf der Grundlage der strategischen Ist-Analyse sind nun Strategieoptionen zu erarbeiten. Unter Auswertung der Ergebnisse der empirischen Studie zum Stand des Beschwerdemanagements in Deutschland[12] lassen sich vier unterschiedliche *Strategietypen* bzw. *Basisstrategien* des Beschwerdemanagements unterscheiden: Complaint Factory (Beschwerdefabrik), Relationship Amplifier (Beziehungsverstärker), Quality Control (Qualitätssicherer) und Customer Satisfaction Lab (Zufriedenheitslabor) (siehe Abbildung 4). Diese verschiedenen Typen erstellen zwar jeweils externe Problemlösungs- sowie interne Informationsdienstleistungen. Doch sie unterscheiden sich zum Teil erheblich in Bezug auf ihre primäre wettbewerbsstrategische Einordnung, die Relevanz einzelner Zielsetzungen, den Umfang und die Qualität der angebotenen Dienstleistungen sowie in der Ausführung der Aufgaben des Beschwerdemanagementprozesses.

	Fokus extern	Fokus intern
Fokus Effizienz	Complaint Factory	Quality Control
Fokus Kunde	Relationship Amplifier	Customer Satisfaction Lab

Abbildung 4: Basisstrategien des Beschwerdemanagements

Complaint Factory: Ein Beschwerdemanagement vom Typ der «Beschwerdefabrik» hat die primäre Aufgabe, die von den Kunden vorgebrachten Beschwerden für das Unternehmen möglichst kosteneffizient abzuwickeln. Beschwerdemanagement wird weniger als ein Instrument zur Kundenbindung angesehen als ein notwendiger administrativer Prozess, der vor allem der Bearbeitung von Reklamationen dient, d.h. von Kundenansprüchen unter Berufung auf unternehmerische Gewährleistungs- und Garantieverpflichtungen. Insofern erfolgt auch keine Beschwerdestimulierung, sondern tendenziell eher ein Aufbau von Beschwerdebarrieren, u.a. durch die Einrichtung nur eines, und zwar für das Unternehmen kostengünstigsten Beschwerdekanals. Im Bereich der Beschwerdeannahme werden Self-Service-Komponenten eingesetzt; auf eine detaillierte Informationsaufnahme und Kategorisierung wird verzichtet. Ein wesentlicher Schwerpunkt der Aufmerksamkeit liegt in der Beschwerdebearbeitung, insbesondere in der Einführung effizienter, möglichst (halb-) automatisierter Standardprozesse. Auch bei der Beschwerdereaktion dominieren Standardantworten unter Beschränkung auf wenige kostengünstige Alternativen und in Ausrichtung auf das rechtlich Erforderliche. Die Analyse der Beschwerdeinformationen hat nachrangige Bedeutung. Es werden nur einfache Auswertungen vorgenommen mit einem knappen Standardreport an eine sehr begrenzte Zahl interner Kunden. Eine Nutzung von Beschwerdeinformationen erfolgt nur dann, wenn ansonsten aufgrund unübersehbarer Problemhäufungen nachhaltige negative Kosteneffekte zu erwarten sind. Ein Beschwerdemanagement-Controlling erfolgt nur im Hinblick auf den Aspekt der Kostenkontrolle.

Relationship Amplifier: Bei dem Beschwerdemanagement-Typ «Beziehungsverstärker» steht nicht die kosteneffiziente Bearbeitung von Beschwerden, sondern die Sicherung der Beziehung zum Beschwerdeführer im Fokus. Das Ziel des Erhalts von Kundenloyalität und zukünftiger Kundendeckungsbeiträge durch Wiederherstellung der Kundenzufriedenheit hat entscheidende Bedeutung. Dementsprechend spielt die Beschwerdestimulierung eine grosse Rolle, weil möglichst viele der unzufriedenen Kunden gebunden werden sollen. Im Bereich der Beschwerdeannahme werden dem Kunden leicht zugängliche Beschwerdewege angeboten und es erfolgt eine differenzierte Erfassung der kunden- und problembezogenen Informationen, um im Rahmen der Bearbeitung und Reaktion differenziert und kundenindividuell handeln zu können. Ähnlich wie bei der Complaint Factory dominiert die externe, auf den Beschwerdeführer gerichtete Perspektive bei weitem. Doch um Kundenzufriedenheit auf Dauer sicherzustellen, ist es erforderlich, dass eine Auswertung der Beschwerden in Bezug auf die Hauptproblemkategorien erfolgt, die jeweiligen Entscheidungsträger informiert und auf diese Weise Prozesse zur zukünftigen Fehlervermeidung angestossen werden können. Das Beschwerdemanagement-Controlling hat einen hohen Stellenwert. Insbesondere die Ermittlung der Beschwerdezufriedenheit spielt eine grosse Rolle, da sie nicht nur der Qualitätskontrolle des Beschwerdehandlings dient, sondern eine zentrale Zielgrösse für die angestrebte emotionale Kundenbindung darstellt.

Quality Control: Auch ein Beschwerdemanagement vom Typ Quality Control («Qualitätssicherer») hat die Abwicklungsfunktion der eingehenden Beschwerden vorzunehmen. Aber der eigentliche Fokus liegt nicht auf der primären Kundenbeziehung, sondern auf der internen Qualitätssicherung. Beschwerden werden als eine ergänzende Quelle zur Sammlung von Informationen über Qualitätsmängel angesehen. Dementsprechend haben die auf den externen Kunden gerichteten Aktivitäten keine Priorität. Es gibt daher auch keine besonderen Anstrengungen im Bereich der Beschwerdestimulierung, der Beschwerdebearbeitung oder der Beschwerdereaktion. Von Interesse ist primär, dass im Bereich der Beschwerdeannahme eine umfangreiche Erfassung von Informationen zum Gegenstand der Beschwerde und der berichteten Probleme erfolgt. Im Fokus aber steht die Analyse der Beschwerdeinformationen. Hier kommt es auf eine differenzierte Auswertung in Bezug auf Qualitätsmängel an, die im Qualitätsmanagement zur Beseitigung von Fehlern bei Produkten und Dienstleistungen und somit zur Reduzierung von Fehlerkosten verwendet werden.

Customer Satisfaction Lab: Der Beschwerdemanagementtyp Customer Satisfaction Lab («Zufriedenheitslabor») nimmt ebenfalls eine eher interne Perspektive ein. Allerdings unterscheidet sich diese Perspektive sehr stark von der des Qualitätssicherers. Die wesentliche Funktion des Customer Satisfaction Labs ist es, aus dem durch das Beschwerdemanagement generierte Kundenwissen innovative Impulse zu gewinnen und diese aktiv für die Initiierung von Veränderungsprozessen im Unternehmen zu nutzen. Insofern steht auch hier die interne Perspektive im Vordergrund. Allerdings ist diese sehr viel weiter gefasst als im Typ Quality Control. Auswertung, Reporting und Informationsnutzung sind keineswegs allein auf die Qualitätssicherung ausgerichtet. Stattdessen kommt es darauf an, durch umfangreiche und komplexe Auswertungen, ein vielseitiges und zielgruppengerechtes Reporting und die Einbindung in Entwicklungs- und Innovationsprozesse kundenzufriedenheitsbezogene Anregungen zu geben. Auf diese Weise soll das Beschwerdemanagement permanent die kritische Kundensicht in das Unternehmen hineintragen, die Routinen aufbrechen und einen erheblichen Beitrag zur kundenorientierten Ausrichtung des Gesamtunternehmens leisten.

Die Typen Complaint Factory und Relationship Amplifier legen somit den Fokus auf die Prozesse im Umgang mit dem externen Kunden, während Quality Control und Customer Satisfaction Lab eher die interne Perspektive einnehmen. Insofern sind grundsätzlich auch *hybride Strategien* denkbar, indem ein unternehmerisches Beschwerdemanagement eine Basisstrategie mit externem und internem Fokus kombiniert. Dabei erscheinen aber nur die beiden Kombinationen realistisch, in denen jeweils die effizienzorientierten bzw. die kundenorientierten Basisstrategien miteinander verknüpft werden.

In der effizienzorientierten strategischen Hybridvariante I *(Efficieny First Strategy)* wird die kosteneffiziente Abwicklung von Beschwerden mit einer auf die Qualitätssicherung begrenzten Informationsnutzung verbunden. Die Problemlösungs- und Informationsdienstleistungen werden in Mindestqualität zu möglichst geringen Kosten angeboten.

Bei der kundenorientierten strategischen Hybridvariante II *(Customer First Strategy)* ist Kundenzufriedenheit eine grundlegende Zielgrösse für das gesamte Unternehmen. Insofern hat das Beschwerdemanagement nicht nur durch die Ausführung der Aufgaben gegenüber den externen Kunden für die Wiederherstellung von Kundenzufriedenheit zu sorgen, sondern auch durch die Bereitstellung interner Dienstleistungen wesentliche Impulse für eine kundenorientierte Gesamtausrichtung des Unternehmens zu geben (siehe Abbildung 5).

Abbildung 5: Hybride Strategieoptionen im Beschwerdemanagement

Strategiebewertung und -auswahl

In der letzten Stufe des strategischen Planungsprozesses sind die strategischen Optionen zu bewerten und eine bestimmte strategische Option auszuwählen. Diese Bewertung und Auswahl der geeigneten Strategieoption muss wesentlich auf der Grundlage der strategischen Ist-Analyse erfolgen. Zentraler Ausgangspunkt sind die Ergebnisse der Umfeldanalyse.

In Bezug auf die Basisstrategien mit *externem Fokus* sind die *Ergebnisse der externen Umweltanalyse* von besonderer Bedeutung. Die Relationship-Amplifier-Strategie erweist sich vor allem in einer Umwelt als überlegen, die durch hohe Kundenerwartungen und Kundensensibilität, hohe Wettbewerbsintensität auf den Märkten, hoher verbraucherpolitischer Aktivität und die Existenz von wichtigen Wettbewerbern mit einer gleichen Basisstrategie gekennzeichnet ist. Darüber hinaus ist die vom Unternehmen gewählte wettbewerbsstrategische Grundausrichtung entscheidend. Verfolgt das Unternehmen eine Differenzierungsstrategie, indem es sich gegenüber dem Kunden durch überlegene Qualität und individuelle Leistungen positionieren will, und wird ein Customer Relationship Management im Sinne des Aufbaus langfristiger Geschäftsbeziehungen angestrebt, spricht alles für die Wahl der Relationship-Amplifier-Strategie. Wird stattdessen eine Kostenführerschaftsstrategie eingeschlagen, in der die Positionierung am Markt allein über den Preis stattfindet, dann bietet sich die Strategie der Complaint Factory an, weil sie nicht nur die kosteneffizienteste Lösung darstellt, sondern in diesem Fall auch mir niedrigeren Kundenerwartungen gerechnet werden kann.

Hinsichtlich der Basisstrategien mit *internem Fokus* haben vor allem die *Ergebnisse der internen Analyse* der Funktionsumwelt Bedeutung. Bei einer klaren wettbewerbsstrategischen Positionierung in Richtung Differenzierung durch überlegene, kundenorientierte Leistungen, kann das Beschwerdemanagement im Sinne des Customer Satisfaction Lab als kundenorientiertes «Labor» grosse Bedeutung gewinnen. Es wird dann auch die differenzierten Informationsanforderungen verschiedener interner Kundengruppen erfüllen können. Wenn es allerdings vornehmlich darum geht, im Rahmen einer Kostenführerschaftsstrategie die gleich bleibende Qualität standardisierter Produkte sicherzustellen, dann erscheint für das Beschwerdemanagement die Strategie des Quality Control naheliegender, da sie vor allem die Informationsbedürfnisse des Qualitätsmanagements erfüllt.

Nach der Wahl der Basisstrategie (bzw. der hybriden Strategievariante) ist zu überprüfen, ob das Beschwerdemanagement im aktuellen Zustand die derzeitigen und zukünftig zu erwartenden Anforderungen an die strategische Rolle überhaupt erfüllen kann. Dazu sind die Ergebnisse der Funktionsbereichsanalyse heranzuziehen. Es ist genau zu prüfen, inwieweit das angebotene Leistungsspektrum und die Qualität der jetzigen Aufgabenerfüllung dem gewünschten strategischen Profil entsprechen.

Wenn strategisches *Ist-Profil und Soll-Profil voneinander abweichen,* besteht ein dringender Handlungsbedarf. Sollte sich beispielsweise herausstellen, dass das Beschwerdemanagement zeitgemäss als Complaint Factory betrieben wird, zukünftig aber die Strategie des Relationship Amplifiers verfolgt werden sollte, dann bedarf es umfassender Change-Management-Bemühungen. Zu diesem Zweck sind zunächst die erforderlichen Änderungen in der Aufgabenwahrnehmung im Beschwerdemanagementprozess festzulegen, dann die damit verbundenen Konsequenzen für die personalbezogenen, informationstechnologischen, finanziellen und organisatorischen Rahmenbedingungen zu fixieren und letztlich zeitliche «Milestones» auf dem Weg zur geplanten Strategieumsetzung zu definieren. Dieser strategische Entwicklungspfad ist dann die Grundlage für die Gespräche mit der übergeordneten Managementebene bzw. der Unternehmensleitung.

Zusammenfassung und Ausblick

Ein Beschwerdemanagement ist potentiell von hoher strategischer Relevanz für Unternehmen. Dabei kommt ihm ein besonders hohes strategisches Potential vor allem im Rahmen des Customer Relationship Managements und des Qualitätsmanagements zu. Um dieses Potential auszuschöpfen, muss das Beschwerdemanagement für den eigenen Funktionsbereich eine systematische Planung betreiben. Der Beitrag zeigt, wie eine solche strategische Planung in den Schritten der strategischen Ist-Analyse, der Entwicklung von Strategieoptionen sowie der Strategiebewertung und -auswahl erfolgen kann. Zu den wesentlichsten Erkenntnissen gehört die Einsicht, dass dem unternehmerischen Beschwerdemanagement unterschiedliche Strategietypen bzw. Basisstrategien zur Wahl stehen. Nur wenn es zu einem guten «Fit» zwischen der grundlegenden unternehmerischen Wettbewerbsstrategie und der gewählten Basisstrategie des Beschwerdemanagements kommt, ist zu erwarten, dass die Potentiale des Beschwerdemanagements für die unternehmerische Wertschöpfung und Wettbewerbsfähigkeit umfassend genutzt werden.

Anmerkungen

1. Vgl. Stauss/Seidel (2007)
2. Vgl. beispielsweise Servicebarometer (2006)
3. Vgl. für Deutschland (Servicebarometer 2006) und die Schweiz (Kundenmonitor Schweiz 2007.
4. Vgl. Stauss/Schöler 2003, Homburg/Fürst 2003, Materna 2005, Materna 2006.
5. Vgl. Mende 2006
6. Vgl. Stauss/Seidel 2007, S. 91ff.
7. Vgl. Becker 2006
8. Vgl. Reckenfelderbäumer 2001
9. Vgl. Mende 2006
10. Vgl. Porter 1999
11. Vgl. Mende 2006
12. Vgl. Stauss/Schöler 2003

Literatur

Becker, Jochen. (2006): Marketing-Konzeption, München.
Homburg, Christian/Fürst, Andreas. (2003): Beschwerdemanagement in deutschen Unternehmen, Mannheim.
Kundenmonitor Schweiz (2007): Kundenzufriedenheit in der Schweiz 2006, Zug.
Materna (2006): Licht und Schatten im Beschwerdemanagement, Dortmund.
Mende, Martin (2006): Strategische Planung im Beschwerdemanagement, Wiesbaden.
Porter, Michael E. (1999): Wettbewerbsstrategie, 10. Auflage, Frankfurt a.M.
Reckenfelderbäumer, M. (2001): Zentrale Dienstleistungsbereiche und Wettbewerbsfähig-

keit – Analyse auf der Basis der Lehre von den Unternehmensfunktionen, Wiesbaden.

Servicebarometer (2006): Ergebnisse des Kundenmonitors 2005, München.

Stauss, Bernd / Schöler, Andreas (2003): Beschwerdemanagement Excellence: State-of-the-Art und Herausforderungen der Beschwerdemanagement-Praxis in Deutschland, Wiesbaden.

Stauss, Bernd / Seidel, Wolfgang (2007): Beschwerdemanagement – Unzufriedene Kunden als profitable Zielgruppe, München.

Erfolgsmessung von CRM-Initiativen
mittels Business Cases und Performance Management

Dr. Jürgen Brunner

Dr. Jürgen Brunner ist bei der UBS AG – Global WM&BB innerhalb des CFO-Bereichs für das Investment Controlling der strategischen Projekte (Wealth Management International und Products & Services) verantwortlich. Nebenamtlich ist er als Dozent an der Zürcher Hochschule für angewandte Wissenschaften (ZHAW) im Executive Master CRM tätig.

Erfolgsmessung von CRM-Initiativen
mittels Business Cases und Performance Management

Erfolgsmessung als zentrales Steuerungsinstrument

Die Erfolgsmessung von Customer Relationship Management (CRM) ist in den letzten Jahren immer wieder diskutiert und mit der Frage nach dem Return-on-Investment (ROI) verbunden worden. Sie darf aber nicht allein auf die Frage nach dem ROI reduziert werden. Vielmehr steht im Mittelpunkt, was Customer Relationship Management für den Kunden und für das Unternehmen bedeutet und wie es konkret umgesetzt werden soll. Schlussendlich soll Entscheiden und Handeln im Sinn von CRM an (kunden-) wertsteigernden Aktivitäten ausgerichtet und beeinflussbare Stellhebel identifiziert und priorisiert werden. Nur so können kundenorientierte Leistungsprozesse systematisch geführt und damit der Erfolg eines Unternehmens sichergestellt werden. Für dieses (kunden-) wertsteigernde Management braucht es ein ganzheitliches Messkonzept, welches den Erfolg des CRM in finanziellen und nichtfinanziellen Dimensionen abbilden kann.

Da ein Unternehmen nur über begrenzte Mittel verfügt, müssen diejenigen Initiativen identifiziert und priorisiert werden, welche den grössten Beitrag zum CRM-Erfolg liefern. Sowohl traditionelle (z.B. Net Present Value und Discounted Cashflow) als auch wertorientierte Spitzenkennzahlen (z.B. Economic Value Added®) sind zwar für die Investitionsentscheidung wesentlich und in Unternehmen weit verbreitet, für die *kontinuierliche Erfolgsmessung* von CRM jedoch nicht geeignet. Gerade die Kontinuität der Messung ist für den Erfolg von CRM wesentlich. Die Mehrheit der Unternehmen weiss heute jedoch nicht, ob sich die Investition in CRM wirklich lohnt und etabliert keine Steuerungs- und Kontrollmechanismen.[1]

Warum scheitern CRM-Projekte? – Erfolgreiche Strategieumsetzung im CRM

Gute CRM-Strategien zu definieren, ist schon vielen Unternehmen gelungen. An der Operationalisierung der CRM-Strategie und der konsequenten Strategieumsetzung sind jedoch viele gescheitert.[2] Die erfolgreiche Strategieumsetzung von CRM kann

zu einem langfristigen Wettbewerbsvorteil entwickelt werden, sofern folgende Voraussetzungen erfüllt sind:
- Gemeinsames Strategieverständnis von CRM und eine klar formulierte CRM-Strategie sowie Transparenz im Strategieentwicklungs- und Umsetzungsprozess
- Begleitung organisatorischer Veränderungen im Sinne eines Change Management, um Widerstände in der Organisation zu bewältigen
- Klare Verantwortlichkeiten für die Strategieumsetzung bzw. eindeutige Kommunikation der Entscheidungen und Massnahmen in Verbindung mit konkreten Umsetzungsprojekten.

Umsetzung heisst, dass einzelne CRM-Projekte definiert werden und ihr Beitrag zu den CRM-Zielen mittels geeigneter finanzieller und nichtfinanzieller Kennzahlen regelmässig gemessen wird. Diese Voraussetzungen sind in der Praxis vielfach nicht gegeben, entsprechend lässt sich zumindest teilweise erklären, warum mehr als 50% der CRM-Projekte nicht die geweckten Erwartungen erfüllen und die Kosten über die nächsten fünf Jahre unterschätzt werden.[3]

Neben der fehlenden Transparenz und Messbarkeit gibt es weitere Gründe, die ein CRM-Projekt zum Scheitern bringen können:[4]

- *Strategiefalle*: Die unternehmensweite CRM-Strategie fehlt bzw. die zugrunde liegenden CRM-Ziele werden nicht ausreichend operationalisiert und die Organisation und Prozesse nicht auf diese Ziele systematisch ausgerichtet. In der Konsequenz werden auch keine bereichsübergreifenden Veränderungen bewirkt und keine nachhaltigen Verbesserungen erzielt.
- *Technologiefalle*: Technologie wurde als ein wesentlicher Treiber von CRM-Initiativen identifiziert (Software-Lösungen, computergestützte Massnahmen und Module zum Sammeln und Verwalten von relevanten Informationen, Automatisierung der Kunden-Betreuung etc.). Unternehmen versäumen es hingegen, die darunter liegenden Geschäftsprozesse zu ändern, bevor die neuen Systeme implementiert werden. Die Zusammenarbeit zwischen «Business» und «IT» kann so nicht zu einem wesentlichen Erfolgsfaktor werden.
- *Umsetzungsfalle*: CRM-Projekte können nur dann erfolgreich umgesetzt werden, wenn die Einführung im Sinne von «think big and start small» erfolgt. Kürzere Projektlaufzeiten haben sich als erfolgreicher erwiesen. Ferner müssen die notwendigen Voraussetzungen im Bereich des Kundenwissens und des Informationsmanagements gegeben sein. Einerseits muss im Unternehmen das Wissen über die Kunden verfügbar sein (z.B. Kaufkriterien, Kundennutzen) und die Bereitschaft bestehen, dieses Wissen anderen zur Verfügung zu stellen. Nur dann können die Prozesse auch entsprechend kundenorientiert konzipiert und verändert werden. Andererseits müssen CRM-Initiativen von Beginn an die Themen Datenintegra-

tion und Datenqualität adressieren, die eine Voraussetzung für den Umsetzungserfolg sind.
- *Akzeptanzfalle*: Die Einführung neuer Prozesse, Methoden oder IT-Systeme ist nur dann erfolgreich, wenn der Nutzen für die Betroffenen von vornherein spürbar ist. Damit rückt die Akzeptanz, aber auch das projektbegleitende Training bzw. das Management der Veränderungsprozesse in den Vordergrund, auch die Förderung des notwendigen Kulturwandels im Unternehmen ist ein Teil davon.

Grundsätzlich lassen sich CRM-Projekte in zwei Bereiche aufteilen: Einerseits Investitionen, um Mehrwert für den Kunden zu schaffen (*Investition in die Intensivierung der Kundenbeziehung*), und andererseits Investitionen, die darauf abzielen, den Wert des Kunden besser zu managen (*Investition in das Management der Kundenbeziehung*).

Business Case für die CRM-Kosten-Nutzen-Analyse

Der Business Case ist die zentrale Entscheidungsgrundlage für die Durchführung eines CRM-Projekts. Er ist ein Dokument zur Konkretisierung eines Projektes und bewertet dieses anhand betriebswirtschaftlicher Aspekte (finanzwirtschaftliche Kriterien und nichtfinanzwirtschaftliche Leistungs- und Nutzenpotentiale). Neben generellen Gestaltungselementen (Management Summary, Beschreibung der Problemstellung, Zielsetzung, Kosten-Nutzen-Aspekte etc.) gibt der Business Case einen Überblick über die strategische Bedeutung des Projekts sowie über Projektorganisation und -management, erstellt eine Wirtschaftlichkeitsanalyse und beschreibt die Auswirkungen des Projekts auf das Unternehmen. Er bietet die Basis für die Operationalisierung der CRM-Strategie mittels der CRM-Initiativen, deren Erfolgsfaktoren und der daraus abgeleiteten Erfolgs- und Steuerungsgrössen. Der Business Case beschreibt, wie das Verhalten im Unternehmen und damit die Beziehung zum Kunden verändert werden soll und ob der damit verbundene Aufwand (Kosten) einem realisierbaren Nutzenpotential gegenübersteht.

Entsprechend müssen die quantitativen Nutzenpotentiale (z.B. Kostenreduktionen durch Segmentierung, Marketingeffizienz, Steigerung der Kundenakquisition) und qualitativen Nutzenpotentiale (z.B. Kundenzufriedenheit, Time to Market, bessere und schnellere Entscheidungsfindung) den Kostenelementen (Total Cost of Ownership, Operationelle Risiken usw.) gegenübergestellt werden. Als Messgrösse für die Vorteilhaftigkeit einer Initiative dienen einerseits Methoden der Investitionsrechnung und andererseits qualitative Kriterien.[5]

Der Business Case als zentrales Bindeglied zwischen Strategieformulierung und -umsetzung ist methodisch nichts Neues und Business-Case-Standards sowie Investitionsrechnungen sind in der Praxis weitgehend etabliert. Die Herausforderung für das CRM liegt jedoch darin begründet, zunächst einmal zu definieren, was überhaupt als CRM-Investition gilt und welche Erfolgsgrössen massgeblich durch das CRM-Projekt beeinflusst und direkt zugerechnet werden können. Schwierigkeiten bereitet dabei nicht nur die Zurechnung von IT-Kosten (z.B. Kundendatenbank), Personalkosten (z.B. Ausbildung) und Prozesskosten (z.B. Marktsegmentierung, Kampagnenmanagement), sondern ebenfalls die Zurechnung einer Umsatzsteigerung durch CRM-Initiativen. Ferner haben traditionelle Messgrössen der Finanzwirtschaft erhebliche Schwächen bei der Abbildung indirekter oder nichtfinanzieller Wirkungen, die beim CRM eine sehr wichtige Rolle spielen.

Schlussendlich geht es in einem Business Case darum, die verschiedenen notwendigen Veränderungen für das CRM und deren Projekte transparent und messbar zu machen (Ursache-Wirkungs-Beziehungen). Damit steht die möglichst verlässliche Quantifizierung der Wirkung beispielsweise zwischen der Verbesserung der Kundenzufriedenheit mittels eines CRM-Projekts und dem finanziellen Erfolg im Vordergrund. Entsprechend muss jedes CRM-Projekt ausweisen können, inwieweit es die Wertsteigerung im Unternehmen, z.B. mittels der Steigerung der Kundenprofitabilität, des Umsatzes pro Kunde oder der langfristigen Kundenbindung, erhöhen kann (siehe Abbildung 1).

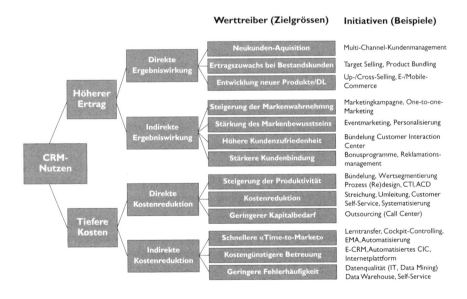

Abbildung 1: Beispielhafte Nutzenanalyse für CRM

Der hier formulierte Anspruch zeigt sich in der Praxis jedoch als grosse Herausforderung. CRM-Projekte sind langfristige und komplexe Projekte (oft auch in Teilprojekten unterteilt), die eine direkte Zurechnung von Zahlungsströmen vielfach unmöglich machen. Zu viele andere dynamische Einflussgrössen beeinflussen die Umsatz- und Renditeentwicklung eines Unternehmens. Auch wenn die Zurechnung bei kleineren oder technologiefokussierten Projekten einfacher fällt, können Ursache- und Wirkungsbeziehungen vielfach nur durch aufwendige Mess- und Kontrollmechanismen quantifiziert werden. Die Definition spezifischer ROI-Ziele für einzelne Teilprojekte bietet hier zwar eine pragmatische Lösung, löst den Konflikt der indirekten Messung von Einflussgrössen auf den finanziellen Erfolg aber nicht auf. Die Auseinandersetzung mit den zu treffenden Annahmen und die Suche nach geeigneten Messgrössen schafft aber immerhin im Unternehmen ein gemeinsames Verständnis für das Projekt und dessen Erfolgsmessung. Ferner können verschiedene Annahmen aufgrund von empirischen Untersuchungen getroffen werden (z.B. der Einfluss der Kundenzufriedenheit oder -bindung auf die Kundenprofitabilität), die je nach Branche und Unternehmen in Form von Analysen oder Pilotprojekten weiter validiert werden und als Basis für ein Messkonzept dienen können.

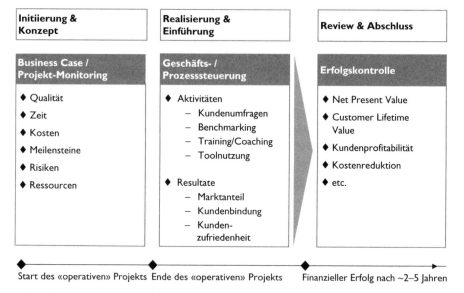

Abbildung 2: Erfolgsmessung von Projekten (3-Säulen-Modell)

Der Business Case unterliegt somit einem systematischen Projekt-Controlling und einer regelmässigen Steuerung und Kontrolle über den gesamten Projektlebenszyklus (vgl. Abbildung 2). Das Überprüfen eines CRM-Projekts darf nicht mit dem Projektabschluss enden, sondern muss in der Realisierungs- und Einführungsphase weitergeführt werden (3-Säulen-Modell). Ein geeignetes Instrument dazu sind regelmässige Reviews, in denen der Nutzen entweder direkt (erzielte Ertragssteigerung oder Kostensenkung) oder indirekt mittels definierter Kennzahlen (z.B. Kundenzufriedenheit, Customer Lifetime Value) überprüft wird.

Folgende Faktoren sind für die Erarbeitung von Business Cases von entscheidender Bedeutung:

- *Unterstützung des Managements als Voraussetzung für den Erfolg*
  Die fokussierte Entwicklung und Ausarbeitung des Projektantrags (Klare Konkretisierung der Projektziele, Struktur der Projektaktivitäten, Quantifizierung der Ziele und Leistungskriterien, Kosten- und Nutzenpotentiale) und die anschliessende Projektinitiierung und -umsetzung muss mit voller Unterstützung des Managements erfolgen.

- *Transparente Definition von Kosten- und Nutzenpotentialen im Rahmen eines Business Cases*
  Entspricht der Business Case (u.a. Investitionsvolumen, Meilensteine, Kundennutzen, Kostentreiber, Risikomanagement, Projektorganisation, Szenarien, Sensitivitäten) nicht den Anforderungen bzw. ist er zu wenig detailliert ausgearbeitet, muss er zurückgewiesen werden. Dies ist ein zentraler Erfolgsfaktor, denn in vielen Fällen würden sonst auf Basis eines nur grob spezifizierten Konzepts die finanziellen Mittel freigegeben. Danach wäre aber die Umsetzung völlig unklar bzw. im Extremfall technisch gar nicht zu realisieren. Sämtliche Business Cases sind der Geschäftsleitung zum Entscheid vorzulegen und zu genehmigen.

- *Kontinuierliche Messung der Kosten- und Nutzenelemente*
  Kosten sind weitreichend zurechenbar. Erlöse fallen jedoch vor allem in der Zukunft an und lassen sich aufgrund von Verbund- und externen Effekten nur sehr eingeschränkt zuordnen (Ursache- und Wirkungsanalyse) und kaum nachhaltig kontrollieren. Erfolge in den späteren Phasen (z.B. nach 3 Jahren) lassen sich oft mit den Anfangsinvestionen nicht mehr verbinden. Entsprechend lassen sich viele Vorteile im CRM nur qualitativ beurteilen.

- *Erfolgskontrolle und regelmässige Überprüfung des CRM-Projektfortschritts*
  Einmal zur Umsetzung freigegeben, wird das Projekt Bestandteil des strategischen Portfolios und der Umsetzungserfolg muss regelmässig überwacht werden. Der Projektfortschritt und Status muss im Sinne der Frühwarnung regelmässig überprüft werden (z.B. in wieweit konnte die Profitabilität der verschiedenen Kundensegmente verbessert werden?) und nicht erst, wenn das Projekt bereits in Schieflage geraten ist. Dadurch kann eine proaktive, vorausschauende Strategieimplementierung sichergestellt werden. Die Statusüberprüfung darf dabei von den Projektverantwortlichen nicht als Kontrolle der persönlichen Leistung verstanden werden. Es geht ausschliesslich um die Darstellung einer objektiven Lagebeurteilung.

Konzepte zur Erfolgsmessung von CRM

Projekte lassen sich grundsätzlich durch die Differenz von Ertragssteigerung bzw. Kostensenkung und Aufwand bzw. durch den Gewinn im Verhältnis zum eingesetzten Kapital bewerten. Die Bewertung des Erfolgs eines CRM-Projekts erweist sich jedoch als komplexer (siehe Abbildung 3).

Abbildung 3: Konzept zur Messung des Erfolgs von CRM-Initiativen

Bevor die Frage der geeigneten Messkonzepte oder Steuerungsgrössen zur Beurteilung von CRM bzw. CRM-Initiativen beantwortet werden kann, muss zunächst die Frage nach dem Wirkungsspektrum gestellt werden. Jede CRM-Initiative (z.B. Investition in neue Hardware und Softwaretools, Erhöhung der Marketingeffizienz durch Kampagnenmanagement, Massnahmen zur Kundenbindung durch Multi-Partner-Programme) hat unterschiedliche Auswirkungen auf die Strategie, die Prozesse, die Organisation und die Technologie des Unternehmens. Entsprechend müssen je nach Wirkungsspektrum unterschiedliche Mess- und Bewertungskriterien zur Anwendung kommen. Schlussendlich muss jedoch jede einzelne CRM-Initiative ihren Nutzen für das CRM und die Unternehmensziele mittels einheitlich definierter Kennzahlen nachweisen können. Wichtig ist dabei festzuhalten, dass die heute in der Praxis vielfach angewandten Rechenverfahren (z.B. ROI) grosser Kritik ausgesetzt sind.[6]

ERFOLGSMESSUNG VON CRM-INITIATIVEN | 179

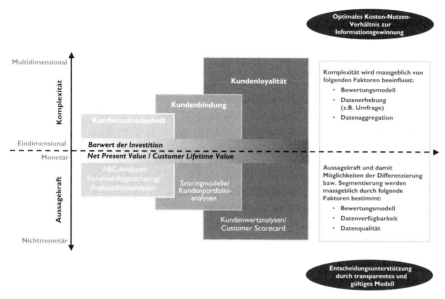

Abbildung 4: Dimensionen und Methoden für die Erfolgsmessung im CRM

Nachfolgend werden die Grundzüge der heutigen in der Praxis angewandten Messkonzepte dargestellt (vgl. Abbildung 4):

- *Methoden der Investitionsrechnung (Net Present Value, Customer Lifetime Value)*
  Der ROI definiert sich durch das Verhältnis der Projektkosten zu den höheren Umsätzen bzw. reduzierten Kosten, die sich aus dem Projekt ergeben. Vielfach werden die Projektkosten jedoch auf die Einführungskosten beschränkt, ohne eine umfassende Total-Cost-of-Ownership-Betrachtung (TCO) anzustellen. Ferner sind CRM-Projekte mehr als reine IT-Investitionen und entsprechend geht es nicht nur um die externen Einführungskosten (bspw. eines Softwaretools), sondern um sämtliche internen und externen Kosten (inkl. Folgekosten), die sich z.B. aus der Einführung eines Softwaretools ergeben (z.B. Anpassung der Prozesse und Organisation, Schulung, Change Management, Kommunikation), sowie die entsprechenden Risiken und zeitlichen Komponenten (Meilensteine). Eine finanzielle Berechnung eines CRM-Projekts auf der Basis des NPV bildet heute die Basis für die Priorisierung von Investitionen innerhalb einer Vielzahl von Unternehmen. In jüngerer Vergangenheit wird vermehrt auch der Customer Lifetime Value berücksichtigt. Dieser überträgt die Prinzipien der Investitionsrechnung auf die Kundenbewertung und bestimmt den Kapitalwert des Kunden. Allgemein bezeichnet der Kundenbarwert die Summe aller auf den Gegenwartswert abdiskontierten Zahlungsströme, die dem Kunden ursächlich zuzurechnen sind.[7]

- *Eindimensionale, monetäre Messmethoden (u.a. Kundenprofitabilität)*
  Die Ermittlung der Kundenprofitabilität bereitet vielen Unternehmen aufgrund der Datenverfügbarkeit und -qualität grosse Probleme. Ist der Kundenumsatz noch einfach zu ermitteln, können nur wenige die Produktkosten und die Betreuungskosten je Kunde ermitteln. Aufwand- und Nutzenverhältnis müssen dabei immer im Auge behalten werden.
- *Multidimensionale, monetäre und nichtmonetäre Messmethoden (u.a. Kundenwertanalysen)*
  Die ergänzende Betrachtung nichtfinanzieller Kriterien (z.B. Kundenpotential) im Sinne der strategischen Prioritäten bildet einen sinnvollen Ausgleich für eine erfolgreiche und ausbalancierte strategische Priorisierung. Der Kundenwert bildet dabei eine zentrale Grösse zur Beurteilung von CRM-Projekten. Der Kundenwert ist der wahrgenommene, bewertete Beitrag eines Kunden bzw. des gesamten Kundenstammes zur Erreichung der monetären und nichtmonetären Unternehmensziele. Im Rahmen der Kundenwertanalyse werden drei Dimensionen des Kundenwerts unterschieden: die Kundenprofitabilität (*past value*), die Lebensdauer/Loyalität (*future value*) und das Potential einer Kundenbeziehung (*potential value*). Neben der bereits erwähnten Kundenprofitabilität ist eine weitere Betrachtung für die Lebensdauer bzw. Loyalität gefordert. Hierfür kann die Beziehungsphase als Indikator der Kundenbedürfnisse herangezogen oder eine durchschnittliche Lebensdauer ermittelt werden. Das Kundenpotential schliesslich kann in ein Cross-Selling-Potential, ein Referenz- und ein Innovationspotential unterteilt werden. Für pragmatische Lösungen wird in der Praxis vielfach die Ermittlung des Cross-Selling-Potentials oder ein Share-of-Wallet-Ansatz verwendet. Im letzteren Fall werden sämtliche Umsätze mit der Konkurrenz als mögliches Potential der Kundenbeziehung aufgefasst. Voraussetzung für eine Anwendung dieses Ansatzes ist die Möglichkeit, den Umsatz des Kunden mit anderen Anbietern zu erfassen. Daneben existiert der Ansatz, die Hauptfaktoren des zukünftigen Potentials eines Kunden auf Basis von Vergangenheitsdaten zu ermitteln (z.B. mit Regressionsanalysen) und mit Szenarioanalysen zu verknüpfen.

Scorecard zur Umsetzung einer CRM-Strategie

CRM ist eingebunden in eine unternehmensweite Gesamtstrategie. Entsprechend muss der Beitrag des CRM und der CRM-Initiativen zur Unternehmensstrategie transparent gemacht werden (z.B. mittels Indikatoren für die Kundenzufriedenheit und -bindung, Kundenrentabilität, Customer Lifetime Value). Damit wird die Wertsteigerung des CRM für das gesamte Unternehmen gemessen und in seinen Wechselwirkungen mit andern Unternehmenszielen dargestellt (siehe Abbildung 5). Die hierfür angewendete Methodik entspricht dem Ansatz der Balanced Scorecard, indem systematisch CRM-Ziele (hinsichtlich verschiedener Perspektiven), CRM-Kennzahlen und CRM-Initiativen miteinander verknüpft und hinsichtlich ihrer Ursache-Wirkungs-Beziehungen analysiert werden.

Die CRM-Kennzahlen dienen insbesondere der Klärung und der Operationalisierung der CRM-Strategie und des CRM-Zielsystems. Die Verknüpfung von unterschiedlichen Zielen, Kennzahlen und Initiativen ist dabei das Kernelement für die erfolgreiche Steuerung im Unternehmen.[8]

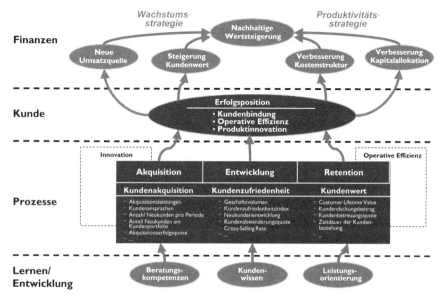

Abbildung 5: Entwicklung einer CRM-Scorecard

Im Rahmen des Business Case wurden die massgeblichen strategischen Stossrichtungen, die CRM-Ziele und die CRM-Initiativen konkretisiert. Für die Erarbeitung einer Scorecard gilt es zunächst, das CRM-Zielsystem sowohl in seiner hierarchischen Zuordnung (Ziele des Gesamtunternehmens, Ziele des CRMs, Ziele einzelner Bereiche usw.) als auch hinsichtlich strategischer und operativer Ziele zu definieren. Diese Ziele sind also zukünftig erwartete Leistungsergebnisse aus den CRM-Initiativen, die nach ihrer strategischen Bedeutung und ihrem zeitlichen Horizont unterschieden werden können.

Für die Operationalisierung von strategischen Zielen müssen neben den Erfolgsfaktoren ebenfalls messbare CRM-Kennzahlen bestimmt werden. Diese Kennzahlen werden zu Scorecards (Zielscheiben) auf unterschiedlichen Führungsebenen zusammengefasst und als Führungsinstrument genutzt. Es können zwei Arten von Kennzahlen unterschieden werden:

- *Strategische CRM-Kennzahlen* mit langfristigem Charakter zur Überprüfung des strategischen Zielkurses (Differenzierung im Markt): Diese Kennzahlen sollten keiner Änderung unterliegen, sofern nicht eine Strategieänderung vorgenommen wurde oder Kennzahlen in ihrer Qualität angezweifelt werden (Beispiel: Kundenloyalität, Kundenwert). Sie sollen die Differenzierung des Unternehmens am Markt und gegenüber der Konkurrenz sicherstellen.
- *Operative CRM-Kennzahlen* mit kurzfristigem Charakter zur Überprüfung aktueller Marktentwicklungen und insbesondere zur Überprüfung von definierten CRM-Initiativen bezüglich ihrer Effektivität und Effizienz (Beispiel: Kundennähe, Eventnutzung). Sie sollen die *«operational excellence»* sicherstellen und die aktuellen Marktentwicklungen überprüfen.

Erfolgskriterien in der Unternehmenspraxis

Die beste CRM-Strategie, die beste CRM-Initiative alleine nützt nichts, wenn sie nicht gelebt wird, wenn es nicht gelingt, die Menschen von ihr zu überzeugen. Die konsequente Ausrichtung aller Betreuungsaktivitäten auf den Kunden und seine spezifischen Bedürfnisse, sowohl hinsichtlich der genutzten Produkte und Dienstleistungen als auch in Bezug auf die Art der Geschäftsabwicklung, ist damit das Kernelement einer langfristig erfolgreichen CRM-Strategie.

Zur Umsetzung der CRM-Strategie gilt es zunächst, die einzelnen Geschäftsprozesse auf die strategischen Kundenziele auszurichten und mit spezifischen CRM-Initiativen zu verknüpfen, um anschliessend mittels Kundenkennzahlen (Key Performance Indicators/KPIs) die Transparenz in der Zielerreichung (Überprüfung der Strategie) sicherzustellen.

In diesem Spannungsfeld ergeben sich folgende Erfolgsfaktoren in der Praxis:
- *Überprüfung der Veränderungsbereitschaft («CRM-Readiness»):* Zunächst muss ein gemeinsam getragenes CRM-Zielsystem (Was wollen wir erreichen?) durch die Operationalisierung der kritischen Erfolgsfaktoren (Wie wollen wir es erreichen?) und die Priorisierung der Steuerungsgrössen (Wie wollen wir den Erfolg messen?) erarbeitet werden. Im Rahmen dieses Prozesses zeigt sich deutlich, ob das Management die gleichen Ziele verfolgt und die Bereitschaft für notwendige Veränderungen gegeben ist. Damit ist eine wesentliche Voraussetzung dafür geschaffen, dass das Management die Initiativen unterstützt und seine Projektverantwortung wahrnimmt. Das Management analysiert und priorisiert gemeinsam, welche der definierten CRM-Initiativen den grössten Beitrag zur CRM-Strategie liefern bzw. das grösste Potential zur Differenzierung am Markt bieten und welche die grössten Umsetzungschancen auf sich vereinen.

- *Transparenter Business Case mit konkreten Umsetzungsinitiativen:* Anschliessend zeigt der Business Case für die jeweiligen CRM-Projekte die konkrete Umsetzung und das Kosten-Nutzen-Verhältnis transparent auf. Die Entscheidung für CRM-Projekte darf ausschliesslich dann gefällt werden, wenn das gesamte Management vollständig hinter der Initiative steht und die nachweisbaren finanziellen Ergebnisse dafür sprechen (bzw. in Ausnahmenfällen, wenn eine strategische Wettbewerbsposition angestrebt wird). Der Verzicht auf opulente ROI-Analysen, die viel Zeit und Geld kosten, zugunsten eines Pilotprojekts und eines entsprechenden Messsystems mittels KPIs, die «vor dem Kunden» messbar sind, stellt einen wesentlichen Erfolgsfaktor dar. Auf der Basis gemachter Erfahrungen können unterschiedliche Szenarien erarbeitet werden, die zu einem verifizierten Zielkorridor führen.
- *Monitoring von CRM-Initiativen:* Bei der Steuerung der CRM-Initiativen mittels KPIs liegt der Fokus auf der Verknüpfung von kunden- und wertorientierten Kennzahlen. Damit werden insbesondere finanzielle und nichtfinanzielle Kennzahlen in ihren Wechselwirkungen dargestellt und mit dem definierten Zielkorridor verglichen. Der Blick auf den finanziellen Einfluss einer CRM-Initiative wird jedoch nur dann frei, wenn man die Wertschöpfung z.B. in den einzelnen Kundensegmenten genau beobachten, analysieren und die Erkenntnisse in den Investitionskreislauf einbringen kann.
- *Systematischer Management- und Controllingprozess:* Die konsequente Ausrichtung aller Entscheidungen und Handlungen auf eine kundenorientierte Unternehmensstrategie kann mit der einmaligen Definition des Zielsystems und den daraus abgeleiteten KPIs zur Messung der Strategie nicht erreicht werden. Ziele und Steuerungsgrössen müssen in einem kontinuierlichen Management- und Controllingprozess eingebunden werden, der regelmässig einen Vergleich zwischen Business Case und Zielerreichung – im Sinne der Frühwarnung – möglich macht. Nur so können rechtzeitig Änderungsmassnahmen initiiert werden.
- *CRM-Scorecard zur Steuerung der CRM-Ziele:* Die CRM-Kennzahlen (Scorecards) dienen der Klärung und der Operationalisierung der CRM-Strategie und des CRM-Zielsystems. Die Verknüpfung von unterschiedlichen Zielen, Kennzahlen und Initiativen (Hebelwirkungen) in einen geschlossenen Führungskreislauf bildet das Kernelement für die erfolgreiche Steuerung im Unternehmen. Scorecards dienen dabei sowohl der Analyse und Auswertung der im CRM gewonnenen Daten als auch der Festlegung von Strategien zur Kundengewinnung und -bindung. Sie sind Bestandteil des Managementkreislaufs und müssen systematisch und stufengerecht für das Management definiert und aufbereitet werden.

Schliesslich muss der CRM-Erfolg auf der Basis der definierten strategischen Ziele anhand eines Sets von klaren, transparenten und messbaren Steuerungsgrössen (KPIs) gemessen werden. Diese Steuerungsgrössen sind mehrheitlich nichtfinanzieller Natur und stellen unsere Planungs- und Kontrollinstrumente vor grosse Herausforderungen. Die dafür notwendige Neugestaltung unserer Managementsysteme erfordert einen Paradigmawechsel in der heutigen Erfolgsmessung.

Anmerkungen

1. Gemäss Gartner (2001) wird bei 75% der CRM-Projekte weder ein formaler Business Case erarbeitet noch werden die Ergebnisse mit der Planung verglichen. Bis 2006 werden nur 35% der Unternehmen eine Kosten-Nutzen-Analyse durchführen. Weniger als 20% werden eine Wirtschaftlichkeitsberechnung vornehmen. Meta Group (2002) kam zum Ergebnis, dass 64% keine Messgrössen etabliert haben und weniger als 10% einen messbaren ROI nachweisen können. Eine Studie der Cap Gemini Ernst & Young (2001) analysierte ca. 200 europäische Unternehmen mit dem Ergebnis, dass über 66% der befragten Unternehmen den ROI ihrer CRM-Investitionen nicht beziffern können. Das heisst nicht, dass kein ROI besteht, sondern nur, dass kein Messkonzept definiert wurde.
2. Das grösste Manko bei Unternehmen liegt gemäss einer Studie zu den Erfolgsfaktoren der Strategieumsetzung von Bauer/Hanin/Matschig (2006) in klar formulierten Massnahmen zur Zielerreichung. Vgl. hierzu auch Hunziker/Hügel (2006) und Hrebiniak L.G. (2005)
3. Gartner (2001) beziffert die Misserfolgsquote im CRM bei mehr als 50%, weil die CRM-Projekte die geweckten Erwartungen nicht erfüllen und die Kosten über die nächsten fünf Jahre unterschätzen. Cap Gemini Ernst & Young (2001) kam zum Schluss, dass 70% der CRM-Initiativen scheitern.
4. Vgl. hierzu z.B. Boulding et al. (2005), Hrebiniak L.G. (2005) und Rigby/Reichheld/Schefter (2002).
5. Die Ermittlung der Wirtschaftlichkeit sämtlicher Projekte erfolgt bei der UBS AG – Global WM&BB auf der Basis des Kapitalwertansatzes und einem für alle Projekte einheitlich definierten Diskontierungszinssatz. Dieser beinhaltet sowohl die Kapitalkosten als auch einen festgelegten Mindestverzinsungsanspruch. Als zentrale Entscheidungsgrösse zur Beurteilung des Wertbeitrags einer Investition wird der Kapitalwert auf Basis von allen projektrelevanten Zahlungsströmen ermittelt. Dabei wird der Barwert eines jeden Saldos aus Ein- und Auszahlungen der jeweiligen Periode gebildet, bevor diese anschliessend zum Kapitalwert aufsummiert werden. Zusätzlich kommen Methoden zur Bestimmung risikoadjustierter Diskontierungssätze zum Einsatz.

6   Vgl. hierzu z.B. Grabner-Kraeuter et al (2007). Return on Investment (ROI) und Net Present Values (NPV) sind als Messgrössen für ein CRM-Projekt oder eine CRM-Initiative im Hinblick auf die langfristige und finanzielle Zielsetzung des Unternehmens wesentlich. Sie sind jedoch weder als kurzfristige Steuerungsgrösse noch als isolierte Erfolgsmessung geeignet.
7   Vgl. hierzu z.B. Bruhn et al. (2000).
8   Vgl. Brunner et al (1999), Kaplan/Norton (2006).

Literatur

Bauer, U./Hanin, T./Matschig, H. (2006): Studie: Erfolgsfaktor Strategie, TU Graz, Ergebnisse empirischer Studien, Nr. 4.

Boulding W. et al. (2005): A Customer Relationship Managment Roadmap: What Is Known, Potential Pitfalls, and Where to Go, Journal of Marketing, vol. 69, 2005, S. 155-166.

Bruhn, M. et al. (2000), Wertorientiertes Relationship Marketing. Vom Kundenwert zum Customer Lifetime Value, in: Die Unternehmung, 54. Jg., Nr. 3, S. 167–188.

Brunner, J. et al. (1999): Value Based Performance Management. Wertsteigernde Unternehmensführung: Strategien, Instrumente, Praxisbeispiele, Wiesbaden.

Cap Gemini Ernst & Young (2001): Competing in the relationship Economy: Realizing a CRM Transformation, 2001.

Gartner (2001): CRM Economics: Figuring Out the ROI on Customer Initiatives.

Grabner-Kraeuter S. et al. (2007): Performance Monitoring of CRM Initiatives, in: Proceedings of the 40th Annual Hawaii International Conference on System Sciences, Waikoloa.

Hrebiniak L.G. (2005): Making Strategy Work: Leading Effective Execution and Change, S. 1–29, New York, Wharton School Publishing.

Hunziker, U./Hügel, H. (2007): Die Unternehmensstrategie nachhaltig und wirksam umsetzen, in: Zeitschrift für Organisation (ZfO), 1/2007, S. 12–18.

Kammerer, M. (2005): Controlling von CRM-Projekten, Landsberg.

Kaplan, R./Norton, D. (2006): Alignment – Using the Balanced Scorecard to Create Corporate Strategies, Boston.

Meta Group (2002): CRM in Deutschland.

Rigby D. K /Reichheld F. /Schefter P. (2002): Avoid the Four Perils of CRM, Harvard Business Review, vol. 80, 2002, S. 101-109.

Change Management –
Strategischer Erfolgsfaktor bei der Umsetzung kundenorientierter Strategien

Prof. Dr. Marcus Schögel
Oliver Arndt

Prof. Dr. Marcus Schögel ist Assistenzprofessor für Betriebswirtschaftslehre unter besonderer Berücksichtigung des Marketing an der Universität St. Gallen. Dort leitet er das Kompetenzzentrum Distribution und Kooperation am Institut für Marketing und Handel.

Oliver Arndt ist als wissenschaftlicher Mitarbeiter am Kompetenzzentrum für Distribution und Kooperation des Instituts für Marketing und Handel an der Universität St. Gallen mit dem Forschungsschwerpunkt «Fähigkeiten und Kompetenzen im Customer Relationship Management» tätig.

Change Management –
Strategischer Erfolgsfaktor bei der Umsetzung kundenorientierter Strategien

Umsetzung kundenorientierter Strategien als aktuelle strategische Herausforderung

Die Implementierung des Customer Relationship Management (CRM), das heisst die strategische Ausrichtung des gesamten Unternehmens auf den Kunden, stellt heute eine entscheidende Grösse für den nachhaltigen Erfolg des Unternehmens dar. In der Vergangenheit wurden unter CRM zahlreiche Begriffe, wie beispielsweise Technologie, Prozesse oder Strategie, subsumiert. Während diese einen wesentlichen Bestandteil des CRM darstellen, wird unter CRM in erster Linie eine kundenorientierte Unternehmensphilosophie verstanden, die sich in einer Unternehmensstrategie widerspiegelt. Im Ergebnis soll daraus eine konsistente Kundeninteraktion über alle Kontaktpunkte hinweg entstehen, die zur Maximierung des Unternehmenserfolgs beiträgt.

Dabei ist die Bedeutung des CRM für den Unternehmenserfolg keinesfalls eine neue Erkenntnis. Unterstützt durch die sich schnell verändernden Marktbedingungen und die zunehmende Wettbewerbsintensität im Unternehmensumfeld sind Unternehmen dazu gezwungen, die Beziehung zu ihren bestehenden und potentiellen Kunden zu stärken (Chen/Popovich, 2003). Dem entsprechend hat sich die hohe Bedeutung der kundenorientierten Ausrichtung der Unternehmen bereits am Markt etabliert und laut einer aktuellen Studie von Pierre Audoin Consultants (PAC) zählt CRM mittlerweile zu den wichtigsten Konzepten, um Wettbewerbsvorteile zu generieren (PAC 2006). Jedoch stellt die effiziente Realisierung dieser Wettbewerbsvorteile nach wie vor eine grosse Herausforderung dar und ist mit zahlreichen Problemen bei der Implementierung des CRM verbunden (Bull, 2003; Payne/Frow, 2006). So kommt beispielsweise eine Studie der Gartner Group zu dem Ergebnis, dass bis zu 75% der bisher implementierten CRM-Strategien keinen nachweisbaren und messbaren Beitrag zum Unternehmenserfolg liefern (Gartner Group 2003). Ferner zeigen sich in einer Befragung unter 1 200 Unternehmen des Data Warehousing Instituts lediglich 42% der Befragten zufrieden mit der Zielerreichung des CRM (Kale, 2004).

Die Bestandteile des Change Management und die Herausforderungen der Marketingimplementierung

Organisationen verändern sich kontinuierlich und passen sich neuen Markterfordernissen an. Viele Wandelprozesse sind dabei eher unbeabsichtigt und bleiben unbemerkt. Dem gegenüber steht der geplante Wandel, der die aktive Gestaltung des organisationalen Wandels verfolgt und dessen Zielsetzung durch Veränderungen der Funktionsweisen der Organisation die Effizienzverbesserung der Gesamtorganisation darstellt, im Mittelpunkt des vorliegenden Beitrags (Staehle, 1999). Das Phasenmodell des Wandels nach Lewin stellt dabei einen geeigneten konzeptionellen Ansatzpunkt dar, den Prozess des Change Managements phasengerecht zu gestalten sowie geeignete Aktivitäten daraus abzuleiten. Abbildung 1 zeigt beispielhaft den Verlauf eines Wandelprozesses als Transformation eines Gleichgewichtszustands in eine neue Gleichgewichtssituation.

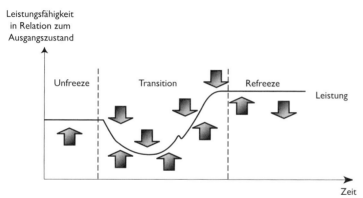

Abbildung 1: Einfluss der Wandlungsprozessphasen auf das Leistungsverhalten einer Organisation
(Quelle: in Anlehnung an Staehle, W. H., 1999, S. 551ff.)

Beim erfolgreichen Wandelprozess sind drei Phasen zu unterscheiden. Die Zielsetzung der ersten Phase «Unfreeze» besteht darin, die Motivation für Veränderungen innerhalb der Unternehmung zu wecken. Die zweite Phase «Transition» stellt den Kern des Phasenmodells dar und verlangt neue Wege im Umgang mit alternativen Arbeitsabläufen und Arbeitstechniken. Da sich diese Adoptionsmechanismen nicht kurzfristig realisieren lassen, ist mit einem anfänglichen Leistungsabfall in dieser Phase zu rechnen. Damit die erreichten Erfolge von den Mitarbeitern internalisiert und institutionalisiert wahrgenommen werden können, sollen anschliessend in der Phase «Refreeze» konsistente Beschreibungen der neuen Aufgabengebiete oder soliden Organisationscharts festgehalten werden (Lewin, 1952).

Wie die drei Phasen zeigen, zielt das Modell nach Lewin insbesondere auf umfangreiche Wandelprojekte ab, die mit fundamentalen Veränderungen der Organisation verbunden sind und nach deren Abschluss wieder ein stabiler Gleichgewichtszustand

(Phase 3: «Refreeze») erreicht wird. Hierunter könnte beispielsweise der Wandel einer Organisation von einer Produkt- hin zu einer Kundenorientierung verstanden werden. Allerdings stellt dies lediglich einen ersten, durchaus wichtigen Schritt des Wandels dar. Unternehmen sehen sich jedoch einer ständigen Veränderung ihrer Unternehmensumwelt gegenübergestellt und sind deshalb zu einem permanenten Wandel gezwungen. Daher erscheint es sinnvoll, das Phasenmodell um eine Perspektive zu erweitern. Im Rahmen des vorliegenden Beitrags soll der Begriff des Change deshalb als logische umweltgetriebene Fortführung des Gedankens des Wandels nach Lewin verstanden werden. Organisationaler Change umfasst dabei die ständige Optimierung und Anpassung eines Unternehmens an seine Umweltveränderungen. Zielsetzung des Change ist es, einen nachhaltigen und kontinuierlichen kulturellen Wandel herbeizuführen. Ausgehend von einer geeigneten kundenorientierten Strategie sind zur Zielerreichung insbesondere organisationale und mitarbeiterbezogene Stellhebel zu identifizieren. Besonders informelle, verhaltensbezogene Fähigkeiten der Mitarbeiter und Manager stellen neben der formalen Organisationsstruktur bei der Implementierung des Wandels in dieser Phase einen zentralen Erfolgsfaktor dar. Nach Bonoma sind hierbei vier Fähigkeiten massgeblich:

- Manager sollten über spezifische Interaktionsfähigkeiten verfügen, um das Verhalten der Mitarbeiter positiv zu beeinflussen.
- Allokationsfähigkeiten stellen den effizienten personellen, zeitlichen und finanziellen Einsatz der Ressourcen sicher.
- Mittels der Fähigkeit zur Kontrolle können Change-Management-Aktivitäten überwacht sowie geeignete Feedback-Mechanismen gegenüber den Mitarbeitern gewährleistet werden.
- Zugleich ergänzen die Organisationsfähigkeiten der Manager die formalen Organisationsstrukturen und erleichtern die Durchführung von Marketingaufgaben (Bonoma/Crittenden, 1988).

Den geeigneten Rahmen hierfür soll dabei eine CRM-Strategie setzen, welche die langfristigen kundenorientierten Zielsetzungen des Unternehmens widerspiegelt.

Problemfelder bei der CRM-Implementierung

Die Probleme bei der Umsetzung des CRM lassen sich auf zahlreiche Faktoren zurückführen. Im Folgenden werden exemplarisch drei wesentliche Problemfelder bei der CRM-Implementierung vorgestellt, die dies verdeutlichen.

CRM als rein technologisches Instrument

Nach wie vor wird die kundenorientierte Ausrichtung des Unternehmens vielerorts mit der Einführung einer CRM-Software gleichgesetzt. Dieser rein technologische Fokus ist deshalb problematisch, da erfolgreiche CRM-Softwareanbieter davon ausgehen, dass eine Vielzahl wichtiger Voraussetzungen für die erfolgreiche CRM-Einführung bereits erfüllt sind. Falls jedoch vor der Einführung keine kundenorientierte Unternehmensphilosophie existierte, wird die CRM-Technologie daran nichts ändern (Bull, 2003). Recherchen haben gezeigt, dass die Formulierung einer klaren CRM-Strategie mit eindeutigen Zielvorgaben bereits vor Einführung einer Software entscheidend ist. Kundenakquisitions- und Kundenbindungsstrategien müssen vollständig erfasst und klar definiert sein und die Erkenntnis vorherrschen, dass die Generierung von Kundenvorteilen und das Einhalten von Kundenversprechen im Mittelpunkt der Unternehmensphilosophie steht. Offenkundig ist, dass dies nicht kurzfristig realisiert werden kann. Notwendige Voraussetzung ist deshalb ein hohes Engagement und die Unterstützung der CRM-Aktivitäten von Seiten des Topmanagements. Einerseits werden auf diese Weise Mitarbeiter zu kundenorientiertem Handeln motiviert und andererseits die Akzeptanz des CRM im Unternehmen gestärkt (Reinartz/Chugh, 2002).

CRM als Automatismus

Oftmals wird davon ausgegangen, dass CRM seine Wirkung automatisch mit seiner Implementierung entfaltet. Unzureichendes oder fehlendes organisationales Change Management ist in diesem Zusammenhang eine der häufigsten Ursachen gescheiterter CRM-Projekte. Dass erfolgreiches CRM eine kundenorientierte Unternehmenskultur erfordert, in der verschiedenste Unternehmensbereiche und Mitarbeiter zusammenarbeiten, um damit der interfunktionalen Natur des CRM gerecht zu werden, ist zwar weithin bekannt (Payne/Frow, 2006). Dabei wird aber oft ausser Acht gelassen, dass CRM nicht allein die Anpassung der vertrieblichen Prozesse, sondern auch die Anpassung interner Strukturen und Prozesse erfordert, welche auf den ersten Blick nicht direkt auf den Kunden abzielen. Eine erfolgreiche CRM-Einführung wird sich nur dann realisieren lassen, wenn organisationale Anpassung als unternehmensweites Erfordernis begriffen wird und sämtliche Tätigkeitsbeschreibungen, Erfolgsgrössen und Weiterbildungsprogramme auf den Kunden ausgerichtet werden.

CRM als isoliertes Projekt

Als äusserst wichtig erscheint es, CRM als integrativen Ansatz zu verstehen, der in die Marketingstrategie eines Geschäftsbereichs integriert und mit der Unternehmens- bzw.

Geschäftsbereichsstrategie abgestimmt werden muss (Ali/Alshawi, 2005). Isolierte Ansätze, die beispielsweise lediglich auf einem Technologie-Push beruhen, vermögen dieses Ziel kaum zu erreichen. Einer quantitativen Untersuchung von Day und Van den Bulte zufolge stellt die Entwicklung einer Strategie, die den Kundenwert in den Mittelpunkt rückt, eine notwendige Voraussetzung zur Generierung einer «customer relating capability» dar, die strategische Wettbewerbsvorteile für ein Unternehmen bedeutet. Die Autoren stellen fest, dass die Motivation zur Einführung von CRM vom Unternehmen selbst ausgehen muss und reines Nachahmen eines strategischen Konzepts im Sinne einer reaktiven Vorgehensweise nicht zielführend ist (Day/Van den Bulte, 2002). Zahlreiche Studien kommen ferner zum Schluss, dass eine isolierte Betrachtung die Rentabilität des CRM und das Vertrauen der Mitarbeiter negativ beeinflussen, zu Budgetkorrekturen führen und wertvolle zeitliche, personelle und finanzielle Ressourcen unnötig binden kann (Chen/Popovich, 2003). Die Gesamtstrategie des CRM sollte daher integrativ umgesetzt werden, gleichzeitig in hinreichend kleine und überschaubare Teilprojekte untergliedert werden, so dass für die Mitarbeiter die zu erreichenden und bereits erreichten Meilensteine bei der Implementierung erkennbar sind.

Anhand der aufgezeigten Problemfelder wird deutlich, dass ein wesentlicher Aspekt bei der Umsetzung kundenorientierter Strategien im Umgang mit dem organisationalen und kulturellen Wandel innerhalb des Unternehmens liegt. Einen der kritischsten Faktoren bei der Umsetzung kundenorientierter Strategien stellt deshalb eine adäquate Change-Management-Strategie dar, welche oftmals entscheidend für den Erfolg oder Misserfolg des CRM ist. So attestieren Rigby, Reichheld und Schefter dem Change Management im Rahmen der Einführung einer kundenorienten Strategie eine massgebliche Bedeutung und einer darin enthaltenen Studie zufolge gaben 87% der Befragten ein fehlendes Change Management als Begründung gescheiterter CRM-Einführungen an (Rigby et al., 2002). Als wesentlicher Erfolgsfaktor bei der Umsetzung kundenorientierter Strategien sind deshalb die Voraussetzungen und Bestandteile des Change Management zu beleuchten. Auch wenn dies einfach und offensichtlich erscheint, liegt die Herausforderung in der Praxis in der konsequenten strategischen Umsetzung, wie sie heute nur in wenigen Unternehmen stattfindet.

Change Management im CRM – Zugänge und Dimensionen

CRM erfordert eine radikale Abkehr von den bisherigen Arbeitsabläufen, gängigen Praktiken, der Gestaltung und der Organisationsstruktur des Unternehmens. Um eine effiziente Transformation des Unternehmens zu gewährleisten, sind deshalb extensive Anstrengungen erforderlich. So konstatiert Darryl Conner: «When CRM is introduced in a work environment, it causes shock waves of disruption to emanate from initial points of impact. These points of impact are the physical and political locations where the system is actually introduced and has its effects on the people it touches». (Conner, 2001)

Im Wesentlichen lassen sich zwei Zugänge für ein effizientes und effektives Change Management im CRM unterscheiden:

- Zum einen umfasst die *Organisationsdimension* die Neuausrichtung der organisatorischen und funktionalen Abläufe innerhalb des Unternehmens, die eine kundenorientierte Ausrichtung durch bereichsübergreifende Kommunikation und Koordination sowie effizientes Projektmanagement sicherstellen sollen, und setzt damit den strukturellen Rahmen der Kundenorientierung.
- Zum anderen stellt die *Mitarbeiterdimension* die Akzeptanz des CRM innerhalb des Unternehmens in den Vordergrund. Dabei nimmt der frühzeitige Einbezug, das Training und die Ausbildung der Mitarbeiter sowie die Berücksichtigung von Mitarbeiterbedürfnissen eine wichtige Rolle ein. Das unternehmensinterne und unternehmensexterne kundenorientierte Verhalten der Mitarbeiter wird dadurch sichergestellt.

Damit die besagten Dimensionen sowie deren Einzelmassnahmen dem integrativen Charakter des Change Management im CRM Rechnung tragen, ist es notwendig, organisationale und mitarbeiterbezogene Einzelinitiativen im Rahmen einer übergeordneten Change-Management-Strategie aufeinander abzustimmen. Abbildung 2 verdeutlicht diesen Zusammenhang.

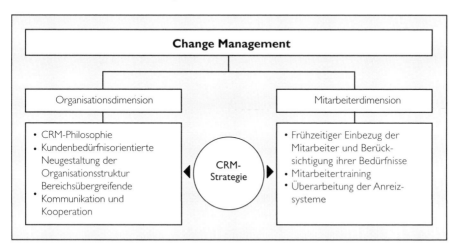

Abbildung 2: Bestandteile des Change Management (Quelle: eigene Darstellung)

Die Organisationsdimension

Laut einer empirischen Untersuchung von 299 Unternehmen kommt dem Faktor *Configuration*, der als «*the supporting organization structures, incentives and controls*» definiert ist, die grösste Bedeutung bei der Bildung einer beziehungsorientierten Fähigkeit (customer relating capability) des Unternehmens zu (Day/Van den Bulte, 2002). Aus diesem Grund ist die Anpassung der Organisationsstruktur im Rahmen des Change Management von besonderer Bedeutung. Eine kundenorientierte Ausrichtung der Organisation manifestiert sich in der gegebenen CRM-Philosophie des Unternehmens. Diese sollte eine positive Grundhaltung gegenüber dem Kunden widerspiegeln und das Ziel verfolgen, Kundenbedürfnisse gezielt zu identifizieren und mit entsprechenden Leistungssystemen des Unternehmens zu befriedigen (Wolf, 2002). Als Adressaten der CRM-Philosophie spielen die Mitarbeiter eine entscheidende Rolle. Abbildung 3 verdeutlicht dies exemplarisch anhand der CRM-Vision des Telekommunikationsanbieters Orange mobile. Es wird hervorgehoben, welche Zielsetzung das CRM verfolgt, wie dieses Ziel erreicht werden kann und welchen Nutzen das Unternehmen daraus zieht.

> »Our mission is to build strong enduring relationships with our customers, thereby increasing customer lifetime value and company profability and building sustainable competitve advantage. We will achieve this through the application of CRM strategies. CRM is about building relationships to turn customers into advocates, so that their decision to stay with you becomes more »automatic«; they buy more and spend more, and they tell their friends and colleagues about your products and services too.«
>
> (CRM vision, Orange mobile)

Abbildung 3: CRM vision Orange mobile (Quelle: Payne/Frow, 2006, S. 19)

Insbesondere dann, wenn sich für die Mitarbeiter der Nutzen einer kundenorientierten Strategie in eine Steigerung der Wettbewerbsfähigkeit des Unternehmens übersetzt, ist eine schnelle Anpassung der Organisationsstrukturen zu erwarten. Diese Anpassung sollte dabei in einer Neuausrichtung von funktions- oder produktorientierten Unternehmensstrukturen hin zu einer kundensegmentorientierten Aufbauorganisation erfolgen (Payne/Frow, 2006). Bisher reine Marketing-, Vertriebs- oder IT-Bereiche werden an den relevantesten Kundensegmenten des Unternehmens ausgerichtet, wodurch eine ganzheitliche Betreuung des Kunden sowie eine zielführende Befriedigung seiner Bedürfnisse möglich ist. Die grosse Bedeutung der Anpassung der Ablauforganisation im Rahmen des Change Management wird durch zahlreiche Studien belegt. Neben den Ergebnissen von Day und Van den Bulte kommen auch Greve und Albers zu dem Schluss, dass Unternehmen, die eine Anpassung ihrer Organisationsstrukturen vornehmen, kundenorientiertes Verhalten ihrer Mitarbeiter fördern und bedürfnisorientierte Leistungen anbieten, deutlich grössere Erfolge bei der CRM-Einführung vorweisen

(Greve, 2006). Eine an den Kundenbedürfnissen ausgerichtete Neugestaltung der Organisationsstrukturen stellt daher einen ersten wesentlichen Stellhebel für eine erfolgreiche CRM-Implementierung dar.

CRM ist als unternehmensübergreifendes Konzept zu verstehen und betrifft die unterschiedlichsten Bereiche und Funktionen innerhalb der Organisation. Im Rahmen der organisatorischen Neuausrichtung kommt der bereichsübergreifenden Kommunikation des Nutzens, der Ziele und der Bestandteile des CRM sowie der Koordination der Einzelaktivitäten deshalb eine zentrale Rolle zu. Insbesondere der Umstand, dass die Einführung des CRM in der Regel in den IT-Abteilungen angesiedelt war, deren Mitarbeiter in der Regel nur begrenzte Einblicke in die Kundenanforderungen und -bedürfnisse haben, führte in der Vergangenheit oftmals zu Schwierigkeiten (Greve, 2006). Die gegenseitige Abschottung der Abteilung bzw. die mangelnde abteilungsübergreifende Kommunikation und Abstimmung führt zu Ineffizienzen in der Umsetzung. Neben der offensichtlichen zusätzlichen Bindung finanzieller, personeller und zeitlicher Ressourcen kommt zudem hinzu, dass das dem CRM zugrunde liegende Petitum des ganzheitlichen und abgestimmten Auftretens an allen Kundeninteraktionspunkten im Sinne eines «One Face to the Customer» nicht erreicht wird. Daraus resultieren folgende Implikationen und Kernherausforderungen für das Change Management:

- Klare Definition und Abgrenzung einzelner Teilprojekte und Initiativen im Rahmen der CRM-Einführung.
- Bereichsübergreifende Zusammenstellung des Projektteams. Im Sinne des ganzheitlichen Anspruchs des CRM sollten die Mitglieder des Projektteams aus allen relevanten Anspruchsgruppen (bspw. Marketing, Geschäftsleitung, IT und Anwender) zusammengestellt werden.
- Eindeutige Festlegung der Zuständigkeiten im Rahmen der CRM-Einführung, wodurch finanzielle, zeitliche und personelle Ressourcen effizient eingesetzt werden können.

Die Mitarbeiterdimension

Einen weiteren Zugang zu effizientem Change Management stellt die *Mitarbeiterdimension* dar. Die mit dem organisationalen Wandel einhergehenden Veränderungen der Arbeitsabläufe und Aufgabenbereiche bewirken, dass jahrelang praktizierte Arbeitstechniken umgestellt oder angepasst werden müssen (Helmke/Dangelmaier, 2001). So stellen beispielsweise Reinartz und Chugh fest, dass sich Mitarbeiter in vielen Fällen weigern, wertvolles Kundenwissen preiszugeben und im Rahmen des CRM allen beteiligten Bereichen zugänglich zu machen (Reinartz/Chugh, 2002). So konnte beispielsweise festgestellt werden, dass CRM-Applikationen insbesondere im Bereich des

Key Account Management nur unzureichend angewendet und akzeptiert werden. Ein wesentlicher Grund hierfür besteht darin, dass Grosskundenbetreuer nur sehr ungern ihr spezifisches und tiefes Kundenwissen, welches ihnen innerhalb der Unternehmung einen wesentlichen Vorteil bietet, mit anderen Mitarbeitern teilen. Folglich sind CRM-Datenbanken, die jeden einzelnen Kunden vollständig abbilden und relevante Kundeninformationen allen Bereichen des Unternehmens zur Verfügung stellen sollen, häufig fehlerhaft, unvollständig und nur mit obsoleten Informationen gepflegt.

Marketingimplementierungen sind nur dann erfolgreich, wenn alle Betroffenen die konzeptionellen Vorgaben kennen, verstehen und zugleich die erforderlichen Fertigkeiten und Fähigkeiten zur Umsetzung besitzen (Hilker, 1993). Daraus resultierend erscheint es angebracht, den Mitarbeitern die Relevanz und den Nutzen des CRM aufzuzeigen und sie von seiner Vorteilhaftigkeit im Rahmen des Change Managements zu überzeugen. Hieraus leiten sich drei massgebliche Herausforderungen ab:

Frühzeitiger Einbezug der Mitarbeiter und Berücksichtigung ihrer Bedürfnisse:
Der Mitarbeiter als interner Kunde des Unternehmens muss die Entscheidungen der Geschäftsführung verstehen, mittragen und aktiv gestalten. Grundsätzlich müssen die betroffenen Mitarbeiter frühzeitig darüber informiert werden, inwiefern sich ihr Aufgabenbereich verändern wird und welche Anforderungen an sie in den verschiedenen Phasen des Change-Management-Prozesses gestellt werden. Die Vorteile des CRM für das Unternehmen sowie für die Mitarbeiter selbst können dabei verdeutlicht und die Akzeptanz des CRM erhöht werden. Als wertvolle Wissensträger können die Mitarbeiter zudem wichtige Hinweise zur Verbesserung bei der Gestaltung des CRM und Anregungen aus der Anwenderperspektive liefern sowie den beschriebenen Effekt der Akzeptanz positiv beeinflussen (Avlonitis/Panagopoulos, 2005). In diesem Zusammenhang wird oftmals die grosse Bedeutung der Unterstützung des Senior Managements angeführt, die die Bereitschaft der Mitarbeiter zur Adoption des CRM fördern soll (Jung, 2004). Dabei wird aber ausser Acht gelassen, dass die aufgezeigten Massnahmen ebenso hohe Anforderungen an den Führungsstil und die Fähigkeit der Führungskräfte stellen, diese auch effizient umzusetzen.

Mitarbeitertraining:
Zu einer weiteren notwendigen Voraussetzung für eine erfolgreiche Anwendung des Change Management zählt die Durchführung von Mitarbeitertrainings. Einer aus dem Jahr 2001 durchgeführten Studie von CRMindustry zufolge gaben 63,2 % der Befragten an, kein formales Trainingprogramm aufgesetzt zu haben, um die Mitarbeiter im Umgang mit den neuen CRM-Applikationen zu schulen. Lediglich 11,8 % der Befragten sahen dies als eine der grössten internen Herausforderungen an (Kale, 2005). Die generelle Zielsetzung besteht darin, die Mitarbeiterakzeptanz im Umgang mit dem neuen

Konzept zu erhöhen und dadurch eine effiziente Nutzung sicherzustellen. Um dies zu gewährleisten, sind Mitarbeiterschulungen insbesondere vor Einführung des CRM, aber auch in periodischen Abständen während und nach der Implementierungsphase im Rahmen des Change Management zu berücksichtigen (Greve/Albers, 2005).

Überarbeitung der Anreizsysteme:
Insbesonder im Vertriebsbereich kann die Einführung einer kundenorientierten Unternehmensstrategie an Grenzen stossen, da dortige Mitarbeiter nur einen geringen Anreiz verspüren, Kundenwissen preiszugeben. Der Kommunikation des Anwendungsnutzens in Verbindung mit einer Neukonzeptualisierung des Anreizsystems wird deshalb eine grosse Bedeutung beigemessen. Campbell verweist in diesem Zusammenhang auf die Vorteilhaftigkeit von Prämien für die Erhöhung von Kundenbindung oder Kundenzufriedenheit sowie den Umgang mit dem Kunden hin (Campbell, 2003). Insgesamt ist davon auszugehen, dass eine monetäre Anreizsetzung im Rahmen des Change Management eine wichtige Rolle einnimmt und sowohl Mitarbeitermotivation als auch die Akzeptanz des CRM-Konzepts erhöht. Gleichzeitig ist anzumerken, dass eine adäquate Schulung, ein permanentes Mitarbeitertraining und der Einbezug der Mitarbeiter bei der Konzepterstellung einen langfristigeren Nutzen versprechen.

Integration des Change Management in die CRM-Strategie

Es wird deutlich, dass eine wesentliche Herausforderung des Change Management im CRM darin besteht, die zahlreichen Einzelmassnahmen der organisationalen und mitarbeiterbezogenen Dimensionen aufeinander abzustimmen und somit einen auf den Kunden gerichteten kulturellen Change der gesamten Organisation herbeizuführen. Im Gesamtkontext der Implementierung kundenorientierter Strategien leistet das Change Management und seine Einzelmassnahmen zwar einen wesentlichen, jedoch keinesfalls den einzigen Erfolgsbeitrag. Die bereits diskutierten Problemfelder verdeutlichen vielmehr, dass Change Management einen Teilaspekt neben weiteren Handlungsfeldern im CRM darstellt. Nach Day (2002) sind bei der Umsetzung kundenorientierter Strategien zwei weitere voneinander abhängige Komponenten entscheidend: Die *Informationskomponente* gilt dabei hinsichtlich der Verfügbarkeit, Qualität und Tiefe der Kundeninformationen sowie der Nutzung einer geeigneten Technologie als notwendige Voraussetzung, um CRM-Massnahmen inhaltlich auf den individuellen Kunden zu fokussieren. Die *Orientierungsdimension* postuliert eine hohe Relevanz der Werte, Verhaltensweisen und Denkweisen der Organisation, um CRM erfolgreich innerhalb der Organisation zu implementieren (Day/Van den Bulte, 2002). Isoliert voneinander betrachtet werden diese Komponenten jedoch nicht ihre volle Wirkung entfalten können. Vielmehr sollten diese von einer übergeordneten CRM-Strategie synchronisiert und geleitet sein. Kale beschreibt eine geeignete CRM-Strategie in diesem Zusammenhang als ein formales Dokument, welches die CRM-Vision des Unternehmens widerspiegelt (Kale, 2005). Aus einer detaillierten Analyse der unternehmerischen Fähigkeiten und Ressourcen werden die wesentlichen strategischen Zielsetzungen des CRM abgeleitet, zu bearbeitende Kundensegmente definiert und damit die strategische Ausrichtung des Unternehmens beschrieben (Rigby et al., 2002).

Zusammenfassung, Grenzen und Implikationen für die Praxis

Die Umsetzung kundenorientierter Strategien zählt mittlerweile zu den wettbewerbsentscheidenden Faktoren, um am Markt nachhaltigen Erfolg zu erzielen. Es konnte gezeigt werden, dass mit einer erfolgreichen Einführung des CRM zahlreiche Problemfelder verbunden sind, denen insbesondere durch ein effizientes und effektives Change Management, welches die Organisations- und die Mitarbeiterdimension ausreichend adressiert, begegnet werden kann. Abbildung 4 listet die wichtigsten Herausforderungen nochmals auf und leitet entsprechende Leitlinien für die Praxis ab:

Herausforderungen	Leitlinien
CRM-Philosophie festlegen	Allgemeine Zielsetzungen, Nutzen und Massnahmen zur Zielerreichung sollten im Rahmen der CRM-Philosophie zum Ausdruck kommen
Organisationsstrukturen neu gestalten	Kundensegmentorientierte Ablauforganisationen stellen den Kunden in den Mittelpunkt unternehmerischen Handelns
Kommunikation und Kooperation	Bereichsübergreifende Kommunikation und Kooperation fördert die effiziente Umsetzung des Change und stellt einen ganzheitlichen Auftritt an allen Kundeninteraktionspunkten sicher
Mitarbeiter einbeziehen	Verständnis und Akzeptanz des CRM nehmen durch die Einbeziehung der Anwender zu. Flankiert durch die Unterstützung des Topmanagements sowie mit bereichsübergreifenden Teams kann ein erfolgreiches Change Management gelingen
Mitarbeiter schulen	Sicherstellen der effizienten Nutzung eingeführter CRM-Applikationen und institutionalisierte kontinuierliche Verbesserung
Anreize setzen	Überarbeitung der Anreiz- und Entlohnungssysteme fördert die Adoption kundenorientierten Handelns, insbesondere im Aussendienst
Einzelmassnahmen integrieren	Integration der Einzelmassnahmen in eine übergeordnete CRM-Strategie

Abbildung 4: Herausforderungen des Change Management und Leitlinien für die Praxis (Quelle: eigene Darstellung)

Obwohl die hier aufgezeigten Lösungsansätze einen geeigneten groben Handlungsrahmen für einen erfolgreichen Wandel hin zu einer kundenorientierten Unternehmung darstellen, bleibt festzuhalten, dass diese stets vor dem Hintergrund unternehmens-, markt- und kundenseitiger Gegebenheiten situativ anzupassen sind. So ist davon auszugehen, dass die vorherrschende Marktdynamik und die Wettbewerbsintensität einen direkten Einfluss auf die grundlegende Notwendigkeit und somit das Ausmass des CRM im Allgemeinen hat. Dem gegenüber bestimmen unternehmensseitige Komponenten, wie beispielsweise die Unternehmensgrösse, das Personalisierungspotential eines Unternehmens oder der Umsatzanteil pro Kunde den Detaillierungsgrad und den Umfang des CRM. Im spezifischen Kontext der vorliegenden Thematik hängt beispielsweise die Intensität der Schulung der Mitarbeiter implizit von der Komplexität des eingeführten CRM-Konzepts ab. Auch bestimmen bereits bestehende CRM-Systeme den Grad und den Bedarf an möglichen Anpassungen.

Zusammenfassend lässt sich jedoch feststellen, dass die hier vorgestellten und diskutierten Zugänge wertvolle Ansatzpunkte liefern, um die Fähigkeit eines effektiven und effizienten Change Managements zu entwickeln und kontinuierlich zu verbessern und um somit kundenorientierte Strategien im Unternehmen erfolgreich umzusetzen.

Literatur

Ali, M.-A./Alshawi, S. (2005): Adaptation of CRM-Systems: Cross-Cultural Impact, International Journal of Knowledge, Culture and Change Management, 4, pp. 1589–94.

Avlonitis, G.J./Panagopoulos, N.G. (2005): Antecedents and consequences of CRM technology acceptance in the sales force, Industrial Marketing Management, 34 (4), 355–68.

Bonoma, Thomas V./Crittenden, Victoria L. (1988): Managing Marketing Implementation, Sloan Management Review, 29 (2), 7–14.

Bull, Christopher (2003): Strategic issues in customer relationship management (CRM) implementation, Business Process Management Journal, 9 (5), 592–602.

Campbell, A.J. (2003): Creating customer knowledge competence: managing customer relationship programs strategically, Journal of Industrial Marketing Management, 32, 375-83.

Chen, Injazz J/Popovich, Karen (2003): Understanding customer relationship management (CRM): People, process and technology, Business Process Management Journal, 9 (5), 672–88.

Day, G.S./Van den Bulte, C. (2002): Superiority in Customer Relationship Management: Consequences for competitive advantage and performance, in The Wharton School University of Pennsylvania.

Gartner Group (2003): Gartner Says Through 2005, 75 Percent of CRM Projects That Do Not Deliver Measurable ROI Will Have Failed Because Of Poor Business Executive Decisions.

Greve, G./Albers, S. (2005): Customer Relationship Management and the Customer Lifecycle: Measurement and Performance Outcomes, in Rejuvenating marketing: contamination, innovation, integration, Troilo, G., Ed. Mailand, Italy: Proceedings of the 34th EMAC Conference.

Greve, Goetz (2006): Erfolgsfaktoren von Customer-Relationship-Management-Implementierungen, DUV.

Helmke, S./Dangelmaier, W. (2001): Marktspiegel Customer Relationship Management-Anbieter von CRM-Software im Vergleich. Wiesbaden, 2001.

Hilker, Jörg (1993): Marketingimplementierung - Grundlagen und Umsetzung am Beispiel ostdeutscher Unternehmen. Wiesbaden.

Jung, H.H. (2004): «Strategisch ausgerichtetes Customer Relationship Management (CRM) bei der Heidelberger Druckmaschinen AG», in Konzepte des Customer Relationship Management (CRM): Strategien, Instrumente, Umsetzung, Sexauer, H. J., Ed. Wiesbaden.

Kale, Sudhir H. (2005): Appreciating the Role of Change Management in CRM.

Lewin, K. (1952): Field Theory in Social Sciences. Tavistock, London.

PAC (2006): CRM 2006 Germany.

Payne, Adrian/Frow, Pennie (2006): Customer Relationship Management: from Strategy to Implementation., Journal of Marketing Management, 22 (1/2), 135-68.

Reinartz, W.J./Chugh, P. (2002): Learning From Experience: Making CRM a Success at Last, International Journal of Call Center Management, March/April 2002, pp. 207-19.

Rigby, Darrell K., Reichheld, Frederick F., and Schefter, Phil (2002): Avoid the Four Perils of CRM, Harvard Business Review, 80 (2), 101-09.

Staehle, Wolfgang H. (1999): Management: Eine verhaltenswissenschaftliche Perspektive. München: Vahlen.

Wolf, E.E. (2002): Konzeption eines CRM-Anreizsystems - Konzeption eines Anreizsystems zur Unterstützung einer erfolgreichen Implementierung von Customer Relationship Management, München et al. 2002.

Der Weg zu einer optimalen CRM-Lösung

José Carlos Rageth

José Carlos Rageth leitet die Unternehmensberatung bebridge AG in St. Gallen und ist zugleich für die Internetplattform nettoSHOP AG als Geschäftleiter verantwortlich.

Der Weg zu einer optimalen CRM-Lösung

Der Markt für CRM-Lösungen

Wenn sich Unternehmen mit dem Thema CRM befassen, steht während der Umsetzung zu einem bestimmten Zeitpunkt die Frage im Raume betreffend die technische Unterstützung der Strategien, der Aufbau- und der Ablauforganisation. Doch die Auswahl einer geeigneten Lösung gestaltet sich oftmals als sehr schwierig, nicht zuletzt aufgrund der Fragmentierung des Marktes der CRM-Toolanbieter. Gemäss Einschätzung von Experten variiert deren Anzahl in der Schweiz zwischen 150 und 200. Die Zahl hängt stark davon ab, ob man auch Office-Lösungen wie bspw. MS Office zu den CRM-Lösungen rechnet oder ob ausschliesslich vollwertige CRM-Softwarepakete zur Auswahl zählen.

Um sich einen ersten groben Überblick zu verschaffen, empfiehlt sich eine Aufteilung der Anbieter in folgende drei Haupteinsatzbereiche bzw. Schwerpunkte:

Operative CRM-Lösungen mit Fokus auf die Bereiche:
- Vertrieb
- Marketing
- Service
- weitere

Analytische CRM-Lösungen mit Fokus auf die Bereiche:
- Reporting
- Data Mining
- weitere

Kollaborative CRM-Lösungen mit Fokus auf die Bereiche:
- Integration von Service und Vertrieb
- Durchgängigkeit des Auftragsprozesses
- Produkte und Serviceverbesserungen
- weitere

Nebst dieser Systematisierung spielen bei der Toolauswahl eine Reihe weiterer Faktoren eine Rolle. Diese sollen nun folgend kurz skizziert werden:

Bestehende IT-Landschaft

Von zentraler Bedeutung bei der Auswahl einer geeigneten CRM-Softwarelösung ist die Tatsache, dass diese oft in eine bestehende IT-Landschaft eingefügt werden muss. Dabei spielen die Anforderungen der Integration eine grosse Rolle. So gibt es z.B. Schnittstellen zu Systemen (ERP-, MIS-Systeme usw.) zu berücksichtigen, die das CRM-System füttern oder die sogar mittels einer bi-direktionalen Schnittstelle miteinander verbunden sind. Aber auch die Integration in das bestehende Mailsystem beeinflusst schon zu einem frühen Zeitpunkt die entsprechende CRM-Toolauswahl, da nicht jedes CRM-System in der Lage ist, auf ein bestehendes Lotus Notes oder Outlook-E-Mail-System aufzusetzen. Hier trennen sich bereits die einzelnen Angebote.

Sollte des Weiteren die CRM-Lösung nicht eine eigene Datenbank (eine sogenannte Native-Datenbank) besitzen, so stellt sich zudem die Frage nach der Anbindung an die bestehende Datenbank. Professionelle CRM-Anbieter bieten heute Standardschnittstellen zu den bekanntesten DB-Anbietern wie Oracle, MS SQL usw. an.

Marktsegmente – size matters

Weiter lassen sich CRM-Lösungen auch nach ihren jeweiligen Marktsegmenten einteilen: So gibt es zum Beispiel Lösungen, die spezifisch auf Anforderungen von Grosskunden zugeschnitten sind (z.B. Siebel), und Lösungen, die sich eher auf Kleinkunden spezialisiert haben (z.B. Act!). Der Lizenzpreis und das Lizenzmodell widerspiegeln hierbei oftmals die entsprechende Zuordnung.

Lizenzierungsmodell – ASP oder lieber Client-Server?

Je länger, desto mehr werden CRM-Applikationen von den Softwarelieferanten auch als sogenannte On-Demand-Lösungen angeboten. Erwähnt seien hier exemplarisch SalesForce und SiebelOnDemand. Diese Systeme sind so aufgebaut, dass der Zugriffe exklusiv über das Internet erfolgt und auch sämtliche Daten in einem externen Rechenzentrum gehostet werden. Somit sind keine teuren Initialinvestitionen in Hardware nötig; langfristig muss der Kunde jedoch mit gleichbleibend hohen Kosten rechnen, während bei einer erworbenen Lösung nach den Initialkosten (Erwerb und Implementation von Hard- und Software) die Kosten linear niedrig verlaufen. Die Erfahrung zeigt, dass gerade kleine und mittlere Unternehmen, die auch nicht über die entsprechenden Mittel für eine Implementierung verfügen, die On-Demand-Lizenzierung wählen. Der Vollständigkeit halber sei auch erwähnt, dass es heutzutage sogar Mietmodelle gibt, ähnlich wie die On-Demand-Lösungen, die Rücksicht auf das individuelle Investitionsverhalten der Kunden nehmen.

Vor der Entscheidung ob eine On-Demand-Lösung oder ein Eigenerwerb und -betreibung der Lösung eingesetzt werden soll, stellt sich die Frage, wie die am besten geeignete Lösung identifiziert werden kann. Hierfür muss sich das Unternehmen in einem ersten Schritt einen Überblick über mögliche Lösungen verschaffen.

Marktübersicht im Internet

Das Internet bietet heute eine Vielzahl von Möglichkeiten, um CRM-Lösungen miteinander zu vergleichen. Hier seien, stellvertretend für andere Portale, zwei unterschiedliche Plattformen erwähnt, die von den Anbietern schon seit Jahren betrieben werden und eine hilfreiche Quelle für die Auswahl von CRM-Systemen bieten. Es liegt jedoch auf der Hand, dass diese Portale nicht als einziges Mittel für die Auswahl herangezogen werden sollen, sondern vielmehr das Bild abrunden, das sich das Unternehmen vom Markt gemacht hat. Ein detailliertes Pflichtheft, auf dessen Basis – unabhängig vom Anbieter – die Bedürfnisse vorgängig evaluiert wurden, bietet immer noch die zentrale Grundlage für eine erfolgreiche CRM-Toolevaluation.

www.benchpark.ch/de – Kunden bewerten CRM-Anwendungen

Bei Benchpark spielen die Kunden eine zentrale Rolle: Anonym und unabhängig vom CRM-Anbieter haben sie die Möglichkeit, ihrer Zufriedenheit mittels eines kurzen Assessments Ausdruck zu verleihen.

Zum Schutz vor Manipulation gehen die jeweiligen Bewertungen nicht sofort in den Datenbestand ein, sondern werden vorgängig von einem sogenannten CRM-Redaktor geprüft. Dieser ist in der Regel ein Experte, der die Marktverhältnisse und -teilnehmer kennt und aufgrund seiner Erfahrungen und seines Wissens die Bewertungen überprüfen kann.

Erst wenn keine Zweifel mehr bestehen und sichergestellt ist, dass die Kundenbewertung in einem kausalen Zusammenhang zur Software steht, wird diese anonymisiert freigeschaltet. Es ist weiter sichergestellt, dass ein Kunde innerhalb von sechs Monaten seinen Anbieter nur einmal bewerten kann. Jede Bewertung wird nach Aktualität gewichtet, d.h., je frischer die Bewertung ist, desto stärker geht sie in den Gesamtscore ein.

Abbildung 1: Ranking von CRM-Lösungen auf Benchpark am 12.05.2007 (Quelle: www.benchpark.ch)

Im Bereich CRM (Benchpark erstreckt sich auf weitere Anwendungsgebiete) sind die CRM-Anbieter in zwei Gruppen unterteilt:

- Gruppe A: Enthält international vertretene CRM-Anbieter (vor Ort Präsenz entweder über eine eigene Vertriebsniederlassung oder über ein Partnernetzwerk), deren CRM-Lösungen vorwiegend für Grossunternehmen oder grössere mittelständische Unternehmen geeignet sind. Der zu bewertende CRM-Anbieter führt nicht selten Projekte mit einem Volumen von mehr als 100'000.– Euro durch; die zu bewertende CRM-Lösung verfügt zudem stets über Funktionalitäten aus dem Bereich «analytisches CRM».
- Gruppe B: Enthält CRM-Anbieter, deren Lösungen sich vorwiegend für kleine und mittelständische Unternehmen eignen und zumeist nur in einem bestimmten geografischen oder sprachlichen Raum eingesetzt werden können.

Weiter sind CRM-Lösungen bei Benchpark so definiert, dass diese alle Anbieter beinhaltet, die

- mit ihrer CRM-Software primär strategisch-operatives CRM unterstützen,
- deren CRM-Lösungen über Funktionen des reinen Kontaktmanagements hinausgehen,
- deren CRM-Software die Anbindung bzw. eine Schnittstelle zur Warenwirtschaft bietet, jedoch nicht integraler Bestandteil einer Warenwirtschaftslösung ist,
- deren CRM-Software anbieterseitig ein Frontend in deutscher Sprache bietet.

Jedes Assessment fliesst nach Freigabe durch den CRM-Redaktor unmittelbar in das Ranking ein. Die Werte werden tagesaktuell nachgeführt.

Benchpark bietet noch weitere grafische Ansichten zu den einzelnen CRM-Anbietern. Erwähnt seien hier die Aufteilung nach Funktionen der Bewerter, Kompetenzen, Projektbudget und Beziehungsdauer (vgl. Abbildung 2):

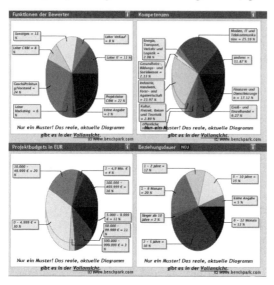

Abbildung 2: Ranking von CRM-Lösungen auf Benchpark am 12.05.2007 (Quelle: www.benchpark.ch)

www.swissCRMguide.ch | die herstellerneutrale CRM-Evaluation

Die Firma bebridge AG in St. Gallen hat für die gängigsten CRM-Lösungen in der Schweiz einen elektronischen Kriterienkatalog erarbeitet.

Dieser Kriterienkatalog umfasst rund 550 Fragen, die ca. 85% der Anforderungen an eine CRM-Lösung abdecken. Diese Informationen stehen jedoch nicht online zur Verfügung, sondern werden nur im Zusammenhang mit einem Beratungsmandat in einem CRM-Projekt eingesetzt.

Hier eine nicht abschliessende Aufzählung wichtiger Fragenkategorien, welche in diesem Kriterienkatalog enthalten sind und die Auswahl einer CRM-Lösung gezielt unterstützen sollen:
- Firmendetails (Grösse, Rechtsform usw.)
- Eingesetzte Module (Verkauf, Marketing, Services usw.)
- Anwendbare Benutzersprachen (Deutsch, Englisch, Französisch usw.)
- Einführungsdauer der einzelnen Module
- Support
- Preis- und Lizenzierungsmodell
- Darstellung der Benutzeroberfläche

- Workflow-Management
- Berechtigungs- und Rollenkonzept
- Einbindung peripherer Systeme (PDA, Laptops usw.)
- Historisierung von Daten
- Dokumentenmanagement
- Informationsobjekte (Kontaktperson, Unternehmung, Opportunity usw.)
- Termin- und Zeitmanagement
- Reporting
- Schulungskonzept

Abbildung 3: CRM-Lösungen auf swissCRMguide (Quelle: www.swisscrmguide.ch)

Methodische Vorgehensweise bei der Evaluation einer CRM-Lösung

Die Firma bebridge AG hat eine Methode entwickelt, welche sich bei der Evaluation von CRM-Systemen im Praxiseinsatz bewährt hat. Die Vorgehensweise lässt sich grob in folgende Phasen unterteilen:

Phase 1: Nutzenanalyse & Pflichtenheft
- Identifizierung von Nutzenpotentialen für die Firma
- Erhebung der Kundenanforderungen
- Entwicklung der Entitäten-Modelle
- Definition spezieller Rahmenbedingungen

Phase 2: Selektion
- Elektronische Vorselektion mittels des swissCRMguides oder eines gleichwertigen Tools
- Detaillierte Profil- und Fähigkeitenanalyse
- Identifikation der drei optimalen Lösungen

Phase 3: System-Demo
- Entwicklung der Geschäftsvorfälle (3 bis 4 in der Anzahl)
- Demonstration kritischer Geschäftsvorfälle
- Überprüfung der Anbieterfähigkeiten

Phase 4: Test-Installation
- Auswahl einer bevorzugten Lösung
- Installation einer Pilotumgebung
- Differenzierung wichtiger Funktionalitäten
- Einbezug weiterer Benutzerkreise
- Abnahmeprozedur

Phase 5: Vertragsverhandlung
- Überprüfung Lizenzvereinbarungen und SLAs
- Kommerzielle Vertragsverhandlung

Im Folgenden soll die Erstellung des Pflichtenhefts (Phase 1) etwas detaillierter beschrieben werden: Die grosse Herausforderung, bei der Auswahl einer CRM-Lösung ist, dass die verschiedenen Bedürfnisse, die in einem Unternehmen bestehen, bestmöglich mit dem auszuwählenden CRM-Tool in Übereinstimmung gebracht werden sollen. Daher ist es notwendig, dass sich bereits im Vorfeld der Auswahl das Unternehmen Gedanken zur zukünftigen Lösung macht. Hilfreich ist hierbei, diese Gedanken in einem Pflichtenheft festzuhalten. Das Pflichtenheft ist ein Kommunikationsinstrument, das zur Aufgabe hat, die Bedürfnisse des Kunden bestmöglich zu kommunizieren, damit der Lieferant sein Angebot möglichst konkret und transparent erarbeiten kann.

Ein Pflichtenheft besteht klassischerweise aus folgenden Abschnitten:

- Ausgangslage
- Hauptanforderungen
- Prozessbeschreibungen
- IT-spezifische Anforderungen
- Terminplan
- Aufbau und Inhalt der Offerte
- Anhang

Die vorgeschlagene Struktur kann wiederum von folgenden Fragestellungen mit beeinflusst werden:
- Suchen Sie eine CRM-Lösung, die die Bearbeitung Ihrer Business-to-Business-Kontakte unterstützen soll?
- Oder soll die CRM-Lösung vor allem dazu dienen Business-to-Consumer-Beziehungen zu pflegen? Oder sogar beides?
- Suchen Sie ein operatives CRM-System? Ein analytisches CRM-System? Eine Kombination von beidem oder doch lieber eine kollaborative CRM-Lösung?

Diese Fragen gilt es ebenfalls im Vorfeld zu klären, um ein klares Bild hinsichtlich des Einsatzzwecks der CRM-Lösung zu erhalten.

CRM, integriert in ein ERP-System oder als eigenständige Lösung?

Um die oft gehörte Frage zu beantworten, ob es sich lohnt, eine eigenständige CRM-Lösung zu kaufen, oder ob es nicht besser wäre, ein bestehendes ERP-System um CRM-Funktionalitäten zu erweitern, lohnt es sich, in einem ersten Schritt die Aussagen der Anbieter im Markt zu analysieren:
- *ERP-Systeme stellen sich vermehrt auch als CRM-Lösungen dar.*
- *ERP-Systeme können heute gewisse CRM-Prozesse in ihrer Software abbilden, indem entsprechende Module angeboten werden.*
- *Die Begriffe ERP und CRM werden oft im gleichen Zusammenhang verwendet und somit nicht korrekt auseinandergehalten.*

Weiter muss die Ausgangssituation der eigenen Firma betrachtet werden:

Fall 1: Es existiert bereits ein ERP-System, Sie beginnen jedoch auf der «grünen CRM-Wiese».

Fall 2: Sie besitzen weder eine CRM- noch eine ERP-Software (Stichwort Neugründung) oder Sie wollen Ihre bestehende ERP-Applikation ablösen.

In beiden Fällen ist genau zu ergründen, welche CRM-Funktionalitäten im Unternehmen umgesetzt werden sollen. Folgende Fragen sind hierbei von zentraler Bedeutung:
- *Wie profiliert sich unser Unternehmen gegenüber Mitbewerbern? Besteht unsere Strategie darin, uns zu 100% auf den Kundenservice auszurichten und somit in langfristige Kundenbeziehungen zu investieren, oder sind wir auf einmalige, kurzfristige Kaufakte ausgerichtet?*
- *Oder sind wir ein Unternehmen, das sich durch ausgefeilte logistische Abläufe auszeichnet und sich so von der Konkurrenz abhebt?*
- *Welches ist unser Geschäftsmodell? Wo verdienen wir unser Geld und wo erbringen wir Vorleistungen, damit wir ein rentables Geschäft betreiben können?*

Nur eine intensive Auseinandersetzung mit diesen und weiteren Fragen wird eine Antwort auf die Eingangsfrage erbringen.

Weiter ist zu bedenken, dass im Fall 2 erhebliche Mittel investiert werden müssen, um das operative Geschäft überhaupt zum Laufen zu bringen. Dies schränkt natürlich auch die finanziellen Mittel und Möglichkeiten im Bereich CRM (= strategische Massnahme) ein. Ein gangbarer Weg wäre es, die CRM-Bedürfnisse zwar zu definieren, aber nur schrittweise im Unternehmen umzusetzen («Think big, start small»).

Literatur

Königswieser, Roswita / Keil, Marion (2000): Das Feuer grosser Gruppen. Konzepte, Designs, Praxisbeispiele für Grossveranstaltungen. Klett-Cotta, Stuttgart.
Von Simon, Hermann (2001): Unternehmenskultur und Strategie. Herausforderungen im globalen Wettbewerb. FAZ Verlag, Frankfurt.
Zohar, Danah (2000): Am Rande des Chaos. Midas Verlag AG, Kilchberg.

Teil II

Best Practices im CRM
Fallstudien kundenorientierter Unternehmen

Mit modernster Contact-Center-Infrastruktur die Umsetzung der Geschäftsstrategie bei Mobi24 beschleunigen

. . . . .

Dieter Fischer
Roland Lüthi

Dieter Fischer leitet das Team Multichannel Solutions der COMIT AG. Er ist als Co-Studienleiter an der Fachhochschule Luzern im «CAS Customer Focus» engagiert und seit vier Jahren ist er Präsident von CallNet.ch, dem Schweizerischen Branchenverband der Contact Center User und Supplier.

Roland Lüthi ist Geschäftsleiter der Mobi24 Call-Service-Center AG, einer Tochterunternehmung der Mobiliar Versicherung.

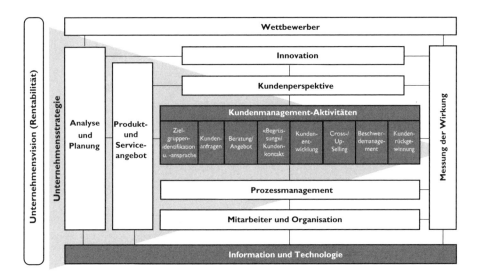

Der Beitrag stellt die Auswahl und Implementierung einer CRM-Lösung für das Kundenkontaktmanagement von Mobi24 dar.

Die entscheidenden Schritte waren:
- Ableitung des Bedarfs aus der Strategie von Mobi24
- Erstellung eines Pflichtenheftes als Basis für die Evaluation bestehender CRM-Lösungen
- Evaluation, Auswahl und Anpassung eines Lösungspaketes
- Implementierung

Zusätzlich werden in der Praxis bewährte Erfolgsfaktoren für ein solches Projekt weitergegeben.

Mit modernster Contact-Center-Infrastruktur die Umsetzung der Geschäftsstrategie bei Mobi24 beschleunigen

Mobi24, eine Tochtergesellschaft der Schweizerischen Mobiliar Versicherungsgesellschaft, ist ein 24h★7 Tage Call-Service-Center, welches für die Endkunden Assistancedienstleistungen verschiedenster Art erbringt. Das Spektrum reicht von der Pannenhilfe über medizinische Notfallrepatriierungen und Alarmdienste bis hin zu Fahrkartenersatz und Adressvermittlung von Amtsstellen oder Handwerkern. Das Call-Service-Center bedient seine Kunden in mehreren Sprachen und zeichnet sich durch professionelles, rasches Abwickeln der unterschiedlichen Dienstleistungen aus. Diese Dienstleistungen werden auch Dritten angeboten.

Ausgangssituation im Jahr 2004

Mobi24 stand seit der Gründung im Jahr 1997 immer im Scheinwerferlicht der Mutter, denn mit Mobi24 wurde ein neues Geschäftsfeld eröffnet, welches von Beginn an eine hohe Kundenorientierung, ein beachtliches Qualitätsniveau, enge Marktnähe und ein unternehmerisch denkendes und flexibel agierendes Managementteam verlangte. Zur Unterstützung dieser Ziele und als zentrales Werkzeug für die Mitarbeitenden im Call-Service-Center liess sich Mobi24 eine auf ihre Anforderungen angepasste Softwarelösung bauen. Diese seitens der Mitarbeitenden sehr geschätzte Lösung entwickelte sich über die Jahre nach dem Prinzip der «Zurufinformatik» und etablierte sich als Eigenbau mit hohen Abhängigkeiten in vielen Dimensionen. Nach acht Betriebsjahren war die Zeit reif, die bestehende Infrastruktur auf ihre Zweckmässigkeit bezüglich der Erfüllung des Geschäftsauftrages zu überprüfen. Eine interne Analyse hat folgende Erkenntnisse und Schwachpunkte aufgezeigt:
- Kundenbeziehungsmanagement
  - Die Bedeutung des Kundenbeziehungsmanagements nimmt zu, insbesondere bezüglich zeitlicher Erreichbarkeit, Multikanalfähigkeit, Datenverfügbarkeit und Datenqualität. Die Leistungen entsprechen nicht mehr den Anforderungen.
  - Anforderungen der Drittkunden von Mobi24 (Autoimporteure, andere Versicherer, weitere Kunden) an eine reife CRM-Lösung, insbesondere im Thema Reporting, steigen und können nur ungenügend abgedeckt werden.

- Alte Front-End-Software aus dem Jahre 1997
  - Die Software ist schlecht skalierbar und entspricht technologisch nicht dem aktuellen Standard.
  - Die Wartung ist zunehmend kostenintensiv.
  - Die geforderte Weiterentwicklung wird zunehmend komplexer.
  - Die Abhängigkeit zum Lieferanten und damit zum externen Wissen ist hoch.
- Alte Routingsoftware
  - Die zwischenzeitlich erfolgten Produkte-Releasezyklen wurden übersprungen.
  - Ein Update auf die aktuelle Version ist aufwendig und teuer.
  - Die lieferantenseitige Wartung für das alte Release ist nicht mehr verfügbar.
- Alte Hardware
  - Die Wartungskosten sind hoch.
  - Die geforderte Performance (insbesondere im Realtime-Kundendialog) ist ungenügend.

Diese Analyseergebnisse liessen für Mobi24 im Thema CRM ein hohes operationelles Risiko erkennen, weshalb das *Projekt GAIA* (Erneuerung der Call-Service-Center-Infrastruktur im Sinne einer Gesamt-CRM-Lösung) initialisiert wurde.

Basierend auf dem Geschäftsauftrag von Mobi24 sowie den Erkenntnissen aus der Analyse, formulierte die Geschäftsleitung der Mobiliar Versicherung folgende vier zentrale Aufgabenstellungen für das CRM von Mobi24:

1. Für den systematischen Auf- und Ausbau von langfristigen, gewinnbringenden Kundenbeziehungen ist eine unternehmensweite IT-unterstützende Infrastruktur bereitzustellen.
2. Für standardisierte Geschäftsprozesse muss die neue Lösung die Basisstruktur bilden; nicht nur für Mobi24, sondern im Hinblick auf die weitere Entwicklung auch für die ganze Gruppe Mobiliar.
3. Für die zielgerichtete Marktbearbeitung sowie ein zeitgemässes Reporting muss eine Basis zur Gewinnung von verlässlichen Daten und Informationen geschaffen werden.
4. Für ein agiles und flexibles Wahrnehmen von Marktopportunitäten muss eine konkurrenzfähige Ausgangslage geschaffen werden.

Den Geschäftsauftrag erfüllen

Der Leitspruch von Mobi24 lautet «Happy to help 24 h × 365 days». Darauf baut der Geschäftsauftrag, welcher drei grundsätzliche Forderungen stellt:
1. 24-h-Erreichbarkeit sicherstellen

2. umfassende Assistancedienstleistungen weltweit anbieten
3. innovative Präventionsdienstleistungen anbieten und die Funktion «Labor» für die Gruppe Mobiliar übernehmen

Daraus lassen sich im Einzelnen die folgenden Zielvorgaben formulieren:

24-h-Erreichbarkeit
- die Mobiliar als verlässliche Qualitäts- und Servicemarke positionieren,
- die Kundenfreundlichkeit messbar auf hohem Niveau halten,
- die Kundenbindung stärken und
- Mobi24 für die Schadenaufnahme fit machen.

Assistance-Dienstleistungen
- den Prozess «Service» selber beherrschen, insbesondere im Rahmen der Kernangebote «Versicherung» der Mobiliar,
- das Angebot «Service» durch Ausbau von Assistanceleistungen stärken,
- Leistungen an Dritte anbieten, um die Auslastung der Mitarbeiterkapazitäten und -fähigkeiten (z.B. Sprachen, Versicherungsfachwissen, Prozesswissen u.a.) zu optimieren und die unternehmerischen Möglichkeiten von Mobi24 zu fördern,
- das Schadensmanagement in den Griff bekommen.

Prävention und Laborziele
- Forschung und Entwicklung für den Ausbau des Serviceprozesses betreiben,
- Sicherheitsdienstleistungen in Anlehnung an die Versicherungsprodukte anbieten,
- mit neuen Technologien Dienstleistungsangebote entwickeln.

Aufgrund des angestrebten Wachstums und der Ziele des Geschäftsauftrages, der Limitierungen der bestehenden Lösung, insbesondere in den Bereichen Reporting und Multikanalfähigkeit, sowie der hohen Betriebskosten, wurde COMIT AG mit der Evaluation und mit der Implementierung einer modernen, zukunftsgerichteten Standardlösung für das Mobi24 Call-Service-Center beauftragt. COMIT verfügt über einen guten Leistungsausweis:
- Vertrautheit mit dem Assistance- und Versicherungsgeschäft,
- langjähriger Ausweis in der Implementation von IT-Lösungen, besonders in «mission critical» Projekten,
- fundiertes Beziehungsnetz und Kenntnisse des Anbietermarktes von CRM-Lösungen,
- ausgewiesene CRM-Kenntnisse und CRM-Praxis über entsprechende Referenzen und

- ein gesunder «KMU Stallgeruch» als Garant für unternehmerisches Denken und Handeln.

Die neue Lösung

Um die vielen unternehmensinternen und -externen Ansprüche an eine CRM-Lösung nicht aus den Augen zu verlieren und um die Evaluation nicht technologiegetrieben anzugehen, war ein aus Businesssicht aufgesetztes Modell die Grundlage für das Vorgehen in der Phase der Evaluation. Im Mittelpunkt stand dabei der Kontaktprozess, welcher als Metaprozess die Anfragen von Kunden an das Unternehmen mit den entsprechenden Antworten auf diese Anfragen zurück an die Kunden quer durchs Unternehmen verbindet. »Weg vom Produktedenken – hin zum Kundendenken« war die Losung (siehe Abbildung 1).

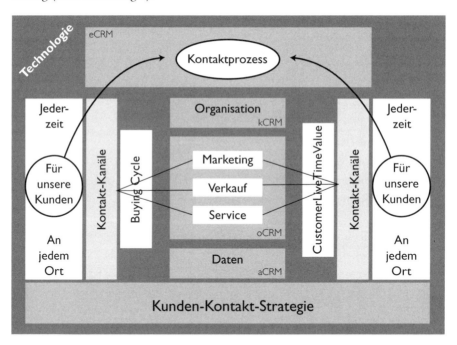

Abbildung 1: CRM-Modell

Mit diesem Kontaktprozess als Basis und Treiber für die Ausgestaltung der eigentlichen Geschäftsprozesse umschrieb anschliessend Mobi24 die Erwartungen an die neue Systemumgebung mit den drei Stichworten *schneller, besser* und *genialer*.

Abgeleitet aus dem Kontaktprozess standen drei Aspekte im Zentrum der Evaluation, welche durch eine optimale Systemunterstützung abgedeckt werden mussten:

- Der Kontaktzugang

  Der Kontaktzugang beinhaltet alle Kontaktmöglichkeiten (Voice, Fax, E-Mail, SMS, u.a.), welche Mobi24 ihren Kunden anbietet.
- Das Kontaktmanagement

  Das Kontaktmanagement *empfängt* die Kontakte, bewertet sie und weist sie der bestmöglichen verfügbaren Ressource zur Bearbeitung zu (Kontaktrouting).
- Das Kontakthandling

  Mit Kontakthandling meint das System die direkte Interaktion mit dem Kunden und zielt auf eine effiziente und effektive Bearbeitung des Kundenanliegens (Front End).

Bei der Evaluation der passenden Lösung waren mehrere Ziele sowie Vorgaben seitens des Managements zu berücksichtigen. Als Ziele wurde Folgendes formuliert:
- Sicherstellung der strategischen Businessanforderungen von Mobi24
- Sammeln erster Erfahrungen im Multikanalmanagement für die Mobiliar
- Erhaltung der Handlungsfreiheit
- Sicherstellung der Erweiterbarkeit und Skalierbarkeit
- Einsatz von Best Practice
- Reduktion des operationellen Risikos Mobi24
- Reduktion des Kostensatzes Mobi24

Diese Vorgaben wiederum leiten sich einerseits aus den Rahmenbedingungen der Gruppe Mobiliar sowie andererseits aus anderen internen Projekten ab und fanden als zusätzliche Anforderungen Aufnahme ins Pflichtenheft. Die neue Lösung
- hatte die bestehenden Voice-Funktionen durch zeitgemässe Contact-Center-Funktionalitäten und die Erweiterung um Fax-, E-Mail- und SMS-Funktionen abzulösen,
- musste für die spätere Realisierung von Versicherungsprozessen (Schadensmanagement, Beratung, Verkauf, Risikomanagement u.a.) erweiterbar sein,
- hatte Voice-over-IP-tauglich zu sein,
- sollte zu 95% als Out-of-the-Box mit einem Standardprodukt (Front End) realisiert werden können,
- musste ausgereifte Funktionalitäten zur Erstellung von individuellen Kundenreportings zur Verfügung stellen.

Auf dem Markt werden sehr viele CRM-Lösungen angeboten, die Herausforderung bestand darin, die passendste für das neue Call-Service-Center zu finden. Als Ergebnis der Evaluation wurden Mobi24 drei verschiedene Lösungskombinationen vorgelegt, welche alle die Anforderungen erfüllten. Das Management entschied sich für die folgende (siehe Abbildung 2):

| Lösung für den
Kontakt-Zugang | Lösung für das
Kontakt-Management | Lösung für das
Kontakt-Handling |
|---|---|---|
| Alcatel, Captaris, Glue | Genesys | Siebel |

Abbildung 2: Ziel/Lösungskombination Mobi24

Implementierung der neuen Lösung

Nach durchlaufener Evaluation wurde der Masterplan für die Implementierung aufgestellt, welcher unter den Restriktionen des jährlichen Geschäftsaufkommens und den Spitzenzeiten der Belastung von Mobi24 zu erfolgen hatte. Es war das erklärte Ziel, die Implementierung innerhalb von 12 Monaten zu realisieren.

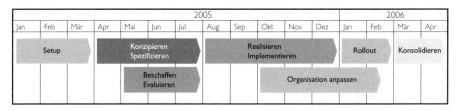

Abbildung 3: Masterplan für die Implementierung

Dank der Partnerschaften mit Siebel und Genesys war die COMIT AG bestens gerüstet, diese Herausforderung anzunehmen. Um aber das Realisierungsrisiko zusätzlich gut abzusichern, wurde der Projekt-Scope in zwei Nutzenpakete aufgeteilt.
- Der Scope des *Nutzenpaketes 1* umfasste die Ablösung der bestehenden Call-Service-Center-Lösung, welche lediglich den Voice-Kanal (Inbound und Outbound) für die Bearbeitung der Geschäftsvorfälle integral bediente.
Zusätzlich wurde der Automatisierungsgrad für die Bearbeitung der Geschäftsprozesse wesentlich erhöht sowie die Basis für erweiterte Auswertungsmöglichkeiten geschaffen.
- Das *Nutzenpaket 2* hatte im Fokus, das Nutzenpaket 1 für die Bearbeitung der Geschäftsvorfälle um die Kontaktkanäle Fax (Inbound und Outbound), E-Mail (Inbound und Outbound), SMS (Inbound und Outbound) und MMS (Inbound und Outbound) zu einer vollwertigen Multikanalplattform zu ergänzen.

Zusätzlich wurden folgende Neuheiten realisiert:
- Zuweisung der eingehenden Informationen an einen freien Agenten im Sinne von Full Blending,

- automatische Verknüpfung der ausgehenden Informationen mit dem elektronischen Kundendossier und
- die direkte Versendung von ausgehenden Informationen wie E-Mail, SMS oder MMS aus der Front-End-Applikation.

Der Plan klappte, zwölf Monate nach Start der Phase «Realisieren/Implementieren» verfügten die Mitarbeitenden von Mobi24 über alle Funktionalitäten einer zeitgemässen Contact-Center-Lösung.

Implementierung von zusätzlichen Spezialitäten

Die Out-of-the-Box-Funktionen deckten die Anforderungen von Mobi24 grösstenteils ab. Die neue Lösung beinhaltete aber zusätzlich einige Spezialitäten:
- Im Assistancegeschäft muss für den Hilfesuchenden (Kunde) raschestmöglich der passendste Dienstleister (Leistungserbringer; z.B. für die Pannenhilfe) gefunden werden. Zwei Variable bestimmen den «Best Match»: einerseits die Distanz zwischen dem Standort des Hilfesuchenden zum Dienstleister und andererseits das Dienstleisterrating (Qualitätsmessgrösse). Nach Eingabe der nötigen Daten wird dem Contact-Center-Agenten sofort eine entsprechende Leistungserbringerliste angezeigt. Aufgrund der in dieser Liste berechneten Ratingkriterien kann so der Mitarbeitende die für den Hilfesuchenden optimale Lösung anbieten.
- Im Bereiche der Auftragsbestätigung an einen Leistungserbringer ist das primäre Kommunikationsmittel das Fax. Im Korrespondenzmodul sind alle nötigen Templates hinterlegt. Diese werden im Laufe der Bearbeitung des Geschäftsvorfalles automatisch generiert und mit den verlangten Daten der unterschiedlichen Mandanten abgefüllt.
- Spezifisch eingerichtete Reportings erlauben einerseits das zielgenaue Beurteilen und Steuern des ganzen Contact Centers. Andererseits können aufgearbeitete Daten und Informationen als Feedback oder zur Qualitätssicherung an die Auftraggeber (z.B. Autoimporteure, andere Versicherer) von Mobi24 zurückgespiegelt werden.

Die Zielapplikationslandschaft

Ein Grund für den Erfolg war sicher die von COMIT entwickelte Zielapplikationslandschaft. In den späten 90er-Jahren waren nämlich die CRM-Projekte regelmässig zum Scheitern verurteilt – zu viel wurde in den Scope hineingepackt, zu «unreif» waren die Lösungen und zu wenig wurde dem Erwartungsmanagement Beachtung geschenkt. Um dem Management bereits in der Evaluationsphase ein klares Bild der

Möglichkeiten und Grenzen aufzuzeigen und um die komplexen technologischen Zusammenhänge zu visualisieren, verwendet COMIT eine Zielapplikationslandschaft als Basis für jede Scope-Diskussion.

Die Abbildung verdeutlicht drei Aspekte:
- die CRM-Applikation (Lösung für das Kontakt-Handling) mit den spezifischen technologischen Bausteinen,
- die Routingapplikation (Lösung für das Kontakt-Management) mit den verschiedenen technologischen Modulen für den Kontakt-Zugang (Voice, Fax, E-Mail, SMS),
- die für die Gesamtlösung benötigten Umsysteme und Schnittstellen.

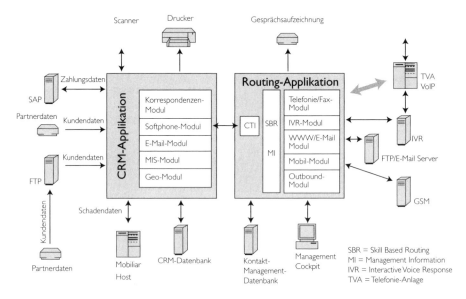

Abbildung 4: Zielapplikationslandschaft Mobi24

Die neue Lösung in der Praxis

Für die Mitarbeitenden und für Mobi24 hat die neue Lösung viel gebracht:
- Neue Nutzenpotentiale machen Mobi24 zukünftig zu einem gewichtigen Marktplayer. Die Mitarbeitenden entwickeln sich weg vom Call-Center-Agenten hin zum Fachmann/zur Fachfrau im Kundendialog.
- CRM – Durch die Realisierung der Multikanalplattform, verbundenen mit dem «Full Blending» für Voice, Fax, E-Mail und SMS, resultiert eine hohe Vernetzung und Nähe des Geschäftsvorfalles mit dem bearbeitenden Contact-Center-Agenten. Alle Informationen, egal auf welchem Kontaktkanal sie Mobi24 erreichen, sind jederzeit

und konsolidiert verfügbar. Der CRM-Ansatz erfährt bei Mobi24 eine neue Dimension, die Contact-Center-Mitarbeitenden sind effizienter und effektiver.
- Out of the Box – Durch das disziplinierte Vorgehen in der Realisierung der neuen Lösung kann Mobi24 schnell auf Marktopportunitäten reagieren. Neue Geschäftsfelder können nun aus strategischer Sicht systematisch bearbeitet werden – Time to Market ist nicht mehr länger ein Engpassfaktor.
- Kundenreportings – Die Auftraggeber von Mobi24 verlangen zusehends konsolidierte Informationen, d.h. aufbereitete Daten aus dem Kundenkontakt. Dies um ihre eigenen Leistungen gegenüber ihren Kunden zu verbessern oder um die bestehende Datenbasis mit weiteren, durch Mobi24 gesammelten Daten zu ergänzen.

Auch für die Kunden und Auftraggeber ergeben sich etliche Vorteile:
- Mehr Zeit für den Kunden dank Automatisierungen: Die Daten und Informationen sind über die Kontaktkanäle vernetzt und in hoher Qualität verfügbar. Verbunden mit den Optimierungen in der Prozessführung durch das neue System und dem logischen Ablauf der einzelnen Bearbeitungsprozesse kann das Gespräch auf den Kunden oder das Abfassen eines E-Mails auf korrekte Schreibweise konzentriert werden. Pendenzen, Kontakthistorieneinträge oder abgehende Brief werden automatisch erzeugt und erleichtern die Arbeit insbesondere auch im Zusammenhang mit dem Schichtbetrieb über 24h.
- Bündelung aller Kommunikationsmittel auf einer IT-Plattform: Durch die Zusammenführung aller Kontaktkanäle auf einer Plattform werden die Medienbrüche überwunden und die Kommunikation mit dem Kunden dadurch massiv verbessert.
- Detaillierte Dokumentation der Kundenbeziehungen: Das elektronische Kundendossier ist jederzeit komplett und zeitnah nachgeführt. Zusammenhänge über aktuelle oder frühere Kontakte oder unterschiedliche Kanäle sind erkennbar und lassen die Kundenbeziehung im 360-Grad-Fokus erscheinen.

Das Projekt bei Mobi24 hat gezeigt, dass
- eine umfassende CRM-Strategie und das Verständnis für die komplexen Zusammenhänge die *Grundlage, ja die Voraussetzung* für eine erfolgreiche technologische Veränderung darstellt,
- die Bereitschaft für Abstriche auf der Anforderungswunschliste sowie das Engagement des Topmanagements zentrale Erfolgsfaktoren für eine kosten- und zeitvernünftige Realisierung bilden und
- ein eingespieltes Projektteam, bestehend aus Mitarbeitenden seitens Auftraggeber und dem externen Partner, auch in schwierigen Projektsituationen die Motivation und Leistungsbereitschaft nicht verliert.

Das Projekt hat aber auch gezeigt, dass
- das Thema Erwartungsmanagement sowie das Projektmarketing Daueraufgaben darstellen, welche eine offene und transparente Kommunikation erfordern. Es ist verstärkt darauf zu achten, dass in der allgemeinen Projekthektik diese Aspekte nicht untergehen.
- die bestehenden Rahmenbedingungen, Abhängigkeiten und auch divergierenden Ansprüche im weiteren Umfeld des Projektes enormen Einfluss auf den Projekterfolg haben können. In der Regel lassen sich solche Risiken zwar erkennen, sind aber letztlich doch zu wenig selbst steuerbar. Eine umfassende Stakeholder Analyse zu Beginn des Projektes könnte zumindest bezüglich des Bewusstseins Abhilfe schaffen.

Bereits kurz nach Projektende machte sich das Management von Mobi24 daran, die neuen Möglichkeiten für zukünftige Marktleistungen auszuloten. Beispielhaft gilt die Idee, im Rahmen der Mobilität die Prozesse und Durchlässigkeit der Informationen über das Call-Service-Center hinaus bis hin zum Leistungspartner noch näher an den Endkunden heranzuführen. Time to Market ist aufgrund der neuen und flexiblen Infrastruktur nicht länger mehr ein Schlagwort.

CLIENT FIRST –
Das CRM-Programm von PwC Schweiz

. . . . .

Dr. Markus R. Neuhaus
Dr. Michael Flaschka

Dr. Markus R. Neuhaus ist CEO und Territory Senior Partner von Pricewaterhouse-Coopers Schweiz und seit 2007 ist er zudem CEO/Senior Partner von Pricewaterhouse-Coopers Eurofirms und Mitglied des Global Leadership Teams von PwC. Er ist Mitglied des Vorstandes und Präsident der Fachgruppe Steuern der Treuhand-Kammer, Mitglied des Vorstandes der économiesuisse, Chairman des Public Affairs Committee der Swiss American Chamber of Commerce, Mitglied von Rotary und zudem ehrenamtlicher Revisor der Zürcher Kunstgesellschaft.

Dr. Michael Flaschka ist Head of Business Development bei PricewaterhouseCoopers Schweiz und leitet das Business Development Team auf Corporate-Stufe. Als Projektleiter ist er für das CRM-Projekt bei PwC Schweiz zuständig.

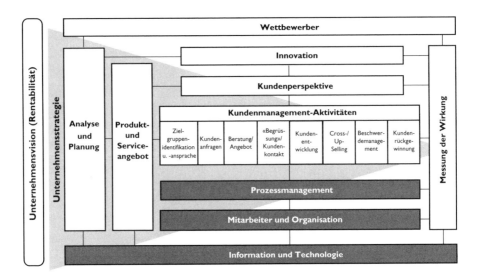

Der Beitrag unterstreicht die Bedeutung von CRM im Wettbewerb zwischen Professional-Service-Firmen wie Wirtschaftsprüfungsgesellschaften und Unternehmensberatungen. Das beschriebene Programm «Client First» von PwC Schweiz folgt der Einsicht, dass der Schlüssel für eine erfolgreiche Kundenbeziehung im Verhalten jedes einzelnen Mitarbeitenden gegenüber dem Kunden liegt. Dem entsprechend ist das Verhalten der Mitarbeiter eine von drei zentralen Dimensionen des Projekts, ergänzt durch Anpassung der Prozesse und Aufbauorganisation sowie die Bereitstellung effektiver, softwarebasierter CRM-Instrumente. Abschliessend fassen die Autoren die Erfolgsfaktoren des Projektes aus ihrer Sicht zusammen.

CLIENT FIRST –
Das CRM-Programm von PwC Schweiz

PricewaterhouseCoopers Schweiz

PricewaterhouseCoopers (www.pwc.com) ist das weltweit führende Wirtschaftprüfungs- und Beratungsunternehmen, das in 150 Ländern vertreten ist und mit über 146 000 Mitarbeitern im Geschäftsjahr 2006 einen Umsatz in Höhe von 25 Milliarden US-Dollar erzielt hat. PricewaterhouseCoopers ist ein weltweites Netzwerk von rechtlich getrennten Firmen, die lokalen Partnern gehören und von einem lokalen Management geleitet werden.

Innerhalb dieses Netzwerks nimmt PricewaterhouseCoopers Schweiz (www.pwc.ch) eine wichtige Rolle ein, die nicht zuletzt mit der Struktur der Schweizer Wirtschaft zusammenhängt: Gemessen an der Grösse des Landes verfügt die Schweiz über einen überproportional hohen Anteil an international tätigen Konzernen. Entsprechend hoch ist der Anteil an Mandaten, die PwC Schweiz leitet und gemeinsam mit anderen Ländergesellschaften abwickelt. Daneben ist PwC Schweiz auch lokal stark verankert: Mit 15 Geschäftsstellen in allen Regionen des Landes nimmt sie ebenfalls eine führende Stellung im Markt der kleineren und mittleren Unternehmen ein.

Im Geschäftsjahr 2006/2007 (per 30. Juni 2007) erzielte PricewaterhouseCoopers Schweiz 674 Millionen Franken Umsatz, wovon 55 Prozent auf die Wirtschaftsprüfung, 30 Prozent auf die Steuer- und Rechtsberatung und 15 Prozent auf die Wirtschaftsberatung entfielen. PwC Schweiz beschäftigt 2491 Mitarbeitende, davon sind knapp 7 Prozent Partner.

Wieso braucht der Branchenführer ein CRM-Projekt?

Auch in der Schweiz sieht sich PricewaterhouseCoopers als Branchenführer unter den sogenannten Professional-Service-Firmen. Die Führungsposition wird üblicherweise am Umsatz gemessen, doch diese Kennzahl allein genügt nicht, um eine solche Stellung zu begründen. Vielmehr muss auch die Qualität der Dienstleistungen – seien sie in der Prüfung oder der Beratung – herausragend sein; PwC Schweiz erhebt diesen qualitativen Führungsanspruch.

Qualitative Führung verlangt nach fachtechnisch einwandfreier Erbringung von Prüfungs- und Beratungsdienstleistungen, die einen deutlichen Mehrwert für die Kunden generieren, nur so kann sich ein Prüfungs- und Beratungsunternehmen im heutigen Markt eindeutig differenzieren. Diese Überzeugung stand am Anfang des Client-Relationship-Projekts, das PwC Schweiz im Jahr 2005 initiiert hat und seit Anfang 2006 in der Organisation implementiert.

Der Zeitpunkt für den Start der Initiative ergab sich insbesondere aus dem Geschäftsumfeld der Professional-Service-Firmen. Keine Branche war zu Beginn dieses Jahrzehnts derart einschneidenden regulatorischen Änderungen unterworfen wie die Wirtschaftsprüfung. «Compliance to the rules» und «Good Corporate Governance» sind im Prüfungsgeschäft überlebenswichtig (wie der Fall Andersen zeigt). Die neuen, vorwiegend aus den USA kommenden regulatorischen Vorschriften tragen zweifellos dazu bei, die Qualität der Geschäftsprüfungen zu verbessern. Sie haben die Branche aber vor eine völlig neue Situation gestellt: Einerseits wurde die Wirtschaftsprüfung durch die detaillierte Regulierung weitgehend standardisiert und sah sich dem Risiko ausgesetzt, den Charakter eines Commodity-Produktes zu erhalten, bei dem inhaltlich und im Endprodukt kaum mehr Gestaltungsspielraum besteht. Dies zeigt auch die Wahrnehmung des Marktes: Einer weltweiten Umfrage von PwC zufolge sehen die Unternehmen keine signifikanten Unterschiede in der generellen Positionierung zwischen den grossen, international tätigen Prüfungs- und Beratungsgesellschaften.

Andererseits sind die traditionellen Akquisitionsstrategien obsolet geworden. War es bis vor wenigen Jahren üblich, dass ein Mandat als Abschlussprüfer sozusagen automatisch Beratungsmandate nach sich zog, stellt sich die Situation heute völlig anders: Die zusehends strikteren Unabhängigkeitsvorschriften und die noch strikter definierten firmeninternen Corporate-Governance-Regeln schränken eine Kombination von Revision und Beratung ein. Prüfungs- und Beratungskunden sind heute oft nicht mehr deckungsgleich. Dies obwohl die Unabhängigkeitsregeln nach wie vor ermöglichen, neben der Prüfung durch den Revisor auch recht umfassend beraten zu werden, sei es in steuerrechtlichen Fragen oder verschiedensten finanziellen Belangen. Eine strikte Trennung führt demzufolge auch zu Synergieverlusten, die aber immer öfters bewusst in Kauf genommen werden.

Das Wettbewerbsumfeld für Prüfungsdienstleistungen unterscheidet sich stark von jenem für Steuer-, Rechts- oder Wirtschaftsberatung. In der Wirtschaftsprüfung teilen sich im Wesentlichen vier Unternehmen, die «Big Four», den Markt für internationale Mandate auf; in der Schweiz führen drei von ihnen diesen Markt an. In der Beratung hingegen ist das Geschäftsumfeld von zahlreichen, sehr heterogenen Anbietern geprägt. Neben den grossen Beratungsgesellschaften agieren viele kleine spezialisierte Beratungsfirmen, Anwalts- und Steuerberatungskanzleien. Eine klare Positionierung ist in beiden Segmenten schwierig und kann, davon war und ist PwC Schweiz überzeugt, nur über die Qualität der Dienstleistung und der Kundenbeziehung erfolgen. Ganz bewusst hatte PwC Schweiz deshalb ihr CRM-Projekt «CLIENT FIRST» genannt, um dem Kunden und dessen Erwartungen oberste Priorität einzuräumen.

CLIENT FIRST basierte auf der Einsicht, dass der Schlüssel für eine erfolgreiche Kundenbeziehung im Verhalten jedes einzelnen PwC-Mitarbeitenden dem Kunden gegenüber liegt. Fachwissen allein reicht nicht aus, um eine vertrauensvolle und langfristige Kundenbeziehung aufzubauen und zu erhalten. Hohe technische Expertise erwarten die Kunden – zu Recht – von ihrem Prüfer oder Berater; sie ist Grundvoraussetzung und unverzichtbares Handwerkzeug, um eine qualitativ einwandfreie Dienstleistung zu erbringen. Erst die Kombination der technischen Expertise mit einer auf Vertrauen aufgebauten Kundenbeziehung führt zu beidseitigem und nachhaltigem Erfolg.

Diese Erkenntnis wurde auch von der Fachliteratur gestützt: David H. Maister, einer der führenden Experten für Professional-Service-Firmen, hat – gemeinsam mit seinen Koautoren – den Begriff «trusted advisor» geprägt (Maister/Gree/Galford 2002). In der heutigen vernetzen Wirtschaft, so argumentiert Maister, müssten diese Dienstleistungsgesellschaften verstärkte Anstrengungen unternehmen, um ihre fachliche Qualifikation und ihr Wissen auf dem neuesten Stand zu halten. Doch dies genüge nicht, massgeblich für den Erfolg sei vielmehr, das Vertrauen der Kunden zu gewinnen.

Loyale Kundenbeziehungen basieren auf Vertrauen. Sie bedeuten weit mehr als die Zufriedenheit des Kunden mit einer einzelnen Beratungs- oder Prüfungsleistung. Kundenorientiertes Verhalten schafft Vertrauen und ist damit der Schlüssel zum Erfolg. Dieses subjektive Element wird auch bei der Akquisition neuer Mandate immer wichtiger.

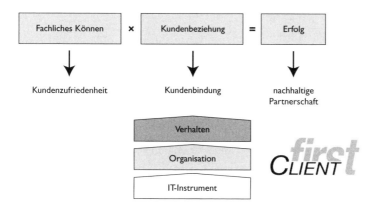

Abbildung 1: Der CLIENT-FIRST-Ansatz

Dass Differenzierung über Verhalten und nicht über Fachwissen erreicht wird, belegen auch eine Reihe von Interviews, die PwC Schweiz zu Beginn des Projekts CLIENT FIRST mit Kunden durchgeführt hat. Diese Befragungen brachten zwei zentrale Erkenntnisse über die Wahrnehmung von PwC:

- Die Kunden attestierten PwC ein ausgezeichnetes Fachwissen und schätzen, dass das Unternehmen in der Lage ist, binnen kurzer Zeit das beste Team weltweit zusammenzustellen, um eine akute Fragestellung anzugehen.
- Sie bewerteten das Verantwortungsbewusstsein in den Kundenbeziehungen als sehr hoch. Aber die Ergebnisse verdeutlichen auch, dass auf der Beziehungsebene noch Optimierungspotential vorhanden ist.

An diesem Punkt setzte CLIENT FIRST an: Es geht darum, den Kunden und das Umfeld, in dem dieser operiert, noch besser zu verstehen; es geht um die Fähigkeit, zuzuhören; es geht darum, Lösungen gemeinsam zu erarbeiten. Kundenbeziehungen können nicht isoliert von anderen Unternehmensfunktionen verbessert werden. CLIENT FIRST ist daher ein firmenweit angelegtes Programm, das Human Resources, Business Development, Knowledge Mangement, IT-Prozesse und nicht zuletzt die Kommunikation umfasst.

Das CLIENT-FIRST-Programm – mehr als ein Projekt

PwC Schweiz musste mit ihrem CRM-Projekt nicht bei null beginnen, eine systematisch durchgeführte Standortbestimmung zeigte, dass durchaus gute Ansätze für das Kundenmanagement vorhanden waren. Diese galt es nun auszubauen. Mit anderen Worten: Die Best Practice sollte zur «daily practice», zum Normalfall im Alltagsgeschäft, werden. Nicht an Wissen, an guten Ansätzen und Ideen mangelte es, sondern daran, konsequent und systematisch danach zu handeln.

Zudem war das Projekt CLIENT FIRST zwar neu, doch sein Grundgedanke war bereits seit langem fest in der Unternehmenskultur von PwC verankert. Diese ist durch das vernetzte Denken und Handeln geprägt, wie es im Leitmotiv des Unternehmens «Connected Thinking» zum Ausdruck kommt. «Connected Thinking» steht für den Umgang mit Wissen und Werten, mit Personen und Dienstleistungen. Die Erkenntnis, dass sich PwC über das Auftreten jedes Einzelnen, über die Art der Teambildung und über die Zusammenarbeit mit den Kunden differenzieren muss, ist alles andere als neu. Neu hingegen ist, diese Einsicht in ein konkretes Client-Relationship-Programm umzusetzen, und dies in einer Form, dass sie jeder Partner und jeder Mitarbeitende verinnerlicht.

PwC Schweiz wollte auf den guten bestehenden Ansätzen aufbauen, welche die

Standortbestimmung ergeben hatte, und hielt es für sinnvoll, ein so umfassendes Programm wie CLIENT FIRST in drei Phasen aufzuteilen. Jede Phase war dabei an ein konkretes Ziel gekoppelt:

Abbildung 2: Die drei Phasen von CLIENT FIRST

Um das Projekt auch innerhalb der einzelnen Phasen thematisch zu strukturieren, wurden die Ziele und der Umfang der einzelnen Projektschritte in drei Dimensionen definiert:
1. Verhalten: Was sind die Erwartungen unserer Kunden? Wie definiert sich das gewünschte Verhalten unserer Mitarbeiter? Welche Verhaltensnormen wollen wir aktiv fördern und fordern?
2. Organisation: In welcher Weise sollen die CRM-Prozesse optimiert und harmonisiert werden? Welches sind die Schlüsselrollen in Bezug auf Kundenentwicklung und -betreuung? In welche Richtung wollen wir unsere Aufbauorganisation weiterentwickeln?
3. Instrumente: Wie können wir unsere Mitarbeiter durch die Bereitstellung effektiver Instrumente wirkungsvoll unterstützen? Wie können wir die administrative Belastung gleichzeitig reduzieren?

Die technischen Aspekte waren hierbei von sekundärer Bedeutung, da sie nur als «Enabler» dienen. PwC war sich stets bewusst, dass es ein Fehler wäre, das CRM-Programm auf technische Fragen zu fokussieren oder sogar zu beschränken. Worauf es stets ankommt, ist das Verhalten und dies stand deshalb bewusst an erster Stelle.

Kundenorientiertes Verhalten als zentrale Dimension

Die Kundeninterviews, aber auch die Befragungen von Partnern und Mitarbeitenden hatten PwC Aufschluss darüber gegeben, welche Faktoren für ein kundenorientiertes Verhalten ausschlaggebend sind. Auf dieser Basis entwickelte PwC Schweiz acht zentrale Verhaltensweisen in der Arbeit mit dem Kunden (siehe Abbildung 3). Die interne Kommunikation legte im Folgenden den Schwerpunkt ihrer Arbeit darauf, die Verhaltensregeln verständlich zu machen, um ihren Sinn und Inhalt allen Mitarbeitenden vermitteln zu können. Im Rahmen zahlreicher, teilweise originell konzipierter Veranstaltungen wurde und wird die konkrete Ausgestaltung der einzelnen Verhaltensweisen veranschaulicht und weiterentwickelt.

Die acht zentralen Verhaltensweisen in der Arbeit mit Kunden

1. Zuhören und das Geschäft des Kunden voll und ganz verstehen
2. Offen, klar und wertfrei mit den Kunden kommunizieren
3. Einen respektvollen Umgang mit dem Kunden pflegen, erreichbar sein, rasch und verlässlich reagieren
4. Für eine effiziente und reibungslose Zusammenarbeit im Team sorgen
5. Zum Erfolg des Kunden beitragen
6. Als Partner wahrnehmbar und dem Kunden gegenüber aufmerksam sein
7. Zuverlässige Arbeit für den Kunden erbringen
8. Vom Feedback des Kunden lernen

Abbildung 3: Verhaltensweisen in der Arbeit mit Kunden

Anpassung der Prozesse und Aufbauorganisation

Parallel zu diesen Kommunikations- und Trainingsmassnahmen begann PwC damit, die organisatorischen Rahmenbedingungen so zu verändern, dass sie das angestrebte Verhalten unterstützten:

- Die Organisationsstrukturen wurden insbesondere im Bereich Business Development stärker auf den Markt ausgerichtet. Um diese Marktorientierung zu unterstützen, wurde die Verantwortung für die Pflege der Kundenbeziehungen mit einem konsistenten Rollenkonzept verknüpft.
- Die internen Prozesse wurden noch stärker auf die Bedürfnisse der Kunden ausgerichtet. Dies galt für die verschiedenen Interaktionen mit Kunden ebenso wie für die Prozesse, die diese Interaktionen unterstützen.

- Primäres Ziel war es, den Kunden und sein Umfeld noch besser zu kennen. Um die dazu nötigen Daten zu recherchieren, auszuwerten, zu pflegen und auf dem neuesten Stand zu halten, bildete PwC eine eigene zentrale Organisationseinheit. Diese sollte die Prüfer und Berater von administrativen Tätigkeiten entlasten, damit ihnen mehr Zeit für den Dialog mit dem Kunden zur Verfügung steht.

PricewaterhouseCoopers verfügt über verschiedene funktionale Bereiche. In der ersten Phase hat PwC all jene Funktionen dieser Bereiche virtuell zusammengefasst, die eine unmittelbare Marktrelevanz haben: Business Development, Human Capital, Knowledge Management, Marketing und Kommunikation und – zur Prozessunterstützung – IT. Die funktionalen Bereiche arbeiten heute eng zusammen. Es passiert kaum mehr, dass ein Bereichsleiter sich eines Themas annimmt, ohne die Querverbindung zu den anderen – allen oder ausgewählten – Funktionsbereichen vorzunehmen. So werden die Massnahmen der einzelnen Bereiche – beispielsweise Weiterbildungsmassnahmen und Marketing oder Kundendaten-Management und Business Development – aufeinander abgestimmt. Indem die verschiedenen Funktionen ineinandergreifen, werden Fragen des rein funktionalen und der organisatorischen Abgrenzungsfragen weitgehend ausgeräumt.

Einführung eines neuen CRM-Tools

Das Ziel der ersten Phase lautete, die Kunden besser kennenzulernen. Dazu mussten vor allem das Kontakt-Management und das Kampagnen-Management neu definiert werden. Nachdem das Anforderungsprofil festgelegt war, entschied sich PwC Schweiz für ein neues CRM-Tool, «BSI CRM», das diesem Profil am ehesten entspricht. BSI CRM löste die beiden bislang separat nebeneinander stehenden Applikationen ab; deren Daten wurden auf die neue Plattform migriert.

Im Zuge dieser Migration wurden die Daten bereinigt, wobei der Fokus darauf gerichtet war, Doppelspurigkeiten abzubauen und verbindliche Geschäftsregeln zu implementieren. Ziel dieser Geschäftsregeln war die Konsistenz im Markenauftritt. Die Art und Weise, in der ein Kunde die Marke PwC im Alltag erlebte, musste mit dem Markenversprechen übereinstimmen (Barlow/Stuart 2004).

Im Rahmen des Kontaktmanagements werden seit der Tool-Einführung alle relevanten Kundeninformationen erfasst und abgebildet. Diese Darstellung bezieht sich einerseits auf die Organisation, etwa indem der Kunde bzw. das Unternehmen einem bestimmten Segment zugeordnet wird, andererseits aber auch auf die Beziehungsnetze wie sie zwischen Firmen untereinander sowie zwischen Firmen und Personen bestehen. Ist eine Person beispielsweise CEO eines Unternehmens und Verwaltungsrat in zwei anderen, so zeigt die Abbildung, welcher PwC-Partner oder -Mitarbeitende diese Person in welcher Funktion kennt. Das Wissen um die Beziehungen und die Qualität der Beziehungen ist eine notwendige Voraussetzung für die zielgerichtete Kundenakquisition und -entwicklung. Genau dies ist das Ziel der zweiten Phase von CLIENT FIRST.

Status quo und Ausblick

Die erste Phase des Projekts CLIENT FIRST, das bessere Kennen und Verstehen der Kunden und seiner Bedürfnisse, ist erfolgreich abgeschlossen. Damit hat PwC die Grundlage gelegt, ihre Kundenbeziehungen auf qualitativ höchstem Niveau zu pflegen. Die Verhaltensprinzipien wurden definiert und vermittelt, die organisatorischen Strukturen sind verstärkt auf den Markt ausgerichtet worden und die verfügbare Datenbasis über die Kunden ist breiter und transparenter geworden. Die Ziele der ersten Phase sind erreicht, wenngleich die einzelnen Dimensionen mit unterschiedlichem Zeitaufwand verbunden sind. Die Änderung von Verhaltensweisen bedarf naturgemäss eines grösseren zeitlichen Aufwands als die Anpassung der Organisation. Doch die Veränderung in die gewünschte Richtung ist spürbar; sie lässt sich an der Art und Weise ablesen, in der die Mitarbeiter schwierige Situationen angehen.

Derzeit läuft die zweite Phase von CLIENT FIRST an. Darin stehen die Verkaufsprozesse und die damit verknüpften Arbeitsweisen im Vordergrund. In dieser Phase kann das kundenorientierte Verhalten in der Praxis beurteilt und gemessen werden. PwC Schweiz wird verstärkt über strategische Ziele führen. Die Key Perfomance Indicators werden in klare Zielvorgaben heruntergebrochen und sie werden so definiert, dass sie nicht ausschliesslich auf die Performance eines Geschäftsbereichs, sondern auf die der gesamten Firma ausgerichtet sind. Damit soll Phase zwei zu einer «High Performance Culture» führen.

Innerhalb des globalen Netzwerks ist das Projekt CLIENT FIRST von PwC Schweiz auf grosse Resonanz gestossen. Neben den USA und Australien ist PwC Schweiz führend in der Umsetzung eines Client-Relationship-Programms. Bemerkenswert ist: Obwohl die drei Länder ihre Konzepte zuerst getrennt entwickelt und die Kundenbedürfnisse ihrer jeweiligen Märkte erhoben haben, kommen sie zu den gleichen Ergebnissen und haben die gleichen Schlüsse daraus gezogen. Die Erkenntnis, dass die Bedürfnisse der Kunden nicht von einem Kontinent oder einer Region abhängen, hat PwC dazu bewogen, die lokalen Projekte zusammenzuführen und ein globales CRM-Programm zu entwickeln. Es trägt den Namen «PwC Experience»; seine Ausgestaltung, an der PwC Schweiz massgeblich beteiligt ist, fällt genau mit der Phase zwei von CLIENT FIRST zusammen. Angesichts der Vorreiterrolle, welche die Schweizer Firma zum Thema CRM eingenommen hat, ist es alles andere als bedauerlich, dass CLIENT FIRST in «PwC Experience» aufgegangen ist.

Schlussfolgerungen und Empfehlungen

Entscheidend für den Erfolg eines Client-Relationship-Programms ist es, die Prioritäten richtig zu setzen: An erster Stelle steht das Verhalten, dann folgen die begleitenden organisatorischen Massnahmen. Erst wenn diese Faktoren voll auf den Kunden ausgerichtet sind, stellt sich die Frage nach der geeigneten Informationstechnologie.

Blickt man auf die nun schon gut zweijährige Erfahrung von CLIENT FIRST zurück, so lassen sich zwei weitere Schlussfolgerungen ziehen: Erstens: Ein CRM-Programm wie CLIENT FIRST verlangt ein langfristiges Bekenntnis. Zweitens: Das bedingungslose Commitment der Unternehmensführung ist ein Schlüsselfaktor. In der Schweiz war das Projekt von Anfang in die Gesamtstrategie eingebunden und hatte die volle Unterstützung des Managements.

Erfolgsfaktoren lassen sich nur schwer verallgemeinern. Im Fall CLIENT FIRST aber sind es die folgenden
- Das Projektteam hat Zugang zum Topmanagement.
- Das CRM-Konzept ist verständlich und nachvollziehbar.
- Das Projektmanagement wird bis zum Schluss systematisch angegangen.
- Die Interessen der einzelnen Geschäftsbereiche und Kundenberater werden von Anfang an in die Projektarbeit einbezogen.
- Es gibt einen Plan für nachhaltige und kontinuierliche Verbesserungsschritte.
- Die IT-Instrumente sind benutzerfreundlich.

CLIENT FIRST ist ein langfristiges Projekt, dem PwC Schweiz auch in den kommenden Jahren volle Aufmerksamkeit schenken wird. PwC Schweiz ist ein wenig stolz darauf, dass CLIENT FIRST intern als Best Practice gilt und für ein globales CRM-Programm Pate steht.

Literatur

Barlow, Janelle/Stuart, Paul (2004): Branded customer service: the new competitive edge. Berrett-Koehler Publishers Inc., San Francisco, 2004.

Maister, David/Green, Charles/Galford, Robert (2002): The trusted advisor. Free Press; New Edition, New York 2002.

Segmentorientiertes CRM und Marketing-Partnerschaften des Telekommunikationsanbieters Sunrise Communications AG

Michael Nägele
Thomas Cicconi

Michael Nägele ist Marketing-Fachmann mit langjähriger Erfahrung in der Telekommunikationsindustrie. Er ist für das Segment- und Partnermanagement im Bereich der Privatkunden bei Sunrise verantwortlich.

Thomas Cicconi implementierte bei Sunrise unternehmensweite Projekte und Massnahmen zur Steigerung der Kundenzufriedenheit und Loyalität sowie die im vorliegenden Werk beschriebenen Segmentierungsansätze. Er ist für die Steuerung und Bewirtschaftung des gesamten Kundenlebenszyklus verantwortlich.

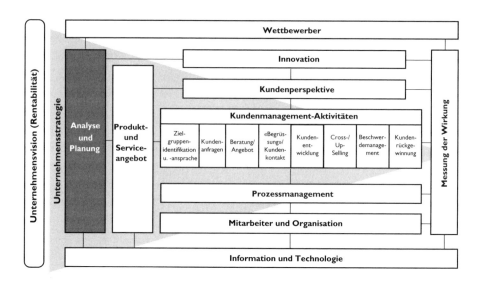

Die Autoren erläutern den Kundensegmentierungsansatz des Telekommunikationsanbieters Sunrise. An Stelle rein soziodemografischer Daten gehen drei Dimensionen in die Segmentierung ein:

- Kundenwertbasierte Information (Kundentreue/Loyalität, Umsatz und Zahlungsverhalten), die in eine Kundenwertberechnung eingeht.
- Bedürfnisbasierte Kundendaten (Bedürfnisse, Einstellungen und Verhalten bzw. needs, attitudes and behavior kurz: NAB) für eine optimale Bedienung über den gesamten Kundenlebenszyklus.
- Voraussagende Modelle und Nutzungsmuster (Neigung zur Kundenabwanderung und Potentialeinschätzung für Zusatzverkäufe) zur Optimierung von Marketingmassnahmen.

Im Privatkundengeschäft kommen schliesslich vier Kundentypen zum Einsatz, die sich bezüglich ihrer Nutzung von Telekommunikationsdiensten und ihrer Einstellung gegenüber relevanten Themen unterscheiden. Sie wurden in einer Kombination aus persönlichen Namen und dem Hauptmerkmal des Segments benannt: Multimedia Sven, Efficiency Alex, Service Maria und Standard Peter.

Zusätzlich wird der Einsatz der Segmente im CRM sowie der Einsatz und Nutzen segmentorientierter Marketingpartnerschaften beschrieben.

Segmentorientiertes CRM und Marketing-Partnerschaften des Telekommunikationsanbieters Sunrise Communications AG

Ausgangslage – Die Herausforderung einer nachhaltigen Entwicklung der Kundenbasis

Die Verstärkung des Wettbewerbs im Privatkundenmarkt für Telekommunikationsleistungen (Festnetz, Internet und Mobil) erfordert eine gezielte, auf die individuellen Bedürfnisse abgestimmte Kundenansprache und -beziehungspflege.

Im gesättigten Markt kommt der Erschliessung neuer Kundensegmente durch neue Kanäle und Partnerschaften eine wichtige Rolle zu. Solche Partnerschaften sollen neben neuen Kunden auch bestimmte Segmente emotional an einen Brand wie sunrise binden.

Eine der Schlüsselrollen zur Bewältigung dieser Herausforderung – und damit für ein «effektives» (= strategieunterstützendes) Customer Relationship Management kommt der Kundensegmentierung zu. Dem Grundsatz des 1:1-Marketing «treat different customers differently» («behandle verschiedene Kundengruppen unterschiedlich») folgend, sollen die entsprechenden Marketing- und Vertriebsmassnahmen zur Kundenneugewinnung, Kundenentwicklung (Zusatzverkäufe auf bestehenden und neuen Produkten), Kundendienst und Kundenservice und Kundenbindung optimal definiert, dimensioniert und deren konkreter Einsatz aufeinander abgestimmt werden. Dabei unterstützt eine klar definierte Kundensegmentierung sowohl die Ziele der Unternehmensstrategie (Positionierung) als auch die Planung und Durchführung taktischer Massnahmen (Kampagnen und Marketinginitiativen).

Die strategische und die taktische Segmentierung werden nicht nur für die bestehende Kundenbasis angewendet, sie sollen auch für die Gewinnung von Neukunden zum Einsatz kommen. Der nachfolgend vorgestellte Segmentierungsansatz im Privatkundengeschäft der sunrise baut auf dem Kundenwert und den Kundenbedürfnissen auf. Die damit verfolgten Ziele sind insbesondere die differenzierte Kundenansprache, die kundengerechte Angebotsgestaltung wie auch der effiziente Mitteleinsatz.

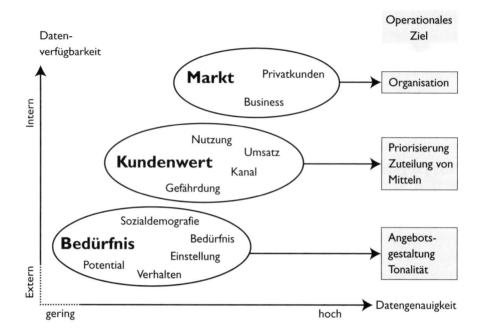

Abbildung 1: Segmentierungsansätze und operationale Ziele

Die Dimensionen der Sunrise-Segmentierung

Verglichen mit anderen Branchen steht einem Telekommunikationsanbieter eine Vielfalt von Informationen auf Kundenebene zur Verfügung, die für Segmentierungszwecke und die Umsetzung von CRM-Massnahmen hilfreich sein können, so z.B. Umsatz pro Dienst, die Nutzung unterschiedlicher Dienste (SMS, mobile Daten für E-Mail, Zusatzdienste wie Klingeltöne), Zahlungsmoral (Anzahl Mahnungen) oder Anzahl Kontakte mit dem Kundendienst.

Aus dieser Datenmenge leitet Sunrise insbesondere drei Segmentierungsdimensionen ab
1. Kundenwertbasierte Information (Kundentreue/Loyalität, Umsatz und Zahlungsverhalten)
2. Bedürfnisbasierte Kundendaten (Bedürfnisse, Einstellungen und Verhalten)
3. Voraussagende Modelle und Nutzungsmuster (Neigung zur Kundenabwanderung und Potentialeinschätzung für Zusatzverkäufe)

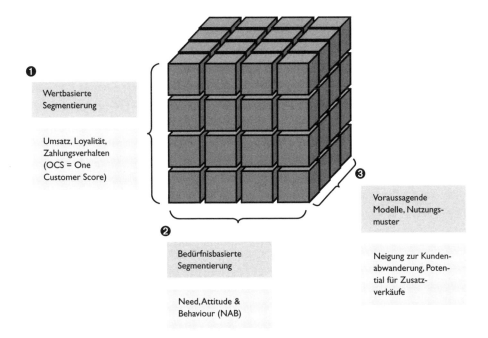

Abbildung 2: Dimensionen der sunrise Segmentierung

Segmentierung nach Kundenwert

Der «One Customer Score»-Wert beinhaltet drei Hauptkriterien – *Umsatz*, *Kundentreue* und *Zahlungsverhalten* – diese werden als Gesamtwert jedem einzelnen Kunden zugeordnet. Die Zuteilung des Wertes ist dynamisch und kann sich im Verlauf des Kundenlebenszyklus ändern. Eine Steigerung des durchschnittlichen Umsatzes oder die langjährige Kundentreue beeinflussen den Wert positiv, während ein schlechtes Zahlungsverhalten (häufige Mahnungen) einen negativen Einfluss hat.

Anwendung des Kundenwerts:
- Priorisierung von Kundenbindungsmassnahmen (z.B. Vertragsverlängerungsangebot für Mobil-Kunden) Treueangebote (z.B. Einladungen an Konzertveranstaltungen)
- Priorisierung beim Kundendienst (bevorzugte Weiterleitung von Anrufen guter Kunden im telefonischen Kundendienst)

Segmentierung nach Kundenbedürfnissen

Im Rahmen von repräsentativen Kundenbefragungen hat sunrise eigene Kunden wie auch Kunden von Mitbewerbern über ihre Bedürfnisse, Einstellungen (z.B. gegenüber Technik) und Verhaltensweisen im Zusammenhang mit Telekommunikation erfasst. Abgeleitet daraus wurden sinnvolle Segmente gebildet. Die NAB-Segmentierung

(«Needs, Attitudes and Behavior») verbindet drei Kerndimensionen, die den Kauf und die Nutzung von Telecom-Dienstleistungen verbinden.

Genutzt werden diese Informationen, um den Kunden über den ganzen Kundenlebenszyklus hinweg optimal zu bedienen:
- Besseres Verständnis der Bedürfnisse des Kundensegments zur optimalen Produktgestaltung
- Definition optimaler Angebote für die Akquisition (Beispiel: Handset-Auswahl und Service-Mix)
- Gestaltung der «Value Proposition» hinsichtlich Produktvorteilen, Tonalität, Bildwelten
- Auswahl des Kommunikationskanals (SMS, E-Mail, Direct Mail, Telefonanruf)

Segmentierung durch voraussagende Modelle und Nutzungsmuster

Durch den Aufbau und den dynamischen Einsatz von vorhersagenden Modellen wird sowohl die Kaufwahrscheinlichkeit (insbesondere hinsichtlich potentieller Zusatzverkäufe) als auch die sogenannte «Propensity to churn» (Neigung zur Abwanderung des Kunden) ermittelt. Weiter lassen bestimmte Nutzungsmuster weitere Rückschlüsse über das Benutzerverhalten zu.

In der praktischen Umsetzung von Marketingmassnahmen ermöglicht dies die gezielte Kundenselektion, um den richtigen Zeitpunkt für ein Kundenbindungsangebot herauszufinden und die Grösse des Potentials für die Nutzung eines Zusatzdienstes abzuschätzen.

Die Sunrise Privatkundensegmente

Mit der Segmentierung nach Kundenbefürnissen, Einstellungen und Verhaltensmuster der Kunden (NAB), setzt sunrise ein zeitgemässes Instrument ein, um den Kunden von der Kundengewinnung bis hin zur Rückgewinnung optimal anzusprechen. Es werden Angebote und Dienstleistungen unterbreitet, die auf den Kunden abgestimmt sind und damit auch den höchsten Nutzen für das entsprechende Kundensegment bieten.

Im Rahmen eines mehrstufigen Prozesses, hat sunrise vier Segmente ermittelt und diese bezüglich der Nutzung von Telekommunikationsdiensten als auch der Einstellung gegenüber relevanten Themen gegliedert. Bevor diese Segmentierung zur Anwendung kam, waren soziodemografische Merkmale, allen voran das Alter und Geschlecht, die wichtigsten Kriterien bezüglich der Segmentzugehörigkeit.

Die vier Kundentypen

Nach eingehender Datenanalyse konnten vier Hauptsegmente festgelegt werden, welche sich in ihrer Ausprägung klar voneinander unterscheiden. Zunächst wurde eine

Diskussion über treffende und in der täglichen Anwendung (Kundendienst, Marketing etc.) hilfreiche Namen geführt. Die unterschiedlichsten Ansätze wurden dabei besprochen: Farben, Tierarten, Automarken, Kurzbeschreibung der Segment-Hauptmerkmale oder auch persönliche Namen. Einer Kombination der letzten beiden Elemente wurde sodann der Vorzug gegeben. Die Namen sollen unter anderem die Emotionalität in der Umsetzung in den verschiedenen Anwendungsbereichen unterstützen. Beim Zusatz wurde der Versuch unternommen, die Segment-Hauptmerkmale so weit zu reduzieren, dass nur noch das wichtigste Unterscheidungsmerkmal bzw. die am besten passende Kurzbezeichnung des Segments übrig bleibt. Die Kombination ist leicht verständlich und kann somit gut im Unternehmen kommunziert, transportiert und auf die nachgeordneten Prozessstufen bis zum Fulfillment an der Kundenschnittstelle heruntergebrochen werden. Die Namen wurden sorgfältig gewählt und ein ausgewogenes, dem Segment angepasstes Verhältnis zwischen männlichen und weiblichen Namen angestrebt. Da die Umsetzung in drei Sprachen (Deutsch, Französisch und Italienisch) erfolgte, waren Namen gefragt, die in allen Sprachgebieten üblich waren.

Und so heissen die vier Segmente heute:
- Multimedia Sven
- Efficiency Alex
- Service Maria
- Standard Peter

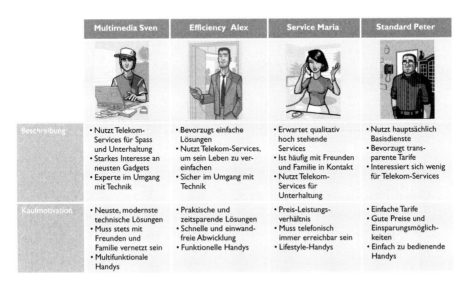

Abbildung 3: Die Sunrise Privatkundensegmente

Die Abbildung auf Seite 242 zeigt die 4 Segmente mit den qualitativen Beschreibungen der jeweiligen Segmenteigenschaften und der wichtigsten Kriterien der Kaufmotivation.

Die Anwendung der Sunrise Segmentierung entlang des Kundenlebenszyklus

Die Anwendung der eingangs erwähnten drei Dimensionen der Segmentierung entlang des gesamten Kundenlebenszyklus ermöglicht sunrise eine zielgerichtete Bearbeitung des Schweizer Markts. Diese reicht von der Produktentwicklung über die Kundengewinnung bis hin zur Kundenbindung.

Abbildung 4: Die Anwendung der Kundensegmentierungsansätze entlang des Kundenlebenszyklus

Nachfolgend werden an ausgewählten Beispielen die Anwendungsbereiche der unterschiedlichen Segmentierungsansätze aufgezeigt:
- **Marktwissen**
  Durch die Kundenbefragungen im Zusammenhang mit der neuen Segmentierung, stehen Sunrise ein Datensatz und entsprechende Fragen zur Verfügung, die als vergleichende Werte in Kundenumfragen dienen. Zudem werden die Werte als Input für Projekte der strategischen Positionierung und des Branding verwendet.
- **Produktentwicklung**
  Die Kenntnisse von Bedürfnissen und Einstellungen zu Telekommunikationsdienstleistungen ermöglicht bereits in der Entwicklung und Bereitstellung von Dienstleistungen, auf einzelne Segmente einzugehen. Beispiel: «ADSL best Experience» – Die besonders einfache und kundenfreundliche Installation eines ADSL-Internetanschlusses soll diejenigen Kundengruppen ansprechen, die nur sehr wenig bis gar kein Interesse an Technik und Telekommunikationsdiensten mitbringen («Computer-Laien»).
- **Akquisition**
  Die oben erwähnte Entwicklung («ADSL best Experience») soll neue Kundengruppen mit ansprechen, die sich in den Anfängen der Lancierung der ADSL-Technologie nicht für einen «High-Speed-Anschluss» interessiert haben. Es sind

dies insbesondere die beiden Kundensegmente «Service Maria» und «Standard Peter». Die Wahl der Kommunikationsmittel als auch des Verkaufskanals soll auf das Zielsegment ausgerichtet sein. Während ein Angebot per E-Mail mit unmittelbarer Internet-Bestellmöglichkeit für das Segment «Efficiency Alex» sinnvoll ist, wäre das gleiche Angebot für das Segment «Standard Peter» nicht wirkungsvoll. Letztere lassen sich in einem persönlichen Gespräch (oder allenfalls mit einem Direct Mail) eher zum Kauf bewegen.

- **Kundenentwicklung**
Die Kundenentwicklung beinhaltet Loyalitätsmassnahmen als auch Cross- und Upselling. Bei Aktivitäten wie «Sunrise surprise – Treue lohnt sich» werden bestimmte Kunden (wertbasierend und segmentorientiert) mit Treueangeboten belohnt (z.B. Konzerttickets, Kinoeintritte oder Warengutscheine von Partnerunternehmen verlost oder verschenkt). Des Weiteren werden Upselling-Aktivitäten (Verkauf von Zusatzprodukten) mit entsprechenden Telefonmarketingaktivitäten lanciert (z.B. Telefonmarketing für Festnetzoptionen).

- **Kundenservice**
Im Call Center Routing für eingehende Kundengespräche wendet sunrise eine wertbasierte Segmentierung an, indem höherwertige Kunden in der Warteschlange beim Anruf im Kundendienst priorisiert werden.

- **Retention (Kundenbindung)**
Sunrise sendet Kundenbindungsangebote an Mobil-Abo-Kunden, deren Vertrag in den nächsten Monaten ausläuft. Im Angebot widerspiegelt sich die Segmentzugehörigkeit der Kunden und deren Bedürfnisse (z.B. bezüglich der richtigen Modell Auswahl von Mobiltelefonen und der Auswahl der entsprechenden Tarifpläne).

Segmentorientierte Marketing-Partnerschaften

Ergänzend zum segmentorientierten Ansatz der CRM-Aktivitäten, baut sunrise bezüglich Kundengewinnung und der Steigerung der Kundenloyalität auf langfristige und sorgfältig ausgewählte Marketingpartnerschaften auf. Die wichtigsten Beispiele werden nachfolgend kurz präsentiert.

Idealerweise geht es bei Marketingpartnerschaften nicht primär um Geldflüsse, sondern vielmehr um den Austausch von Leistungen und Werten, die für den einen Partner ohne eine Partnerschaft nicht direkt zugänglich wären. Drei wichtige Ziele für eine entsprechende Zusammenarbeit sind:

1. Glaubwürdigkeit des Partners in einer bestimmten Zielgruppe (nutzen von «Brand Power» bei bestehenden oder potentiellen sunrise Kunden)
2. Nutzen der Partnerschaft als Kommunikations- und Akquisitionsplattform

3. Steigerung der Loyalität zu sunrise innerhalb der Zielgruppe
4. Nutzen für die Kunden durch exklusive Zusatzangebote

Idealerweise sind Marketingpartnerschaften fokussiert auf spezifische Segmente. Dies ermöglicht eine zielgruppengerechte Ansprache sowie die Formulierung massgeschneiderter Angebote, die optimal auf die Bedürfnisse und Einstellungen des jeweiligen Kunden abgestimmt ist. Solche Partnerschaften bringen für beide Parteien einen Nutzen, wenn sie sich gut ergänzen und schliesslich den Kunden Vorteile verschaffen.

Nachfolgend sind zwei Beispiele aufgeführt, die eine solche Ergänzung darstellen. Anschliessend wird eine Partnerschaft präsentiert, bei der sunrise als Telekommunikationsunternehmen eine Zusammenarbeit mit einem Music Label (Universal Music) einging, um ein segmentspezifisches Angebot zu lancieren.

EURO<26 (Schweizer Jugendkarte AG) – www.euro26.ch

EURO<26 ist Herausgeber der EURO<26-Karte, die jungen Leuten bis 26 Jahre zugänglich ist. Die Karte kann direkt oder über einen der Hauptpartner (UBS und Schweizerische Mobiliar Versicherungen) bezogen werden. Inzwischen zählt die Organisation über 300'000 Mitglieder, die von einer Reihe von Vergünstigungen und Vorteilen mit der EURO<26-Karte profitieren. Die Verantwortlichen von EURO<26 sind dabei bestrebt, den Mitgliedern ein hochwertiges Angebot zu unterbreiten. Themen wie Prävention, Gesundheit und Unfallverhütung werden durch ergänzende Partnerschaften mit öffentlichen Institutionen wie bfu (Schweizerische Beratungsstelle für Unfallverhütung) oder BAG (Bundesamt für Gesundheit) auf eine zielgruppengerechte Art und Weise eingebracht. Ergänzend stehen den Mitgliedern kulturelle Angebote zur Verfügung (www.proarte26.ch).

Die Partnerschaft basiert auf einer branchenexklusiven Zusammenarbeit, Angebote anderer Telekommunikationsanbieter sind also für die Dauer der Partnerschaft ausgeschlossen. EURO<26 bietet Sunrise als Partner eine grosse Palette von Kommunikationsmöglichkeiten an. Neben einem quartalsweise erscheinenden Mitgliedermagazin (Print), werden zunehmend elektronische Kanäle genutzt (Internet, E-Mail). Weiter tritt EURO<26 mit einem Promotionsteam gezielt an Anlässen wie Openairs auf.

Durch Vorweisen der Jugendkarte erhalten die Mitglieder exklusive Vorteile bezüglich Preis und Zusammensetzung der Angebote. So gibt es beispielsweise eine permanente Vergünstigung auf das mobile-prepaid-Angebot von Sunrise (Guthaben aufladen) und auf Handyzubehör. Ergänzend dazu gibt es Promotionen, die speziell auf die Zielgruppe ausgerichtete Vorteile anbieten. So wurden dem Neukunden bei einem Mobil-Abo-Angebot zusätzlich zum Handy, Gesprächsguthaben für die ersten Monate wie auch Handy-Musikboxen offeriert.

Durch ein mehrjähriges Engagement mit EURO<26 kann bei den Mitgliedern eine nachweislich höhere Loyalität gegenüber der Marke und den Produkten von sunrise festgestellt werden. Umfragen zeigen, dass der Anteil an sunrise Kunden innerhalb der Zielgruppe deutlich über dem durchschnittlichen Marktanteilswert liegt.

Students.ch – junge Leute in Ausbildung

Eine weitere Partnerschaft besteht mit Students.ch – dem grössten Schweizer Portal für Studierende. Auch bei dieser Zusammenarbeit geht es darum, durch eine exklusive Präsenz den Anteil von Sunrise Kunden innerhalb der Zielgruppe nachhaltig zu steigern. Erste Erhebungen zeigen, dass sich das Engagement positiv auswirkt. Das sunrise Angebot für Studenten (sunrise campus) wird intensiv auf der Online-Plattform vermarktet. Die Bewerbung des Produktes für junge Leute in Ausbildung ist im Umfeld von «Students.ch» sehr zielgerichtet. Bei anderen Medien wäre mit grossen Streuverlusten zu rechnen.

Auch bei dieser Partnerschaft sind die ergänzende Zusammenarbeit und die gemeinsame Bearbeitung einer Zielgruppe die wichtigsten Ziele. Im Sinne einer echten Partnerschaft profitieren beide Parteien von Synergien und einem Zusatznutzen für die Kunden, der ohne die Partnerschaft nicht möglich wäre.

Integrierter Ansatz:
Telekommunikationsunternehmen und Music Label

Mit der jüngsten Partnerschaft zielt Sunrise mit dem Music Label «Universal Music» auf ein wachsendes Segment ab: die Konsumenten von «Urban Music». Unter dem Begriff «Urban» werden die Musikstile Hip-Hop, Rap wie auch R&B (Rhythm and Blues) zusammengefasst. Innerhalb von rund einem Jahr wurde ein zielgruppenspezifisches Angebot bereitgestellt, das eine Kombination von prepaid-Mobilprodukt und Musikdienstleistung (Download von Klingeltönen, Musiktitel, Musik-TV fürs Handy) und eine umfangreiche und attraktive Internet-Plattform beinhaltet.

Die Grundidee der Partnerschaft liegt im gegenseitigen Nutzen der gemeinsamen Marktbearbeitung, der Zusammenlegung von Ressourcen für Kommunikationsmassnahmen in der Zielgruppe, wie natürlich der Schaffung eines zielgruppenspezifischen Angebotes. sunrise hat im Rahmen der Partnerschaft einfacheren Zugang zu Inhalten (Musik, Videos, Bildmaterial), wobei die Verwendungs- und Urheberrechte auf das gemeinsame Projekt beschränkt sind. Universal Music stehen im Gegenzug alle Möglichkeiten offen, über die gemeinsame Dienstleistung die eigenen Künstler und deren Werke exklusiv zu platzieren. Durch den Einsatz von Kommunikationsmitteln wie E-Mail-

Newsletter, MMS und SMS können Künstler-News wie auch Musikneuerscheinungen direkt und kostengünstig der Zielgruppe näher gebracht werden.

Diese Zusammenarbeit unterscheidet sich von den vorangehenden Beispielen. Mit dem integrierten Ansatz verpflichten sich beide Partner zur gemeinsamen Bereitstellung einer spezifischen Dienstleistung. Mit der Partnerschaft hat ein wertvoller Lernprozess stattgefunden. Die wichtigsten Schritte sind dabei:
- Vertragsgestaltung
- Zielgruppengerechte Angebotsgestaltung
- Lancierung der Dienstleistung
- Vermarktung
- Weiterentwicklung des Angebotes

Das interessante an diesem Prozess war die Kreation eines gemeinsamen Angebotes, bei dem jeder der beiden Partner seine Kernkompetenzen einbringen konnte. Daraus ist ein einzigartiges Produkt entstanden, mit dem eine Differenzierung am Markt erreicht werden kann.

Dieses Angebot richtet sich in erster Linie an das vorgängig vorgestellte Segment «Multimedia Sven». Bei der Nutzung von Telekommunikationsdiensten steht bei diesen Kunden Spass und Unterhaltung im Vordergrund. Der Markenauftritt wie auch die Tonalität von Kommunikationsmitteln von «EAR'Dis» wird auf den Stil der «Urban Community» ausgerichtet.

Noch ist es zu früh, um eine Bilanz für die Zusammenarbeit und den Erfolg des gemeinsamen Produktes zu ziehen. Sicher ist, dass im gesättigten Telekommunikationsmarkt der Zusammenarbeit mit zielgruppengerechten Marketingpartnern eine immer wichtigere Bedeutung zukommt.

Schlussbemerkungen

Der vorgestellte Segmentierungsansatz basierend auf den drei Dimensionen (Kundenwert, Kundenbedürfnis, Selektion und vorhersagende Modelle) zeigt auf, wie eine grosse Menge von Kunden in CRM-relevante Teilsegmente aufgeteilt werden können.

Die so erreichte Segmentierung soll helfen, ein optimales Kosten-Nutzen-Verhältnis der CRM-Massnahmen zu erreichen. Sehr wichtig für die erfolgreiche Umsetzung des Projektes waren der Miteinbezug des Managements sowie die Beteiligung relevanter Organisationseinheiten wie:
- Produktmarketing
- Marketing Kommunikation
- Customer Care
- Data Warehouse

Für die Umsetzung der Segment- und Partnerstrategie ist es wichtig, dass die gesamte Marketing- und CRM-Massnahmen-Planung auf die Segmente und Segment Partnerschaften ausgerichtet ist. Nur so kann der auf die Kundenbedürfnisse ausgerichtete Mitteleinsatz über den Kundenlebenszyklus optimal und kosteneffizient gestaltet werden. In Bezug auf die Zusammenarbeit mit Marketing-Partnern kann damit der höchstmögliche Nutzen für beide Parteien als auch für den Kunden erreicht werden.

Der Miteinbezug von Marketing-Partnerschaften bildet somit eine Teilstrategie der übergreifenden Segmentstrategie bei Sunrise. Die gezielte Förderung dieser Zusammenarbeitsform ermöglicht es, Kundenanteile in Segmenten zu steigern, welche über die herkömmlichen Kommunikationskanäle wesentlich schwieriger zu erreichen sind.

Der Closed-Loop-Ansatz bei Swisscom Privatkunden Festnetz –
Verschmelzung von analytischem und operativem CRM

Reto Bühler
Dr. Ingo Hary
Dr. Penny Spring

Reto Bühler ist verantwortlich für die Kundensegmentierung bei Swisscom Fixnet Residential im Bereich Marketing & Sales. Er arbeitet innerhalb der Unit Customer Marketing im Bereich CRM Strategy & Analytics.

Dr. Ingo Hary leitet die Abteilung CRM Strategy & Analytics bei Swisscom Fixnet Residential. Die Abteilung ist zuständig für die Segmentierung des Kundenbestandes, für die Durchführung kundenbezogener Analysen für taktische und strategische Planungszwecke sowie für die Steuerung der Direktmarketingmassnahmen bei Swisscom Fixnet Residential.

Dr. Penny Spring ist in ihrer heutigen Funktion bei Swisscom-Fixnet Residential für die analytischen Aspekte der Kundenkampagnen zuständig inklusive der statistischen Modellierung und der Selektion.

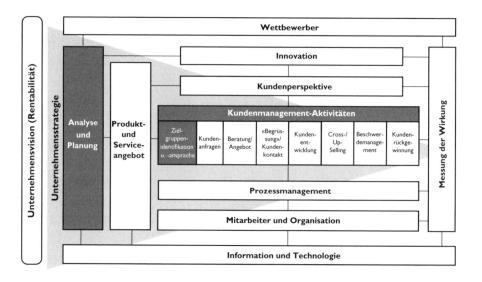

Die Autoren beschreiben, wie im Kampagnenmanagement der Swisscom Fixnet eine verbesserte Verbindung von analytischem und operativem CRM erreicht wird. Der systematisch strukturierte Ansatz im Kampagnenmanagement umfasst die sechs Schritte wertorientierte Kundensegmentierung, kunden- und wertorientierte Programmplanung, Testkampagnen, Nutzung von Testergebnissen für die optimale Massnahmensteuerung und Ausführung der Kampagne sowie schliesslich Verbesserung des Planungs- und Umsetzungsprozesses, die detailliert erläutert werden. Indem die Kampagnenergebnisse systematisch zur Verbesserung nachfolgender Kampagnen genutzt werden, wird der weiterverbreitete Anspruch eines Closed Loop zwischen Analyse und Planung und der operativen Umsetzung verwirklicht. Welche Erfolgsvoraussetzungen aus Sicht der Autoren für einen funktionierenden Closed Loop notwendig sind, wird ebenfalls erläutert.

Der Closed-Loop-Ansatz bei Swisscom Privatkunden Festnetz – Verschmelzung von analytischem und operativem CRM

Die schweizerische Telekommunikationsbranche ist geprägt durch zunehmende Marktsättigung und sinkende Margen. Auch in Zukunft wird die Marktdynamik nicht schwächer werden. Die Kunden werden von den Telekommunikationsanbietern immer weiter mit neuen innovativen Produkten im Bereich Triple-Play (Voice, Data, Entertainment), der Konvergenz von Festnetz und Mobile und immer differenzierteren Preisplänen konfrontiert werden.

In dieser Situation ist die konsequente Kundenorientierung nicht nur im Customer Care sondern auch im Direktmarketing der entscheidende Erfolgsfaktor.

Prozess «Closed Loop des Kampagnenmanagements»

Um die Ziel- und die Massnahmenplanung möglichst effektiv gestalten zu können und eine kontinuierliche Verbesserung des Planungs- und Umsetzungsprozesses zu gewährleisten, hat die «Swisscom Privatkunden Festnetz» einen Ansatz für das Kampagnenmanagement entwickelt, der alle relevanten Schritte umfasst und einen Closed Loop bildet, um die Planung stetig zu verbessern (siehe Abbildung 1).

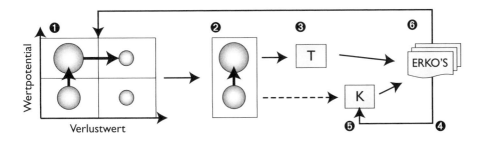

Abbildung 1: «Closed Loop des Kampagnenmanagement»

Der Prozess umfasst folgende Schritte:

#	Phase	Beschreibung
1	Kundensegmentierung	Wertorientierte Kundensegmentierung für die Zielplanung
2	Marketingprogrammplanung	Am einzelnen Kundensegment orientierte Marketingprogrammplanung bezüglich Ziel (Upselling oder Retention), Kommunikationskanal, Werbedruck und Kommunikation → Aufstellen von Hypothesen für die optimale Marketingprogrammplanung
3	Testkampagnen	Ableiten von möglichen Einzelkampagnen aus den Segmentbeschreibungen und Aufstellen eines Testplanes (Selektionsregeln, Durchführungszeitpunkt, Analysemethodik)
4	Data Mining / Analyse / Steuerungs- und Entscheidungslogik	Auswertung der Ergebnisse der Testkampagnen (Kennzahlen, Akzeptanzwahrscheinlichkeiten, Gain Charts, Hypothesen überprüfen)
5	Unternehmenszieloptimierte Kampagnen	Optimierte Einzelmassnahmen aufgrund der Ergebnisse der Testkampagnen
6	Verbesserung der Planungs- und Umsetzungsprozesse	Rückführung der Ergebnisse aus der Interaktion mit dem Kunden, um die Programmplanung zu verbessern. Neue Hypothesen durch das Lernen aus der Kundenbeziehung als Input.

Schritt 1 – Wertorientierte Kundensegmentierung als Startpunkt des Kampagnenmanagements

Ziel jedes Festnetz-Full-Service-Telekomproviders sind zusätzliche Vertragsabschlüsse im Festnetz-, Breitband- und/oder TV-Bereich mit den einzelnen Kunden, so dass diese einen möglichst hohen Anteil ihres «Telecom-Share of Wallet» bei «ihrem» Telekom-Provider tätigen. Für die Marketingzielplanung ergeben sich zwei mögliche Ziele der Kundenbearbeitung:

1) Steigerung bzw. Ausschöpfung des Kundenwerts durch zusätzliche Vertragsabschlüsse (Upselling, Winback, Akquisition)
2) Halten bzw. Absichern des aktuellen Kundenwerts, d.h. Verhindern von Vertragskündigungen (Kundenbindung, Retention)

Die Kundensegmentierung bei Swisscom Privatkunden Festnetz wird in zwei Schritten vorgenommen (siehe Abbildung 2). In einem ersten Schritt werden die Kunden eindeutig in Kundentypen eingeteilt:

1	Kein Fixnet-Kunde	Kunde hat keinen aktiven Vertrag bei Swisscom Privatkunden Festnetz
2	Festnetz-Kunde	Kunde hat den Festnetzanschluss bei Swisscom Privatkunden Festnetz
3	DSL-Kunde	Kunde hat neben dem Festnetzanschluss auch den Breitbandanschluss bei Swisscom Privatkunden Festnetz
4	IPTV-Kunde	Kunde hat alle möglichen Hauptverträge (Festnetz, Breitband, TV) bei Swisscom Privatkunden Festnetz

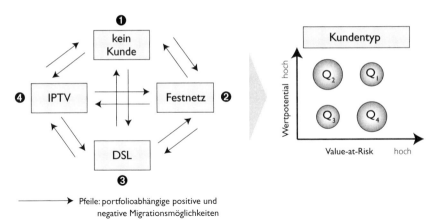

Abbildung 2: Die zwei Schritte der Kundensegmentierung – Schritt 1 → Kundentypen nach dem Hauptportfolio bilden / Schritt 2 → Kundenwertsegmentierung für jeden Kundentyp

Kundentypen bilden sowie ihre positiven/negativen Migrationsmöglichkeiten für alle Kundentypen und anschliessende Kundenwertsegmentierung für jeden einzelnen Typ. Mit dieser Kundentypologisierung wird dem Ziel «Vertragsabschluss» Rechnung getragen.

In einem zweiten Schritt wird für jeden Kundentyp das Wertpotential sowie der Value-at-Risk für ein Jahr berechnet. Das Wertpotential beinhaltet den nicht ausgeschöpften Deckungsbeitrag und die Abschlusswahrscheinlichkeiten für potentiell mögliche Verträge. Als Value-at-Risk bezeichnet die Swisscom Privatkunden Festnetz den Wert des aktuellen Portfolios des Kunden, der unter Berücksichtigung der kundenspezifischen Kündigungswahrscheinlichkeiten gefährdet ist (Beispiel und Erläuterung siehe weiter unten «Value-at-Risk für 12 Monate»). Um eine wertorientierte Kundenbetrachtung zu ermöglichen, werden alle Kunden, die eindeutig einem Kundentyp zugewiesen werden können, nach dem Wertpotential sowie nach dem Verlustwert weiter segmentiert (siehe Abbildung 2: Schritt 2 der Kundensegmentierung).

Diese Segmente bilden die Basis für die Festlegung von Migrationszielen (positive Migration fördern – Upselling & Winback/negative Migration verhindern – Kundenbindung & Retention).

Berechnung des Kundenwertes (Wertpotential/Verlustwert)
Das Wertpotential sowie der Verlustwert werden mit Hilfe von Markov-Ketten über einen Zeitraum von einem Jahr berechnet. Notwendig für die Berechnung sind die folgenden Parameter.

Parameter	Bedeutung	Bemerkungen
DB	Deckungsbeitrag	Deckungsbeitrag des aktuellen Portfolios
DB	Zusätzlicher Deckungsbeitrag	Deckungsbeitrag, der bei einer Erweiterung des Portfolios erwirtschaftet werden kann
p_{Churn}	Abwanderungswahrscheinlichkeit (Churn-Wahrscheinlichkeit)	Wahrscheinlichkeit, dass der Kunde im nächsten Monat einen Vertrag kündigt. Jeder einzelne Vertrag hat dabei ein eigenes Churn-Risiko.
$p_{Migration}$	Migrationswahrscheinlichkeit	Wahrscheinlichkeit, dass der Kunde im nächsten Monat durch zusätzlichen Vertragsabschluss in ein anderes/höheres Segment migriert.
r	Kalkulationszinssatz r	Weighted Average Cost of Capital (WACC)
t	Zeit in Monaten	Die Berechnung ist auf 12 Monate beschränkt, da die Data-Mining-Modelle Punktschätzungen sind und eine längerfristige Berechnungsperiode ungenau wäre. Überlebenswahrscheinlichkeiten im Segment werden heute noch nicht berücksichtigt.

Wertpotential für 12 Monate:

Formel:
$$\sum_{i=1}^{t} \sum_{j=1}^{t} \frac{\left[(1-p_{Migration})^{i-1} \times ?\, DB\right]}{\left(\frac{1+r}{t}\right)^{i}}$$

Berechnung Value-at-Risk für 12 Monate:

Verlustwert ist der Betrag, der gehalten werden soll. Einfach den Betrag, der möglicherweise zu verlieren wäre, nämlich Risiko × Deckungsbeitrag (DB) = erwarteter Verlust, zu berechnen, genügt nicht, wie nachfolgendes, einfaches Beispiel verdeutlicht.

	Kunde A	Kunde B
DB	CHF 100	CHF 1'000
Risiko	10%	90%
Erwarteter Verlust = Risiko × DB	10% × CHF 100 = CHF **10**	90% × CHF 1'000 = CHF **900**
Value-at-Risk = DB − (Risiko × DB)	100 − (10% × 100) = CHF **90**	1'000 − (90% × 1'000) = CHF **100**

Formel:
$$\sum_{i=1}^{t} \frac{DB}{\left(\frac{1+r}{t}\right)^{i}} - \sum_{j=1}^{t} \frac{\left[(1-p_{Churn})^{j} \times DB\right]}{\left(\frac{1+r}{t}\right)^{i}}$$

Zielplanung für die Kundentypen und die einzelnen Quadranten

Nachdem die Kunden zu Kundentypen zugewiesen und die Wertsegmente für jeden Kundentypen gebildet worden sind, geht es darum, für jeden Kundentypen und seine Wertquadranten (vgl. Abbildung 2) die Zielformulierung mit Hilfe der Segmentierungsparameter aufzustellen. Um das Migrationsziel formulieren zu können, ist es notwendig, die einzelnen Faktoren (DB, DB, p_{Churn}, $p_{Migration}$) der Wertberechnungen zu analysieren. Das folgende Beispiel soll die Resultate einer solchen Analyse dokumentieren:

Kundentyp	Quadrant	Analyse	Migrationsziel
Festnetz	1	Hoher Verlustwert Festnetz Hohes Wertpotential DSL Wertpotential DSL > Verlustwert Festnetz	Prio 1: Upselling DSL Prio 2: Retention Festnetz
Festnetz	2	Geringer Verlustwert Festnetz Hohes Wertpotential DSL	Prio 1: Upselling DSL
Festnetz	3	Geringer Verlustwert Festnetz Geringes Wertpotential DSL Wertpotential DSL > Verlustwert Festnetz	Prio 1: Upselling DSL Prio 2: Retention Festnetz
Festnetz	4	Hoher Verlustwert Festnetz Geringes Wertpotential DSL	Prio 1: Retention Festnetz Prio 2: Upselling DSL

Schritt 2 – Kunden- und wertorientierte Marketingprogrammplanung

Nachdem die Migrationsziele festgelegt worden sind, geht es darum, die notwendigen Marketingprogramme zu entwerfen und Informationen für die Entwicklung von Marketingmassnahmen auf Kundensegmentsebene zu gewinnen.

Datenbeschaffung

Swisscom Privatkunden Festnetz verfügt über ein umfangreiches Data Warehouse. Nicht alle darin enthaltenen Daten sind für die oben genannten Aufgaben relevant. Die folgenden Daten können für die Programmplanung verwendet werden:

Information	Bedeutung
Produktnutzung	Nutzungsverhalten des aktuellen Portfolios (Downloadvolumen, Anzahl E-Mails, Voice-Taxminuten etc.)
Dienstleistungen	Dienstleistungen, die der Kunde von Swisscom Privatkunden Festnetz in Anspruch nimmt (oneAdressbook, Anrufumleitung etc.)
Soziodemografische Daten	Alter, Geschlecht, akademischer Grad etc.
Werbehistorie (oder Customer Contact History CCH)	Werbedruck auf den Kunden und seine Reaktion darauf (Kampagnenzweck, Kanal, Incentive, Kundenreaktion)
Migrationshistorie	Verweildauer des Kunden in den einzelnen Segmenten der Vergangenheit oder ob eine Migration kürzlich stattgefunden hat.

Marketingprogrammplanung

Durch die Analyse der relevanten Kundeninformationen für jeden Kundentyp und seine Quadranten (Wertsegmente) sowie die oben festgelegten Migrationsziele kann eine Programmplanung für jedes Kundensegment aufgestellt werden. Wichtig ist die Frage, welche Kunden, in welcher Reihenfolge, zu welchen Kosten, mit welchem Druck optimal bearbeitet werden. Ein lediglich auf das jeweilige Kundensegment ausgerichteter Marketingprogrammplan alleine genügt noch nicht. Zusätzlich müssen verschiedene Kundenereignisse, wie die Migration von einem Kundentyp zum anderen, berücksichtigt werden (siehe Abbildung 3). Wechselt ein Kunde vom Festnetzsegment zum ADSL-Segment, so mag er vielleicht interessant sein für IPTV, aber aufgrund des Wechsels in ein neues Segment ist es möglicherweise besser, den Kunden im Segment ADSL zuerst mit geeigneten Kundenbindungsprogrammen zu kontaktieren und erst bei gefestigter Kundenbindung die Upsellingaktivitäten zu forcieren.

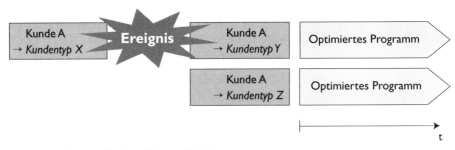

Abbildung 3: Nach Ereignis und Kundentyp differenzierte Marketingprogramme

Bei der Bildung von Programmstreams geht es nicht darum, schon von Beginn weg eine vollständig optimierte Lösung zu haben. Das ist auch kaum möglich. Vielmehr ist es wichtig, plausible Hypothesen aufzustellen, wie die Migrationen möglichst optimal (Optimierung Kundenwert, konsistente und zielgerichtete Kommunikation) erreicht werden können, und durch die Interaktion mit dem Kunden die Hypothesen zu überprüfen und daraus zu lernen. Dieses Lernen ist die Voraussetzung für die stetige Verbesserung des Planungs- und Umsetzungsprozesses (Closed-Loop-Ansatz).

Abbildung 4 zeigt beispielhaft mögliche Programmstreams, die aus der Kundensegmentsanalyse erarbeitet werden können. Findet ein Kundenereignis statt, kommt der Kunden, in einen neuen Programmstream, der für die Zielerreichung optimal ist. Bei der Erarbeitung der Programmstreams spielen die priorisierten Migrationsziele, der Kundenwert sowie die Werbedruckreagibilität eine wesentliche Rolle. Der Ausgestaltung differenzierter Programmstreams sind keine Grenzen gesetzt.

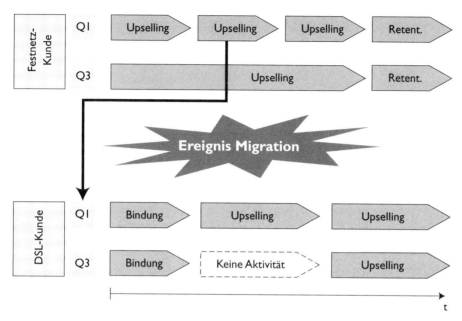

Abbildung 4: Beispiel für Programmstreams nach Kundentyp und Wertsegment sowie Migrationsereignis.

Differenzierte Einzelmassnahmen

Durch die Datenbeschaffung wurde nicht nur die Grundlage für das Aufstellen von Programmplänen gelegt, sondern auch für das Erarbeiten von differenzierten Einzelmassnahmen. Durch die Beschreibung der Kundensegmente mit den vorhandenen Kundeninformationen (Verhalten, Soziodemografie, Portfolio, Umsätze, Werbehistorie, Marketing-Mix-Reagibilität etc.) können Ideen über segmentspezifische, differenzierte Einzelkampagnen entwickelt werden, welche die Migrationszielerreichung unterstützen sollen. Dieses Set an möglichen Einzelkampagnen bildet den Input für die Testplanung.

Schritt 3 – Testkampagnen

Die Durchführung von Testkampagnen ist eines der zentralen Werkzeuge des Direkt- oder Database-Marketings. Für eine detaillierte Besprechung der wichtigsten Methoden wird auf Nash (1984) oder Roberts und Berger (1999) verwiesen. Swisscom Privatkunden Festnetz verfolgt mit Testkampagnen vier Ziele:
- die Attraktivität eines Angebotes oder Produktes zu überprüfen oder die relative Attraktivität von Angebotsvarianten zu messen,
- Profile von Kunden zu generieren, welche die Angebote akzeptieren, die ihnen mittels Direktmarketingmassnahme offeriert wurden,

- prognostische Modelle zur Schätzung der Akzeptanzwahrscheinlichkeit für nachfolgende, gleiche oder ähnliche Direktmarketingmassnahmen aufzubauen sowie
- durch den Vergleich mit einer Kontrollgruppe jenen Zusatznutzen zu ermitteln, der durch die Direktmarketingmassnahme erzeugt wird.

Die aus den Testkampagnen gewonnenen Profile der Kundenreaktionen sind wertvoll, denn unter einem Profil sind Charakteristiken zu verstehen, welche die Untergruppe der «Reagierer» von der Grundgesamtheit der Kundenbasis massgeblich unterscheiden. Die Profilbildung ist auch Ausgangspunkt für den Aufbau von Prognosemodellen und für die Definition der Massnahmensteuerung.

Schritte 4 & 5 – Nutzung von Testergebnissen für die wertorientierte Massnahmensteuerung und Ausführung der Kampagne

In gesättigten Märkten wie der Telekommunikation wird in der Regel ein erheblicher Anteil der gesamten Marketingkosten in die direkte Kundenansprache mittels Direktmarketingmassnahmen investiert. Die Maximierung des Zielbeitrages, der durch diese Massnahmen generiert wird, ist daher aus betriebswirtschaftlicher Sicht von grosser Bedeutung. Eine entscheidende Rolle spielt hierbei die verwendete Entscheidungs- und Steuerungslogik.

Nachfolgend wird der Aufbau einer wertorientierten Entscheidungsmetrik beschrieben, wie sie bei Swisscom Privatkunden Festnetz zum Einsatz kommt. Ausgangspunkt ist die Identifizierung der Kosten und Wertbeiträge, die durch eine Massnahme generiert werden. Eine typische Direktmarketingkampagne verursacht (variable) Kosten, nämlich Produktkosten; Fulfillment-Kosten und Kontaktkosten der Kundenansprache. Mögliche Wertbeiträge einer Kampagne sind die Intensivierung der Produktnutzung, die Verlängerung des Produktnutzungszeitraums oder die Ausweitung des aktiv genutzten Produktportfolios.

Die Zuordnung der Kosten und Wertbeiträge muss verursachungsgerecht auf Einzelkundenebene erfolgen. Nur Kunden, die mit der Kampagne angesprochen wurden und gleichzeitig das Angebot angenommen haben, verursachen alle oben genannten Kosten und erzeugen gleichzeitig einen entsprechenden Wertbeitrag. Bei Kunden, die mit der Kampagne angesprochen wurden, aber nicht reagiert haben, fallen lediglich Kontaktkosten an, ohne Wertbeitrag.

Das Vorgehen für die Modellierung der bedingten Akzeptanzwahrscheinlichkeit bei gegebener Kundenansprache gehört zu den Standardaufgaben im Database-Marketing und ist in der Literatur sehr gut dokumentiert (siehe z.B. Drozdenko and Drake, 2002). Bei Swisscom Privatkunden Festnetz werden auf der Grundlage der Ergebnisse der Testkampagnen logistische Regressionen, neuronale Netze und Kombinationen aus beiden Verfahren für die Modellierung der Akzeptanzwahrscheinlichkeiten eingesetzt. Die Modellierung der bedingten Akzeptanzwahrscheinlichkeit ohne Kundenansprache ist vergleichsweise aufwendiger, da man hier – unter Beachtung der Repräsentativität – eine «autonome» Akzeptanzwahrscheinlichkeit bestimmen muss. Im Database-Marketing von Swisscom Privatkunden Festnetz wird für diesen Zweck eine repräsentative, permanente Kontrollgruppe gebildet, deren Kunden über einen definierten Zeitraum keinerlei Direktmarketingansprachen erhalten (vgl. Beitrag Sarakinos/Hary).

Als Steuerungsmetrik wird ein Nettowertbeitrag, der durch die Massnahmen erzeugt wird, verwendet. Diese als «Expected Added Value» (EAV) bezeichnete Metrik ist im einfachsten Fall für einen Kunden i wie folgt definiert (zwecks Vereinfachung wird eine positive Kundenreaktion mit «Bestellung» bezeichnet):

$$EAV_i = (p_{i\ Bestellung | Angebot} * v_{Bestellung}) - (p_{i\ Bestellung | kein\ Angebot} * v_{Bestellung}) - C_{Angebot}.$$

Wobei

$p_{i\ Bestellung | Angebot}$ = prognostizierte Wahrscheinlichkeit, dass Kunde *i* bestellt, wenn er ein Angebot über die Direktmarketingmassnahme erhält

$p_{i\ Bestellung | kein\ Angebot}$ = prognostizierte Wahrscheinlichkeit, dass Kunde *i* bestellt, wenn er kein Angebot über die Direktmarketingmassnahme erhält

$C_{Kontakt}$ = Kontaktkosten,

und der Parameter $v_{Bestellung}$ den Bruttowert des Produktes, abzüglich der Fulfillment- und Produktkosten, bezeichnet.

Für einmalige Angebote ohne wiederkehrenden Einnahmestrom ist $v_{Bestellung}$ für alle bestellenden Kunden konstant. Handelt es sich dagegen um ein vertragsgebundenes Produkt mit wiederkehrenden und evtl. nutzungsabhängigen Wertbeiträgen, so muss die Laufzeit des Vertrages und gegebenenfalls auch die kundenspezifische Nutzungsintensität des Produktes bei der Berechnung von $v_{Bestellung}$ berücksichtigt werden. Swisscom Privatkunden Festnetz verwendet in solchen Fällen stochastische dynamische Modelle (Markov-Ketten erster Ordnung), um $v_{Bestellung}$ auf Einzelkundenebene zu berechnen.

Die Entscheidungslogik für die Bestimmung der optimalen Ausstattungstiefe einer Massnahme auf der Grundlage des EAV ist relativ einfach. Kunden, die einen positiven EAV aufweisen, sollten mit der Massnahme angesprochen werden, da ihr erwarteter Wertbeitrag mit einer direkten Ansprache höher ist als ohne direkte Ansprache. Nach dem Grenzwertprinzip ist der letzte auszustattende Kunde derjenige, für den gerade noch ein EAV>0 prognostiziert wird.

Beispiel einer Nettowertberechnung

Unser Fallbeispiel behandelt eine hypothetische Direktmarketingmassnahme die zum Ziel hat, Bestandskunden ein zusätzliches, neues Produkt zu verkaufen. Das Produkt wird gleichzeitig mit Massenmedien beworben. Kunden können das Produkt also bestellen, ohne mit der Direktmarketingmassnahme bedacht zu werden. Demzufolge sind nur diejenigen Kunden direkt anzusprechen, die mit hoher Wahrscheinlichkeit nur aufgrund der Ansprache über das Direktmarketing das Produkt bestellen werden.

Wie oben beschrieben, müssen zunächst die mit der Direktmarketingmassnahme verbundenen Kosten berechnet werden. Es wird angenommen, dass die Kontaktkosten sich auf CHF 1.20 und die reinen Produktkosten des Angebotes sich auf CHF 200 belaufen. Da es sich um eine Upselling-Massnahme handelt, lautet die relevante und wertgenerierende Aktivität auf Seiten des Kunden «Produkt bestellen». Der Bruttowert einer Bestellung beläuft sich auf CHF 588.

Die Modellparameter und die Berechnung des EAV lauten wie folgt:

$p_{i\ \text{Bestellung}|\text{Angebot}}$ = prognostizierte Wahrscheinlichkeit, dass Kunde i bestellt, wenn er ein Angebot über die Direktmarketingmassnahme erhält

$p_{i\ \text{Bestellung}|\text{kein Angebot}}$ = prognostizierte Wahrscheinlichkeit, dass Kunde i bestellt, wenn er kein Angebot über die Direktmarketingmassnahme erhält

C_{Kontakt} = Kontaktkosten

$C_{\text{Fulfilmentt}|\text{Angebot}}$ = Fulfillment-Kosten, falls ein Kunde über die Direktmarketingmassnahme zur Bestellung veranlasst wird

$C_{\text{Fulfilment}|\text{kein Angebot}}$ = Fulfillment-Kosten, falls ein Kunde «autonom» bestellt

$M_{\text{Bestellung}}$ = Bruttowert einer Bestellung

$EV_{i\ \text{Angebot}}$ = $(p_{i\ \text{Bestellung}|\text{Angebot}} * (M_{\text{Bestellung}} - C_{\text{Fulfilmentt}|\text{Angebot}})) - C_{\text{Kontakt}}$
Erwarteter Wertbeitrag, falls Kunde i mit der Direktmarketingmassnahme angesprochen wird

$EV_{i\ \text{kein Angebot}}$ = $(p_{i\ \text{Bestellung}|\text{kein Angebot}} * (M_{\text{Bestellung}} - C_{\text{Fulfilment}|\text{kein Angebot}}))$
Erwarteter Wertbeitrag, falls Kunde i nicht mit der Direktmarketingmassnahme angesprochen wird

EAV_i = $EV_{i\ \text{Angebot}} - EV_{i\ \text{kein Angebot}}$
«Expected Added Value», welcher mit der Ansprache des Kunden i über die Direktmarketingmassnahme verbunden ist

Der EAV wird für jeden Kunden berechnet und dient als Steuerungs- oder «Cut-Off»-Metrik für die Massnahme. Sortiert man alle Kunden absteigend nach dem EAV und teilt den EAV-Wertebereich in Dezile auf, erhält man die Darstellung in Abbildung 5. In der Spalte «Menge» ist die in jedes Dezil fallende Anzahl an Kunden eingetragen. Die dritte Spalte weist den durchschnittlichen EAV in jedem Dezil aus. Bis zum vierten

Dezil sind die EAVs positiv. Kunden, die einen negativen EAV erzeugen würden, sollten von der Massnahme ausgeschlossen werden. In unserem Beispiel fällt daher der Cut-Off (schwarze Linie) in das vierte Dezil, welches zur Illustration in 4a und 4b aufgeteilt wurde. Es sollten also nur rund 390'600 Kunden für die Direktmarketingmassnahme selektiert werden (optimale Ausstattungstiefe).

Die Spalten $EV_{Angebot}$ und $EV_{kein\ Angebot}$ weisen die durchschnittlichen erwarteten Wertbeiträge mit und ohne direkte Kundenansprache in jedem Dezil aus. Mit Hilfe dieser Spalten erkennt man, wie der EAV-Steuerungsmechanismus arbeitet. Kunden mit hohem $EV_{Angebot}$ befinden sich in den obersten Dezilen, diejenigen mit hohem $EV_{kein\ Angebot}$ in den untersten. Im Idealfall trennt also der EAV den Kundenbestand in zwei Extreme auf: i) Kunden, die nur aufgrund einer Direktmarketingmassnahme bestellen werden, und ii) Kunden, die «autonom» anlaufen und sich am unteren Ende des Dezil-Charts (oder auch «Gains-Chart») befinden.

Zu erkennen ist auch ein U-förmiger Verlauf der Werte für $p_{i\ Bestellung | kein\ Angebot}$ und ein L-förmiger Verlauf für $p_{i\ Bestellung | Angebot}$ entlang der Dezile. Dies hängt mit der Korrelation zwischen den beiden Wahrscheinlichkeiten zusammen. Die rechte Spalte in Abbildung 5 enthält den kumulierten EAV, der sein Maximum bei der optimalen Ausstattungstiefe erreicht.

Dezil	Menge	Durchschn. EAV	$EV_{i\ Angebot}$	$EV_{i\ kein\ Angebot}$	Durchschnitt $p_{i\ Bestellung | Angebot}$	Durchschnitt $p_{i\ Bestellung | kein\ Angebot}$	Kum. EAV
1	100000	10.91	14.07	3.17	0.0394	0.0065	1090610
2	100000	0.87	2.31	1.45	0.0091	0.0030	1177180
3	100000	0.35	1.31	0.96	0.0065	0.0020	1212520
4a	90600	0.13	1.30	1.17	0.0064	0.0024	1224325
4b	9400	-0.02	1.30	1.31	0.0064	0.0027	1224182
5	100000	-0.21	1.27	1.49	0.0064	0.0030	1202792
6	100000	-0.68	1.25	1.93	0.0063	0.0040	1134722
7	100000	-1.37	1.23	2.60	0.0063	0.0053	997252
8	100000	-2.46	1.22	3.68	0.0062	0.0075	751362
9	100000	-4.72	1.26	5.99	0.0064	0.0123	279012
10	100000	-15.03	1.57	16.60	0.0071	0.0340	-1223988

Abbildung 5. Dezil-Chart der Fallstudie, zur Illustration der EAV-Steuerungsmetrik.

Schritt 6 – Close The Loop – Verbesserung des Planungs- und Umsetzungsprozesses

Um den Planungs- und Umsetzungsprozess für die nächsten Planungsperioden verbessern zu können, müssen die Interaktionen mit dem Kunden systematisch auf die Zielerreichung hin (vgl. Schritt 1) überprüft werden. Konkret heisst dies, dass die Hypothesen, welche die Grundlage für die Programmplanungsstreams sind, überprüft werden. Müssen Hypothesen verworfen werden oder können neue Hypothesen aufgestellt werden, hat dies einen direkten Einfluss auf die Programmplanungs- und die Umsetzungsprozesse. Da beim Start mit dem Closed-Loop-Ansatz noch verhältnismässig wenige Informationen vorhanden sind, sind die Marketingprogrammplanungen auch noch einfach und wenig zahlreich. Je mehr und je bessere Informationen aus der Kundeninteraktion gewonnen werden, umso detailliertere und differenziertere Streams sind möglich.

Voraussetzungen für den funktionierenden Closed Loop

Damit der Closed Loop des Kampagnenmanagments die Unternehmenszieloptimierung unterstützen kann, müssen folgende Voraussetzungen erfüllt sein.

Verfügbarkeit der relevanten Daten

Grundvoraussetzung sind umfassende, qualitätsgesicherte Kundendaten im Data Warehouse (DWH). Seit Jahren verfügt Swisscom Fixnet über ein umfassendes DWH. Ein wesentlicher Bestandteil fehlte allerdings – die Customer Contact History (CCH). Um die Marketingprogramme auf ihre Zielerreichung hin überprüfen zu können, war dies eine zwingende Voraussetzung, die zuerst erfüllt sein musste. In der CCH werden jetzt alle marketingrelevanten Kundenkontakte mit den Kampagnenmetadaten (Kampagnenname, Kampagnenzweck, betroffenes Produkt, Kanal, Incentive, Typ, Response etc.) für alle Kunden erfasst und historisiert. Damit wurde es möglich, wertvolles Wissen aus vergangenen Migrationen zu erhalten, zum Beispiel die Werbedruckreagibilität einzelner Kundensegmente.

Einsatz des analytischen CRM

Ohne funktionierende Data-Mining-Infrastruktur und die notwendigen Skills wird es schwierig, Marketingprogramme zu optimieren. Zu viele Parameter spielen bei der Planung und Steuerung eine Rolle, die bei 3 Millionen aktiven Kunden nur noch mit Data-Mining-Techniken zu bewältigen sind. Die Swisscom Privatkunden Festnetz hat dafür eine eigene Data-Mining-Infrastruktur (Software, Server) aufgebaut, die ausschliesslich für analytische Zwecke eingesetzt wird und nur für Spezialisten zugänglich ist.

Akzeptanz durch Change Management

Der Ansatz des Closed Loops muss in der ausführenden Organisation verankert und von ihren Mitarbeitern akzeptiert werden. Damit der Closed Loop funktioniert, benötigt es die Mitarbeit des Managements, welches die Unternehmensziele so vorgibt, dass eine Optimierung möglich ist, zweitens die der Analytiker und Data Miner, welche die Vorarbeit für das Funktionieren leisten müssen, und drittens die der Segment- und Marketingmanager, die für die operative Umsetzung verantwortlich sind.

Weiterentwicklung des Closed Loop

Der Weiterentwicklung des Closed Loops des Kampagnenmanagements sind kaum Grenzen gesetzt. Durch das Anwenden von Simulationstechniken auf die Kundenmigrationen und die Überlebenszeitbetrachtung der Kunden in einem Segment lassen sich exaktere Kundenwertmodelle entwickeln und exaktere Prognosen der Programmstreams auf die Zielerreichung treffen. Diese Inputs können wiederum für ein System zur parametergesteuerten Kampagnenoptimierung eingesetzt werden.

Die heute eingesetzten Programmstreams lassen sich beliebig erweitern und verfeinern. Nicht die Frage nach dem Machbaren, sondern die Frage nach dem ökonomisch Sinnvollen steht dabei im Vordergrund.

Literatur

Boulos Fares/Haspeslagh, Philippe/Noda, Tomo (2001): Getting the Value out of Value-Based Management, Findings from a global Survey on best practices, July 2001, Harvard Business Review, Research Report, 2001.

Drozdenko, Ronald G./Drake, Perry D. (2002): Optimal Database Marketing, Strategy, Development, and Data Mining, Sage Publications, Thousand Oaks, CA.

Brunner, Jürgen/Becker, Dieter/Wolfisberg, Stefan (2001): Value Scorecard. Ansatz zur wertorientierten Konzernsteuerung, in *N. KLINGEBIEL (Hrsg,):* Performance Measurement & Balanced Scorecard, Vahlen, München, S. 91–109.

Nash, Edward L. (1984): Testing and Analysis, in *E.L. NASH (Ed.):* The Direct Marketing Handbook, McGraw-Hill Inc, New York, S. 42–74.

Roberts, Mary Lou/Berger, Paul D. (1999): Direct Marketing Management, Second Edition, Prentice-Hall, New Jersey.

Mit strategischem Beziehungsmanagement
rentable Kunden halten

. . . . .

Dr. Christian Friege

Dr. Christian Friege ist als selbstständiger Unternehmensberater vor allem mit Fragen des Kundenmanagements im weitesten Sinne und des Direktmarketings beschäftigt und arbeitet für Unternehmen in einem breiten Spektrum von Branchen. Bis Ende 2006 war er als Mitglied des Vorstands und Chief Customer Officer für die debitel AG tätig.

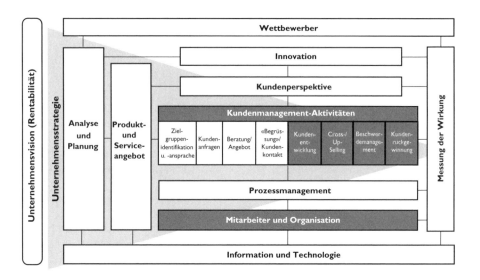

Der Beitrag beleuchtet die Kundenbindung als «Königsdisziplin» des CRM. Wissenschaftliche Erkenntnisse zu den Determinanten der Kundenbindung werden mit konkreten Massnahmen dreier internationaler Best-Practice-Beispiele Tesco (Einzelhandel), Harrah's (Software) und debitel AG (Telekommunikation) verknüpft.

Im Fazit gibt der Autor sieben Leitlinien für erfolgreiche Kundenbindung.

Mit strategischem Beziehungsmanagement
rentable Kunden halten

Kundenbindung als «Königsdisziplin» von CRM

Ob man CRM als Kontaktoptimierung oder als Beziehungsentwicklung versteht (Stauss/Seidel, 2002), ob man Umsatzsteigerungen durch Cross- und Up-Selling, Markenpositionierung durch Servicegarantien oder Unternehmenswertsteigerungen durch Kundenbestandsoptimierung anstrebt – am Ende bleibt die Verlängerung des Kundenbeziehungslebenszyklus (Stauss, 2000) das höchste Ziel, die «Königsdisziplin» von CRM. Diese Verlängerung des Kundenbeziehungslebenszyklus wird allgemein als «Kundenbindung» bezeichnet und «umfasst sämtliche Massnahmen eines Unternehmens, die darauf abzielen, (…) die Beziehung zu (…) Kunden für die Zukunft zu stabilisieren beziehungsweise auszuweiten» (Homburg/Bruhn, 2005). In Märkten, die mehr und mehr zu Verdrängungsmärkten werden, und in einem Umfeld, das aufgrund technologischer Entwicklungen eine immer höhere Markttransparenz auch und gerade für den Endverbraucher mit sich bringt, kommt der Bindung rentabler Kunden eine entscheidende Bedeutung zu. Dies gilt nicht zuletzt auch, weil sich «richtige» Kundenbindung als die profitabelste Strategie zur Steigerung des Unternehmenswertes erwiesen hat.

Wie kann nun aber «richtige» Kundenbindung erreicht werden? In diesem Beitrag wird auf Beispiele aus den USA (Harrah's) und Grossbritannien (Tesco) und eigene Erfahrungen des Autors bei der debitel AG zurückgegriffen, um wesentliche Voraussetzungen und Erfolgsfaktoren für die Bindung rentabler Kunden zu beleuchten.

Tesco steht heute weit über die Grenzen seines Heimatmarktes hinaus für eine atemberaubende Wandlung vom Downmarket Discounter zum unangefochtenen Marktführer in Umsatz und Markenimage im gesamten britischen Einzelhandel. Weniger bekannt ist, welch entscheidenden Anteil an dieser Erfolgsgeschichte CRM hat. In Europa kaum als Fallstudie herangezogen wird Harrah's, das sich vom unwesentlichen Player zur Nummer 1 der Gaming-Entertainment-Branche weltweit entwickelt hat, und allein in den letzten sechs Jahren Umsatz und EBITDA etwa vervierfachen konnte. Die Strategie hinter diesem Erfolg ist im Wesentlichen eine Kundenbindungsstrategie. Manche der dort angewendeten Best Practices standen Pate bei der Kundenstrategie, welche die debitel AG, Europas grösster unabhängiger Telekommunikation

Service Provider mit etwa 11 Millionen Kunden, implementiert hat, und von der auch berichtet wird.

Zwei fundamentale Voraussetzungen für Kundenbindung

Es gibt zwei fundamentale Voraussetzungen, ohne deren Erfüllung optimale Bindung rentabler Kunden nie erfolgreich sein wird: Zufriedenheit der Kunden mit der angebotenen Leistung, die allerdings für sich genommen noch nicht zur langfristigen Kundenbindung führt (Stauss/Neuhaus, 2004), und eine im gesamten Unternehmen verankerte strategische Ausrichtung auf Kundenbindung.

Kundenzufriedenheit

Bakay/Schwaiger haben kürzlich 28 empirische Forschungsarbeiten daraufhin analysiert, welche Faktoren die Kundenbindung determinieren: 61 Prozent der Studien haben Kundenzufriedenheit als bestimmende Variable für Kundenbindung untersucht, während demgegenüber Preis (18%), Wechselbarrieren (14%) oder gar Kundenclub/Bonusprogramm (7%) kaum Interesse fanden (Abbildung 1).

Von 28 empirischen Forschungsarbeiten untersuchten als Determinanten der Kundenbindung:

61%	Kundenzufriedenheit
21%	Qualität
18%	Preis
14%	Attraktivität von Wettbewerbsangeboten
14%	Wechselbarrieren
14%	Vertrauen bzw. Commitment
7%	Kundenclub/Bonusprogramm

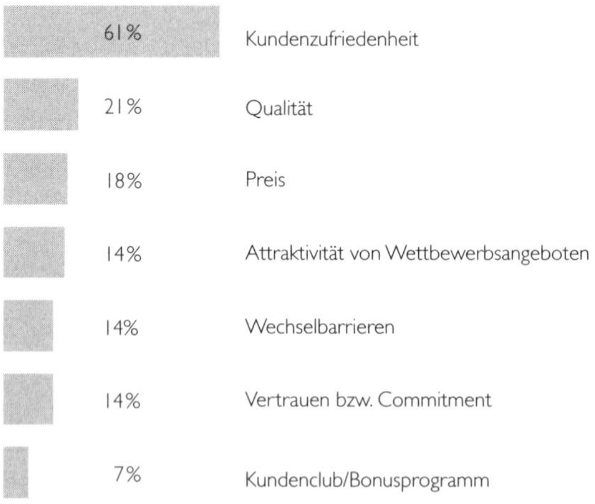

Abbildung 1: Determinanten der Kundenbindung (Bakáy/Schwaiger, 2006)

Für Harrah's hat McKinsey den Zusammenhang zwischen der Veränderung der Kundenzufriedenheit und der Veränderung des Kundenwerts (als abgezinste Gewinne aus der Kundenbeziehung) gegenübergestellt: Die direkte Abhängigkeit ist auffällig (vgl. Abbildung 2).

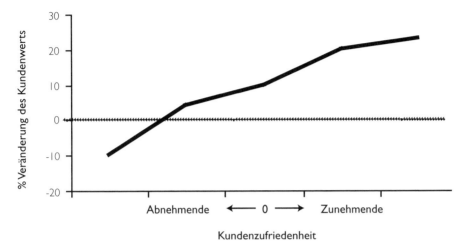

Abbildung 2: Veränderung des Kundenwerts in Abhängigkeit von der Kundenzufriedenheit (in Anlehnung an Becker, 2003)

Diese beiden Beispiele mögen als Beleg dafür dienen, dass die grundsätzliche Zufriedenheit der Kunden mit der erbrachten Leistung von hoher Wichtigkeit und geradezu eine notwendige Bedingung für jede erfolgreiche Kundenbindung ist. Wie kann nun systematisch und Kundenerwartungen gerecht werdend die Leistung im Markt kontinuierlich so verbessert werden, dass die Kundenzufriedenheit steigt?

Bei der debitel AG wurde dazu ein sehr stark auf Kundenfeedback fokussiertes Qualitätsmanagement implementiert (vgl. Abbildung 3). Dem Grundverständnis folgend, dass nur messbare Zielgrössen auch als Managementziele geeignet sind, ist der Qualitätsbericht das wichtigste Tool. Wesentliche Messgrössen sind einerseits detaillierte Beschwerdeanalysen, die Einzelprobleme erkennbar werden lassen, und andererseits regelmässig vorgenommene Kundenbefragungen an wichtigen Kontaktpunkten. Diese Daten zusammen mit den üblicherweise nachgehaltenen Servicelevels bilden die Grundlage für die monatliche Sitzung des Qualitätsboards, in der unter Vorsitz eines Vorstandsmitglieds Massnahmen zur Verbesserung der von den Kunden wahrgenommenen Leistungen priorisiert und deren Umsetzung überwacht wird. Die bei der debitel AG umgesetzten Projekte haben in relativ kurzer Zeit zu messbaren Verbesserungen geführt.

Abbildung 3: Struktur des Qualitätsmanagements bei der debitel AG

Dieses Vorgehen hat in der Praxis eine Reihe von Stärken (Friege, 2005):
- Es ist mit relativ wenig Aufwand implementierbar.
- Es bündelt die Anstrengungen zur Verbesserung der Kundenzufriedenheit auf Top-Management-Ebene und erreicht damit für die Massnahmen entsprechende Durchschlagskraft.
- Es stellt den Kunden, seine Wünsche und Verbesserungsvorschläge (denn nichts anderes sind Kundenbeschwerden für das Unternehmen) in den Mittelpunkt sowohl bezüglich der Identifikation von Schwachpunkten als auch der Priorisierung von Verbesserungsanstrengungen.
- Es erlaubt die Umsetzung eines echten, kontinuierlichen Verbesserungsprozesses, der überschaubare Einzelprojekte definieren lässt und Erfolg messbar macht, und zwar konsequent aus Kundensicht.

Neben dem hier dargestellten ständigen Verbesserungsprozess sind eine Reihe anderer Massnahmen wesentlich für Kundenzufriedenheit, die hier lediglich erwähnt sein sollen, etwa die Sensibilisierung der Mitarbeiter sowie die Ausrichtung von Produkten, Distributionswegen und Angebotsstrukturen auf die Wünsche der Kunden. Von ganz entscheidender Bedeutung ist dabei, den Kunden in den Mittelpunkt der Strategie zu stellen.

Kundenbindung als Strategie

Neben der grundsätzlichen Zufriedenheit der Kunden mit der Leistung des Unternehmens ist weiter auch eine klare strategische Orientierung des Unternehmens hin zu Kundenbindung Voraussetzung, um mit den hier dargestellten Ansätzen rentable Kunden erfolgreich zu binden.

Die debitel AG hat sichtbar den Kunden in den Mittelpunkt ihrer Positionierung gestellt. Im Vorstand wurde ein «Chief Customer Officer» bestellt, der sämtliche Kontaktpunkte aller bestehenden Kundenbeziehungen verantwortet. Die für debitel entwickelte Kundenstrategie strebt Kundenbindung durch ein überlegenes Verständnis der Kunden und ihrer Anforderungen, differenzierte Angebote und die explizite Integration aller Kundenprozesse in die Umsetzung an.

Noch deutlicher, im eigentlichen Wortsinne radikal, geht Harrah's vor. Im ersten Absatz der Online-Firmenpräsentation wird das Unternehmen wie folgt charakterisiert: «Harrah's Entertainment is focused on building loyalty and value with its customers through a unique combination of great service, excellent products, unsurpassed distribution, operational excellence and technology leadership.»[1] Das Kernziel des Unternehmens besteht in der Bindung von Kunden und dieses Ziel ist seit Mitte der 1990er-Jahre mit höchstem Fokus und bemerkenswertem Erfolg umgesetzt worden.

Drei Massnahmen waren für diesen Erfolg ausschlaggebend (Lal, 2002):
- Implementierung einer Organisationsstruktur, bei der eine klare «Customer Ownership» auf Unternehmensebene geregelt wurde und gleichzeitig «Key Performance Indicators» (KPI) definiert wurden, die alle wesentlichen Prozessschritte mess- und damit steuerbar machten.
- Positionierung der Marke («exuberantly alive») und entsprechendes Management der Serviceprozesse. Kontinuierliche Messung der Servicequalität aus Kundensicht erlaubt Bonusregelungen für alle Mitarbeiter in Abhängigkeit von der Kundenzufriedenheit; Investitionen in Training für Mitarbeiter und Führungskräfte.
- Umfassende Sammlung, Auswertung und Nutzung von Kundendaten.

Wissen über Kunden ist entscheidend für Kundenbindungsmassnahmen

Wenn Kundenzufriedenheit allein für erfolgreiche Kundenbindung nicht ausreicht, dann ist die Kenntnis der Kunden die Voraussetzung für jegliche Aktivität zur langfristigen Bindung. Viele Unternehmen erfassen im Rahmen ihrer gewöhnlichen Geschäftsprozesse Kundendaten, die – unter Beachtung der Vorschriften zum Datenschutz – bestens geeignet sind, um die Kundenbindung zu steuern. Dazu gehören etwa

Energieversorger, Versandhändler, Internetgeschäfte allgemein, Telekommunikationsunternehmen, Banken und Versicherungen. Diese Unternehmen sehen sich mit der Herausforderung konfrontiert, Kundendaten so zu speichern, zu analysieren und zur Steuerung von Prozessen einzusetzen, dass rentable Kunden gebunden und die Investitionen in unrentable Kunden minimiert werden. In vielen anderen Branchen müssen allerdings zusätzlich zunächst die Kundenbeziehungen als solche datenmässig erfasst werden. Für den modernen Filialbetrieb, die Airline und die Bundesbahn sind daher aufwendige Kundenclubs und Loyalitätsprogramme Voraussetzung für die Erfassung der für Kundenbindungsmassnahmen notwendigen Kundendaten.

Kundendaten als Erfolgsgarant bei Harrah's

Das beste Beispiel für umfangreiche Kundendatenerhebung und optimale Nutzung der Daten zur Kundenbindung und -wertsteigerung ist sicherlich Harrah's. Dies gilt für alle Aspekte des Kundendatenmanagements, namentlich (1) Datenerhebung, (2) Analyse und Modelling (3) Testen, (4) Shift to Directmarketing und (5) Prozesssteuerung (Lal, 2002).

Datenerhebung

Harrah's versucht über entsprechende Anreize, möglichst alle Spieler im «Total Rewards Programm» zu registrieren. Der Kunde führt seine Karte in jeden bespielten «einarmigen Banditen» ein, jedes Spiel – Roulette oder Black Jack – wird kundenspezifisch über die Total Rewards Karte registriert, ebenso jede Übernachtung, jede Mahlzeit. Dadurch hat Harrah's auf kundenindividueller Basis ein sehr genaues Bild über die Spieleinsätze und -gewinne, über Umsätze und Besuchshäufigkeiten und natürlich über die bei der Registrierung angegebenen soziodemografischen Daten. Selbstverständlich enthält das Total Rewards Programm viele Anreize für die Kunden, ihr Glücksspiel bei Harrah's zu konzentrieren, und dient somit der Kundenbindung. Der grössere Teil des Nutzens entsteht für Harrah's jedoch durch die Möglichkeit, Kunden aktiv anzusprechen und durch differenzierte Prozesse deren Wert zu maximieren.

Analyse und Modelling

Gary Loveman, Mastermind hinter der Loyalitätsstrategie von Harrah's und seit Jahren deren CEO, hatte bei seinem Eintritt in das Unternehmen alle Marketingmanager entlassen und durch Mathematiker und Statistiker ersetzt. Die gesamte Steuerung der Marketingaktivitäten erfolgt seither auf der Basis der analysierten Daten aus dem Total Rewards Programm und der daraus entwickelten Vorhersagemodelle. Dabei wird für jeden Kunden zeitnah nach der Registrierung das Wertpotential bestimmt und anschliessend mit den Ist-Daten verglichen. So lassen sich Kunden mit attraktivem unausgeschöpftem Wertpotential unterscheiden von weniger wertvollen Kunden und auch von Kunden, deren zusätzliche Umsätze begrenzt sein würden, weil das Potential bereits ausgeschöpft war. Dazu wurde eine Vielzahl von Vorhersagemodellen («predictive models») entwickelt, die geeignet sind, Marketingmassnahmen und auch differenzierte Prozesse in den Casinos anzustossen.

Testen
Jede neue Marketingmassnahme für ein bestimmtes Segment, jeder neue Prozess in den Casinos, kann mit Hilfe der erhobenen Daten getestet werden. Damit wird bei geringem Risiko die ständige, messbare Verbesserung der Leistung des Unternehmens möglich. Loveman hat richtigerweise das Testen zur Grundlage des Kundenmarketings in der Organisation erklärt. Eine wichtige Ursache für das Scheitern vieler Kundenbindungssysteme und CRM-Strategien besteht nämlich im Verzicht auf ständiges Testen auch von scheinbar unwesentlichen Veränderungen und Angeboten, meist fälschlicherweise damit begründet, dass valide Tests in der speziellen Situation nicht mit vertretbarem Aufwand möglich seien.

Shift to Directmarketing
Harrah's nutzt die verfügbaren Daten und Modelle dazu, konsequent Ressourcen aus dem klassischen Marketing in die Direktmarketingaktivitäten zu verschieben, wo jeder investierte Dollar einen messbaren Return on Investment erzielt. Wenn beispielsweise Joe Smith laut Modell mindestens einmal im Monat ein Harrah's Casino besucht und dieser Besuch ausgeblieben ist, bekommt er sofort ein auf seine Präferenzen (z.B. Dinner im Restaurant, Freispiele am Automaten etc.) zugeschnittenes Angebot. Solche Bindungsangebote werden Joe Smith solange gemacht, wie sie inkrementell profitabel für das Unternehmen sind, das ja den potentiellen Kundenwert von Smith kennt. Bei keinem Effizienzsteigerungsprogramm hat Harrah's je sein profitables Investment ins Direktmarketing gekürzt, was bei Marketingausgaben sonst häufig zu beobachten ist.

Prozesssteuerung
Schliesslich werden die erhobenen Daten auch umfassend zur Prozesssteuerung eingesetzt. So ist beispielsweise für neue Kunden mit entsprechendem Potential vorgesehen, dass diese bereits bei einem ersten oder zweiten Besuch dann mit einem kostenlosen Steakdinner überrascht werden, wenn sie eine Pechsträhne haben und hoch verlieren. Ein Mitarbeiter bietet in diesen Fällen an, den Automaten bis nach dem Dinner zu sperren, so dass der erfolglose Spieler sich beim Essen ausruhen und danach sein Glück erneut versuchen kann.

Chancen und Risiken von Kundenclubs und Bonusprogrammen

Übergreifend werden als Loyalitätsprogramme sowohl Kundenclubs (Tomczak/Dittrich, 1998), die zusätzliche Leistungen anbieten und oft auch ein Element von Exklusivität besitzen, als auch Bonusprogramme, die auf dem Sammeln von Punkten, Meilen etc. basieren und Prämien gewähren, bezeichnet. Glusac (2006) berichtet über zwei Studien, welche die Bindungswirkung von Lufthansa Miles&More bzw. der Payback-Karte für den Kaufhof zum Gegenstand hatten und in denen in beiden Fällen festgestellt wurde, dass Kundenzufriedenheit eine höhere Bindungswirkung hat als die Mitgliedschaft in den jeweiligen Bonusprogrammen (die allerdings auch positiv wirkten). Ferner haben Stauss/Schmidt/Schoeler (2005) sieben negative Wirkungen von Loyalitätsprogrammen festgestellt, die genau das Gegenteil von Kundenbindung zur Folge hatten.

Damit wird unmittelbar die Frage aufgeworfen, mit welchen Kosten welche Bindungswirkungen erzielt werden und welche anderen Effekte (z.B. Erfassung kundenindividueller Transaktionsdaten, Zusatzumsätze, Kundenfrustration) zu berücksichtigen sind.

In der Praxis hat sich eine Checkliste mit folgenden Fragen bewährt:

- *Ist der Kundenclub bzw. das Bonusprogramm in eine umfassende Kundenbindungsstrategie integriert?* Vielleicht mit Ausnahme einiger weniger Airlines kann ausgeschlossen werden, dass Kundenclub oder Bonusprogramm per se zu Bindung führen. Deshalb sind Loyalitätsprogramme nur eines von vielen Elementen erfolgreicher Kundenbindungsstrategien.
- *Sind Kundenclub bzw. Bonusprogramm langfristig ökonomisch darstellbar? Können die versprochenen Zusatzleistungen dauerhaft angeboten werden?* Nach dem Test des Programms und der flächendeckenden Implementierung ist es ausserordentlich schwierig, den Kundenclub zu schliessen und noch viel schwieriger, das Bonusprogramm nicht mehr weiterzuführen. Umso bemerkenswerter ist die Entscheidung von OBI, die Teilnahme an der Loyalitätskarte «Payback» Mitte 2007 aufzugeben.[2]
- Als Sonderfall für Bonusprogramme ist zu fragen: *Wie attraktiv können die Prämien sein? Welcher Zusatzaufwand entsteht durch Prämieneinkauf, -versand etc.?* Hier gilt ein Forschungsergebnis von Stauss/Schmidt/Schoeler: Kunden sind oft enttäuscht über den im Verhältnis zu den getätigten Umsätzen als zu gering empfundenen Wert der Prämien (Stauss/Schmidt/Schoeler, 2005). In diesem Beitrag wird die Auffassung vertreten, dass wirklich wertige Prämien nur dann ökonomisch darstellbar sind, wenn die variablen Kosten der Prämie im Verhältnis zum Preis sehr gering sind und eine Kannibalisierung unter Kontrolle gehalten werden kann (klassisches Beispiel hierfür sind Airmiles-Programme).

- *Bietet sich ein unternehmensübergreifendes Loyalitätsprogramm (z.B. Webmiles, Payback, Happy Digits, Nectar) an?* Das britische Programm Nectar deckt etwa jeden zweiten Haushalt des Landes ab – der Hauptsponsor Sainsbury's ist aber weit von 50% Marktanteil entfernt. Tatsächlich ist die eigene TescoCard des Marktführers wohl erfolgreicher (s.u.).
- *Wie viele zusätzliche Daten können gesammelt werden und wozu werden diese verwendet?* Selten rechnet sich ein Bonusprogramm oder ein Kundenclub, wenn durch den Geschäftstyp wie bei Bank, Versicherung, Versandhandel, Telekommunikation die wesentlichen Kundenstamm- und -transaktionsdaten ohnehin erfasst werden. Im Einzelhandel führt aber kein Weg an der Kundenkarte vorbei, um Kundendaten zu erhalten, auch wenn auf den ersten Blick die Bindungswirkung für das einzelne Retail-Outlet gering sein mag. Insofern ist die Einführung eines Bonusprogramms nur dann wirklich sinnvoll, wenn die gewonnenen Daten auch strategisch, unternehmensweit, das heisst in grossem Umfang, und zur Prozesssteuerung genutzt werden.

Ein beeindruckendes Beispiel findet sich bei Tesco in Grossbritannien, denn das Unternehmen macht im Sinne der hier vertretenen Auffassungen eigentlich alles richtig, um Kunden zu binden:[3]

- Tesco verfolgt unternehmensweit ein klares, ganz auf den Kunden fokussiertes Ziel und richtet seine Massnahmen danach aus: «Our core purpose is to create value for customers to earn their lifetime loyalty.»[4] Die Tesco Club Card ist ein wesentliches Element in der Umsetzung.
- Das Programm wurde – zunächst erfolglos – in drei Tesco-Märkten getestet und dann durch ständige Testzyklen in 12 Märkten so verbessert, dass es unternehmensweit implementiert werden konnte.
- Das Programm ist relevant für die angesprochenen Kunden: 20–40% Couponeinlösungsquote deutet klar darauf hin, dass die richtigen Kunden mit den richtigen Angeboten zurück in die Tesco-Märkte gebracht werden.
- Es wurden konsequent Mittel aus der klassischen Werbung ins Direktmarketing umgeleitet mit dem Effekt von höheren Umsatzsteigerungen bei geringerem Werbeaufwand.
- Über das Programm werden 85% aller Transaktionen erfasst – und die Daten werden optimal genutzt: zur Kundensegmentierung, zur Direktansprache der Kunden mit sehr differenzierten Angeboten, zur Sortimentsoptimierung und zur segmentspezifischen Preispolitik – alles Anwendungen, die immer wieder dazu dienen, die bestehenden Kunden erneut in die Tesco-Märkte zu bringen und die Vorteilhaftigkeit des Einkaufs bei Tesco zu unterstreichen. Daneben werden die Daten aber auch zur Optimierung der Standorte und in Kooperation mit Werbepartnern

und Lieferanten zur ständigen Verbesserung der Angebote und klassischen Werbemassnahmen verwendet.

Kundenbindung findet an jedem Kontaktpunkt statt

Beziehungsmanagement kann immer dann stattfinden, wenn Kunde und Unternehmen miteinander in Kontakt treten. Es ist vor diesem Hintergrund bemerkenswert, wie viel CRM-Aufwand für – fraglos wichtige – Themen wie Daten, Direktansprache, Segmentierung, ganz zu schweigen von IT-Systemen, und wie wenig demgegenüber für die wesentlichen Themen Kontaktpunktmanagement und Kundenprozess aufgewendet werden.

Der Grundansatz der debitel-Kundenstrategie ist oben bereits angesprochen worden. Eine wesentliche Überzeugung liegt darin, dass an jedem Kundenkontaktpunkt die Kundenbindung verstärkt – oder verletzt – werden kann. Welche Erfahrungen nun zur Kundenbindung beitragen, hängt zunächst einmal von den Kundenerwartungen ab. Einerseits hat sich dabei die Unterscheidung bewährt, welche Leistungen Kunden mindestens erwarten und welche Elemente der Gesamtleistung als Zusatzleistung verstanden werden. Andererseits hat sich in der Analyse gezeigt, dass bestimmte Kundenkontaktpunkte Differenzierungspotential dem Wettbewerb gegenüber aufweisen, andere jedoch nicht.

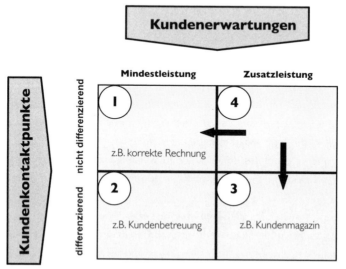

Abbildung 4: Kontaktpunktstrategie zur Kundenbindung

Aus diesem Strategieverständnis heraus können drei wesentliche Kontaktpunkttypen unterschieden werden (vgl. Abbildung 4):

1. Eine erwartete Mindestleistung muss erfüllt sein, birgt aber kein Differenzierungspotential gegenüber dem Wettbewerb (Quadrant 1), z.B. muss die monatliche Telefonrechnung korrekt, verständlich und pünktlich versandt werden – das gilt für alle Wettbewerber und alle Kunden gleichermassen. An solchen Kontaktpunkten kann jedoch bei hohen Kontaktvolumen Einsparpotential bestehen, indem die Leistung in der Tat auf das Mindestmass beschränkt wird.
2. Eine Mindestleistung muss erfüllt sein und Differenzierungspotential gegenüber dem Wettbewerb ist gegeben (Quadrant 2), z.B. muss Kundenbetreuung angeboten werden; die kann allerdings bei Anruf im Call Center kostenpflichtig sein oder ausschliesslich online angeboten werden. Hier kann bei den rentablen Kunden zusätzliches Investment in geringere Wartezeiten am Telefon, schnellere Briefbearbeitung oder kulantere Problemlösung bei Beschwerden angebracht sein, um Kundenzufriedenheit zu steigern bzw. erfolgreichere Vertragsverlängerungsangebote zu machen und sich so in diesen attraktiven Kundensegmenten von Wettbewerbern abzusetzen.
3. Eine Zusatzleistung, bei der Differenzierungspotential gegenüber dem Wettbewerb gegeben ist (Quadrant 3): Diese Leistung kann, muss aber nicht erbracht werden (z.B. Kundenmagazin) und sollte nur angeboten werden, wenn positive Effekte auf die Kundenbindung messbar sind.
4. Eine Zusatzleistung ohne Differenzierungspotential gegenüber dem Wettbewerb sollte nicht erbracht werden (Quadrant 4): Entweder ist ein Kern dieser erwarteten Leistung eine Mindestleistung, die dann, wie in Quadrant 1 dargestellt, kostenoptimiert werden sollte, oder es kann Differenzierungspotential erzielt werden, womit die Ausführungen zu Quadrant 3 gelten. Gilt weder das eine noch das andere, muss das Angebot eingestellt werden. Diese Kosten können an anderer Stelle besser investiert werden. Gerade solche Leistungen werden durch eine genaue Analyse der Kundenkontaktpunkte zutage gefördert.

Die vorhandenen Kundendaten ermöglichen die unterschiedliche Handhabung einzelner Kundensegmente an den als entscheidend für die Kundenbindung herausgearbeiteten Kontaktpunkten. Auch bei der Feinjustierung der Kundenprozesse gilt es zu testen, den Erfolg zu messen und Anpassungen wo notwendig vorzunehmen. Es geht also beim Management der Kundenbeziehungen nicht allein darum, mit Hilfe von IT-Systemen erfolgreich Cross- und Upselling zu betreiben oder wie etwa in der Telekommunikation regelrechte Bindungsangebote zu unterbreiten, sondern die Kundendaten müssen zuallererst zur Steuerung der Prozesse für die Kundensegmente herangezogen werden.

Differenzierter Service und mehrdimensionale Segmentierung sind Schlüssel zur erfolgreichen Kundenbindung

Differenzierten Service bietet Harrah's seinen Kunden offensiv und nach aussen hin sichtbar an. Im Total Rewards Progamm bestehen drei unterschiedliche Karten: Goldkarten für jeden Kunden, der sich registriert hat, Platinkarten ab einem festgelegten Umsatz pro Jahr und für die höchste Kundenkategorie Diamantkarten. Harrah's CEO Gary Loveman meint dazu: «Our best customers wanted service quickly – they didn't want to wait in line (…) So we made a point of routing our customers into three different lines. People who weren't card carrying Harrah's members and Gold customers stood in lines at the reception desk or the restaurant. Platinum customers would stand in still shorter lines, and diamond cardholders would rarely ever have to stand in line. This created a visible differentiation in customer service» (Loveman, 2003). Wenn es darum geht, rentable oder potentiell rentable Kunden zu binden, muss es strategisch richtig sein, diesen Kunden einen als besser wahrgenommenen Service anzubieten als solchen Kunden, die bei Betrachtung der individuellen Umsätze und Kosten (z.B. Kundenbetreuung) in sich unprofitabel sind. Insofern ist letztlich für die Bindung rentabler Kunden durch strategisches Beziehungsmanagement die Segmentierung der Kunden grundlegend. Zu den in der Praxis bewährten Segmentierungskriterien gehören der Kundenwert sowie das Potential des Kunden für die Zukunft (Stauss/Friege, 2003) – sehr erfolgreich bei Harrah's angewendet, die Wahrscheinlichkeit, bestimmte Produkte/Zusatzleistungen zu kaufen, die Kaufpräferenzen aus getätigten Käufen, die Dauer der Kundenbeziehung, die Stellung im Kundenlebenszyklus sowie ganz wesentlich für die kontinuierliche Weiterentwicklung des Beziehungsmanagements die Abweichung zwischen vorhergesagtem und tatsächlichem Verhalten.

Bei der Vielzahl der möglichen Segmentierungsebenen wird es notwendig, abhängig von der Anwendung der einzelnen Segmente, unterschiedliche Kriterien heranzuziehen und eine multidimensionale Segmentierung zu realisieren. So kann ein und derselbe Mobilfunkkunde in der Kundenbetreuung dem Diamantsegment angehören (abhängig von seinem Kundenwert und -potential), er kann Angebote für Zusatzleistungen per E-Mail bekommen (abhängig von seinem Telefonierverhalten und seinem bevorzugten Kommunikationskanal) und im Handel ein Vertragsverlängerungsangebot bekommen (abhängig von seiner bevorzugten Hardware). In jedem dieser Segmente wird er mit vielen anderen, aber jeweils unterschiedlichen Kunden in den jeweiligen Kundenprozessen bedient. Die Vorstellung, ein Kunde sei starr einem Segment zuzuordnen und an jedem Kundenkontaktpunkt ausschliesslich nach dieser Segmentierung zu bedienen, ist mindestens veraltet, wenn nicht gar abwegig. Strategisches Beziehungsmanagement zur Bindung rentabler Kunden erfordert in der Regel multidimensionale Segmentierung in den Kundenprozessen.

Es zeigt sich weiter, dass in den hier betrachteten Beispielen von debitel, Harrah's und Tesco grundsätzlich keine von externen Datenbrokern zugekauften Daten (insbesondere keine Lifestyle-Daten) verwendet werden. Eine solche Datenanreicherung macht nur dann Sinn, wenn keine oder nur sehr wenige Kundendaten vorhanden sind und / oder wenn aus bestehenden Marktforschungsdaten zielgerichtete klassische Werbung gesteuert werden soll. Für die Bindung rentabler Kunden sind – wie oben dargestellt – die erhobenen Daten erfahrungsgemäss hinreichend.

Sieben Leitlinien aus der Praxis, Kunden erfolgreich zu binden

Die im vorliegenden Beitrag dargestellten Erfahrungen zur Bindung rentabler Kunden durch strategisches Beziehungsmanagement lassen sich schliesslich in diesen sieben Leitlinien zusammenfassen:
1. Kundenzufriedenheit ist Grundvoraussetzung für Kundenbindung.
2. Kundenbindung muss strategisch geplant werden.
3. Wissen über Kunden ist der wichtigste Rohstoff für Kundenbindung.
4. Kundenbindung findet ständig und an jedem Kundenkontaktpunkt statt (oder eben nicht).
5. Nicht alle Kunden sind gleich: Bessere Kunden werden bevorzugt behandelt – und gebunden.
6. Kundenclubs und Bonusprogramme garantieren per se keine Kundenbindung, können aber unter Umständen einen Beitrag leisten.
7. Mehrdimensionale Segmentierung ist der eigentliche Schlüssel zur erfolgreichen Bindung von profitablen Kunden.

Zusammenfassend kann festgehalten werden, dass die Bindung von profitablen Kunden einerseits die Folge der Entwicklungen vom Verkäufer- zum Käufermarkt ist und in diesem Umfeld die profitabelste Strategie zur Steigerung des Unternehmenswertes darstellen kann. Andererseits bleibt Kundenbindung unter den dargelegten Leitlinien ein Zwischenschritt auf einem langen Weg hin zu einem immer konsequenteren Kundenfokus und einer vollständigen Umsetzung von Zielen und Potentialen des Customer Relationship Managements und muss als solcher umfassend und zentral in die Gesamtstrategie des Unternehmens eingebunden werden.

Anmerkungen

1. http://www.harrahs.com/harrahs-corporate/index.html, Zugriff vom 23.01.07.
2. Vgl. http://www.obi.de/de/company/de/Presse_und_Neues/Pressemitteilungen/Aktuell/Payback_Trennung.html, Zugriff vom 26.01.07.
3. Vgl. zur Tesco Club Card
   z.B. http://www.loyalty.vg/pages/CRM/case_study_14_Tesco.htm,
   http://www.ecrnet.org/05-projects/crm/7-Case%20Tesco%20dunnhumby.ppt, Zugriff jeweils vom 25.01.07.
4. http://www.tescocorporate.com/ourcorepurpose.htm, Zugriff vom 26.01.07.

Literatur

Bakáy, Zoltan/Schwaiger, Manfred (2006): Kundenbindung im liberalisierten Strommarkt, in: Die Betriebswirtschaft, 66. Jg., Nr. 3, S. 326-344.

Becker, David O. (2003): Gambling on Customers, in: The McKinsey Quarterly, o. Jg., No. 2, S. 46–59.

Friege, Christian (2005): Fokus auf die Kunden – Dienstleistungsqualität bei der debitel AG, in: Forschungsgemeinschaft Qualität (Hrsg.): Zukunft Qualität – Innovationen beherrschen, Frankfurt: FQS, S. 1–9.

Glusac, Nikola (2006): Bonusprogramme – ein wirkungsvolles Kundenbindungsinstrument? In: Hinterhuber, Hans H./Matzler, Kurt (Hrsg.): Kundenorientierte Unternehmensführung, 5. Aufl., Wiesbaden: Gabler, S. 513–524.

Homburg, Christian/Bruhn, Manfred (2005): Kundenbindungsmanagement – Eine Einführung in die theoretischen und praktischen Problemstellungen, in: Bruhn, Manfred/Homburg, Christian (Hrsg.): Handbuch Kundenbindungsmanagement, 5. Aufl., Wiesbaden: Gabler, S. 3–37.

Lal, Rajiv (2002): Harrah's Entertainment Inc., Harvard Business School, Case 9-502-011.

Loveman, Gary (2003): Diamonds in the Data Mine, in: Harvard Business Review, Vol. 81, No. 5, S. 109-113.

Stauss, Bernd (2000): Perspektivenwandel: Vom Produktlebenszyklus zum Kundenbeziehungslebenszyklus, in: Thexis, 17. Jg., Nr. 2, S. 15–18.

Stauss, Bernd/Friege, Christian (2003): Kundenwertorientiertes Rückgewinnungsmanagement, in: Günter, Bernd/Helm, Sabrina (Hrsg.): Kundenwert, 2. Aufl., Wiesbaden: Gabler, S. 523-544.

Stauss, Bernd/Neuhaus, Patricia (2004): Das Qualitative Zufriedenheitsmodell (QZM), in: Hinterhuber, Hans H./Matzler, Kurt (Hrsg.): Kundenorientierte Unternehmensführung, 4. Aufl., Wiesbaden: Gabler, S. 85–100.

Stauss, Bernd/Schmidt, Maxie/Schoeler, Andreas (2005): Customer frustration in loyalty programs, in: International Journal of Service Industry Management, Vol. 16, No. 3, S. 229–252.

Stauss, Bernd/Seidel, Wolfgang (2002): Customer Relationship Management (CRM) als Herausforderung für das Marketing, in: Thexis, 19. Jg., Nr. 1, S. 10–13.

Tomczak, Torsten/Dittrich, Sabine (1998): Kundenclubs als Kundenbindungsinstrument, in: Bruhn, Manfred/Homburg, Christian (Hrsg.): Handbuch Kundenbindungsmanagement, Wiesbaden: Gabler, S. 171–187.

Approach Management bei PostFinance

• • • • •

Dr. Patrick Schünemann
Kaspar Trachsel

Dr. Patrick Schünemann ist ehemaliger Leiter Analytisches CRM beim Schweizerischen Bankverein und der UBS AG sowie Gründer und Geschäftsleiter der Predict AG. Mit der Dixendris AG entwickelte er die Approach Management Methodik und die Software-Systeme für dessen Anwendung in verschiedenen Branchen.

Kaspar Trachsel führt seit 2004 die Vertriebssteuerungseinheit Customer Intelligence bei PostFinance und ist verantwortlich für die laufende Analyse des Kundenportfolios in Hinsicht auf Verkaufs- und Betreuungschancen, das kanalübergreifende Lead Management und die Messung der Effektivität der einzelkundenbezogenen Marketingmassnahmen.

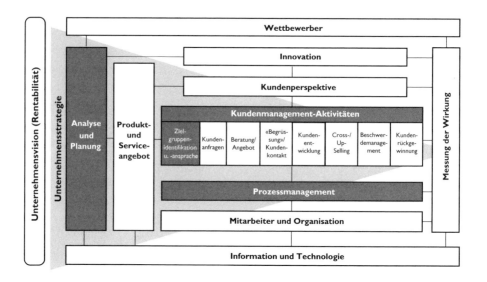

Das vorgestellte Approach-Management-Konzept bei PostFinance dient der besseren Verknüpfung von analytischem und operativem CRM zur effektiveren Nutzung von Verkaufschancen. Zentrale Elemente sind periodisch aktualisierte und optimierte Kundenkontaktpläne für alle bestehenden und potentiellen Kunden sowie neu definierte Geschäftsfälle. Ein Geschäftsfall ist eine Verkaufshypothese, welche bei bestimmten Kunden, welche die geschäftsfallauslösenden Kriterien erfüllen, Aktivitäten auslösen. Eine Aktivität besteht wiederum aus einem Angebot, einem Kanal und einer Feinselektion. Der Geschäftsfall ermöglicht, das Wissen, wie man spezifische Angebote eines Unternehmens verkauft, systematisch zu erfassen und zu verbessern.

Approach Management bei PostFinance

PostFinance ist ein ertragsstarker Geschäftsbereich der Schweizerischen Post. 1906 als Anbieterin für den Schweizer Zahlungsverkehr gegründet, bietet PostFinance heute ein umfassendes Angebot an Finanzdienstleistungen. Mit über zwei Millionen Privat- und rund 300'000 Geschäftskunden zählt PostFinance zu den grössten Finanzdienstleistern der Schweiz und ist Marktführerin im Zahlungsverkehr.

Analytisches CRM

Etwa um 1994 begannen sich in der Schweiz die grossen Retail-Banken aktiv mit Database Marketing zu beschäftigen. Etwa ab 1998 bezeichnete man diese Initiativen dann als «analytisches CRM». Im analytischen CRM wird eine Kundendatenbank aufgebaut, welche neben den soziodemografischen Merkmalen des Kunden vor allem auch Daten über den Produktekauf, die Produktenutzung und die Kontakte des Kunden mit dem Anbieter in historisierter Form enthält. Diese Daten werden mit Methoden der Statistik und der künstlichen Intelligenz analysiert und modelliert. Aus Vergangenheitsdaten wird so versucht, das zukünftige Verhalten und die Bedürfnisse einzelner Kunden zu prognostizieren und dieses Wissen zur besseren Zielgruppenselektion von Direct Mailings zu nutzen.

Das Konzept «Approach Management»

Die Konzepte und Anwendungen des Data Base Marketings/CRM sind heute noch nahezu identisch mit denjenigen vor 10 Jahren. Der Erfolg von CRM hat sich eher über eine Verbreiterung der Anwendung als über eine Vertiefung des Methodensatzes manifestiert. Ein wesentlicher Grund für diese Entwicklung mag in der organisatorischen Komplexität von CRM liegen. CRM ist nicht einfach ein Werkzeug, das irgendwo im Unternehmen eingeführt wird und die Marketingperformance erhöht, sondern bedingt eine tief greifende Änderung in der Denkweise, wie sich ein Unternehmen gegenüber den Kunden positioniert, und eine Änderung der Abläufe, wie

Kunden betreut werden. Infolge der Trägheit grösserer Organisationen braucht dies Zeit und Erfahrung. Oftmals sind Gruppen und Abteilungen, welche sich insbesondere mit analytischem CRM beschäftigen, Exoten, welche eine Rolle als Randerscheinung in einer Stabsabteilung einzunehmen scheinen und sich nicht zwingend als unentbehrlich für die Existenz des Unternehmens erweisen.

Um das Jahr 2000 begann sich deshalb einer der Autoren dieses Artikels mit der Frage zu beschäftigen: Was kommt nach CRM? 2004 schreibt Kimberly Collins von der Gartner Group, einem der führenden Marktanalysten auf diesem Gebiet: «Marketing is the last business function to become processoriented and to automate key marketing processes.» Die Autoren schliessen aus dem Gesagten, dass der nächste Schritt in der Entwicklung auf jeden Fall eine prozessorientierte Integration und Automatisierung der wesentlichen Marketing- und Vertriebsaufgaben bedeuten muss. Insbesondere auch die bessere Integration von Analytischem CRM in die operative Umsetzung im Vertrieb. Und noch ein Punkt ist wesentlich: Die meisten Märkte sind heute gesättigte Nachfragemärkte. Dies erfordert eine immer deutlichere Positionierung des einzelnen Anbieters, um im Konkurrenzumfeld bestehen zu können.

Diese beiden Komponenten – die Prozessintegration von Marketing und Vertrieb sowie die Positionierung eines Anbieters in einem gesättigten Nachfragemarkt – bilden den Hintergrund für ein Konzept, das die Dixendris AG «Approach Management» genannt hat und welches die prozessorientierte Umsetzung eines ganzheitlichen Marketing- und Vertriebsansatzes zum Inhalt hat. Dieses Konzept hat die PostFinance erstmals konsequent angewendet – mit erstaunlichen Erfolgen.

Projektablauf

Im Jahr 2004 war PostFinance fünftgrösste Anbieterin von Finanzprodukten für Privat- und Geschäftskunden in der Schweiz ohne Banklizenz und führend im Zahlungsverkehr. Sie wollte wachsen und eine führende Rolle im Retail-Banking-Markt Schweiz einnehmen. Dazu baute sie unter anderem ein Netzwerk von Filialen und Kundenberatern auf, welche mit qualifizierterem Verkauf den ursprünglichen Vertriebskanal über die Poststellen ergänzen und verstärken sollten. Es gab aber ein Problem: Die zahlreichen neuen Kundenberater hatten zu wenig Beratungstermine. Es fehlte an qualifizierten Verkaufschancen – an Leads. Die initiativeren Berater griffen deshalb zum Telefon und riefen mögliche Kunden oder Interessenten an, um zu Beratungsterminen zu kommen, meistens mit Hilfe des Telefonbuchs, ohne zu wissen, ob der Angerufene schon eine Beziehung zur PostFinance hat oder interessiert an einem Produkt wäre.

2004 war das Finanzinstitut noch sehr stark produktorientiert. Man sass zwar auf einem Berg von Daten, wusste aber nicht, wie diese zu Kundenwissen gemacht werden können. Es fehlte «Customer Intelligence». Customer Intelligence wurde bereits 2002 als «mission critical» für die Umsetzung der neuen Multidistributionsstrategie – welche PostFinance zu einer der in der Schweiz führenden Retail-Finanzinstitute machen sollte – erkannt, aber aus internen Erwägungen bis 2004 nicht richtig angepackt.

1. Schritt: Der Aufbau einer Kundendatenbank

Im August 2004 begann deshalb PostFinance zusammen mit Dixendris mit dem Aufbau des Distributions-Data-Mart. Grundlage für alle Vertriebssteuerungsaktivitäten war die Datenbasis. PostFinance verfügt über sehr umfangreiche Kundendaten, insbesondere auch aus dem Zahlungsverkehr, die Datenqualität wurde jedoch von vielen Nutzern sehr unterschiedlich und subjektiv meistens als schlecht beurteilt. Auch verfügte PostFinance zum damaligen Zeitpunkt nicht über eine Kunden-, sondern lediglich über eine Kontosicht, d.h., dass ein Kunde, welcher mehrere Beziehungen zur PostFinance pflegt, nicht zwingend als ein und dieselbe Person erkannt und deshalb auch nicht ganzheitlich betreut werden konnte. Die Daten waren in einer Vielzahl unterschiedlicher Systeme verteilt. Es existierte zwar ein Data Warehouse, dieses enthielt jedoch vor allem aggregierte Daten in einer Form, wie sie nicht direkt zur Erzeugung von Verkaufschancen verwendet werden konnten. Zudem waren die monatlich geladenen Daten im Data Warehouse nicht aktuell genug.

Im Dezember 2004 war der Distributions-Data-Mart in einer ersten Version fertig gestellt. Er enthielt die kompletten Daten von über 2 Millionen Kunden und zwar:
- Kundenstammdaten: Geschlecht, Geburtsdatum, Adresse, Länge der Kundenbeziehung.
- Produktebesitz: Welche Produkte hat der Kunde wann gekauft? Dazu die Kontostände sowie die individuellen Ausprägungen der Produkte.
- Produktenutzung: Welche Transaktionen hat der Kunde auf den jeweiligen Produkten wann und in welchem Volumen durchgeführt?
- Weitere Daten über die Kundenkontakthistorie, Beschwerden und Präferenzen des Kunden.

Alle Daten wurden historisiert, so dass der Data Mart jetzt als Grundlage für die Anwendung von analytischen Methoden und als Basis für die operative Abwicklung von Verkaufschancen dienen konnte.

2. Schritt: Das Lösungskonzept

Im klassischen analytischen CRM werden mittels Data-Mining-Methoden Prognosemodelle erstellt und mit diesen Modellen werden für die Kunden im Data Warehouse oder Data Mart die Scores für Produktaffinitäten berechnet. Für Zielgruppenselektionen von Marketing- und Verkaufsaktivitäten werden nun diejenigen Kunden mit den höchsten Scores für das entsprechende Angebot selektiert.

Wie sich in der Vergangenheit aber gezeigt hat, beinhaltet dieses Vorgehen eine Reihe von Schwächen:
- Die Fokussierung auf die Zielgruppenselektion minimiert zwar Streuverluste, es wird jedoch nicht berücksichtigt, ob die Aktion an sich sinnvoll ist.
- Neben der Zielgruppenselektion gibt es eine Reihe weiterer – meist sogar wichtigerer – Kriterien für den Erfolg einer Aktion, die bei diesem Ansatz kaum berücksichtigt werden, zum Beispiel die Art und der Kanal der Abwicklung, die Botschaft der Aktion, die Promotionsmittel, die Qualität der Angebote und Produkte etc.
- Die Produktivität dieser Vorgehensweise ist gering. Die Entwicklung eines neuen Scoring-Modells dauert Wochen und das Ergebnis ist meist nur beschränkt wieder verwendbar.
- Die Entwicklung von Scoring-Modellen nach dem Expertenansatz ist sehr fehleranfällig und schlimmer noch: Die Fehler werden oft überhaupt nicht erkannt. Oftmals wissen die Marketing- und Sales-Spezialisten nicht, «was die Data Miner überhaupt machen».
- Bei PostFinance – und den meisten anderen Firmen – ist die eigentliche Aufgabe nicht, Streuverluste zu minimieren, sondern genügend Verkaufschancen für die verschiedenen Vertriebskanäle zu generieren und abzuwickeln.

Ein Gedankenexperiment – welches übrigens durch die Autoren in Realität überprüft wurde – mag verdeutlichen, wo die eigentliche Aufgabenstellung lauert:

Angenommen Sie haben ein Haus und Ihre Hypothek wird fällig zur Ablösung. Sie – als informierter «Smart-Shopper» – beauftragen nicht einfach Ihre Hausbank mit der Erstellung einer neuen Finanzierung, wie das heute noch die meisten Kunden machen, sondern wenden sich an eines der Preisvergleichsportale im Internet, wie etwa Comparis in der Schweiz. Sie erstellen dort ein Dossier mit dem zu finanzierenden Objekt und versenden dies mit Bitte um Offertstellung an – sagen wir einmal – zehn Banken. Was passiert? Von diesen zehn Banken, werden Ihnen nur etwa sieben antworten. Vermutlich ist bei den anderen drei der zuständige Sachbearbeiter gerade im Urlaub, auf einer Schulung oder er hat ganz einfach zu viel zu tun, um Ihre Offertanfrage zu beantworten. Von den restlichen sieben werden Ihnen drei ein Standardangebot vorlegen, möglicherweise haben Sie dabei sogar den Verdacht, dass man Ihr umfangreiches Dossier gar nicht gelesen hat. Zwei werden Ihnen ein komplett falsches Angebot unterbreiten, darunter möglicherweise Ihre Hausbank (da sind Sie sicher, dass man Ihr Dossier garantiert nicht gelesen hat!). Eine Bank sendet Ihnen nicht nur ein Angebot, sondern sogar gleich vier identische, leider zum falschen Objekt. Bei einer Bank – wenn Sie Glück haben – bekommen Sie ein vernünftiges, erwägenswertes Angebot.

Deshalb die Hypothese: Die meisten Verkaufschancen gehen nicht wegen ungenauer Zielgruppenselektion verloren, sondern durch Mängel in der Durchgängigkeit der analytischen und operativen Prozesse – oder eben: wegen fehlenden Approach Managements.

Neues Vorgehen

Die zentrale Fragestellung für die Vertriebssteuerung lautet deshalb: Wie können die Opportunitätsverluste beim Erkennen und Abwickeln von Verkaufschancen minimiert werden?

Der Kundenkontaktplan

Bricht man alle potentiellen Verkaufschancen auf einen bestehenden oder potentiellen Kunden herunter, so kann man sich gedanklich eine grosse Tabelle vorstellen, bei der jede Zeile ein Kunde oder Marktteilnehmer darstellt und in jeder Spalte eine zukünftige Verkaufschance abgebildet ist. Dies nennen wir den «Kundenkontaktplan». Der Kundenkontaktplan ist ein individueller Marketing- und Vertriebsplan pro Kunde oder Interessent, welcher periodisch – am besten täglich – neu berechnet wird. Die Berechnung berücksichtigt dabei das individuelle Kundenverhalten, d.h. das Transaktions- und Kaufverhalten des Kunden sowie die Kundenkontakthistorie in Kombination mit seinen soziodemografischen Merkmalen und seinen persönlichen Präferenzen. Gleichzeitig wird aber auch das Verhalten des gesamten Kunden- und/oder Interessentenportfolios ebenfalls berücksichtigt, so dass für jede Schätzung des individuellen Verhaltens und Bedürfnisses eine statistische Relevanz zusätzlich einfliessen kann.

Das Konzept funktioniert unabhängig von der Datenqualität. Ist die Datenqualität und die Granularität der Daten gut, so wird der Kundenkontaktplan besser. Je länger und besser man einen Kunden kennt, umso besser können seine Bedürfnisse antizipiert und kann auf seine Präferenzen eingegangen werden. Hat man noch wenige Daten, wie z.B. bei einem Interessenten, so ist die Ausschöpfungsquote geringer, trotzdem hilft jedoch der systematische Ansatz, aus jeder Begegnung zu lernen und das Vertriebssystem kontinuierlich zu verbessern.

Verkaufschancen abbilden

Wie ist eine Verkaufschance genau definiert? Dies ist zunächst nicht ganz einfach zu beantworten, da in einem Kundenkontaktplan die verschiedensten Kontakttypen abgebildet werden müssen, um ein universell einsetzbares Instrument zu erhalten. Es gibt grundsätzlich vier mögliche Wege, mit Kunden Geld zu verdienen oder zu verhindern, dass sie zur Konkurrenz abwandern:

- Neukundenakquisition: Man kann mehr Geld mit Kunden verdienen, wenn man mehr Neukunden akquiriert. Dazu muss man wissen, welche möglichen Interessenten zu welchem Zeitpunkt über welchen Kanal mit welchem Angebot am besten erreicht werden.
- Mehr Geschäft pro Kunde erarbeiten: Man kann mehr Geld mit den bestehenden Kunden verdienen, indem ihnen mehr Produkte (Cross Selling) oder höherwertige Produkte (Up Selling) verkauft werden. Auch hier muss man sich überlegen, welche Kunden zu welchem Zeitpunkt über welchen Kanal mit welchem Angebot angegangen werden.
- Den Kunden länger halten: Man muss versuchen, den Kunden solange wie möglich als Wiederkäufer zu halten. Man muss also wissen, welcher Kunde wann gehen wird und welche Kunden man behalten möchte und mit welchen Angeboten sie gebunden werden können.
- Die Versprechen einhalten: Ein vierter, oftmals vergessener Weg ist es, die impliziten und expliziten Kundenerwartungen zu erfüllen, auch wenn nicht unmittelbar eine Verkaufschance damit verbunden ist. Damit ist gemeint, dass ein Kunde, wenn er eine Offerte anfordert, diese auch innerhalb vernünftiger Zeit erhält. Das heisst aber auch, dass gute Kunden regelmässig vom Anbieter hören, auch wenn sich aus diesem Kontakt nicht unmittelbar ein weiteres Geschäft ergibt.

Neben den vier Möglichkeiten, mit Kunden Geld zu verdienen, gibt es zwei verschiedene Wege, wie man Verkaufschancen umsetzt. Und zwar

- Kampagnenbasiert: Man fasst eine grössere Anzahl Kunden, für die ein Kontakt in einem der oben beschriebenen Gebiete opportun wäre, zusammen und versendet eine direktadressierte Botschaft an alle gleichzeitig zu einem geplanten Zeitpunkt.
- Eventbasiert: Bei einem einzelnen Kunden tritt ein Zustand ein, welcher eine Kommunikation zu einem der oben beschriebenen Themen unmittelbar auslöst.

Und schliesslich gibt es noch die

- Pendenz: Eine Tätigkeit, die geplant wurde und welche bis zu einem bestimmten Zeitpunkt erledigt werden muss.

Die Neuerfindung des «Geschäftsfalls»

Neben den klassischen Direct-Mail-Kampagnen hatte PostFinance noch ein weiteres Instrument im Einsatz – den Geschäftsfall. Ein Geschäftsfall ist eine Verkaufshypothese, welche bei bestimmten Kunden, welche die geschäftsfallauslösenden Kriterien erfüllen, Aktivitäten initiiert.

Traditionell wurde ein Geschäftsfall von verschiedenen Personen im Rahmen eines aufwändigen Projektes entwickelt, wobei schliesslich manuell Listen mit Kunden, die zu einem Geschäftsfall gehören, erstellt und an die Verkaufsfront geschickt wurden. Allerdings konnten durch die aufwändige Erstellung nur wenige Verkaufschancen erzeugt und der Bedarf der Verkaufsorganisation nach Leads nur unbefriedigend abgedeckt werden.

All die oben erwähnten Punkte mussten deshalb im Rahmen des Projektes in ein neues Modell des Geschäftsfalls gegossen werden, um eine universelle Abbildungsmöglichkeit und systematische Abwicklung einer grossen Zahl von Verkaufschancen zu erhalten.

Der neue Geschäftsfall ist hauptsächlich ein generisches Datenmodell, welches von einer hochkomplexen Multi-Kanal-Wave-Kampagne bis zur einfachen Pendenz alle Aktivitäten mit einem Kunden – sei es inbound oder outbound – systematisch abbilden kann.

Ein Geschäftsfall besteht zunächst aus einer Definition des Zielmarktes, für welchen der Geschäftsfall überhaupt in Anwendung gelangen kann. Dies beinhaltet vor allem die harten Geschäftsregeln und Ausschlusskriterien, um zu definieren, wer grundsätzlich für den Geschäftsfall in Frage kommt. So darf z.B. einem 14-Jährigen keine Kreditkarte verkauft werden. Die Zielmarktdefinition ist nicht zu verwechseln mit der Feinselektion der Kunden, bei welcher definiert wird, welche Kunden innerhalb des Zielmarktes das höchste Potential für eine positive Antwort aufweisen.

Neben der Zielmarktdefinition besteht ein Geschäftsfall aus 1 bis n Aktivitäten. Die Aktivitäten können voneinander abhängig sein, d.h. z.B.: Wenn Aktivität 1 erfolgreich, dann Aktivität 2, sonst Aktivität 3.

Eine Aktivität wiederum besteht aus einem Angebot, einem Kanal und einer Feinselektion. Die Feinselektion enthält – wie oben erwähnt – diejenigen Kunden, für welche diese Aktivität durchgeführt wird. Die Selektion kann durch simple Regeln oder durch komplexe Prognosemodelle oder durch sinnvolle Kombinationen davon durchgeführt werden. Dadurch wird der Selektionsalgorithmus von der Geschäftsanwendung entkoppelt und zahlreiche Probleme in der Anwendung von Data-Mining-Modellen fallen dahin.

Ein Angebot wiederum besteht aus einem Produkt- und Dienstleistungspaket, einem Preis, einer Botschaft und den Promotionsmitteln, welche die Kommunikation mit dem Kunden beinhalten. Promotionsmittel können z.B. Call Scripts sein, wenn der Kanal das Telefon ist, oder Produktebroschüren und Gesprächsleitfäden für den Verkauf via Berater. Das Produkt muss nicht zwangsläufig ein klassisches Produkt aus dem Angebotskatalog sein, sondern ist eher zu verstehen, als das «Ding», was man dem Kunden in dieser spezifischen Aktivität nahebringen will. So kann etwa die Aktivität 1 aus einem Anruf aus dem Call Center bestehen und das Produkt ein Beratungsgespräch mit einem Kundenberater sein. Aktivität 2 wäre dann das Beratungsgespräch. Die Botschaft ist sehr wichtig und wird oft vergessen – denn diese beinhaltet den «Reason why» der Kunde auf das Angebot eintreten soll.

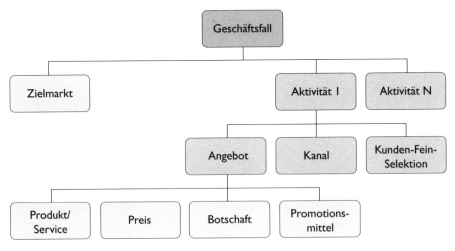

Abbildung 1: Struktur eines Geschäftsfalls

Das Geschäftsfallportfolio beinhaltet das gesammelte Verkaufswissen

In der Praxis hat sich gezeigt, dass sich mit der oben dargelegten Struktur des Geschäftsfalls tatsächlich generisch alle denkbaren Kundenaktivitäten systematisch abbilden lassen. Der Geschäftsfall ist deshalb ein ausserordentlich mächtiges Instrument, um das Wissen, wie man die spezifischen Angebote eines Unternehmens verkauft, systematisch erfassen und verbessern kann. Dieses Wissen wird heute in den allerwenigsten Unternehmen anwendbar gesammelt, sondern befindet sich meistens implizit in den Köpfen der besten Verkäufer. Unwiederbringlich verloren, wenn der Mitarbeiter das Unternehmen verlässt.

Heute – 2007 – hat PostFinance bereits über hundert verschiedene Geschäftsfälle pilotiert und im Einsatz. Man kann davon ausgehen, dass der Vertrieb einer Retailbank mit 200 bis 300 Geschäftsfällen komplett abgebildet werden kann.

Jeder Geschäftsfall hat einen Lebenszyklus. Wenn die Wirksamkeit eines Geschäftsfalls nachlässt, muss er entweder durch Anpassungen erneuert oder gegebenenfalls ganz abgelöst werden. Das Geschäftsfallportfolio wird bei PostFinance laufend überwacht und die Performance jedes Geschäftsfalls wird gemessen. So wird eine Verlinkung von strategischen Zielsetzungen mit operativen Umsetzungsmassnahmen erreicht.

Während einerseits die Kundenkontakthistorie aus allen Produkten, Transaktionen und Kontakten des Kunden besteht, welche in der Vergangenheit vorgekommen sind, besteht der Kundenkontaktplan aus einer zeitlichen Planung derjenigen Geschäftsfälle, welche für einen Kunden in der Zukunft in Frage kommen.

Geschäftsfallentwicklung und Verwaltung

Nachdem die Struktur des Geschäftsfalls geklärt ist, stellt sich die Frage, woher eigentlich die Geschäftsfälle kommen? Zu diesem Zweck wird ein Ideenmanagementprozess aufgesetzt, welcher in der Lage ist, neue Geschäftsfallideen aufzugreifen und systematisch gegenüber den Geschäftszielen – den sogenannten «Key Business Objectives» zu bewerten. Neue Ideen für Geschäftsfälle können aus den verschiedensten Quellen kommen, hauptsächlich aber vom Verkauf selbst. Neu ist jedoch, dass die Ideen nicht einfach – wie in herkömmlichen Ideenmanagementsystemen oftmals üblich – beschrieben und per «Bauchentscheid» beurteilt werden, sondern dass bereits die Erfassung der Idee in der oben beschriebenen Geschäftsfallstruktur geschieht und bewertet werden kann.

Wird eine Geschäftsfallidee als interessant befunden, weil sie ein Geschäftsziel unterstützt, so wird ein Geschäftsfall in zwei Bereichen parallel entwickelt:
1. Der Geschäftsfall wird aus geschäftlicher Sicht strukturiert und plausibilisiert. Dazu gehören die Definition der Geschäftsregeln, die Zielmarktdefinition, die Struktur der einzelnen Aktivitäten, die Angebotsdefinition, die Botschaften und die Marketing- und Vertriebsunterlagen.
2. Parallel dazu erfolgt die Entwicklung aus analytischer und datengetriebener Sicht. Mengengerüste werden überprüft (mit wie vielen Leads pro Zeiteinheit ist zu rechnen?) und die Feinselektionsregeln werden erarbeitet. Dies kann in einer einfachen Regel oder mit komplexen Prognosemodellen erfolgen.

Ist der Geschäftsfall auch aus analytischer Sicht freigegeben, wird er pilotiert. Dabei wird der Geschäftsfall in ausgewählten Filialen, Regionen oder mit wenigen Testkunden ausprobiert. Möglicherweise ergeben sich aus der Pilotphase noch Änderungen am Geschäftsfall. Läuft alles wie geplant, wird der Geschäftsfall breit ausgerollt.

Ein Geschäftsfall braucht dabei nicht notwendigerweise für den ganzen Markt (z.B. die ganze Schweiz) Anwendung zu finden, sondern kann sehr wohl auch nur regional angewendet werden. Mit der Regionalisierung ist sogar eine noch höhere Spezifität möglich. Ein Geschäftsfall, z.B. für den Verkauf von Hypotheken, kann möglicherweise in der Region Zürich ganz anderen Regeln gehorchen als im Oberwallis.

Versionierung der Geschäftsfälle

Alle Geschäftsfälle werden versioniert abgelegt. Dadurch ist es möglich, Änderungen nachzuverfolgen und in der Kundenkontakthistorie nachzuvollziehen, welche Kunden in der Vergangenheit mit welcher Version eines Geschäftsfalles bearbeitet wurden. Eine systematische Verbesserung der Geschäftsfälle wird somit ermöglicht.

Geschäftsfallabwicklung

Alle Geschäftsfälle sind in eine «Rule Engine» eingebettet, welche periodisch, d.h. täglich oder wöchentlich, die gesamte Kundenbasis im Distributions-Data-Mart nach Kunden durchsucht, bei welchen ein bestimmter Status erreicht ist. Pro Geschäftsfall ergibt dies eine Liste mit Kunden, für die der Geschäftsfall eintritt. Diese Listen werden zu einer Kundensicht umgewandelt, d.h. zu einer Liste, in der alle heute gefundenen Geschäftsfälle pro Kunde enthalten sind.

In einem nächsten Schritt werden Geschäftsfallsperrungen bearbeitet. Es kann sein, dass einzelne Kunden aus verschiedenen Gründen überhaupt nicht bearbeitet werden sollen, oder dass einzelne Geschäftsfälle bei einem Kunden nicht ausgelöst werden dürfen, im Regelfall, weil der gleiche Geschäftsfall bereits vor einer Woche eingetreten ist und noch in der Bearbeitung steckt.

In einem zweiten Prozessschritt – Priorisierung genannt – werden jetzt die neuen Geschäftsfälle pro Kunde unter Berücksichtigung der laufenden Geschäftsfälle neu arrangiert, d.h., der individuelle Kundenkontaktplan wird aufgrund des aktuellen Wissens über den Kunden und gleichzeitig aufgrund des Wissens über das Verhalten des gesamten Kundenportfolios neu berechnet.

Im dritten Schritt letztlich – als Optimierung bezeichnet – werden jetzt nochmals die individuellen Kundenkontaktpläne aufgrund geschäftlicher Rahmenbedingungen überarbeitet. Es kann z.B. sein, dass viel mehr Kontaktmöglichkeiten für Outbound-Telefonkontakte gefunden wurden, als Kapazitäten vorhanden wären. Es kann auch sein, dass z.B. für die Region Zürich mehr Geschäftsfälle gefunden werden, als bearbeitet werden können, während für das Oberwallis zu wenig Geschäftsfälle vorhanden sind und somit mit Verkaufschancen von niedrigerem Potential aufgefüllt werden muss.

Effiziente Bearbeitung von kleinen Nischensegmenten

Viele Geschäftsfälle finden in einem Kundenportfolio von über 2 Millionen Kunden lediglich 1, 2 oder 3 Kunden pro Tag – aber kontinuierlich! Diese Geschäftsfälle weisen oft Abschlussraten von 50% oder mehr (bis zu gegen 100%) auf und können erhebliche Deckungsbeiträge oder Neugeldzuflüsse generieren. Über klassische Kampagnen können diese Kunden nicht erreicht werden, da einerseits die Gesamtzahl der Kunden pro Nische zu klein für eine klassische Bearbeitung ist, andererseits eine Kampagne zu einem bestimmten Zeitpunkt nur diejenigen dieser Kunden erreichen würde, welche gerade dann kaufwillig sind. Dies erklärt auch die markant höhere Abschlussrate des Approach-Management-Ansatzes, weil die Zeitdimension ebenfalls berücksichtigt wird: Der richtige Kunde, wird mit der richtigen Botschaft über den richtigen Kanal zum richtigen Zeitpunkt adressiert.

Mit dem Approach-Management-Ansatz können eine Vielzahl von kleinen und kleinsten Nischengruppen sehr kosteneffizient und effektiv bearbeitet werden. Dabei ist der Ergebnisbeitrag der Summe dieser Nischengruppen erheblich höher als derjenige der gebräuchlichen Standardsegmente mit grossen Kundenzahlen, die man sich zudem mit der gesamten Konkurrenz teilen muss.

Kanalspezifische Konfektionierung

Die Auslieferung der Geschäftsfälle wird je nach Kundenkontaktkanal mit kanalspezifischen Daten angereichert und über verschiedene Schnittstellen an die Umsysteme geschickt. Die hauptsächlichen Kanäle sind bei PostFinance derzeit das Telemarketing (Call Center) und die Kundenberater. Diese haben über das «Customer-Intelligence-Portal» die Möglichkeit, eine Triage der ihnen zugeschickten Leads vorzunehmen. Sie können einen Lead in ihrem CRM-System terminieren, den Lead an das Call Center weiterleiten oder eine Bearbeitung des Kunden zu diesem spezifischen Geschäftsfall ablehnen. Die letzte Kontrolle über die Kundenbearbeitung verbleibt somit beim Kundenbetreuer. Technisch wäre es ebenfalls möglich, den Kundenkontaktplan asynchron zu aktualisieren und den Umsystemen (operatives CRM und Call Center Software) online einen Zugriff über Webservices zu ermöglichen, so dass sie jederzeit Leads gemäss ihrem Bedarf abholen könnten.

Backend-Analyse

Das Gesamtsystem ist so ausgelegt, dass jeder Geschäftsfall nach seiner Auslieferung verfolgt werden kann. Einerseits ist es möglich, explizites Feedback von einem Kundenberater oder einem Call-Center-Agenten über die Abwicklung eines Geschäftsfalls zu erhalten, andererseits kann über das tatsächliche Kundenverhalten und die Einträge im operativen CRM-System implizit abgeleitet werden, wie der Kunde bearbeitet wurde und was das Ergebnis aus dieser Bearbeitung war. Alle diese Informationen laufen wieder im Distributions-Data-Mart zusammen und können über ein kennzahlenbasiertes Informationssystem aktuell verfolgt werden. Die lückenlose Erfolgsmessung und die Möglichkeit, Testpopulationen unbearbeitet zu lassen, ermöglichen es, sehr genaue Aussagen über die Wirkungsweise der Methodik zu treffen.

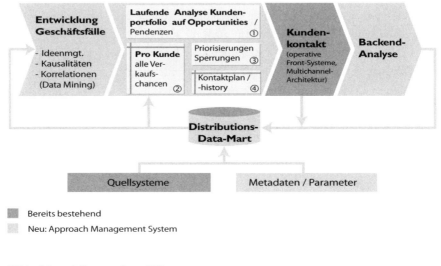

Abbildung 2: Approach Management System (AMS)

Ergebnisse

Die Ergebnisse des Einsatzes der Approach-Management-Methodik in der Customer Intelligence bei PostFinance können nach ca. 1½-jährigem produktivem Einsatz in direkten und indirekten Effekten jeweils im Vergleich zu Testgruppen und zum Status quo ante (vor der Einführung des Systems) gemessen werden.

Direkte Effekte

Zu den direkten Effekten gehört eine eindeutig messbare Steigerung der Verkaufsproduktivität, welche sich in der gesteigerten Anzahl Kundenkontakte sowie im gesteigerten Verkauf von Produkten (und erhöhter Neugeldakquisition) niederschlägt:
- Die durchschnittliche Abschlussquote ist im Vergleich zur Referenzgruppe sechsmal höher.

- Über 50% der Beratungen führen zu einem Verkaufsabschluss.
- Der Neugeldzufluss beträgt im Vergleich zur Referenzgruppe das Vierfache.
- Das durchschnittliche bei PostFinance angelegte Vermögen hat sich bei der Zielgruppe um 19% erhöht.
- Der Zuwachs der Anlagefondsanteile hat sich bei der Zielgruppe durchschnittlich um 20% erhöht, während er bei der Kontrollgruppe praktisch unverändert blieb.

Indirekte Effekte

Indirekte Effekte beinhalten Ergebnisse, welche sich nicht direkt auf die Kennzahlen Verkauf, Vermögen und Deckungsbeitrag zurückführen lassen.
- Die Erfolgsquote in der Vermittlung von Beratungsterminen hat sich mehr als verdreifacht.
- Das Approach Management System erlaubt die Identifikation und Abwicklung von kleinsten, aber hoch qualifizierten Zielgruppen.
- Doppelte Kundenansprachen konnten eliminiert werden. Dies ermöglicht 12'000 zusätzliche Kundenkontakte pro Jahr bei gleicher Kapazität.
- Jeder Kundenberater kann im Durchschnitt durch verkürzte Vorbereitungszeit jährlich 80 zusätzliche Beratungen vornehmen.

Technische Umsetzung

Das technische System bei PostFinance besteht aus folgenden Komponenten:
- CI-Portal: Eine webbasierte Anwendung, basierend auf dem Approach Management System von Dixendris, welche alle CI-Prozesse unterstützt (Datenmanagement, Geschäftsfallentwicklung, -verwaltung und -abwicklung, Kampagnenmanagement, Triage für Kundenberater, Management Cockpit für Erfolgsmessung und Reporting usw.) für ca. 300 Benutzer.
- Statistica und R als statistische Analyse- und Data-Mining-Software für die Geschäftsfallentwicklung.
- Eine Datenbanksoftware von Oracle mit 2 Terabyte Speicherplatz.
- Hardware Sun Fire V800.

Das System wurde innerhalb von 12 Monaten aufgebaut, wobei erste Geschäftsfälle sogleich nach Aufbau der Datenbank abgewickelt werden konnten.

Zusammenfassung und Ausblick

Durch die Kernfunktionalitäten des individuellen Kundenkontaktplans, den Geschäftsfall als Bindeglied zwischen analytischem und operativem CRM, die kontinuierliche Durchforstung der gesamten Kundenportfolios nach Geschäftsfällen sowie die kontinuierliche und individuelle Bearbeitung von kleinen und kleinsten Nischensegmenten können Opportunitätsverluste in der Kundenbearbeitung effizient und effektiv minimiert werden. Ergebnis ist eine deutliche, nachhaltige und messbare Steigerung der Vertriebsproduktivität in einer Multikanalvertriebsorganisation.

Die ursprüngliche Idee des Approach Managements hat sich bei PostFinance in der praktischen Anwendung erstmals voll bestätigt und ermöglicht in Zukunft mit einer weiteren Verfeinerung des Ansatzes und weiterer Praxiserfahrung eine erhebliche Steigerung der Vertriebsproduktivität, insbesondere in einer neuen Marketing- und Vertriebslandschaft, welche von einer Vielzahl von Kundenkontaktkanälen in dynamischen Nachfragermärkten geprägt ist.

Projekt «X» oder
«Wie Xerox aus zufriedenen Kunden auch treue Kunden macht.»

Ralf Winter
Christopher S. Kälin

Ralf Winter leitet den Bereich Operations bei Xerox Global Services Schweiz. Zusammen mit seinem Team ist er verantwortlich für die Dienstleistungserbringung der Kundenverträge.

Christopher S. Kälin ist Managing Partner der CSK Management Ltd und Verwaltungsratspräsident der Arvias AG sowie Gastdozent am Zentrum für Marketing Management der Zürcher Hochschule für angewandte Wissenschaften (ZHAW).

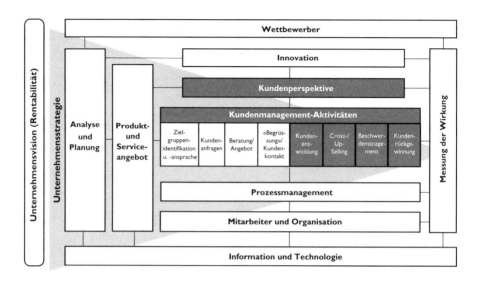

Die Autoren beschäftigen sich mit der Herausforderung, wie der Verlust von denjenigen Kunden vermieden werden kann, die trotz hoher Kundenzufriedenheit und trotz gut erfüllter Service Level Agreements (SLA) ihre Verträge kündigen.

Am Beispiel des Hausdruckerei-Outsourcings von Xerox beschreiben die Autoren, wie das eingesetzte Expertenteam die Ursachen ermittelt hat, welche Schlüsse es zog (Ungleichgewicht zwischen Hygiene- und Excitementfaktoren, suboptimale Kundenbetreuungsorganisation und zu verbessernde Vertragsflexibilität) und wie die im Projekt «X» zusammengefassten Massnahmen konkret umgesetzt werden.

**Projekt «X» oder
«Wie Xerox aus zufriedenen Kunden auch treue Kunden macht.»**

Das Unternehmen:
Bei Xerox dreht sich alles um Dokumente

Dokumente aller Art spielen heute überall eine Rolle, zum Beispiel als digitale Dokumente auf der Website und dem PC, ebenso wie Rechnungen, Verträge, Kontoauszüge oder Marketingunterlagen in Papierform. Die Produktion und die Verwaltung all dieser Dokumente in allen ihren Phasen ist das Geschäft von Xerox.

Xerox entwickelt Document-Management-Strategien und setzt sie um. Mit Büroausrüstung wie Druckern, Kopierern und Multifunktionsgeräten einerseits sowie digitalen Druckerpressen und Farbdruckern für den Produktionsdruck andererseits und mit Systemen für den Farb- und solchen für den Schwarzweissdruck berücksichtigt das Angebot von Xerox alle Bedarfsgruppen. Die Dienstleistungen umfassen Beratung, Systemdesign und Implementierung, Outsourcing und Prozessmanagement. Mit diesem Produktportfolio erarbeitet Xerox jährlich mit rund 55'000 Mitarbeitern über 15 Milliarden Dollar Umsatz (2005) in 160 Ländern.

«Zufriedene Kunden sind auch treue Kunden.»

Dass diese Hypothese aber nicht immer richtig ist, musste Xerox Global Services (XGS) – ein Geschäftsbereich, der innerhalb des Xerox-Konzerns Dienstleistungen rund um das Dokumentenmanagement, Consulting, Systemintegration, Digitalisierung, Inhaltsverwaltung und Outsourcing anbietet – feststellen, als eine Reihe von wichtigen Kunden die laufenden Verträge kündigten, obwohl sie ihre hohe Zufriedenheit mit den von Xerox erbrachten Leistungen signalisiert hatten. Wie konnte das passieren?

Das war der Startschuss für das Projekt «X». Xerox wollte aus zufriedenen auch wieder treue Kunden machen.

Outsourcing von Hausdruckereien

Eine der Hauptaufgaben von Xerox Global Services (XGS) ist das Outsourcing von sogenannten Hausdruckereien. In diesen produzieren Unternehmen grosse Mengen von Formularen, Hauszeitschriften, Werbematerial, Briefschaften, technischen Beschrieben, Geschäftsberichten etc.

Eine professionelle Hausdruckerei bedarf erheblicher Investitionen in Druckaufbereitungs-, Druck-, Kopier-, Falz- und Bindemaschinen. Auch der Betrieb ist meist sehr kostenintensiv (speziell ausgebildete Mitarbeiter, Verbrauchsmaterial etc.) und gehört nicht zu den Kernkompetenzen der Unternehmen. Der Betrieb einer Hausdruckerei bedeutet heute längst weit mehr als nur «Papier und Toner nachfüllen». Darum gliedern viele grössere Firmen heute diesen Bereich an ein Unternehmen aus, dessen Kernkompetenz eben genau hier liegt.

Typischerweise übernimmt Xerox dabei die Anlagen und die Mitarbeiter vom Kunden und betreibt das Druckzentrum anschliessend auf vertraglicher Basis. Die hohen Investitionen und die kundenspezifische Ausrichtung der Hausdruckerei bringen es mit sich, dass diese Outsourcingverträge sehr langfristig abgeschlossen werden – im Normalfall über fünf Jahre oder länger.

Kern eines Outsourcingvertrags ist immer ein sogenanntes *Service Level Agreement (SLA)*, in dem die zu erbringenden Leistungen (z.B. Qualitätsparameter, Produktionszeiten, Verfügbarkeit etc.) spezifiziert sind. Insbesondere sind auch die Konsequenzen (im Sinne eines Malus-Systems) bei Nichterbringung der im SLA vereinbarten Leistungen, z.B. fehlerhaft oder zu spät gedruckte Kundenrechnungen, die für einen Telekombetreiber absolut geschäftskritisch sein können, definiert.

Als eigentlicher Erfinder des Hausdruckerei-Outsourcings hat Xerox inzwischen eine grosse Anzahl langjährige Kunden gewonnen und somit auch einen hohen Grad an Professionalität im Betrieb solcher Druckzentren erreicht. So wird konsequent mit *Lean Six Sigma* gearbeitet, um eine konstant hohe Qualität und Zuverlässigkeit zu erzielen. Kern der Six-Sigma-Philosophie ist, wie bei Xerox üblich, die konsequente und detaillierte Messung der Resultate. Es liegt auf der Hand, dass die Kundenzufriedenheit direkt vom Erfüllungsgrad der im SLA definierten Messgrössen abhängt. Deshalb hat bei Xerox die Qualität der Arbeitsergebnisse einen hohen Stellenwert, auch weil eine Nichteinhaltung der Qualitätsanforderungen durch den erwähnten Malus direkte spürbare Konsequenzen für die Profitabilität hätte. Xerox hat folglich einen permanenten und präzisen Überblick über die Zufriedenheit der Kunden. Und der war immer gut. Die Messergebnisse waren eindeutig: Die Qualität war hoch, die Kunden schienen zufrieden. Es lag also auf der Hand, sich im Vertrieb auf die Akquisition neuer Kunden zu konzentrieren.

Zufriedene, aber untreue Kunden: Der Startschuss für Projekt «X»

Die Aufgabenstellung für das Projekt «X» lag primär nicht darin, die eigentliche Leistung beim Kunden zu verbessern, denn diese lag ja bereits auf hohem Niveau. Sie lag auch nicht darin, den klassischen Vertrieb zu verbessern, da die Herausforderung offensichtlich in den bereits bestehenden Kundenverträgen lag.

Das Ziel lag vielmehr darin, die Ursachen für den Kundenabgang zu identifizieren und entsprechende Massnahmen zu definieren, um diese Entwicklung umzukehren, bevor sie kritisch werden könnte. Der Ausgangspunkt war die Kundenbeziehung, die Customer Relationship.

Für das Projekt «X» wurde ein Team aus Spezialisten zusammengestellt, die sämtliche relevanten Bereiche abdeckten: ein Operations Manager, ein Account Executive und gleichzeitig Qualitätsexperte (Lean Six Sigma Green Belt) und ein Customer Operations Support Executive. Unterstützt wurde Xerox dabei durch das Beratungsunternehmen CSK Management. Um dem Projekt das notwendige Gewicht zu verleihen, übernahm der Direktor von Xerox Global Services die Verantwortung als Owner des Projekts.

Ursachenanalyse und Interpretation

Während rund sechs Monaten ging Xerox den Ursachen des Kundenabgangs auf den Grund. Dabei wurde ein internetbasiertes Umfragewerkzeug genutzt, welches bei Xerox regelmässig für Kundenumfragen genutzt wird. Gleichzeitig befragte Xerox in persönlichen Interviews alle Kunden, die Verträge im Jahr 2006 gekündigt hatten.

Neben diesen Standardmassnahmen wurden zwei Workshops mit Endkunden auf der operativen Ebene durchgeführt, um ein ungefiltertes Feedback von den direkten Leistungsempfängern von Xerox zu bekommen.

Ausserdem wurden 1:1-Interviews mit Entscheidungsträgern (den sogenannten Contract Owners) durchgeführt. Diese Contract Owners sind typischerweise Chefeinkäufer, Marketing- oder Finanzchefs. Sie treffen zwar den Lieferantenentscheid, sind aber meistens nicht die direkten Leistungsempfänger.

Zu guter Letzt wurden Erfahrungen aus England und Österreich hinzugenommen und systematisch ausgewertet.

Schlüsselfaktoren für die direkten Leistungsempfänger
Die Auswertung der Workshops ergab, dass die direkten Leistungsempfänger neben der Erfüllung der SLA-Kriterien drei wesentliche Bedürfnisse haben.

- Die «menschliche Komponente»
  Die Endkunden der Hausdruckerei legen grossen Wert auf einen persönlichen, menschlichen Kontakt. Dies betrifft alle Xerox-Mitarbeiter (sowohl die Operationsmitarbeiter an Ort, aber auch Verkauf, Marketing etc.). Die Befragung zeigt aber auch, dass Xerox in diesem Bereich sehr gute Bewertungen erzielt.

- Beratung/Support/Coaching/Betreuung
  Die Endkunden auf technischer/operativer Ebene wünschen sich mehr aktive Unterstützung im Sinne von Beratung, Know-how-Vermittlung, Support (z.B. «Wie machen es die anderen Kunden von Xerox?», «Wie können wir das effizienter machen?»). Das schon früher erkannte Bedürfnis nach einem dedizierten Kundenbetreuer (wie ihn Xerox bereits seit kurzem einsetzt) wurde bestätigt. Hier stimmt die von Xerox eingeschlagene Richtung. Dennoch identifizierte das Projektteam hier weiteren Handlungsbedarf.

- Präsenz
  Die Leistungsempfänger wünschen sich einen stärkeren Auftritt der Xerox-Hausdruckerei. So besteht bei den Kunden das Bedürfnis, dass die Hausdruckerei wesentlich aktiver beim Kunden kommuniziert. So wurde beispielsweise der Wunsch formuliert, die Hausdruckerei auffälliger zu kennzeichnen oder kundenintern Flyers mit Informationen über das Dienstleistungsangebot zu verteilen. Dies war insofern überraschend, weil Xerox mit solchen Massnahmen bis anhin zurückhaltend war, um die Kunden nicht mit «unerwünschter Werbung» zu belästigen. Aber die direkt Betroffenen scheinen sich sehr mit der Xerox-Hausdruckerei zu identifizieren, und sie haben den Wunsch, intern ihre Leistungen breiter bekannt zu machen oder sogar ein grösseres Leistungsspektrum anzubieten, im Sinne eines ergänzenden, zusätzlichen Angebots, welches nicht zwingend im SLA festgelegt ist.

Schlüsselfaktoren für Contract Owners

Aus der Sicht der Contract Owners ist die Vertragsflexibilität als Schlüsselfaktor sehr hoch zu bewerten. Die langfristigen Verträge müssen an die sich ändernden Bedürfnisse der Kunden angepasst werden können. Gleichzeitig müssen sie neue Technologien ohne komplexe Neuverhandlungen berücksichtigen können.

Die Interpretation der Untersuchungen hat als Ursache für die zu Beginn beschriebene Entwicklung das Zusammenspiel von drei Faktoren identifiziert:

Faktor 1: Ungleichgewicht zwischen Hygienefaktoren und Excitementfaktoren

Die beiden Begriffe im Titel stammen aus der Motivationstheorie[1] der Personalwirtschaftslehre. Die Hygienefaktoren sind jene Faktoren, die sicherstellen, dass ein Mitarbeiter nicht unzufrieden ist. Wenn die Hygienefaktoren erfüllt sind, ist eigentlich alles in Ordnung, es besteht kaum Grund zur Klage. Ein typischer Hygienefaktor ist das einwandfreie Funktionieren der Arbeitswerkzeuge: Die permanente Fehlfunktion der Arbeitswerkzeuge macht einen Mitarbeiter unzufrieden, weil er nicht so arbeiten kann, wie er es möchte. Das heisst jedoch lange nicht, dass der Mitarbeiter deshalb besonders motiviert an seine Arbeit geht, weil seine Werkzeuge gut funktionieren. Diejenigen Faktoren, die für die Motivation des Mitarbeiters verantwortlich sind, werden folglich *Motivatoren*, *Motivationsfaktoren* oder manchmal auch *Excitement-Faktoren* genannt (excitement = engl. «Reiz», «Anreiz», «Begeisterung»). Typische Beispiele hierfür sind Faktoren wie Anerkennung, Selbstbestätigung aber auch Status (z.B. Büroeinrichtung oder Firmenwagen) oder Beförderungsaussichten.

Die Erkenntnisse der Motivationstheorie, die für das Mitarbeiter-Arbeitgeber-Verhältnis gelten, können weitgehend auch auf das Kunden-Lieferanten-Verhältnis übersetzt werden. Statt der Mitarbeiterbindung steht hier die Kundenbindung (bzw. Kundenbeziehung) im Fokus der Betrachtung.

Für das beschriebene Outsourcing-Geschäft übersetzt, sind die Hygienefaktoren primär die im SLA definierten Messgrössen. Wird das SLA weitgehend eingehalten, hat der Kunde keinen Grund zur Klage. Er ist aber empfänglich für Konkurrenzangebote, deren Excitementfaktoren in seiner Wahrnehmung den laufenden Vertrag überbieten. Diese Excitementfaktoren sind typischerweise ein attraktiverer Preis oder neu verfügbare Technologien, die für die Printproduktion zum Einsatz kommen. So kann es also passieren, dass ein zwar nicht unzufriedener Kunde (SLA erreicht = Hygienefaktor erfüllt) durch ein Konkurrenzangebot (mit tieferen Preisen oder neuen Technologien = Excitementfaktoren) motiviert wird, den Lieferanten vorzeitig zu wechseln. So gesehen ist die Formel «zufriedene Kunden = treue Kunden» unter dem Gesichtspunkt des mangelnden Excitements falsch.

Die Ironie liegt darin, dass es nicht selten vorkommt, dass der Kunde nach dem motivierten Wechsel dann doch wieder unzufrieden ist, weil die Hygienefaktoren (SLA-Erfüllung) oft nicht mehr erfüllt sind, insbesondere auch deshalb, weil ein solcher Wechsel immer Friktionen in der Transition vom alten zum neuen Lieferanten mitbringt. Ein abermaliger Wechsel ist aber aufgrund der erheblichen Komplexität und der langfristigen Verträge selten. Es musste also die Aufgabe sein, herauszufinden, welches nun die wesentlichen Hygiene- und welches die Excitementfaktoren für Outsourcingkunden sind. Die Analyseresultate legen nahe, dass es sich bei der «Menschlichkeit», der

«Betreuung» und der «Präsenz» um jene Excitement-Faktoren handelt, zumindest was die technisch-operativ tätigen Mitarbeiter der Kunden anbelangt.

	Hygienefaktoren	Excitementfaktoren
Entscheidungs-träger	• Erfüllung Service Level Agreement (SLA)	• Vertragsflexibilität • Kosten
Direkter Leistungs-empfänger	• Erfüllung Service Level Agreement (SLA)	• Menschliche Faktoren • Betreuung, Coaching, Support • Präsenz

Abbildung 1: Das SLA (Service Level Agreement) ist der bestimmende «Hygienefaktor». Die Kundenzufriedenheit und die Lieferantenauswahl werden aber wesentlich durch die «Excitementfaktoren» bestimmt.

Faktor 2: Suboptimale Auslegung der Kundenbetreuung

Es liegt auf der Hand, dass jede Vertriebsorganisation (Sales) sich primär auf das Verkaufen von Leistungen an Neukunden konzentriert und sich erst in zweiter Linie mit Kunden auseinandersetzt, die bereits in langjähriger Vertragsbindung stehen und wo neue Vertragsabschlüsse noch in weiter Ferne sind. Auch wenn die Verkaufsmitarbeiter den Auftrag haben, mit ihrem Kunden eine permanente Kundenbeziehung aufzubauen und zu pflegen, sehen die Möglichkeiten in der Realität insofern manchmal etwas anders aus: Nehmen wir einen Kunden als Beispiel, dessen vereinbarte Vertragslaufzeit 5 Jahre beträgt und der sich im dritten Vertragsjahr befindet. Nachdem sich die Prozesse eingespielt haben, alle möglichen operativen Aspekte optimiert wurden und die zuverlässige Erfüllung der SLA-Werte längst selbstverständlich geworden ist, nimmt die Intensität der Beziehung zwischen dem Verkaufsmitarbeiter und dem Kunden ab. Eine potentielle Vertragsverlängerung ist noch zu weit weg, und die Gefahr besteht tatsächlich, dass allzu intensive Kundenbetreuung seitens des Verkaufsmitarbeiters durchaus als aufdringlich und penetrant empfunden werden kann. Es ist ebenfalls kein Geheimnis, dass ein Verkaufsmitarbeiter zum operativen Betrieb einer Hausdruckerei eine natürliche Distanz hat. Zudem waren zu diesem Zeitpunkt die Incentivierungssysteme der Verkaufsorganisation auch bei Xerox darauf ausgerichtet, Neuverträge abzuschliessen, und nicht darauf, bestehende Verträge neu zu verhandeln. Der Fokus lag mehr im sogenannten Hunting als im Farming[2]. Die beschriebene Konstellation macht es allerdings schwierig, die Farming-Aufgabe auf die Verkaufsmitarbeiter allein zu übertragen, denn diejenigen, die den Kunden (und seine Sorgen) von der täglichen Arbeit im Betrieb beim Kunden kennen, sind die Betriebsmitarbeiter («Operations»). Eigentlich sind nur sie in der Lage, beim Kunden konstant den Puls zu fühlen.

So galt es im Rahmen des Projekts «X» zu prüfen, wie die Aktivitäten der Verkaufsmitarbeiter und die technisch-operativen Aktivitäten der Betriebsmitarbeiter optimal ergänzt werden könnten, um das von den Kunden formulierte Betreuungsbedürfnis besser zu befriedigen.

Faktor 3: Zu verbessernde Vertragsflexibilität

Wie schon erwähnt, erfordert das Outsourcing-Geschäft langfristige Vertragswerke. Dass dies so ist, kommt grundsätzlich auch dem Kunden entgegen, da er sich dann nicht alljährlich um eine Vertragserneuerung kümmern muss.

Der Entwicklung zu immer kürzeren Time-to-Market-Zyklen steht diese Langfristigkeit der Outsourcing-Verträge jedoch diametral entgegen. Es hat sich gezeigt, dass die heute geltenden Verträge oft nur beschränkt genügend flexibel sind, um Änderungen (z.B. den Einsatz neuer Technologien) auch während der Vertragslaufzeit zu integrieren, ohne dass vertragstechnische Akrobatik angesagt ist, die weder Xerox noch der Kunde wünscht. Durch den technischen Fortschritt entwickelt sich auch das Preisniveau kontinuierlich nach unten – oft in einem Ausmass, das nicht vorhersehbar ist. Auch das würde vorzeitige Vertragsanpassungen verlangen. Vor allem da der weltweite Wettbewerb unter den Outsourcing-Anbietern intensiver und härter geworden ist. Auch die Einkaufsabteilungen der Kunden spielen diesen Preisdruck heute systematisch aus, um Kosten zu senken.

So wurde als dritte Herausforderung im Projekt «X» definiert, dass die Vertragsflexibilität im Hinblick auf eine sich weiterentwickelnde Kundenbeziehung zu optimieren sei.

Planung der Massnahmen und deren Umsetzung im Projekt «X»

Basierend auf den Analyse-Ergebnissen wurden vier Workstreams aufgesetzt:

1. Revidiertes Betreuungskonzept
Schon im Vorfeld des Projekts «X» hatte Xerox erkannt, dass es dedizierte Ressourcen braucht, um die Kunden auf der eher operativen Ebene zu betreuen. Die Erkenntnisse

haben Xerox darin bestärkt, das Konzept des Kundenbetreuers weiterzutreiben und die bestehende Job Description diesbezüglich anzupassen.

Der Kundenbetreuer übernimmt die wichtige Funktion einer Schnittstelle zwischen dem klassischen Vertriebsmitarbeiter und dem Operations-Manager. Er hilft den Kunden dort, wo es über die täglichen Aufgaben hinausgeht, indem er die operativen Bedürfnisse in Zusammenarbeit mit dem Betriebspersonal erfasst und diese in Lösungen übersetzt oder, wenn sie nicht im Vertragsrahmen abgedeckt werden können, an die richtigen Stellen eskaliert. Er berät die Kunden und unterstützt sie mit Knowhow oder besorgt die notwendigen Informationen. Er ergänzt also die klassische Account-Management-Aufgabe.

2. Etablierung einer jährlichen ERFA-Tagung

Xerox plant, pro Jahr einen Erfahrungsworkshop (ERFA-Tagung) zusammen mit den Leistungsempfängern durchzuführen. Dieser Workshop verfolgt drei Ziele: a) die Kommunikation zwischen den Kunden und Xerox zu fördern, b) den Erfahrungsaustausch zwischen den Kunden zu ermöglichen, und c) eine Informationsplattform zu schaffen, damit sich die Kunden über neue Erkenntnisse und Trends der Branche informieren können. Um den gewünschten Erfahrungsaustausch sicherzustellen, sollen die Kunden dabei aktiv in das Programm eingebunden werden. Der erste solche Workshop ist für Frühjahr 2008 geplant.

3. Initialisierung der Projekte «Site Marketing» und «Red Tree»

Es wurden zwei Projekte ins Leben gerufen, welche das Thema «Präsenz» abdecken.

Das erste Projekt («Site Marketing») hat den Auftritt der Hausdruckerei im Visier. Dabei geht es darum, die Hausdruckerei (die «Site» im Fachjargon) bei allen Mitarbeitern des Kunden klar zu positionieren (also nicht nur bei den eigentlichen Auftraggebern) und aufzuwerten. Dazu gehören banale Massnahmen, wie die markante Beschriftung, aber auch z.B. die Organisation von «Open Days» für alle Mitarbeiter, um die vielfältigen Möglichkeiten einer Hausdruckerei aufzuzeigen. Welche Massnahmen für welchen Kunden die richtigen sind, wird individuell ermittelt.

Das Projekt «Red Tree» ist ein Programm, das die Weiterentwicklung der Hausdruckereien fördert. Es basiert auf einem internationalen Konzept, das nun für die Schweiz adaptiert wird. Es umfasst ein Dienstleistungsangebot, welches typischerweise nicht im SLA enthalten ist und bei Bedarf und auf Abruf in Anspruch genommen werden kann. Dieses Dienstleistungsangebot kann von Logistikdienstleistungen (Verpackung, Versand) über Werbematerialien bis hin zum Grossformatdruck umfassen. Das Portfolio wird zurzeit noch ergänzt. Red Tree erlaubt so neben der Befriedigung von zusätzlichen Bedürfnissen eine Intensivierung der Kundenbeziehung bzw. -betreuung.

4. Vertragsflexibilisierung

Xerox hat ein Paket geschnürt, das es erlaubt, zukünftige Verträge so zu gestalten, dass Xerox während der Vertragslaufzeit flexibler auf Änderungswünsche reagieren kann. Die konkreten Modalitäten und Vertragsvarianten können an dieser Stelle aus wettbewerbstechnischen Gründen nicht benannt werden.

Herausforderungen und Ausblick

Die weiteren Herausforderungen dieses Projekts sind vielfältig. Bezüglich des modifizierten Betreuungskonzepts wird es eine Gratwanderung sein, die optimale Koordination der Aktivitäten zwischen Sales- und Operationsmitarbeitern zu finden. Bekanntlich könnten ja die Idealtypen dieser beiden Gattungen nicht unterschiedlicher sein. Ausserdem gilt es, den richtigen Weg zwischen Kostenoptimierung und Betreuungsmaximierung zu finden.

Was die ERFA-Tagung betrifft, wird es entscheidend sein, die richtigen Themen zu finden, welche den maximalen Nutzen für die Teilnehmer bringen. Der Erfolg dieser Aktion wird davon abhängen, wie diese Herausforderungen in die Realität umgesetzt werden.

Die Umsetzung des Projekts X hat angefangen; die ersten Massnahmen von Red Tree und Site Marketing sind bereits umgesetzt. Für eine konkrete Beurteilung der Ergebnisse ist es noch zu früh. Aber die ersten Reaktionen von Kundenseite sind eindeutig positiv. Die angepasste Kundenbetreuungsstruktur wird sich nun bewähren müssen und sicher auch nochmals die eine oder andere Detailänderung erfahren.

Xerox ist optimistisch, dass die gewählten Massnahmen den gewünschten Effekt erzielen, und denkt darüber nach, die Erkenntnisse auch im europäischen Rahmen zu nutzen.

Die wesentliche Erkenntnis dieses Projekts ist die Tatsache, dass zwar die CRM-Diskussion in der Fachwelt oft über komplexe CRM-Tools oder über innovative Ansätze geführt wird, dass aber das eigentliche Führen der Kundenbeziehung eben nach wie vor mit der Beziehung zwischen Menschen entschieden wird. Intelligente CRM-Tools mögen zwar (v.a. im Bereich des Massenmarketings) wertvolle Unterstützung bieten, aber der Schlüssel liegt – wie ja der Begriff *Customer RELATIONSHIP Management* eigentlich schon sagt – in der Beziehung zum Kunden.

Ein Kunde besteht auch trotz allerbesten CRM-Tools und innovativen Ansätzen nicht nur aus einem Datensatz in der CRM-Datenbank, sondern wird durch einen Menschen repräsentiert, zu dem die Beziehung organisiert, incentiviert und kontrolliert («gemanagt») werden muss. Das strukturierte Vorgehen in der Analyse, die wirksame Unterstützung der Umsetzung mit modernen Tools und die konsequente Messung und richtige Auswertung der Ergebnisse sind auch dort wichtig und oft absolut notwendig, wo es um Menschen und deren Geschäftsbeziehungen geht.

Anmerkungen

[1] Zwei-Faktoren-Theorie (auch Motivator-Hygiene-Theorie) von Frederick Herzberg, siehe Herzberg, F./Mauser, B./Snyderman, B.D., *The motivation to work*, 2. Aufl., New York 1967.

[2] Siehe auch *The Death of a Salesman? An Exploration into the Discursive Production of Sales Identities*, Culture and Organization, Sheena J. Vachhani, ISSN 1475-9551, Issue Volume 12, Number 3, September 2006, Pages 249–264.

Aufbau des Kundenservicecenters bei Heineken Switzerland

· · · · ·

Dietrich Rickhaus
Thomas Spaar

Dietrich Rickhaus leitete das Kundenservicecenter von Heineken Switzerland. Er war in dieser Funktion verantwortlich für die Bereiche Frontoffice (Call Center), Backoffice (Sales Support und Vertragsadministration), zentrales Werbemateriallager und Projekte im Bereich Verkauf und Logistik.

Thomas Spaar ist Executive Partner bei YukonDaylight, dem ersten Dosulting®-Unternehmen. Er hat über acht Jahre Führungserfahrung in Linie und Projekten, davon mehrere Jahre als Leiter Sales & Projects und Mitglied der Geschäftsleitung. Als langjähriger Senior Berater und Projektleiter hat er grosse Umsetzungserfahrung in unterschiedlichen Unternehmen und Branchen. Er ist spezialisiert auf CRM, Customer Care, Projekt- und Service-Management (ITIL).

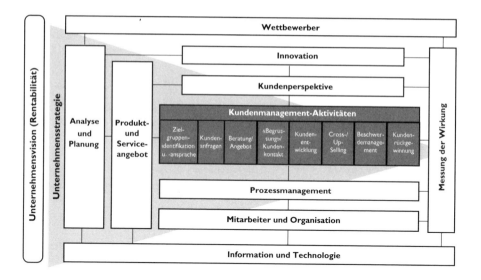

Die Autoren beschreiben die Einführung eines einheitlichen CRM und insbesondere eines zentralen Kundenservicecenters bei Heineken Switzerland. Die Zentralisierung von Prozessen aus Marketing, Verkauf und Logistik im Kundenservicecentrer erforderte zunächst eine Analyse der bestehenden Prozesse und die Konzeption neuer Prozessstandards. Beschrieben werden auch die konkrete Realisierung und die bisherigen Erfahrungen. Zusätzlich wird im Beitrag auf die Herausforderungen durch eine Vielzahl von Standorten unterschiedlicher Grösse und mit starken kulturellen Unterschieden und das notwendige Change Management eingegangen.

Aufbau des Kundenservicecenters bei Heineken Switzerland

Ausgangssituation im Biermarkt Schweiz

Historie

Um den Biermarkt Schweiz zu verstehen, muss ein Blick in die Geschichte des Bierbrauens in der Schweiz geworfen werden. Um 1885 hatte in der Schweiz das Bier den Wein als Nationalgetränk verdrängt, und unter den 530 Brauereien begann ein harter Konkurrenzkampf. Die kleinen Brauereien waren aus Kostengründen nicht imstande, davon zu profitieren, und mussten der immer rationeller arbeitenden Konkurrenz weichen.

Diese Entwicklung und das Bestreben der grossen im Schweizer Brauereiverband organisierten Brauereien, den Biermarkt zu kontrollieren, führte Ende der 20er-Jahre des letzten Jahrhunderts zur Bildung des Bierkartells. Das Bierkartell kontrollierte die Absatzkanäle und disziplinierte die Detaillisten, welche die diktierten Preise und Konditionen nicht einhalten wollten, mit Lieferboykotten. Insbesondere die Preisbindungen der zweiten Hand (d.h., der Produzent legt den Endverkaufspreis fest, der Detail- oder Zwischenhändler muss diesen Preis einhalten) führten zu einem Kartell auf Handelsstufe, indem der Preis für ein Glas oder eine Flasche Bier praktisch in der ganzen Schweiz einheitlich war. Mit geschickt angelegten Importrestriktionen wurde zudem die ausländische Konkurrenz möglichst ferngehalten. Ende der 80er-Jahre betrug der Marktanteil des ausländischen Biers in der Schweiz 1%, 1999 betrug er, ohne kartellmässige Importrestriktionen, schon rund 20%. Das unnachgiebige Verhalten der Denner AG, die sich mehreren Boykotten erfolgreich zur Wehr setzte, hat viel dazu beigetragen.

Erst das Aufbrechen des Bierkartells führte dazu, dass die Anzahl der Brauereien in der Schweiz erstmals seit mehr als 100 Jahren wieder zunahm. Wie der Kauf kleinerer Brauereien im Jahr 2006 durch die dritt- und viertgrösste Brauerei, Eichhof, Luzern, und Schützengarten, St. Gallen, zeigte, ist der Flurbereinigungsprozess noch nicht abgeschlossen. Auch die wachsende Anzahl Gasthaus- und Mikrobrauereien kann die Tatsache des Konzentrationsprozesses unter den mittleren und kleinen Brauereien nicht überdecken. Langfristig können nur die Grossen der Branche mit einem gut eingeführten Distributionsnetz und einer eigenen Logistik und die ganz kleinen «Garagen- und Hobbybrauer» in ihrer klar definierten Nische überleben.

Verhalten der Brauereien gegenüber der Gastronomie

«Die Gastronomie könnte ohne uns nicht überleben», dieses 2004 abgegebene Zitat von Erwin Flückiger, dem 2004 verstorbenen CEO der Feldschlösschen Getränke AG, einem Unternehmen der Carlsberg Breweries, ist symptomatisch für die Denk- und Handlungsweise der grossen Brauereien und Getränkehändler in der Schweiz. Diese Aussage kann auch heute, rund 16 Jahre nach dem Fall des Bierkartells, beinahe noch täglich gehört werden. Diese Denkhaltung bestimmt zu grossen Teilen die Zielsetzungen und die Strategie der Grossen der Bierbranche. Nicht nur die Vielfalt der Bierprodukte leidet noch heute unter dem jahrzehntelangen Bierkartell, sondern auch das Verhalten gegenüber den Kunden in der Gastronomie. Mit mehrjährigen Verträgen werden die Kunden an die Brauerei gebunden. Reagieren auf veränderte Konsumgewohnheiten, Produkteinnovationen, Ausbau des Kundenservices usw. stehen nicht oder noch nicht im Vordergrund. Dem Druck der Konkurrenz, sei es durch andere Grossbrauereien oder durch die zahlreich entstehenden Klein- und Mikrobrauereien, wirkt man in der Regel durch verbesserte Konditionen, Anpassung und Verlängerung der Verträge, sowie Verschenken von allerlei Nützlichem rund um den Gastronomiebetrieb entgegen. Derjenige Gastronom, der es sich finanziell leisten kann, versucht, sich möglichst schnell und dauerhaft aus der Abhängigkeit von den Brauereien zu befreien. Da die grossen Brauereien in der Regel nur ein Mittel zur Kundenbindung kennen, den Bierliefervertrag, haben die Klein- und Mikrobrauereien, die meist erst nach dem Fall des Bierkartells entstanden sind, gute Chancen, den Kunden und den Konsumenten mit den richtigen Produkten und dem adäquaten Service für sich zu gewinnen. Da die grossen Brauereien in der Branche mit mehr oder weniger den gleichen Mitteln, sprich Bierlieferverträgen, um Marktanteile kämpfen, ist auch für sie die Ausrichtung auf die Kundenbedürfnisse für das Überleben essentiell.

Heineken Switzerland

Heineken ist seit 1984 in der Schweiz präsent und übernahm Ende 1993 die Brauerei Haldengut in Winterthur sowie die Calanda Bräu in Chur. Heineken Switzerland (HS) ist eine Tochtergesellschaft der in mehr als 65 Ländern präsenten Heineken-Gruppe. Im Jahr 2005 verkaufte die Gruppe, welche die Nummer eins in Europa ist, insgesamt 119 Millionen Hektoliter Bier. Zudem ist Heineken die internationalste Marke der Welt. Neben der internationalen Premiummarke Heineken und dem Brand Amstel produziert Heineken zahlreiche regionale Marken und Spezialitäten, z.B. die traditionellen Marken Haldengut und Calanda sowie die Spezialitäten Original Ittinger Klosterbräu. Zudem werden weitere internationale Marken wie Murphy's, Desperados und Erdinger in der Schweiz vermarktet.

HS ist die zweitgrösste Brauerei der Schweiz. Sie beschäftigt rund 650 Mitarbeiterinnen und Mitarbeiter. Sämtliche in der Schweiz verkauften Heineken-, Amstel-, Calanda-, Haldengut- und Original Ittinger Klosterbräu-Volumen werden in Chur gebraut und abgefüllt. Dank dem im Jahre 2002 in Chur eingeführten Merlin-Sud-System gehört HS zu den modernsten Brauereien Europas. HS verfügt über einen eigenen Getränkehandel mit 19 Distributionszentren, verteilt auf die ganze Schweiz. Im Getränkehandel arbeitet HS mit allen wichtigen Produzenten wie Coca-Cola, Henniez, Rivella, Nestlé Waters, Thurella etc. zusammen.

CRM-Initiativen bei Heineken Switzerland (HS)

Seit rund 7 Jahren wird bei HS über einzelne isolierte CRM-Initiativen nachgedacht und verschiedene Ideen wurden auch umgesetzt. Erst die Überarbeitung des neuen Leitbildes und der Beginn der Umsetzung im Jahr 2003 und eine Umfrage zur Kundenzufriedenheit im Jahr 2004 führten dazu, dass sich das Management systematisch mit dem Thema CRM auseinanderzusetzen begann. All die verschiedenen einzelnen Projekte und Initiativen wurden im CRM-Wirkungsmodell von Peppers und Rogers zusammengefasst

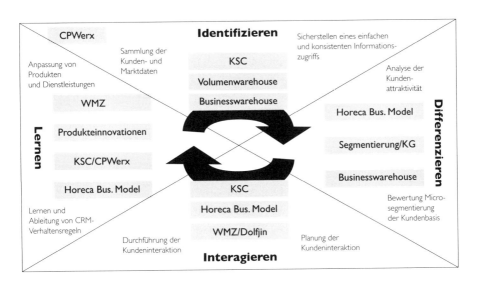

Abbildung 1: CRM-Initiativen nach CRM-Wirkungsmodell gemäss Peppers und Rogers

- *CPWerx:* CRM-Support-Tool für Verkäufer (Offline mit täglichem Replizieren der Daten)
- *KSC:* Aufbau Kundenservicecenter
- *Horeca Business Model:* Welche Kunden der Gastronomie sollen wie betreut werden?
- *Segmentierung/KG:* Überarbeitung des Segmentierungs- und Kundengruppenmodells
- *WMZ:* Zentrales Werbemateriallager
- *Dolfjin:* Einführung von manuellen Datenerfassungsgeräten (MDE) für die Lastwagenfahrer zur vereinfachten Verwaltung der gelieferten und zurückgenommenen Gebinde

Unter anderem aufgrund der Erkenntnisse dieses Wirkungsmodells hat das Management entschieden, den Aufbau eines zentralisierten Customer Interaction Centers mit höchster Priorität zu realisieren.

Projekt Cambio

Strategie und Projektorganisation

Im Dezember 2004 traf sich die Geschäftsleitung von HS im «Adlerhorst» in Chur, dem legendären Sitzungszimmer auf dem Dach der Calanda Brauerei, zu einem Strategieworkshop für das geplante Kundenservicecenter (KSC). An diesem Strategieworkshop entschied sich die Geschäftsleitung, ein Kundenservicecenter aufzubauen, das die Prozesse Fulfillment (Bestellung, Verkauf, Marketing), Issuing (Anregungen, Anfragen, Reklamationen) und Innovation (Serviceinnovation und Serviceübernahme) von einem zentralen Ort aus für alle Standorte und für alle Kunden von HS übernehmen soll.

Die Projektleitung wurde in Projektsponsor, Steering Committee und Projektleitung gegliedert. Die Projektleitung übernahmen der spätere Leiter des Kundenservicecenters (KSC) sowie ein externer Berater.

Es wurden vier Teilprojekte ins Leben gerufen:
- *Business Consulting:* Erarbeiten der Aufbauorganisation und der Geschäftsprozesse, die durch das KSC gewährleistet werden sollen
- *Technologie und Partner:* Technische Unterstützung der Prozesse
- *Knowledge Management:* Bereitstellung aller im KSC benötigten Informationen zu Kunden, Produkten und Prozessen
- *Change Management und Kommunikation:* Projektkommunikation und Projektmarketing, Begleitung des Change-Prozesses

Allen Teilprojekten wurden zwei Teilprojektleiter (HS-intern und extern) zugewiesen. So wurde sichergestellt, dass einerseits das interne Know-how von HS ins Projekt einfloss und dem Projekt der bestmögliche Zugang zu HS gewährt wurde, und andererseits wurden die spezifischen Fachkenntnisse der externen Berater optimal positioniert.

Als Stabsfunktion wurde das Sounding Board zwischen Projektleitung und Steering Committee installiert. Das Sounding Board hatte keine Entscheidungskompetenz, war aber eine wesentliche Kommunikationsschnittstelle zwischen dem Projekt und dem operativen Betrieb.

Projektablauf

Noch am Strategieworkshop im «Adlerhorst» wurden die Meilensteine des Projektes verabschiedet. Zudem wurde entschieden, das KSC etappenweise einzuführen. Die erste Einführungswelle sollte per 4. Juli 2005 umgesetzt werden. Die Einführung von Serviceorganisationen in Wellen bringt generell zwei Vorteile: Erstens kann der operative Betrieb viel früher aufgenommen werden als bei einem einzigen riesigen Kraftakt, und zweitens können die während der ersten Umsetzung gesammelten Erfahrungen ins Projekt einfliessen und damit gemachte Fehler vermieden werden. Gerade in diesem Projekt hatte diese Vorgehensweise einen weiteren, positiven Effekt, da HS in vier Sprachregionen mit sehr unterschiedlichen Kulturen und Prozessen operiert.

Der Zeitplan war sehr ambitiös, was zur Folge hatte, dass für die Analyse- und Konzeptionsphase nur insgesamt drei Monate zur Verfügung standen. Das Kickoff-Meeting fand noch im Dezember 2004 kurz vor Weihnachten statt.

Analyse

Schon im November 2004 hatte eine fokussierte Voranalyse stattgefunden, die dazu diente, den externen Beratern einen Einblick von HS zu geben und sie für den Strategie-Workshop zu rüsten. Gleich nach Neujahr startete die eigentliche Analysephase, in der die bestehenden Prozesse, die zur Verfügung stehende Technik und die Mitarbeiter mit ihren Aufgaben, Tätigkeiten und Fähigkeiten analysiert wurden.

Die externen Berater besuchten 6 der 19 Depots, die Verwaltung in Winterthur sowie die Grobverteilung in Domat/Ems. Dabei kamen sie zu folgendem Analyseergebnis: Die meisten der Depots bieten bis zu 3000 verschiedene Getränkeartikel an, vom Wasser über Fruchtsäfte, Bier, Wein bis zu Schaumweinen und Spirituosen. Dazu kommen noch mehrere Hundert Werbeartikel, vom Bierdeckel und Bierglas bis zum Sonnenschirm und zur Winterjacke. Damit nicht genug. Die Artikel sind in den verschiedenen Regionen völlig unterschiedlich, so sind z.B. im Depot Renens etliche Weissweine aus der Region vorrätig, welche im Depot Losone nicht zu finden sind.

Die Regionen arbeiteten sehr autonom, die unterschiedlichen Kulturen führten zu verschiedenen Geschäftsprozessen. So konnte es sein, dass in einem kleinen Depot ein Kunde noch nachmittags um 16:00 h eine Bestellung für den nächsten Tag aufgeben konnte, während im Depot Zürich die letzten Bestellungen für den nächsten Tag um 12:00 h erfasst sein mussten, um einen reibungslosen Ablauf von Tourendisposition, Warenbereitstellung, Beladung des Lastwagens bis zur Auslieferung zu gewährleisten.

Ein wichtiger Punkt, der in der Situationsanalyse immer wieder angesprochen wurde und nicht zuletzt seinen Ursprung in den unterschiedlichen Prozessen und Kulturen der Regionen hatte, waren die hohen Anforderungen und Erwartungen der Kunden. Da immer alles für den Kunden getan wurde («der Kunde ist König»), ohne Rücksicht auf Effizienz und Rentabilität zu nehmen, entstand bei den Beratern zuweilen der Eindruck, dass die Prozesse bei HS hauptsächlich aus «Exception Handling» bestünden. Allein die Unterschiede von bis zu 400% in der Performance im Bestellprozess (Bestellungen pro Mitarbeitende pro Jahr) liess darauf schliessen, dass mit dem Aufbau des KSC und der Einführung entsprechender Prozessstandards einiges an Ressourcen würde eingespart werden können.

Ein einheitlicher Prozess über alle Regionen würde geschaffen werden müssen, um überhaupt den Bestellprozess von einem zentralen Ort aus durchführen zu können. Auch die Sortimente in den Depots mussten sich angleichen, um eine Übersicht zu erhalten. Schon hier kann erahnt werden, welch tief greifende Veränderung der Bau des KSC für HS zur Folge haben würde. Eine weitere Erkenntnis war, dass die Prozesse Marketing, Verkauf und Logistik, die weitgehend unkoordiniert operierten, im KSC vereint werden könnten, was ein enormes Potential an Marktchancen bergen würde. So könnte bei jeder Bestellung z.B. ein neues Produkt vermarktet, ein Aktionsprodukt verkauft oder eine Frage zur Marktanalyse gestellt werden. Auch könnte das KSC ausserhalb der Stosszeiten Outbound-Kampagnen durchführen usw. Das gesamte zum heutigen Zeitpunkt ersichtliche Potential war am Abschluss der Analysephase nur zu erahnen.

Konzeption

Prozesse

Die etappenweise Einführung war für die Konzeptionsphase eine grosse Herausforderung. So mussten z.B. der Bestellprozess «end to end» gestaltet werden, ohne darauf Rücksicht zu nehmen, wie viele Depots in der ersten Welle integriert werden würden. Gegebenheiten wie die Mehrsprachigkeit mussten von Anfang an berücksichtigt werden, obwohl die ersten Depots alle in der Deutschschweiz lagen.

Ein Prozessschema (siehe Abbildung 2) lieferte eine Übersicht über die zu konzipierenden Prozesse. Hauptprozesse waren das Fulfillment (Bestellprozess usw.) und das

Issuing (Entgegennahme und Weiterleitung oder Bearbeitung aller Anfragen). Wichtige Sekundärprozesse waren das Dispatching (Verteilung aller Issues im Ticketing Tool und Überwachung der Einhaltung der Service Level Agreements), der Serviceübernahmeprozess (strukturierte Entgegennahme und Einführung von neuen Services im KSC z.B. Kampagnen) oder der Innovationsprozess (Fördern und Fordern von Ideen aus dem Betrieb, standardisiertes Auswahlverfahren zur Identifikation der umzusetzenden Ideen und strukturiertes Zuführen und Verarbeiten in kleinen und grossen Projekten).

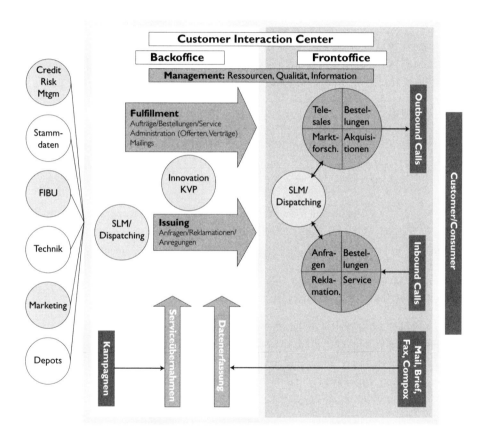

Abbildung 2: Prozessschema Customer Interaction Center

Der Bestellprozess lieferte die Basis für alle weiteren Prozesse. Er war das Pflichtprogramm, das es zu bewältigen galt, bevor die Kür (Verkauf, Marketing usw.) in Angriff genommen werden konnte. Aus der Analyse ging hervor, dass der Bestellprozess bisher nicht einheitlich umgesetzt wurde. Mit der Zentralisierung der Bestellungsannahme musste er vereinheitlicht werden, um den HS-Kunden eine stabile, einheitliche und verlässliche Dienstleistung anzubieten. Dazu wurde der Prozess in Zusammenarbeit mit einzelnen Depotverantwortlichen beschrieben und verbindliche Service Level Agreements (SLA) wurden vereinbart. Zum Beispiel gilt heute für alle Depots, dass eine Bestellung die vor 12:00 h beim KSC eingeht, am nächsten Tag ausgeliefert werden muss. Im Gegenzug muss eine Agentin im KSC, die eine Bestellung nach 12:00 h entgegennimmt, den Kunden darauf aufmerksam machen, dass die Bestellung nicht mehr am nächsten Tag geliefert werden kann. Einheitliche Prozesse und verbindliche SLA schaffen Transparenz für die Kunden und die Mitarbeiter und schaffen Klarheit darüber, was eine Organisation leisten kann.

Strukturen und Rollen
Im nächsten Schritt entschied das Projektteam über die Strukturen und Rollen im zukünftigen KSC.

Rolle	Aufgaben	Fähigkeiten
Frontoffice	Kundenkontakt per Telefon und Mail	Redegewandt, flexibel, sprachbegabt, eher extrovertiert
Backoffice	Verkaufsinnendienst, Vertragsadministration	Zuverlässig, genau, konstant, sprachbegabt

Aufgrund dieses Rasters wurden einerseits die detaillierten Funktionsbeschriebe erstellt und andererseits die bestehenden Mitarbeitenden auf ihre Eignung überprüft. Es war ein grosses Anliegen, die Belegschaft des KSC möglichst aus den eigenen Reihen von HS rekrutieren zu können.

Servicekatalog
Der Servicekatalog umfasste in dieser ersten Phase die Prozesse «Bestellung» und «Neukunde». Er sollte den Pflichtteil, das heisst, die Getränke- und Werbematerialbestellungen, abdecken sowie übersichtlich und effektiv sein. Dem Projektteam war schon in der Konzeptionsphase klar, dass sich der Servicekatalog kontinuierlich erweitern würde (siehe Abschnitt «Ausblick»).

Technik
Die Analyse ergab in den folgenden Bereichen der Technik Handlungsbedarf:
- *Telefonie:* Erneuerung und Einführung einer Call-Center-Infrastruktur
- *Issuing Prozess:* Einführung eines Ticketingsystems, das die reibungslose Einhaltung der definierten SLA garantiert
- *Computer Telephonie Integration (CTI):* Verbinden von Telefonie und Ticketingsystem, um die Kundenerkennung und den Handlungsbedarf bei offenen Anfragen/Reklamationen permanent und schnell zu garantieren

- *Informationsportal:* Allen Agentinnen Informationen rund um Produkte und Kunden effizient und aktuell zur Verfügung stellen
- *Mobile Datenerfassungsgeräte (MDE):* Zur Optimierung der Rückerfassung der Daten der Lieferscheine (bisher handschriftliche Einträge auf den gedruckten Lieferscheine zum Erfassen der Gutschriften von Gebindepfand), Einführung eines elektronischen Erfassungssystems mit manuellen Datenerfassungsgeräten für Lastwagenfahrer
- *Enterprise Resource Planning System (ERP):* Diverse Anpassungen, um unter anderem den reibungslosen Ablauf der zentralen Bestellerfassung und das dezentrale Ausdrucken der Lieferpapiere zu garantieren

Ein wichtiger Bestandteil der Konzeptionsphase war die Planung der Realisierung. Im Unterschied zur Konzeptionsphase, in der viele Lösungsbausteine parallel erarbeitet werden konnten, mussten für die Realisierung alle Tätigkeiten wie Rekrutierung von Mitarbeitenden, Bereitstellung der Infrastruktur, Einführung technischer Hilfsmittel (Telefonie, Informationsportal, CTI, Ticketingsystem) aufeinander abgestimmt werden.

Realisierung

Informationsportal resp. Single Point of Information (SPOI)

Das Informationsportal wurde auf Basis von Lotus Notes realisiert, das seit Jahren bei HS im Einsatz ist. Wichtig bei der Realisierung des Informationsportals war, dass alle relevanten Informationen über dieses Portal abrufbar sind. Als Faustregeln galten
- Maximal 3 Klicks bis zur Information
- 15 Sekunden Zeit, um dem Kunden die gewünschte Information zu liefern

Kann eine dieser Regeln nicht eingehalten werden, muss das Anliegen oder die Anfrage aufgenommen, abgeklärt und dem Kunden mit einem weiteren Anruf beantwortet werden. Nur so ist gewährleistet, dass das Verhalten gegenüber dem Kunden kompetent wirkt.

Issue Tracking

Als Issue-Tracking-Tool wurde «trueAct Ticket» eingeführt. Ein Tool, das im Bereich IT-Helpdesk entwickelt wurde und dort verbreitet anzutreffen ist. Die Vorteile von «trueAct Ticket» sind sein modularer Aufbau, seine Webfähigkeit und die konsequente Umsetzung des SLA-Gedankens. Eingehende Anfragen werden von den Agentinnen beschrieben und kategorisiert. Je nach Kategorie wird das Ticket automatisch an die zuständige Fachstelle weitergeleitet und mit dem entsprechenden SLA versehen.

Telefonie

Die alte Siemens Hicom 300 wurde auf Highpath 4000 aufgerüstet. Dazu wurde ein ProCenter Server installiert. Die Agentinnen wurden mit aktiven Desktops ausgerüstet, in denen sie Informationen über die Warteschlange usw. bekommen und über die sie die Gespräche abwickeln können, so dass das Annehmen und Auflegen von Anrufen per Mausklick erledigt werden kann.

Agent Workspace (AWS)

Die Telefonie und das Ticketing wurden über eine CTI-Schnittstelle verbunden. Zusätzlich wurden das ERP- und das CRM-Tool eingebunden und zu einem Agent Workspace (AWS) für die Agentinnen von HS verschmolzen. Die Funktionsweise des AWS ist folgende: Bei einem eingehenden Anruf wird die Nummer des Anrufenden von der Telefonie ans Ticketing gesendet. Das Ticketing sucht innerhalb der Datenbank nach der Nummer und zeigt bei einem Treffer die entsprechenden Daten (Kundennummer, Absatzstelle, Kundenname, Adresse, letzte zehn Issues, sortiert nach offenen und geschlossenen Tickets) an. Dies bietet die Möglichkeit, den Kunden unabhängig von seinem Anrufgrund umfassend zu betreuen, kann die Agentin ihn doch jederzeit über den Stand der Abklärungen bei einem offenen Ticket informieren. Handelt es sich bei einem Anruf um eine Getränkebestellung, wird das Ticket mit einem Mausklick geschlossen. Mit der im AWS angezeigten Kundennummer wechselt die Agentin ins ERP-System und erfasst nun direkt die Bestellung. Alle Kontakte (Tickets) mit dem Kundenservicecenter werden täglich ins CRM-Tool überspielt, so dass der Verkäufer jederzeit informiert ist, was mit dem Kunden besprochen wurde.

Change Management

Das Change Management wurde im Rahmen von «Cambio» zu einem zentralen Teilprojekt und das HR hatte einen ständigen Sitz im Projektsteuerungsgremium. Die gesamte Belegschaft wurde laufend über die geplanten Veränderungen informiert. Der Umstand, dass allen betroffenen Mitarbeitern eine Stelle im neuen Kundenservicecenter zugesichert wurde, gab dem Projekt intern weiteren Rückhalt. Um die Identifikation mit «Cambio» zu fördern, riefen die Verantwortlichen zudem ein Sounding Board ins Leben, in dem über 20 Mitarbeiter aller Hierarchiestufen und Bereiche mehrmals im Projektverlauf über die Projektschritte und Konzepte detailliert informiert wurden, und in dem sie sich einbringen und aussprechen konnten. Die meisten Mitarbeitenden aus den zu integrierenden Getränkedepots der ersten Welle nahmen das Angebot für eine Stelle in Winterthur trotz teilweise längeren Arbeitswegen an. Sie sind heute stolz, in einem modernen Kundenservicecenter einen vielseitiger gestalteten Job als früher ausführen zu dürfen.

Fazit nach zwei Jahren

Die im Projektauftrag umschriebenen Ziele wurden bis auf einige wenige erreicht. Offene Punkte, wie die Integrationen von weiteren, im ähnlichen Segment tätigen Bereichen, mussten aus Kapazitätsgründen (Mehrfachbelastung durch operative und projektbezogene Aufgaben) verschoben werden. Die erwartete Gesamtzahl von Anrufen (Inbound und Outbound) wurde schon kurz nach der Integration des letzten Distributionszentrums übertroffen. Bereits gab es schon mehrere Situationen, in denen sich die Konzepte des Single Point of Contact (SPOC) und des Single Point of Information (SPOI) bewährt haben. Konnten die Kunden doch schnell, kompetent und nach dem Prinzip «One voice to the customer» beraten und informiert werden.

Die Rekrutierung und Ausbildung von neuen mehrsprachigen Call Agents hat weniger Probleme als erwartet verursacht. Viel Aufwand muss betrieben werden, um die Schnittstellen zu den anderen Bereichen wie Marketing, Logistik und Debitorenbuchhaltung zu optimieren. Insbesondere der Bereich Logistik tut sich verständlicherweise schwer damit, den direkten Draht zum Kunden verloren zu haben. Durch regelmässige Meetings zwischen der Leitung des Kundenservicecenters und den verantwortlichen Leitern der Distributionszentren und den Fachvorgesetzten können das gemeinsame Verständnis verbessert und zugunsten der Kunden optimale Lösungen definiert werden. Zudem müssen bei der Lagerbewirtschaftung und Kundenbelieferung (z.B. Warenbeschaffung, Pikettservice, Mindestbestellmengen) nach und nach einheitliche Richtlinien eingeführt und vor allem auch durchgesetzt werden, kann sich eine Agentin im KSC doch nicht alle möglichen Varianten pro Distributionszentrum merken und den Kunden bei mehr als 100 Anrufen (In-/Outbound) pro Tag so nicht in jedem Fall optimal beraten.

Ausblick

In den letzten 18 Monaten war das Hauptaugenmerk auf die Integration des Bestellprozesses der verschiedenen Distributionszentren, den Aufbau des Frontoffice-Teams (Endausbau 25 Mitarbeitende) und die Optimierung der technischen Tools gerichtet. Parallel dazu konnten ab Mitte 2006 die Call Agents mit permanentem Coaching und interner Weiterbildung so ausgebildet werden, dass sie nun während der doch generell kurzen Telefongespräche, bei denen es meistens um eine mehr oder weniger umfangreiche Getränkebestellung geht, systematisch Hinweise auf laufende Aktionen und Zusatzverkäufe (Cross-/Upselling, Kampagnen Eigenprodukte) machen. Dies generiert einen nicht zu vernachlässigenden Zusatzumsatz.

Im nächsten Schritt ist geplant, dem Kundenservicecenter weitere Aufgaben zuzuweisen (vgl. Abbildung 3). Neben der Kundenbetreuung A–Z, auf die gleich noch eingegangen wird, handelt es sich dabei um die Abwicklung und Weiterleitung von Störungs- und anderen Anfragen zu den Offenausschankanlagen (Hotline TVH), die Integration der Call Center-Aktivitäten zum BeerTender(Offenausschanksystem für Privathaushalte), die zurzeit noch extern vergeben sind, sowie die Generierung von Leads für die Verkäufer je nach Bedürfnis der verantwortlichen Verkaufsmanager. Spezialisierte Call Agents, die Telesales-Agents, setzen das Generieren von Leads und das direkte Betreuen der Kunden um. Sie können zu Stosszeiten auch für die Bearbeitung von Inbound-Calls eingesetzt werden. Zurzeit besteht die Telesales-Gruppe, die direkt dem Leiter Frontoffice unterstellt ist, aus 2 Agenten, die aber bis Ende Jahr auf 5 Agenten ausgebaut werden soll.

Zudem hat das Kundenservicecenter die Aufgabe, systematisch Kundenreaktionen und -inputs zu sammeln, auszuwerten und an die verantwortlichen Bereichsleiter für die Verbesserung des Angebots, der Dienstleistung und der Prozesse weiterzuleiten, so dass der kontinuierliche Verbesserungsprozess (KVP), eines der Projektziele, umgesetzt werden kann.

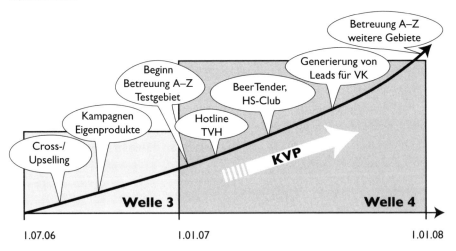

Abbildung 3: Ausbau Services

Modell Kundenbetreuung A–Z

Die Vergangenheit hat gezeigt, dass es nicht möglich ist, mit 50 Verkäufern rund 40'000 potentielle Gastronomiekunden bedürfnisgerecht zu betreuen, vor allem da Vertragsverhandlungen, die Haupttätigkeit der Brauereiverkäufer, in der Regel sehr zeitintensiv sind. Deshalb hat HS entschieden, die Kunden gemäss Abbildung 4 in vier Gruppen einzuteilen (Horeca Business Model). Die bestehenden und potentiellen Kunden mit einem geringen Umsatzpotential sollen in Zukunft direkt und umfassend von den Telesales-Agents betreut werden, ein Verkäufer wird nur noch auf ausdrücklichen Wunsch des Kunden und durch Anweisung des verantwortlichen Telesales-Agents den Kunden besuchen, so dass die typischen Kundenpflegebesuche entfallen.

In diesem Jahr werden nun erste Erfahrungen mit diesem Modell in einem Testverkaufsgebiet mit 250 bestehenden und potentiellen Kunden gesammelt. Sollten die Tests erfolgreich verlaufen, werden anschliessend weitere potentielle und bestehende Kunden (insgesamt rund 15-20% aller bestehenden und potentiellen Kunden) durch die Telesales-Agents betreut.

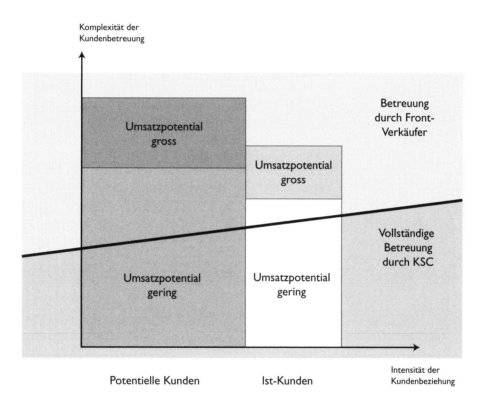

Abbildung 4: Modell Kundenbetreuung A–Z

Das Management von Heineken Switzerland verspricht sich von diesem Modell der Kundenbetreuung einen verbesserten und fokussierten Einsatz des kostenintensiven Verkäufers bei den Kunden mit grossem Umsatzpotential. Die Zukunft wird zeigen, ob die Gastronomiekunden diese differenzierte Betreuung akzeptieren werden. Sicher ist aber, dass es sich 17 Jahre nach dem Fall des Bierkartells keine Brauerei mehr leisten kann, Kunden nur zu besuchen, um die gute Beziehung zu der Brauerei zu pflegen –

ganz im Gegenteil, sie muss jede Möglichkeit vollumfänglich nutzen, Mehrumsatz oder eine höhere Marge zu generieren.

Modernes Kundenmanagement im Private Banking – Ganzheitliche und integrierte Prozessunterstützung mittels FrontNet in der Credit Suisse

. . . . .

Ruedi Winzeler
Daniel Ioannis Zürcher

Ruedi Winzeler leitet den Bereich Workplace Management / CRM in der Division Private Banking der Credit Suisse und ist in dieser Funktion zuständig für die Definition, Implementierung und Optimierung von CRM-Prozessen und die entsprechenden Front-End-Applikationen.

Daniel I. Zürcher ist bei der Credit Suisse in der Private Banking Division im FrontNet Business Team tätig, wo er den Sektor «Sales & Lead Management Tools» leitet und damit für die Umsetzung von Projekten im CRM-Umfeld, wie Tool-Unterstützung für Verkaufs- und Kundenbindungsprozesse, zuständig ist.

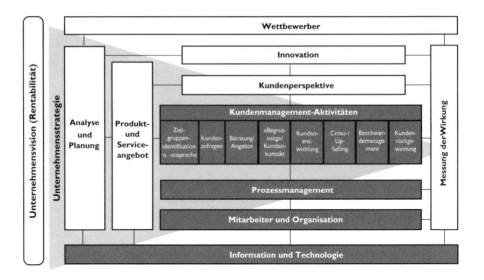

Mit dem Tool FrontNet der Credit Suisse wird im Beitrag eine umfassende Lösung zur Unterstützung der Kundenbetreuung im Bankensektor vorgestellt. Neben den Relationship Managern, den Kundenbetreuern des Privatkundengeschäfts, nutzen auch vielfältige Experten die integrierte Plattform. So soll die Effektivität und Effizienz der Relationship Manager durch optimale Prozessunterstützung gesteigert werden. Die Funktionsweise und die Verbesserungen durch FrontNet werden in drei Fallbeispielen im Beziehungseröffnungsprozess, im strukturierten Beratungsprozess und im Verkaufsprozess verdeutlicht. Die Autoren zeigen auch die Abwägung zwischen den Vorteilen der weitgehenden Standardisierung und wünschenswerter Flexibilität sowie notwendigen regio nalen Anpassungen auf. Ebenso gehen sie auf die Massnahmen des Projektteams zur Einbeziehung der Nutzer und zum erfolgreichen Change Management ein.

Modernes Kundenmanagement im Private Banking –
Ganzheitliche und integrierte Prozessunterstützung mittels FrontNet in der Credit Suisse

Die Credit Suisse Group bietet als führendes, global tätiges Finanzinstitut mit Sitz in Zürich institutionellen und vermögenden Kunden weltweit sowie Firmen- und Retailkunden in der Schweiz Beratung, umfassende Lösungen und innovative Produkte an. Die Strategie der Credit Suisse zielt darauf ab, als integrierte Bank am Markt zu agieren. Der hohe Integrationsgrad ermöglicht es, steigenden Kundenerwartungen gerecht zu werden und interne Effizienzpotentiale zu realisieren. Der Kunde wird nicht nur mit einzelnen Produkten bedient, sondern ihm werden massgeschneiderte, ganzheitliche Lösungen in hoher Qualität angeboten, die einem globalen Standard entsprechen. Diese Lösungen berücksichtigen das gesamte Vermögen und die Schuldenlage des Kunden, unabhängig davon, wo die finanziellen Mittel weltweit angelegt oder betreut werden. Die kundenspezifischen Lösungen können divisionsübergreifend erarbeitet werden, indem die Expertisen aus Private Banking, Asset Management und Investment Banking kombiniert werden. Beispielsweise kann einem vermögenden Geschäftsinhaber, der sein Unternehmen verkaufen möchte, eine massgeschneiderte Lösung aus Private-Banking- und Investment-Banking-Dienstleistungen angeboten werden. Die Lösung der Kundenanliegen wird effizient durch optimal aufeinander abgestimmte Prozesse umgesetzt, die durch eine hoch integrierte IT unterstützt werden.

FrontNet Tool als Plattform für die Umsetzung von strategischen Initiativen der Credit Suisse

Das eingesetzte CRM-System FrontNet soll die ganzheitliche, integrierte Betreuung von Kunden auf einem global einheitlichen, hohen Qualitätsniveau ermöglichen. Dafür muss es die Zusammenarbeit innerhalb und zwischen den Divisionen sowie im Speziellen zwischen den unterschiedlichen Buchungszentren fördern. Um Kosteneinsparungen zu realisieren, müssen einheitliche und divisionsübergreifende Prozesse optimal unterstützt werden. Dadurch wird der Kundenberater entlastet und kann sich auf das Wesentliche konzentrieren: die Bedienung der wertvollen Kunden.

FrontNet ist der moderne, webbasierte Arbeitsplatz für Relationship Manager (RM), die Kundenberater der Division Private Banking. Darüber hinaus wird FrontNet von den Fachspezialisten der Bank wie Financial Planners, Investment Consultants, Credit Consultants und weiteren Experten eingesetzt. Mittels eines Managementportals steht den Führungskräften in FrontNet ein weites Spektrum an Führungsinformationen und -kennzahlen zur Verfügung.

FrontNet wurde in den letzten Jahren kontinuierlich ausgebaut. Sei es für neue Benutzergruppen durch massgeschneiderte Portale oder durch die Einführung von zusätzlichen Applikationen bzw. Funktionalitäten, die den Relationship Manager ganzheitlich bei allen wichtigen kundenbezogenen Aktivitäten unterstützen. Heute besteht diese Lösung aus mehr als 40 Applikationen und 70 Portalen und wird von ca. 10'000 Relationship Managern in der Division Private Banking bei allen drei Business Segmenten Private Banking (vermögende Privatkunden), Private Clients (Retailkunden) und Corporate Clients angewandt. Nicht nur in der Schweiz ansässige Relationship Manager, sondern auch für das Relationship Management zuständige Mitarbeiter in selektierten Private-Banking-Zentren im Ausland, wie z.B. Hong Kong, Singapur, Dubai oder Luxemburg, nutzen FrontNet.

FrontNet integriert über ein Portal Anwendungen, die Daten aus einer bisher heterogenen, historisch gewachsenen Systemlandschaft der Credit Suisse über eine «Service Orientierte Architektur» (SOA) anbinden. Das Tool bietet Funktionalitäten eines klassischen CRM-Systems, indem es die Kundenprozesse Akquisition, Entwicklung von Kundenbeziehungen und Steigerung der Kundenbindung unterstützt. Darüber hinaus integriert FrontNet weitere zentrale Bankenapplikationen wie z.B. Wertschriftentransaktionen, Kontoabfragen, Portfolioanalysen oder Formalitätenerstellung (Verträge etc.). Die FrontNet-Funktionalitäten lassen sich in fünf grundlegende Bereiche eingliedern (siehe Abbildung 1):

- *Customer Relationship Management:* dient u.a. der Anlage von potentiellen Kunden, der Pflege von Kontaktdaten und Verkaufsaktivitäten sowie dem Management von Kampagnen.
- *Advisory:* dient u.a. der Führung von Konten und Durchführung von Portfolioanalysen.
- *Transaction:* unterstützt u.a. die Bewirtschaftung des Wertschriftenportfolios.
- *Regulatories:* stellt u.a. die Einhaltung von rechtlichen Anforderungen sicher und dient der Eröffnung von Geschäftsbeziehungen.
- *Reporting:* dient der informationsgestützten Steuerung des Geschäfts.

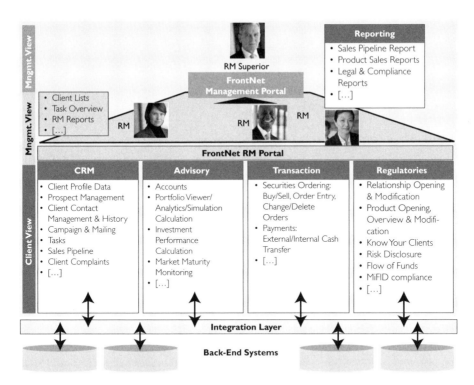

Abbildung 1: Überblick über Funktionsumfang und Architekturskizze von FrontNet

Der Zugriff auf Informationen ist entsprechend des Need-to-Know-Prinizips geregelt. Jeder Nutzer erhält nur Zugriff auf diejenigen Informationen, die er tatsächlich für seine kundenbezogenen Aktivitäten benötigt und somit wirklich sehen darf. FrontNet erfüllt daher höchste Ansprüche an Vertraulichkeit und Sicherheit.

Bei FrontNet handelt es sich um eine der am weitesten entwickelten CRM-Lösungen in der Bankenbranche. Dafür sprechen die verschiedenen Auszeichnungen, die FrontNet von namhaften Zeitschriften und Institutionen in den letzten Jahren erhalten hat.[1] Die hohe Benutzeranzahl und Nutzungshäufigkeit sind ein weiterer Beleg für den Erfolg des Systems, das der Steigerung der Effektivität und Effizienz im Bankgeschäft durch eine optimale Prozessunterstützung dient.

Prozessunterstützung durch FrontNet: Fallbeispiele

Der Erfolg von FrontNet beruht auf der Fähigkeit, strategische Projekte der Credit Suisse in konkrete Prozesse mit umfassender Tool-Unterstützung umzusetzen. Anhand von Fallbeispielen wird im Folgenden aufgezeigt, wie der Relationship Manager bei der Kundenakquisition und Kundenentwicklung mittels FrontNet bei der täglichen Arbeit unterstützt wird, um die Kundenbedürfnisse zu erfüllen und die Ziele der Bank zu erreichen.

Beziehungseröffnungsprozess

An den Beziehungseröffnungsprozess einer Bank werden hohe Anforderungen gestellt. In diesem Moment of Truth, bei dem der Kunde eine vertragliche Vereinbarung mit der Bank eingeht, trägt ein reibungsloser Eröffnungsprozess zu einer positiven Kundenerfahrung und Qualitätswahrnehmung bei. Da dies die Grundlage für eine vertrauensvolle Kundenbeziehung bildet, soll der Eröffnungsprozess im Idealfall vollständig und fehlerfrei innert kürzester Zeit abgewickelt werden können. Zudem gilt es, zahlreiche rechtliche Vorgaben zwingend einzuhalten.

Der Eröffnungsprozess umfasst die Eingabe von Kundendaten, die Erfassung von gewünschten Produkten und Dienstleistungen, die Generierung von Verträgen und die Formalitätenkontrolle. Zur Unterstützung des Relationship Managers bei der Beziehungseröffnung von natürlichen Personen steht innerhalb von FrontNet die Applikation «Relationship Opening Tool» (ROT) zur Verfügung, die eine integrierte Tool-Unterstützung für den gesamten Beziehungseröffnungsprozess bietet. Fragenbasiert wird der Relationship Manager strukturiert durch den Prozess geführt. Je nach Antwort bzw. Eingabe werden weitere Angaben erfragt oder Aktivitäten erforderlich. Nur wenn ein Schritt erfolgreich abgeschlossen wurde, kann mit dem nächsten begonnen werden. Damit wird die Vollständigkeit und Richtigkeit der Informationen sichergestellt und das Risiko von Fehlern reduziert.

Bereits bei der Erfassung der Kundendaten erfolgt eine toolgestützte Überprüfung der Angaben. So wird zum Beispiel bei der Eingabe des Namens und der Adresse geprüft, ob die Adresse plausibel ist und ob der Kunde bereits angelegt ist. Der Name wird zusätzlich mit dem Ziel geprüft, bekannte Persönlichkeiten, sog. PEPs (Politically Exposed Persons), zu identifizieren oder ungewünschte Kunden, wie z.B. Terroristen, aufzudecken. Mit der Eingabe des Herkunftslandes geht ein weiterer Datenbankabgleich, der Country Check, einher. Dieser stellt sicher, dass für Kunden aus Risikoländern nur unter Einhaltung relevanter Vorgaben eine Beziehung eröffnet werden kann und versorgt gemäss Landesspezifika den Relationship Manager mit den entsprechenden Formalitäten und Regularien.

Nach der Eingabe der Kundendaten können die gewünschten Produkte aus einer breiten Produktpalette ausgewählt werden. Es stehen verschiedene Kontoarten, Karten, Vermögensverwaltungsmandate, E-Channels oder Investmentprodukte zur Verfügung. FrontNet stellt dabei sicher, dass die jeweils benötigten Daten vollständig und korrekt eingegeben werden. Daten, die bereits eingegeben wurden, werden wieder verwendet und bedürfen keiner erneuten Erfassung. Das erleichtert allfällige Modifikationen der Datensätze und Formalitäten. Das Tool hilft zudem, dass nicht gegen interne Bankvorgaben oder externe Regularien verstossen wird. Bei in der Schweiz geführten Kunden wird z.B. automatisch die Einhaltung der Vereinbarung über die Standesregeln zur Sorgfaltspflicht der Banken (VSB) sichergestellt. Beim Handel mit US-Aktien bedarf es der Abgabe eines speziellen Meldeformulars (USWHT) für die US-Steuerbehörde, das FrontNet selbständig bereitstellt. Auf diese Art werden auch die rechtlichen Anforderungen zur EU-Zinsbesteuerung eingehalten.

Nachdem die Angaben zum Kunden, seinen Produkten und Verträgen erfasst worden sind, erhält der Kunde ein Gesamtpaket all seiner Formalitäten in ausgedruckter Form inklusive einer Zusammenfassung. Der Kunde kann die Formalitäten sofort prüfen und unterschreiben. Das verringert erheblich die Notwendigkeit späterer Rückfragen. Die unterschriebenen Dokumente werden danach für eine abschliessende Überprüfung an die Formalitätenkontrolle übermittelt.

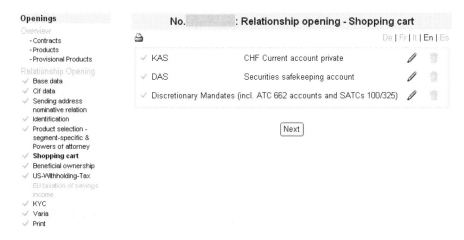

Abbildung 2: Screenshot Relationship Opening Tool – Beispiel Produktsicht

Die Vorteile für die Bank und insbesondere für den Relationship Manager liegen auf der Hand. Der standardisierte Prozess läuft effizient ab, entlastet den Relationship Manager administrativ und verkürzt die Dauer der Beziehungseröffnung erheblich. Aufgrund der FrontNet-Prozessunterstützung benötigt eine Standarderöffnung nur noch ca. 15 bis 25 Minuten. Das entspricht in etwa einer Halbierung der Dauer im Vergleich zur vorherigen Situation ohne entsprechende Tool- und Prozessunterstützung.[2]

Die Kenntnis von komplexen kunden-, produkt- und landesspezifischen Regularien, die sich häufig ändern und stets auf dem neuesten Stand sein müssen, wird weitestgehend vom Tool übernommen. FrontNet stellt dem Relationship Manager die erforderlichen Formalitäten fallspezifisch zur Verfügung.

Das Tool leistet einerseits einen wesentlichen Beitrag zur Fehlerreduktion und Zeitersparnis, die effektiv für die Beratung des Kunden zur Verfügung steht. Andererseits reduziert es das rechtliche Risiko der Bank. Darüber hinaus entlastet FrontNet die Formalitätenkontrolle, die alle generierten Eröffnungsdokumente überprüft. Seit Einführung des Relationship Opening Tools passieren über 90% der Eröffnungen die Formalitätenkontrolle ohne Beanstandung.[3] Insgesamt trägt FrontNet bzw. das ROT durch das standardisierte und automatisierte Vorgehen wesentlich zur positiven Qualitätswahrnehmung des Kunden bei.

Strukturierter Beratungsprozess

Den Kern des Private Banking bildet der Beratungsprozess. Er erfüllt die gestiegenen Erwartungen der Kunden, die weltweit, unabhängig davon von welchem Buchungs-

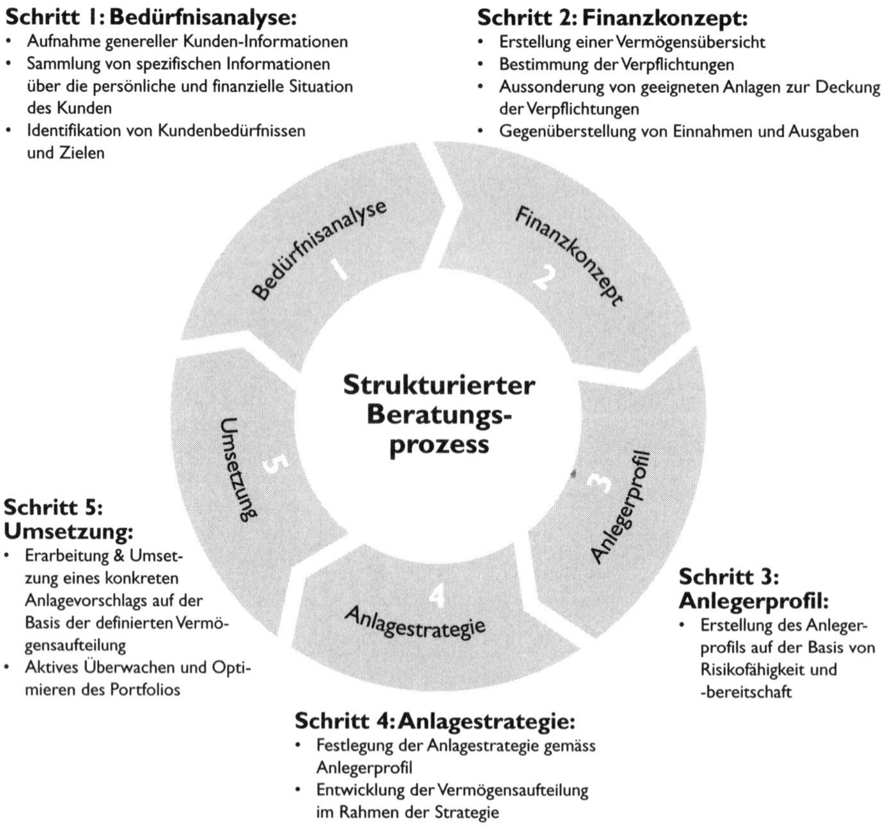
Schritt 1: Bedürfnisanalyse:
• Aufnahme genereller Kunden-Informationen
• Sammlung von spezifischen Informationen über die persönliche und finanzielle Situation des Kunden
• Identifikation von Kundenbedürfnissen und Zielen
Schritt 2: Finanzkonzept:
• Erstellung einer Vermögensübersicht
• Bestimmung der Verpflichtungen
• Aussonderung von geeigneten Anlagen zur Deckung der Verpflichtungen
• Gegenüberstellung von Einnahmen und Ausgaben
Bedürfnisanalyse
1
Finanzkonzept
2
Strukturierter Beratungsprozess
Umsetzung
5
Anlegerprofil
3
Anlagestrategie
4
Schritt 5: Umsetzung:
• Erarbeitung & Umsetzung eines konkreten Anlagevorschlags auf der Basis der definierten Vermögensaufteilung
• Aktives Überwachen und Optimieren des Portfolios
Schritt 3: Anlegerprofil:
• Erstellung des Anlegerprofils auf der Basis von Risikofähigkeit und -bereitschaft
Schritt 4: Anlagestrategie:
• Festlegung der Anlagestrategie gemäss Anlegerprofil
• Entwicklung der Vermögensaufteilung im Rahmen der Strategie

Abbildung. 3: Strukturierter Beratungsprozess

zentrum sie bedient werden, eine stets hochwertige, konsistente und umfassende Beratung wünschen. So kommt es vor, dass ein Kunde in Australien ansässig ist, von einem Beratungsteam in Dubai betreut wird und Konten in Zürich hält. Um eine konstant hohe Qualität in der Beratung zu erzielen, ist ein strukturierter und standardisierter Beratungsprozess erforderlich. Dieser muss der kundenindividuellen Situation und den Bedürfnissen Rechnung tragen und, weil er weltweit zum Einsatz kommt, regionale Besonderheiten berücksichtigen. Der strukturierte Beratungsprozess ist in 5 Schritte unterteilt:

Schritt 1: Bedürfnisanalyse
Der strukturierte Beratungsprozess beginnt mit einer umfassenden Bedürfnisanalyse. Dafür wird zusammen mit dem Kunden systematisch seine persönliche und finanzielle Situation besprochen. Dabei werden Themenbereiche wie Anlagen, Vermögensbildung, Verpflichtungen und Vermögensverzehr, aber auch das persönliche und berufliche Umfeld, Kundeninteressen und dessen Wohnsituation behandelt. Diese Daten werden strukturiert in FrontNet aufgenommen.

Schritt 2: Finanzkonzeption
Das Finanzkonzept basiert auf den Angaben der Bedürfnisanalyse. Zur Erstellung des Finanzkonzepts wird zwischen freien und gebundenen Vermögenswerten unterschieden. Gebundene Vermögenswerte dienen dazu, bestehende Verpflichtungen und künftige Vorhaben unter Berücksichtigung des Zeithorizonts zu decken. Als Verpflichtungen im Sinne des Finanzkonzepts werden sämtliche geplanten, zukünftigen Ausgaben festgehalten, die aus dem Vermögen des Kunden zu decken sind. Dabei handelt es sich beispielsweise um die (Teil-)Amortisation einer Hypothek, Investitionen wie zum Beispiel einen Hauskauf, Schenkungen, Ausbildung der Kinder oder die Finanzierung einer Deckungslücke bei einer frühzeitigen Pensionierung. Die verbleibenden freien Vermögenswerte sind noch nicht zweckgebunden und können entsprechend dem persönlichen Risikoprofil und den Bedürfnissen des Kunden angelegt werden.

Schritt 3: Anlegerprofil
Im Rahmen des Anlegerprofils wird das kundenspezifische Risikoprofil in FrontNet ermittelt. Dabei wird zwischen Risikofähigkeit und -bereitschaft unterschieden. Risikofähigkeit beschreibt die wirtschaftliche Fähigkeit eines Anlegers, Risiken einzugehen und mögliche Verluste zu tragen. Dabei wird die Finanzkraft des Kunden, aber auch seine finanzielle Flexibilität und das Ausmass, kurzfristige Wertschwankungen ausgleichen zu können, berücksichtigt. Die Risikobereitschaft beschreibt die Neigung des Anlegers, Risiken einzugehen und Verluste zu akzeptieren. Beide Aspekte werden in FrontNet durch den Relationship Manager zur Berechnung des Risikoprofils erfasst.

Im Ergebnis wird der Kunde in eine von fünf Risikoklassen von niedrig bis hoch eingestuft. Je nach individuellem Kundenwunsch kann der Relationship Manager die automatische Klassifizierung des Tools jedoch übersteuern.

Schritt 4: Anlagestrategie
Aus dem Risikoprofil wird die passende Anlagestrategie abgeleitet. Den fünf Risikoklassen stehen fünf korrespondierende Anlagestrategien gegenüber. Dabei wird z.B. bei einem niedrigen Risikoprofil eine Strategie gewählt, die geringe Wertschwankungen aufweist. Entsprechend wird die Vermögensaufteilung den Schwerpunkt eher auf festverzinsliche Anlagen legen, während bei einem hohen Risikoprofil die Vermögensaufteilung einen entsprechend höheren Aktienanteil aufweist. Die aufgrund des Risikoprofils durch FrontNet vorgeschlagene Anlagestrategie kann durch den Relationship Manager auf Kundenwunsch hin übersteuert und dokumentiert werden.

Schritt 5: Umsetzung
Bei der Umsetzung wird auf Basis der Anlagestrategie zuerst ein konkreter Anlagevorschlag erstellt. Dabei kommt die Applikation INVESTnet zum Einsatz, die mit FrontNet eng verknüpft ist. INVESTnet erlaubt umfangreiche Portfolioanalysen und -simulationen. Zudem generiert es kundenspezifische Anlagevorschläge, wie die freien Vermögenswerte angelegt werden können, und unterbreitet Umschichtungsvorschläge für bestehende Anlagen. In FrontNet können dann die Kauf- oder Verkaufsorders ausgeführt werden. INVESTnet unterstützt den Berater hiernach automatisiert bei der Überwachung des Portfolios und informiert den Relationship Manager proaktiv bei stärkeren Abweichungen zwischen Kundenportfolio und Anlagestrategie.

Die einzelnen Elemente des Beratungsprozesses sind im Private Banking seit längerem bekannt. Doch die integrale IT-Unterstützung jedes einzelnen Beratungsschritts durch FrontNet bietet an der Kundenschnittstelle den ausschlaggebenden Mehrwert. Zudem sind alle benötigten Spezialisten der Bank über FrontNet am Beratungsprozess direkt beteiligt. «Client Insight» und «Banking Insight» werden durch FrontNet am Point of Sale integriert. Das bedeutet, dass die beteiligten Spezialisten die jeweils gewonnenen Informationen direkt in FrontNet erfassen können und diese sofort für eine weitere Verwendung zur Verfügung stehen. Damit wird der Relationship Manager entlastet. Er verfügt über mehr Zeit für das Beratungsgespräch und kann gleichzeitig auf das gesammelte Fachwissen der Bank zugreifen. Er kann sich noch stärker als bisher auf die Kundenbeziehung konzentrieren und den Kunden optimal beraten. Letztlich erhält der Kunde durch die standardisierte und toolgestützte Vorgehensweise eine massgeschneiderte Lösung für seine Bedürfnisse, was sich in einer entsprechend höheren Zufriedenheit ausdrückt. Die Kundenzufriedenheit der Kunden, die im Rahmen des Beratungsprozesses beraten wurden, liegt nachweislich bei über 90%.[4]

Die Vorteile für die Bank liegen in einer Steigerung der Effektivität und Effizienz der Frontmitarbeiter, der Risikoreduktion im Vergleich zu einem nicht standardisierten Vorgehen und in der homogenen Qualität der Beratung. Damit trägt der strukturierte Beratungsprozess und FrontNet wesentlich zur Erreichung eines nachhaltigen Wettbewerbsvorteils bei.

Verkaufsprozess

Die Verkaufsorganisation wird an quantitativen (z.B. Vermögenszuwachs) und qualitativen (z.B. Kundenzufriedenheit) Kennzahlen gemessen. Um die hochgesteckten Ziele zu erreichen, ist eine fokussierte Herangehensweise erforderlich. Es gilt, die Kunden mit hoher Kaufwahrscheinlichkeit ganzheitlich und in hoher Qualität zu bedienen.

In der Vergangenheit war der Verkaufsprozess von der Potentialanalyse eines Kunden bis hin zur Nachbearbeitung eines Geschäftsabschlusses individuell geprägt. Dies hatte zur Folge, dass die Verkaufsprozesse innerhalb der Organisation unterschiedlich gelebt wurden und dass die Verkaufsorganisation nur über begrenzte Informationen darüber verfügte, wer die Topkunden innerhalb des Kundenstamms eines Relationship Managers sind. Durch die Einführung eines strukturierten Verkaufsprozesses mit entsprechender Tool-Unterstützung durch FrontNet werden die Verkaufsaktivitäten für die Akquisition von Neukunden und die Ausschöpfung von bestehenden Kundenpotentialen systematisch geplant und mit den entsprechenden Produktspezialisten koordiniert. FrontNet bietet den Relationship Managern und den Führungskräften dafür die notwendige Tool-Unterstützung.

Der Prozess beginnt mit der Analyse des Kundenpotentials. Die Basis hierfür bilden die in FrontNet zu einem Kunden gehörenden finanziellen, soziodemografischen und verhaltensorientierten Informationen, die u.a. im Rahmen des strukturierten Beratungsprozesses erhoben worden sind. Daraus kann der Relationship Manager das langfristige Potential eines Kunden herleiten und differenziert nach Produkt- und Geschäftsarten in FrontNet hinterlegen.

Zur anschließenden Bewertung des Kunden werden das künftige Potential sowie andere Kennzahlen, welche die aktuelle Situation des Kunden widerspiegeln (z.B. derzeit betreutes Kundenvermögen oder Profitabilität), herangezogen. Systemgestützt wird anhand dieser Kennzahlen dem Kunden automatisch eine Prioritätenkategorie zugewiesen. Diese kann der Relationship Manager in letzter Instanz einzelfallabhängig übersteuern.

Aus der langfristig ausgerichteten Potentialanalyse leitet der Relationship Manager die kurzfristigen Verkaufsmöglichkeiten ab. Dabei ist der Relationship Manager verpflichtet, alle potentiellen Geschäfte von bestehenden und potentiellen Kunden im FrontNet-Modul «Deals in Pipeline» zu erfassen. Deals in Pipeline umfasst die wesentlichen Informationen zum potentiellen Geschäft (Produkt, Volumen, Kaufwahrscheinlichkeit, Kontakthistorie, nächste Aktivitäten etc.). Falls der Relationship Manager beim Abschluss eines Geschäftes die beratende Unterstützung von Spezialisten aus den Kompetenzzentren benötigt (z.B. Steuerberatung), können diese via FrontNet in den Verkaufsprozess miteingebunden werden. Somit wird der Kunde umfassend beraten.

Im Rahmen von Sales Meetings (mit Vorgesetzten, anderen Relationship Managern und Fachspezialisten), die durch eine kaskadenartige Durchführung, zeitliche Vorgaben und vorgegebene Inhalte standardisiert sind, werden alle wichtigen Deals in Pipeline der Relationship Manager (z.B. Top 5 Deals per Relationship Manager) besprochen und daraus Massnahmen und weitere Aktivitäten abgeleitet. Um die Sales Pipeline zu überwachen und nach verschiedenen Kriterien zu analysieren (z.B. erwartetes Geschäftsvolumen in einem Jahr und dessen Vergleich mit den bereits erzielten Werten), steht den Führungskräften und den Relationship Managern das Managementportal zur Verfügung.

Dank des strukturierten Prozesses und der umfassenden Tool-Unterstützung durch FrontNet werden potentielle Geschäfte aktiv gesteuert und zielgerichtet im Sinne des Kunden zum Abschluss gebracht. Die Verkaufsressourcen der Bank sind dadurch effizient und effektiv eingesetzt.

Ganzheitliche Kundensicht: Den Kunden im Kontext verstehen

Für eine ganzheitliche Beratung auf hohem Niveau ist eine umfassende Kundensicht Voraussetzung. Dafür ist es notwendig, nicht nur die einzelne Kundenbeziehung zu betrachten, sondern auch die Umgebung bzw. das Netzwerk, in das der Kunde eingebettet ist. So ist es hilfreich, wenn ein Kunde z.B. im Kontext seiner Familienverhältnisse betrachtet werden kann oder ein Firmenkunde nicht isoliert, sondern im Zusammenhang zur betreuenden Holding zu sehen ist. Vor allem die Prozesse Marketing, Verkauf, Kundenentwicklung und das Pricing profitieren davon, wenn sie das finanzielle und persönliche Umfeld des Kunden noch besser berücksichtigen können. FrontNet unterstützt die Abbildung der umfassenden Kundensicht, indem der Relationship Manager direkt im Tool die Zuordnung der Kunden zu einer Gruppe vornimmt.

Systematische Vorgehensweise bei der Entwicklung und Umsetzung von FrontNet

Ein wesentlicher Erfolgsfaktor für FrontNet ist die Fähigkeit des Projektteams, dessen Entwicklung als einen Prozess zu verstehen, der von Anfang bis Ende zentral geführt wird. Von der Projektidee über die Implementierung und den Roll-out bis hin zur Nutzung (Change Management) werden alle wesentlichen Aspekte berücksichtigt und angegangen.

Von der Projektidee zur Implementierung

Das Management der Credit Suisse hat sich bewusst für eine eigenständige Entwicklung von FrontNet und nicht für ein Customizing einer Standardanwendung entschieden. Dadurch kann die FrontNet-Lösung passgenau auf die Bedürfnisse der Bank und der Benutzer zugeschnitten werden. Um eine optimale FrontNet-Lösung zu realisieren, die ideal die Frontprozesse unterstützt, aber auch in die bestehende IT-Landschaft integriert werden kann, müssen Fachseite und IT Hand in Hand zusammenarbeiten. Ein Business-Projektleiter und ein IT-Projektleiter teilen sich daher die Verantwortung für die Realisierung von FrontNet-Projekten über alle Phasen der Entwicklung hinweg. Dies gewährleistet zum einen ein gemeinsames Auftreten von Fachseite und IT und schafft zum anderen dank der engen Zusammenarbeit ein gemeinsames Verständnis über die Lösung, was dazu führt, dass diese auch wirklich gemäss den Anforderungen umgesetzt wird und sich die Realisierungsdauer verkürzt.

Bei der Entwicklung von FrontNet-Funktionalitäten wurde von Anfang an auf einen hohen Grad an Standardisierung geachtet. Gleichzeitig wurde sichergestellt, dass eine Funktionalität spezifisch an die unterschiedlichen Bedürfnisse aller Benutzergruppen angepasst werden kann. Dabei wird eine 80:20-Regel verfolgt. Diese geht von 80% Standardisierung aus und lässt spezifische Anpassungen nur dort zu, wo eine Differenzierung wirklich notwendig ist.

Die Standardisierung spart Kosten, indem verschiedene Gruppen das gleiche System bzw. dieselbe Funktionalität nutzen und so z.B. Entwicklungskosten oder Kosten für Betrieb und Wartung geteilt werden und nicht einzeln pro Bereich erneut anfallen. Des Weiteren gewährleistet sie eine hohe Qualität aufgrund einheitlicher Prozesse und ermöglicht eine Wiederverwendung von bereits erhobenen Daten (z.B. bei Kundenmigrationen zwischen den Segmenten Private Clients zu Private Banking).

Eine Anpassung des Systems an die spezifischen Bedürfnisse der einzelnen Geschäftsbereiche stellt eine notwendige Voraussetzung für dessen Nutzung dar. So ist zum Beispiel beim Beratungsprozess eine Anpassung an Ländergegebenheiten notwendig. Im Rahmen der Bedürfnisanalyse sind landesspezifische Aspekte bei der Altersvorsorge zu berücksichtigen. Beim Anlegerprofil sind Anpassungen bei der Risikobewertung sinnvoll, wenn verschiedene Kulturkreise einen unterschiedlichen Grad an Risikotoleranz aufweisen.

Um die Bedürfnisse der verschiedenen Nutzerkreise zu berücksichtigen, wird bei der Entwicklung von FrontNet vielschichtig vorgegangen. Den Rahmen bilden die Bedürfnisse der internen Kunden (Voice of the Customer). Die Experten aus dem zentralen Projektteam klären die Bedürfnislage und leiten einen ersten Lösungsvorschlag ab. Ein User Panel Team, das mit Vertretern der Nutzer besetzt ist und das über den gesamten Realisierungszeitraum bestehen bleibt, wird zur Weiterentwicklung der Lösung mit einbezogen. Eine Diversifizierung im User Panel Team gewährleistet die Berücksichtigung von Anforderungen, Erfahrungen und Best Practices der Relationship Manager aus den verschiedenen Geschäftsbereichen. Der Feinschliff im Rahmen der Lösungsentwicklung findet in sogenannten Usability Labs in Zusammenarbeit mit Credit-Suisse-Usability-Experten statt. Dort wird ein Nutzer mit der Lösung konfrontiert. Dies wird neutral beobachtet und mit einer Kamera aufgenommen. Dabei werden Erstnutzer genauso beobachtet wie erfahrene FrontNet-Nutzer, um ein differenziertes Feedback zu erhalten.

Die intensive Interaktion zwischen Fachseite und IT sowie die bereichsübergreifende Konzentration von Expertenwissen sind die Grundlage für die bedarfsgerechte Umsetzung. Dadurch steigt zwar der Abstimmungsaufwand für das einzelne Projekt. In Summe lassen sich jedoch immense Kosten- und Zeitvorteile realisieren.

Change Management

Die Entwicklung von FrontNet ist der erste Schritt. Der Return on Invest für die Bank und der Mehrwert für die Benutzer und die Kunden kommt erst mit dem täglichen Einsatz der neuen Lösung zustande. Dafür müssen die Mitarbeiter das neue System in kurzer Zeit verstehen und anwenden.

Aus diesem Grund kommt dem Change Management bei FrontNet eine besondere Bedeutung zu, wie das folgende Beispiel am Relationship Opening Tool (ROT) zeigt. ROT wurde in den beiden Segmenten Private Banking und Private Clients implementiert. Dabei wurde die Lösung gemäss eines einheitlichen Roll-out-Ansatzes nach dem Train-the-Trainer-Prinzip in den einzelnen Regionen eingeführt. Um die Nutzungszahlen kontinuierlich zu steigern, geht das FrontNet-Projektteam im Change Management entsprechend eines vierstufigen Ansatzes vor: Management Attention, Kommunikation, Training und Support sowie Reporting (siehe Abbildung 4).

Abbildung 4: Umfassende Massnahmen zur Nutzungssteigerung

In der ersten Phase definiert das Projektteam zusammen mit dem Management zu erreichende Nutzungslevel pro Jahr. Daraus werden wiederum gemeinsam Massnahmen in den Feldern Kommunikation, Training und Support sowie Reporting für die Nutzungssteigerung abgeleitet. Das Management und das Projektteam ziehen konsequent an einem Strang.

Der Fokus der Kommunikation darf nicht nur auf der reinen Präsentation des neuen Tools liegen. Noch wichtiger ist es, die Nutzer von der Zweckdienlichkeit des neuen Tools in qualitativer (neue Funktionen etc.) und quantitativer (geringere Fehlerraten, Zeitersparnis etc.) Hinsicht zu überzeugen. Hierzu werden unter anderem Erfolgserlebnisse der Relationship Manager im Umgang mit dem Tool kommuniziert. Dreh- und Angelpunkt sind hier gemäss dem Train-the-Trainer-Ansatz die sogenannten FrontNet Power User. Dabei handelt es sich um Relationship Manager, die als Botschafter von FrontNet auftreten und den Kollegen vor Ort aktive Unterstützung anbieten. Die Power User werden regelmässig vom zentralen FrontNet-Projektteam geschult und über Neuerungen informiert.

Beim Training kommt ein dediziertes Team, das sogenannte «User Care Team» aus dem FrontNet-Projektteam zum Einsatz. Es setzt sich aus Schulungsexperten zusammen, die über ein ausgeprägtes Know-how von FrontNet verfügen und Erfahrung als Relationship Manager aufweisen. Dieses Team wird gezielt in die Regionen entsandt, um die Nutzer bei der Bedienung des Tools und bei der Anwendung der neuen Prozesse zu schulen. Dem aktuellen Know-how-Level der Nutzer wird bei der Ausgestaltung der Schulungsweise und -inhalte Rechnung getragen. Die Trainings werden unter anderem in Abhängigkeit von den aktuellen Nutzungszahlen in den einzelnen Regionen priorisiert.

Ein professioneller Support bei Fragen und Problemen der Relationship Manager, die im Helpdesk, bei den Power Usern, Projektmitarbeitern oder Applikationsexperten eingehen, ist ein entscheidender Faktor für die Akzeptanz und Nutzung der Lösung. Der Support dient ausserdem dazu, Verbesserungspotentiale in der Applikation und bei den Prozessen aufzudecken und deren Umsetzung einzuleiten.

Detaillierte Nutzungsstatistiken (z.B. Nutzungsbenchmark pro Region) für das Management steigern die Transparenz über die Anwendung. Diese Reports dokumentieren den Fortschritt der Nutzung und helfen, die Management Attention auf die Ergreifung weiterer Massnahmen zu lenken.

Dank dieses Vorgehens konnte die Nutzung von ROT innerhalb eines Jahres deutlich erhöht werden, so dass in Regionen mit zu Beginn niedriger Nutzung signifikante Steigerungen erzielt wurden.

Ausblick

FrontNet hat in der Vergangenheit nachweislich zur Steigerung der Kundenzufriedenheit und Effizienz beigetragen. Die Entwicklung von FrontNet ist noch nicht am Ende angelangt. Für die Zukunft ist geplant, dass weitere Prozesse durch FrontNet unterstützt werden. Der weitere Ausbau von Funktionalitäten und der verstärkt internationale Einsatz wird die Erfolgsgeschichte dieses einzigartigen Systems fortführen.

Anmerkungen

[1] FrontNet wurde mit folgenden Preisen ausgezeichnet:

Institution/Publikation	Preis	Beschreibung
Banking Technology	European Banking Technology Award 2001	Preis für «Best Use of IT in the Banking Sector»
Banking Technology	European Banking Technology Award 2002	FrontNet erhält in der Kategorie «Best Implementation of Straight Through Processing» das Prädikat «Highly Commended»
Banking Technology	European Banking Technology Award 2003	FrontNet erhält in den Kategorien «Risk Manager of the Year» sowie «IT Team of the Year» das Prädikat «Highly Commended»

[2] Gem. Credit Suisse interner Auswertung.
[3] Gem. Credit Suisse interner Auswertung.
[4] Gem. Credit Suisse interner Auswertung.

Teil III

Ergebnisse der aktuellen CRM-Forschung

Effekte von Preiswahrnehmungen auf Kundenzufriedenheit und Kundenbindung – Ergebnisse einer empirischen Analyse und Managementimplikationen

Prof. Dr. Florian U. Siems

Prof. Dr. Florian U. Siems ist Fachbereichsleiter und Professor für Marketing im Studiengang Betriebswirtschaft und Informationsmanagement an der Fachhochschule Salzburg. Seine Forschungsschwerpunkte sind Relationship Marketing, Preismanagement und Marktforschung.

Effekte von Preiswahrnehmungen auf Kundenzufriedenheit und Kundenbindung –
Ergebnisse einer empirischen Analyse und Managementimplikationen

Preiswahrnehmung als vernachlässigte Grösse im Relationship Marketing

Im Rahmen des *Relationship Marketing* wird heute die langfristige Beziehung zwischen einem Unternehmen und einem Kunden als zentrale Zielgrösse angesehen (Diller 1996; Bliemel/Eggert 1998; Eggert 2000; Berry 2002). Von Wissenschaft und Praxis wird entsprechend eine breite Palette von Massnahmen diskutiert, die Kundenbindung positiv zu beeinflussen: Zu nennen sind neben Ansätzen zu spezifischen Kundenbindungsinstrumenten wie Kundenclubs und Kundenkarten insbesondere zahlreiche Theorien und Studien zur Kundenzufriedenheit, die als eine zentrale Determinante der Kundenbindung angesehen wird (Anderson/Fornell/Lehmann 1994; Homburg/Becker/Hentschel 2003; Meffert/Bruhn 2003).

Eher vernachlässigt wurde dabei in früheren Ansätzen – sowohl in Ansätzen der Praxis als auch wissenschaftlichen Studien zu Kundenzufriedenheits- und Kundenbindungsmodellen – der *Einfluss des Preises und der Preiswahrnehmung* auf die einzelnen Konstrukte, insbesondere die Wirkungen auf Kundenzufriedenheit und Kundenbindung. Dies wird in verschiedenen Ansätzen bisheriger Forschung deutlich (Siems 2003):

- Diller (2000b) und Diller/That (1999) kritisieren die bisherige Vernachlässigung des Preises hinsichtlich des Zufriedenheitskonstruktes. Diller stellt fest: «Leider liegen u.W. kaum empirische Studien über den Zusammenhang zwischen der Zufriedenheit mit einzelnen Preiskomponenten einerseits und der Gesamtzufriedenheit mit einem Kauf bzw. einem Anbieter vor. Die Vielzahl von Kundenzufriedenheitsstudien gäbe Anlass, dem Zusammenhang zwischen der Preiszufriedenheit und der Gesamtzufriedenheit sowie der Kundenbindung weiter nachzugehen.»
- Ähnlich Diller bzw. Diller/That äussern auch Herrmann/Wricke/Huber (2000; bzw. Huber/Herrmann/Wricke 2001) Verwunderung darüber, wie wenig Beachtung dem Preis innerhalb der Zufriedenheitsforschung geschenkt wird, obwohl es eine Vielzahl von Studien zur Zufriedenheit gibt.
- Varki/Colgate (2001) kommen zu einem ähnlichen Schluss: «Compared to the emphasis that service quality research has received in service marketing, much less work has been done on the role of price perceptions and their effect on customer

retention», und weisen auf Potentiale für das Management in diesem Bereich hin. Gleichzeitig äussern sie sich überrascht, dass es fast keine empirischen Arbeiten zur Verbindung Preiswahrnehmung und Verhaltensabsichten gibt.
- Voss/Parasuraman/Grewal (1998) stellen eine geringe Beachtung von Preiswirkungen auf die Kundenzufriedenheit fest und konstatieren in Verbindung mit einem eigenen Forschungsansatz Raum für zukünftige Forschungen in diesem Bereich.
- Simon/Tacke/Buchwald (2003) stellen fest: «Pricing und Kundenbindung ist ein Zusammenhang, der bisher nur ungenügend theoretisch erforscht, geschweige denn empirisch durchdrungen wurde.»
- Johnson/Herrmann/Bauer (1999) kritisieren, dass Wirkungen der Preisbündelung bisher nur auf ökonomische Erfolgsgrössen, nicht aber auf vorökonomische Grössen wie die Kundenzufriedenheit, die Weiterempfehlung und die Wiederkaufabsicht betrachtet wurden.

Der vorliegende Beitrag greift die angeführten Defizite auf: Zunächst wird basierend auf empirischen Daten aufgezeigt, welche Komponenten Teil der Preiswahrnehmung sein können. Im Anschluss daran werden die möglichen Effekte auf die Kundenzufriedenheit und die Kundenbindung erläutert und Ergebnisse einer empirischen Studie hierzu aufgezeigt. Abschliessend werden allgemeine Managementimplikationen abgeleitet.

Preiswahrnehmung als komplexes, mehrdimensionales Konstrukt

In der Marketingwissenschaft hat sich die Erkenntnis durchgesetzt, dass die subjektive Kundenwahrnehmung im Vordergrund der Betrachtungen stehen muss (Meffert/Bruhn 2003). So wird z.B. hinsichtlich der Frage, welche Qualitätsmerkmale die Kundenzufriedenheit beeinflussen, stets die subjektive Qualitätswahrnehmung des Kunden – nicht die des Anbieters – betrachtet. Für die Betrachtung von Preiswirkungen auf Kundenzufriedenheit und Kundenbindung kann analog die *subjektive Preiswahrnehmung* durch die Kunden als entscheidend angesehen werden (Siems 2003).

Eine Antwort auf die Frage, was genau subjektive Preiswahrnehmungen sind, zeigte eine von Siems (2003) durchgeführte, aus mehreren Teilstudien bestehende Untersuchung für Dienstleistungen (Studie 1: teilstandardisierte Expertenbefragung; Studie 2: Tiefeninterviews bei Kunden verschiedener Dienstleistungen unter Verwendung einer modifizierten Form der Laddering-Technik; Studie 3: auf Ergebnissen der Studien 1 und 2 basierende, quantitative Kundenbefragung für verschiedene Dienstleistungen,

Auswertungen insbesondere mit exploratorischen und konfirmatorischen Faktorenanalysen):

- Die Preiswahrnehmung erfolgt bei Kunden auf drei übergeordneten, unterschiedlichen Ebenen (*Dimensionen*): Affektiv-emotional (z.B. in Form von Freude über einen subjektiv günstigen Preis), kognitiv-wissensbasiert (z.B. Preisrelevanz in Form einer persönlichen Budgetrestriktion) und konativ-verhaltensauslösend (z.B. Absicht, sich zukünftig vorab intensiver über Preise zu informieren).
- Die Dimensionen wiederum beinhalten vier *Faktoren*: Die Preiskenntnisse (kognitiv), die Preisrelevanz (kognitiv und affektiv), die Preisbeurteilung (affektiv) und die Preisintentionen (konativ).
- Zentrale Aspekte der *Preisbeurteilung* können z.B. das Ankerpreisurteil (d.h., inwieweit der Preis einer Leistung eine subjektiv-normative Preisvorstellung dieser Leistung in der erbrachten Qualität über- oder unterschreitet), das Ausmass der empfundenen Preisfreude (d.h. das emotionale Preisurteil) und die Beurteilung der Preisgünstigkeit (d.h. die Beurteilung der absoluten Preishöhe ohne Beachtung der Qualität) sein.
- Neben der Preisbeurteilung können auch *Preiskenntnisse* der Nachfrager, die individuelle *Preisrelevanz* sowie Absichten der Nachfrager zum *Umgang mit Preisen* (Preisintentionen, z.B. Absicht von Kunden, zukünftig verstärkt nach Preisinformationen zu suchen) aus Kundensicht innerhalb der Preiswahrnehmung relevante Faktoren sein und sind entsprechend bei einer Erfassung/Messung/Analyse von Preiswahrnehmungen (und ggf. ihrer Effekten) zu beachten.

Diese Ergebnisse erwiesen sich in der genannten Studie 3 als dienstleistungsübergreifend gültig, was entsprechende statistische Tests der zu vier verschiedenen Dienstleistungen erhobenen Daten – befragt wurden insgesamt 230 Personen zu den Dienstleistungen Friseur, Autoreparatur, Pauschalreise und Mobiltelefonie – zeigten. Abbildung 1 verdeutlicht die aufgezeigten zentralen Ergebnisse noch einmal.

Effekte von Preiswahrnehmungen | 351

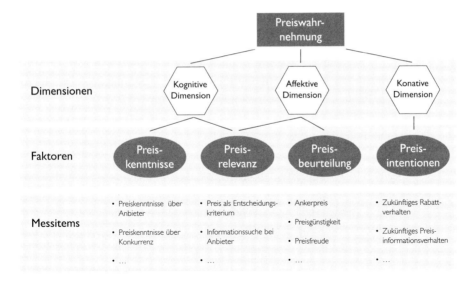

Abbildung 1: Konzeptualisierung der Preiswahrnehmung (Quelle: In Anlehnung an Siems 2003, S. 153)

Preiswahrnehmung und Kundenbindung

Es stellt sich die Frage, welche *Wirkungsbeziehungen* zwischen Preiswahrnehmungen – insbesondere den vorher aufgezeigten Faktoren, vgl. Abbildung 1 – und Marketingzielgrössen wie Kundenzufriedenheit und Kundenbindung vorliegen. Hierzu lassen sich folgende Hypothesen über mögliche Effekte ableiten (Siems 2003):

- In der Literatur wird oft unterstellt, dass eine hohe Kundenbindung eine reduzierte Preissensibilität zur Folge hat (vgl. z.B. Anderson/Fornell/Lehmann 1994). Bezogen auf die vier Faktoren der Preiswahrnehmung (vgl. Abbildung 1) lässt sich daraus ableiten, dass die Kundenbindung die *Preisintentionen* negativ beeinflusst, d.h., je höher die Kundenbindung bei einer Person ist, desto weniger wird diese Person zukünftig die Absicht oder den Wunsch haben, Rabatte zu nutzen oder sich umfassender über die Preise des Anbieters zu informieren. (Effekt 1)
- Basierend auf der Idee, dass es neben einer auf der Qualitätsbeurteilung basierenden Leistungszufriedenheit auch eine auf der Preiswahrnehmung basierende Preiszufriedenheit gibt (vgl. z.B. Diller 2000b), und der Vermutung, dass die Kundenzufriedenheit die Kundenbindung steigern kann (vgl. z.B. Homburg/Becker/Hentschel 2003), lässt sich hinsichtlich des Faktors Preisbeurteilung die These aufstellen, dass die *Preisbeurteilung* die Kundenbindung positiv beeinflusst, d.h., je positiver die Preisbeurteilung ausfällt, desto stärker ist die Kundenbindung. (Effekt 2)
- Hinsichtlich der Grössen Preisintentionen und Preisbeurteilung ist zu beachten,

dass auch zwischen diesen Grössen eine *Wirkungsbeziehung* vorliegen kann: Entsprechend der Lerntheorie (vgl. z.B. Rothschild 1987) kann eine positive Preisbeurteilung der Kunden zu zukünftig verstärkter Beachtung von Preisen und damit intensiverer Suche nach Rabatten und Preisinformationen führen. Demnach beeinflusst die Preisbeurteilung die Preisintentionen positiv. (Effekt 3)

Die gleichzeitige Betrachtung der drei Effekte (vgl. Abbildung 2) zeigt ein in Marketingwissenschaft und -praxis bisher noch kaum beachtetes *Phänomen*: Eine positive Preisbeurteilung kann die Kundenbindung steigern (Effekt 1) und damit indirekt auch die Preisintentionen reduzieren (Effekt 2); gleichzeitig steigen jedoch die Preisintentionen mit positiver Preisbeurteilung an. Folglich können Unternehmen durch preispolitische Massnahmen wie Rabatte oder Ermässigungen (z.B. auch in Verbindung mit Kundenkarten) zwar die Preisbeurteilung verbessern und damit die Kundenbindung steigern, sie steigern damit jedoch auch den zukünftigen Stellenwert, den der (günstige) Preis beim Kunden hat. Bei dem Versuch, sich Kundenbindung quasi durch einen günstigen Preis, Rabatte o.Ä. zu «erkaufen», riskieren Unternehmen folglich, dass die Kunden zwar zunächst weiterhin wiederholt beim selben Unternehmen Leistungen beziehen, jedoch verstärkt auf Preise achten (Preisintentionen) und ggf. wegen eines Preisvorteils den Anbieter dann auch wieder wechseln. Diese besondere Form der Kundenbindung kann als *Cold Loyalty* bezeichnet werden: Der Kunde ist nicht – wie meistens von Unternehmen angestrebt und auch in den Theorien zum Relationship Marketing gefordert – emotional mit dem Unternehmen verbunden, sondern erhält die Beziehung zum Unternehmen aus «kalter»» Berechnung aufrecht.

Ergebnisse der ULS-Schätzung (GFI=0,951; AGFI=0,942; n=205)
pw = Variable zur Messung der Preiswahrnehmung
k = Variable zur Messung der Kundenbindung

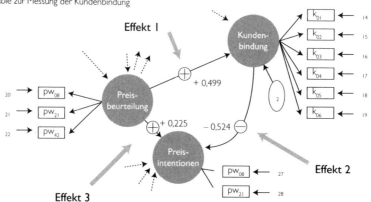

Abbildung 2: Wirkungsbeziehungen zwischen Preiswahrnehmung und Kundenbindung

Dass derartige Effekte in der Praxis auftreten können, zeigte eine zu diesen Hypothesen durchgeführte *empirische Messung* des Modells bei einem Schweizer Zoo (Studie 5): Nach einer Vorstudie zur Entwicklung des eigentlichen Fragebogens (Studie 4; befragt wurden hierzu 50 Personen) wurden 205 Besuchern mittels eines Fragebogens zu ihren Preiswahrnehmungen, ihrer Zufriedenheit, ihrem Qualitätsurteil und ihrer Verbundenheit mit dem Zoo befragt. Die unter Einsatz der Strukturgleichungsmodellanalyse (ULS- und manifestierende ML-Schätzungen) hierzu ermittelten und in Abbildung 2 ausgewiesenen Wirkungskoeffizienten waren hochsignifikant, auch die statistischen Gütekriterien (im Abbildung 2 exemplarisch ausgewiesen: GFI und AGFI; weitere globale und lokale Kennziffern weisen ähnlich gute Werte auf, ebenso die zur Konstruktvalidierung vorgeschalteten Reliabilitäts- und Faktorenanalysen) bestätigen das Modell (für Details vgl. Siems 2003, S. 194 ff.). Für den Zoo lässt sich als Implikation ableiten: Durch eine Verbesserung der Preisbeurteilung durch die Kunden kann die Kundenbindung gesteigert werden, gleichzeitig steigen jedoch auch die Preisintentionen. Um den Effekt der *Cold Loyalty* zu vermeiden, sind daher zusätzlich die emotionale Kundenbindung fördernde Massnahmen notwendig.

Preiswahrnehmung und Kundenzufriedenheit

Einfluss preispolitischer Gestaltungsmöglichkeiten auf die Kundenzufriedenheit

Der oben kurz erwähnte Effekt, dass die Preiswahrnehmung einen Einfluss auf die Kundenzufriedenheit – und damit letztlich wie aufgezeigt auch auf die Kundenbindung – haben kann, findet in der Diskussion in Wissenschaft und Praxis besondere Beachtung: Herrmann/Wricke/Huber (2000) sprechen vor dem Hintergrund, Kundenzufriedenheit differenzierter zu betrachten, zu Recht von «Facetten der Zufriedenheit»» (und nehmen konsequent eine Differenzierung in Produkt-, Preis-, Service- und Händlerzufriedenheit vor), andere Wissenschaftler weisen ebenso explizit auf die erwähnte mögliche Existenz einer *Preiszufriedenheit* als Teil der Gesamtzufriedenheit hin (Diller 2000b, Rothenberger 2004). Ähnlich ist ein Ansatz von Rapp (1995): Ausgehend von einem Modell, das als Determinanten der Zufriedenheit die technische Produktqualität, die Servicequalität, die Reputationsqualität, die persönliche Beziehungsqualität und die Preiswahrnehmung enthält, weist er empirisch für den Automobilbereich nach, dass die Preiswahrnehmung einen Einfluss auf die Kundenzufriedenheit hat.

Bei der dem vorliegenden Beitrag zugrunde liegenden *empirischen Studie des Zoos* wurden neben dem oben aufgezeigten Teilmodell derartige Effekte nun auf Einzelvariablenebene ebenfalls untersucht: Neben der Gesamtzufriedenheit mit dem Zoo

wurde u.a. auch das Preisgünstigkeitsurteil sowie das Preiswürdigkeitsurteil abgefragt. Entsprechend konnte mit Regressionsanalysen untersucht werden, ob und wenn ja in welchem Umfang beide Preisurteilsarten die Gesamtzufriedenheit beeinflussen. Im Ergebnis zeigt sich:
- Das *Preisgünstigkeitsurteil* hat keinen signifikanten Effekt auf die Gesamtzufriedenheit: Der F-Test des R^2 von 0,8 ergab, dass sich dieses R^2 nicht signifikant (sig. = ,200) von 0 unterscheidet.
- Das *Preiswürdigkeitsurteil* dagegen hat einen signifikanten Effekt auf die Gesamtzufriedenheit: Über 10% (R^2 = 0,104, sig. = ,000) der (Streuung der) Gesamtzufriedenheit können durch die Preiswürdigkeit erklärt werden, mit zunehmend positivem Preiswürdigkeitsurteil steigt die Gesamtzufriedenheit (β_0=+4,916 (Konstante), β_1=+0,225).

Im Fall des untersuchten Zoos zeigte sich damit, dass insbesondere das Preiswürdigkeitsurteil von Relevanz für die Kundenzufriedenheit ist, während das Preisgünstigkeitsurteil hier keine Rolle spielt. Es ist aber durchaus denkbar, dass dies in anderen Branchen auch umgekehrt der Fall sein kann bzw. dass in jedem Fall die Stärke eines Effektes des Preisurteils je nach *Branche* und ggf. auch je nach Unternehmen unterschiedlich sein wird: Abbildung 3 zeigt hierzu exemplarisch die Ergebnisse einer *Meta-Analyse* (Siems 2003), bei der der Beitrag des Preis-Leistungs-Verhältnisses zur gesamten Branchenzufriedenheit für verschiedene Branchen auf Basis von Daten des Schweizer Kundenbarometers 1998 (Bruhn 1998) berechnet wurde.

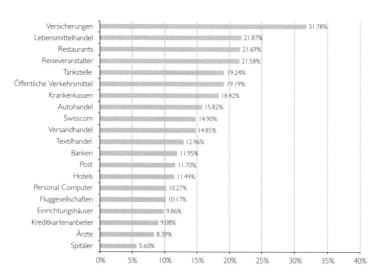

Abbildung 3: Beitrag des Preis-Leistungs-Verhältnisses zur gesamten Branchenzufriedenheit im Schweizer Kundenbarometer 1998 (Quelle: Siems 2003, S. 59)

Andere empirische Studien kommen ebenfalls zu dem Ergebnis, dass der Preis die Kundenzufriedenheit beeinflussen kann:
- Varki/Colgate (2001) untersuchten jeweils in den USA und Neuseeland bei Bankdienstleistungen, wie die Zufriedenheit mit dem Preis auf die Kundenzufriedenheit und die Kundenbindung wirkt. In den USA waren im Gegensatz zu Neuseeland keine derartigen Einflüsse festzustellen. Die Autoren erklären sich dies dadurch, dass in den USA nur nach der Wahrnehmung der Gebühren, in Neuseeland aber nach der Wahrnehmung der Gebühren im Vergleich zum wichtigsten Konkurrenten gefragt wurde.
- Lingenfelder/Lauer/Groh (2000), die nicht von Preis-, sondern von Kostenzufriedenheit im Business-to-Business-Bereich sprechen, stellen bei Ingenieurdienstleistungen empirisch einen positiven Einfluss dieser Teilzufriedenheit auf die Globalzufriedenheit fest.
- Diller weist 1997 (Diller 1997) auf die von ihm ausgewertete Neuwagenkäuferstudie der europäischen Automobilindustrie hin, innerhalb derer sich eine positive Korrelation zwischen Preiszufriedenheit und Gesamtzufriedenheit ergab. In einer 2000 (Diller 2000b) publizierten Studie zeigt er empirisch für fünf Dienstleistungen ebenfalls diesen Effekt auf.

Einfluss preispolitischer Gestaltungsmöglichkeiten auf die Kundenzufriedenheit

Neben dem Preisurteil selbst wird auch diskutiert, dass *spezielle preispolitische Gestaltungsmöglichkeiten* wie z.B. Preisklarheit, Preistransparenz oder Preisbündelungen einen Effekt auf die Kundenzufriedenheit haben können. Beispiele bestehender Forschungen sind die folgenden:
- Thelen/Koll/Mühlbacher (2000) zeigen im Rahmen einer Studie zur Kundenzufriedenheit für einen Lieferanten der Baubranche (Business-to-Business-Bereich) unter Verwendung der SOPI-Methode *(Sequence Oriented Problem Identification)*, dass die *Preisflexibilität* ein mögliches kritisches Ereignis i.S. eines für die Kundenzufriedenheit relevanten Ereignisses darstellt.
- Herrmann/Wricke/Huber (2000) weisen auf Basis eines LISREL-Modells empirisch am Beispiel des PKW-Kaufs nach, dass die Gesamtzufriedenheit deutlich durch die Preisfairness beeinflusst wird. Unter Preisfairness subsumieren sie auf Basis von Literaturrecherchen eine ökonomische Komponente i.S. eines Preis-Leistungs-Verhältnisses und eine soziale Komponente (i.S. von Ausnutzen).
- Ebenfalls die Wirkung von Preisfairness auf die Zufriedenheit untersuchen Fisk/Young (1985) anhand von Preisen für Flugtickets: In einem Experiment wird eine Variable «Fairness»» dadurch simuliert, dass einer Gruppe von Befragten suggeriert

wird, sie hätten für ihr Ticket denselben Preis gezahlt wie einer ihrer Freunde, während andere Fluggäste damit konfrontiert werden, sie hätten einen höheren Dollarbetrag bezahlt. Die Höhe der Betragsabweichung wurde wiederum variiert. Im Ergebnis zeigte sich empirisch, dass Unfairness hinsichtlich des Preises zu Unzufriedenheit führt.

- Reichert (2001, S. 62) vermutet einerseits einen positiven Einfluss von *Preisdifferenzierung* und *Preisbündelung* auf die Kundenzufriedenheit. Als Erklärung führt er an, dass mit beiden Instrumenten auf unterschiedliche Kundenbedürfnisse besser eingegangen werden kann. Andererseits hält er es auch für möglich, dass die durch beide Instrumente entstehende Intransparenz negativ auf die Kundenzufriedenheit wirkt.
- Eine andere Argumentationsbasis für den Einfluss der Preisbündelung auf die Kundenzufriedenheit verwenden Johnson/Herrmann/Bauer (1999): Von der Erkenntnis der Prospect-Theorie ausgehend, dass ein Gewinn (bzw. Verlust) in Höhe von α und ein Gewinn (bzw. Verlust) in Höhe von β stärker wahrgenommen werden als ein Gewinn (bzw. Verlust) in Höhe von $\gamma = \alpha + \beta$, stellen sie u.a. die Hypothesen auf, dass die Kundenzufriedenheit mit der Bündelung von *Preisinformationen* steigt und mit der Bündelung von Informationen zu *Preisnachlässen* sinkt. Beide Hypothesen wurden im Rahmen einer empirischen Studie in der Automobilbranche bestätigt.
- McConnell et al. (2000) sehen in einem weiteren preispolitischen Instrument eine Einflussgrösse auf die Kundenzufriedenheit: Sie weisen experimentell nach, dass das Risiko, nach Bezug einer Leistung einen günstigeren Anbieter zu finden, von Kunden negativ wahrgenommen wird, und kommen – empirisch gestützt durch ein weiteres Experiment – zu dem Schluss, dass *Preisgarantien* die langfristige Zufriedenheit der Kunden steigern.
- Mehrfach wird auch davon ausgegangen, dass *Preistransparenz* die Zufriedenheit des Kunden steigert (Brambach/Koob 2000; Reichert 2001) bzw. ein Qualitätsmerkmal aus Kundensicht darstellen kann (Bruhn 2004; Bruhn/Siems 2006). Im Umkehrschluss wird auf Gefahren undurchsichtiger Preis- und Vertragsstrukturen – z.B. im Mobilfunkbereich – verwiesen (Laker/Herr 2000).

Ein weiterer, dem zuletzt genannten Effekt der Preistransparenz ähnlicher Effekt, zeigte sich auch bei der im vorliegenden Beitrag zugrunde gelegten empirischen Studie beim Zoo: Im Ergebnis zeigt sich, dass die *Preiskenntnisse* der Kunden einen mit 2,3% Erklärungsanteil (sehr) geringen, aber immerhin noch schwach signifikant *nachweisbaren Einfluss* auf die Kundenzufriedenheit haben (Regressionsanalyse, $R^2=0{,}023$, sig. = ,032, $\beta_0= +5{,}889$, $\beta_1=+0{,}030$): Je besser die Preiskenntnisse der Besucher vorab waren, desto zufriedener waren sie mit dem Zoobesuch.

Für den untersuchten Zoo stellte es sich dabei als zentrales Problem der Preiswahrnehmung heraus, dass die meisten Kunden sehr geringe Preiskenntnisse vor Inanspruchnahme der Dienstleistung hatten (ermittelt über einen Index für das Konstrukt «Preiskenntnisse»)» und den Preis vorab tendenziell unterschätzten. Aus den Ergebnissen war neben dem Effekt auf die Kundenzufriedenheit auch erkennbar, dass hierdurch auch die gesamte Preisbeurteilung negativ beeinflusst wird, was wiederum den Wunsch einer wiederholten Inanspruchnahme des Dienstleisters (Kundenbindung) reduziert. Nicht der eigentliche Preis ist dabei das Problem (und damit Ansatzpunkt zur Steuerung der Kundenbindung), sondern *falsche Preiserwartungen* der Kunden, basierend auf unzureichenden Kenntnissen über Kostenstrukturen des Zoos bzw. falsche Vergleichsmassstäbe wie Zoo = Park = kostenlos.

Als *Massnahme* ist folglich z.B. denkbar, im Kassenbereich des Zoos neben den Preisaushängen den Zoo klar von (kostenlosen) Parks zu differenzieren und/oder den Eintrittspreis zu erklären bzw. Verständnis dafür zu wecken. Dies kann direkt geschehen (z.B. «Vielen Dank, dass Sie den Zoo XY besuchen. Mit Ihrem Eintritt tragen Sie dazu bei, vom Aussterben bedrohte Tiere zu erhalten.») oder indirekt, indem z.B. neben den Preisaushängen ohne expliziten Bezug zum Preis auf aktuelle Leistungen oder Neuerungen (z.B. Fertigstellung einer neuen Raubtieranlage mit Fotos vom Aufbau, die die Komplexität – und die Kosten – verdeutlichen) hingewiesen wird. Folglich ist auch der im Relationship Marketing aktuell verstärkt diskutierte Ansatz eines *Erwartungsmanagements* (Richter 2005; Siems/Richter 2007) für die Steuerung der Preiswahrnehmungen von besonderer Relevanz.

Zusammenfassende Managementimplikationen

Zunächst ist festzuhalten, dass wie aufgezeigt die – aus mehreren Komponenten bestehende – *Preiswahrnehmung* Effekte auf im Relationship Marketing relevante Zielgrössen wie die Kundenzufriedenheit und die Kundenbindung haben kann und entsprechend bei einem Relationship Management zu beachten sind.

Die obigen Ausführungen zum Effekt der Preiswahrnehmung auf die *Kundenzufriedenheit* verdeutlichen dabei, dass keineswegs der Preis selbst, sondern vielmehr die Steuerung aller aufgezeigter Elemente der Preiswahrnehmung durch andere Marketinginstrumente besonders erfolgversprechend ist: Neben der – für das Preiswürdigkeitsurteil relevanten – Steuerung der Qualitätswahrnehmung kann hier insbesondere mit kommunikationspolitischen Massnahmen eine Steuerung des Preisurteils ebenso erfolgen wie eine gezielte Vermittlung und Steuerung preisbezogener Informationen (Siems/Hofmann 2006; Siems 2008). So lässt sich neben den oben bereits genannten Massnahmen z.B. die Preistransparenz, u.a. durch die Verwendung wahrer und klarer

Preisstimuli, die Angabe von Grundpreisen (z.B. Preis pro Leistungseinheit), die Bereitstellung von Preisübersichten, den Verzicht auf Preisbündelungen, eine hohe Preiskontinuität ggf. in Verbindung mit Preisgarantien, die rechtzeitige Ankündigung von Preisveränderungen und den Verzicht auf gebrochene Preise (9er-Endungen usw.), verbessern, was wie aufgezeigt einen positiven Einfluss auf die Kundenzufriedenheit haben kann.

Hinsichtlich der Steuerung der *Kundenbindung* durch die Preiswahrnehmung ist zu beachten, dass – anders als z.T. in der Wissenschaft angenommen (Simon/Tacke/Buchwald 2003) bzw. z.T. in der Praxis vollzogen – eine einfache Anwendung klassischer preispolitischer Massnahmen zur Erreichung von Kundenbindung nicht ohne weiteres sinnvoll ist. Zwar stellen preispolitische Massnahmen eine – ggf. sogar wichtige – Einflussgrösse für die Erreichung dieser Ziele dar. Eine Konzentration auf den Preis als Wettbewerbsvorteil zur Erreichung einer hohen Kundenbindung ist jedoch wegen des aufgezeigten Phänomens der Cold Loyalty wenig erfolgversprechend: Preiswahrnehmungen steigern in erster Linie eine ökonomische, nichtemotionale Bindung an einen Anbieter. Für einen Anbieter besteht hier die Gefahr, dass bei Wegfall des preispolitischen Anreizes ohne zusätzliche emotionale Bindung der Grund für einen Kunden zu einem Wiederholungskauf wegfällt: Aus Kundensicht erfolgte keine eigentliche Bindung an den Anbieter, sondern vielmehr an die angebotenen preislichen Vorteile (z.B. Rabatte, Preise, Preissysteme). Hinzuweisen ist in diesem Zusammenhang auch auf die Gefahr, dass durch preisbasierte Kundenbindungsmassnahmen gerade spezielle Kundengruppen angesprochen und – kurzfristig – an das Unternehmen gebunden werden, die tendenziell der ökonomischen Bindung eine hohe Bedeutung zumessen und daher für den Aufbau eines Kundenstammes mit langfristigen, emotionalen Beziehungen zwischen Kunden und Anbieter und damit für die eigentlich anzustrebende Steigerung des Kundenwertes weniger geeignet sind (Morgan/Crutchfield/Lacey 2000; Reichheld/Markey/Hopton 2000; Siems 2007).

Hinsichtlich einzelner *preispolitischer Massnahmen* ist folglich unternehmensspezifisch zu prüfen, welche dieser Massnahmen die angesprochenen, *teilweise konträren Effekte* auf die Kundenzufriedenheit und Kundenbindung mehr bzw. weniger verursachen. Wird z.B. eine emotionale Kundenbindung angestrebt, sollten die affektive, nicht die kognitive Preiswahrnehmung beeinflussende Massnahmen eingesetzt werden. So kann es z.B. wie aufgezeigt vorteilhafter sein, die Preishöhe im Sinne eines Erwartungsmanagements dem Kunden zu erklären – und damit die emotionale Preiswahrnehmung zu verbessern – als den Preis einfach zu reduzieren.

Insgesamt erweist es sich als notwendig, einen aufeinander abgestimmten Mix aus Kundenbindungsmassnahmen zu finden, der positive Wirkungen des Preises auf die Kundenbindung nutzt, gleichzeitig aber durch andere Instrumente (z.B. kommunikationspolitische Massnahmen) die Schwächen des preispolitischen Instrumentariums –

nämlich den fehlenden Effekt einer emotionalen Bindung – ausgleicht. Entsprechend erweist sich – analog zu anderen Marketingbereichen wie der Kommunikationspolitik und der dort diskutierten «Integrierten Kommunikation»» (Bruhn 2005) – auch für das Management von Kundenbeziehungen eine sinnvolle Abstimmung der zugehörigen Einzelmassnahmen aufeinander als besonders erfolgversprechend *(Integriertes Kundenbindungsmanagement)*.

Statistischer Anhang

	Dimension 1	Dimension 2	Dimension 3
Preisrelevanz	0,547	0,245	0,409
Preiskenntnisse	0,997	0,049	0,049
Preisbeurteilung	0,090	0,079	0,984
Preisintentionen	0,049	1,000	0,042

Tabelle 1: Rotierte Faktorladungsmatrix der exploratorischen Faktorenanalyse zur Prüfung der Dimensionalität der Preiswahrnehmung bei Studie 3 (n = 230) (Quelle: Siems 2003, S. 151)

Konstrukt	Item	Erklärte Varianz	Cronbachs Alpha
Preisbeurteilung	pw08 Preisurteil im Vergleich zu adäquatem anderen Anbieter (relativer Preis)	65,08%	0,723
	pw21 Preisgünstigkeit (absoluter Preis)		
	pw42 Preisfreude (Preisemotion)		
Preisintentionen	pw41 Zukünftige Relevanz des Preises	85,45%	0,827
	pw 39 Relevanz zukünftiger Preisinformationen		
Kundenbindung	ku01 Wiederbesuchsabsicht	64,92%	0,866
	ku02 Weiterempfehlungsbereitschaft		
	ku03 Weiterempfehlungsabsicht		
	ku04 Wiederholte Entscheidung für Anbieter		
	ku05 Intensität zukünftige Nutzung		
	ku06 Cross-Buying andere Anlässe		

Tabelle 2: Ausgewählte Kennzahlen zur Konstruktreliabilität zum Strukturgleichungsmodell bei Studie 5 (n = 205)

Gütekriterium	Ergebnis	Richtwert
GFI	0.961	≥ 0.9
AGFI	0.951	≥ 0.9
Df	150	
Cmin	418.201	
Cmin/df	2.788	Cmin/df ≤ 3

Tabelle 3: Ausgewählte Gütekriterien zum Strukturgleichungsmodell bei Studie 5 (n = 205) (Richtwerte entsprechend: Bagozzi/Yi 1988; Bagozzi/Baumgartner 1994; Arbuckle/Wothke 1999)

Anmerkungen

1. Mit einer Ausnahme: Bei Banken wurde nicht der Faktor Preis-Leistungs-Verhältnis, sondern «Spesen und Gebühren»» abgefragt (vgl. Bruhn 1998) und entsprechend auch dieser Berechnung zugrunde gelegt.

Literatur

Anderson, Eugene W./Fornell, Claes/Lehmann, Donald R. (1994): Customer Satisfaction, Market Share, and Profitability: Findings from Sweden, in: Journal of Marketing, Vol. 58, No. 3, S.53–66.

Arbuckle, James L./Wothke, Werner (1999): Amos 4.0 User's Guide, Chicago.

Bagozzi, Richard P./Yi, Youjae (1988): On the Evaluation of Structural Equation Models, in: Journal of the academy of Marketing Science, Vol. 16, No. 1, pp. 74–97.

Bagozzi, Richard P./Baumgartner, Hans (1994): The Evaluation of Structural Equation Models and Hypothesis Testing, in: Bagozzi, Richard (Ed.): Principles of Marketing Research, Cambridge, pp. 386–422.

Berry, Leonard L. (2002): Relationship Marketing of Services-Perspectives from 1983 and 2000, in: Journal of Relationship Marketing, Vol. 1, No. 1, S.59–77.

Bliemel, Friedhelm W./Eggert, Andreas (1998): Kundenbindung – die neue Sollstrategie? in: Marketing ZFP, 20. Jg., Nr. 1, S.37–46.

Brambach, Gabriele/Koob, Ulrike (2000): Die Wahrnehmung und Beurteilung von Preisnachlässen, Arbeitspapier Nr. 86, Lehrstuhl für Marketing, Universität Erlangen-Nürnberg.

Bruhn, Manfred (1998): Schweizer Kundenbarometer. SWICS – Swiss Index of Customer Satisfaction, Basel.

Bruhn, Manfred (2004): Interne Servicebarometer als Instrument interner Kundenorientierung, in: Marketing ZfP, 26. Jg., Nr. 4, S.282–294.

Bruhn, Manfred (2005): Kommunikationspolitik. Systematischer Einsatz der Kommunikation für Unternehmen, 3. Aufl., München.

Bruhn, Manfred/Siems, Florian (2006): Interne Servicebarometer – Konzept, Methode und praktische Erfahrungen, in: Matzler, Kurt/Hinterhuber, Hans/Renzl, Birgit/Rothenberger, Sandra (Hrsg.): Immaterielle Vermögenswerte, Berlin, S.549-565.

Diller, Hermann (1996): Kundenbindung als Marketingziel, in: Marketing ZFP, 18. Jg., Nr. 2, S.81-93.

Diller, Hermann (1997): Preis-Management im Zeichen des Beziehungsmarketing, in: DBW, 57. Jg., Nr. 6, S.749–763.

Diller, Hermann (2000a): Preispolitik, 3. Aufl., Stuttgart u.a.

Diller, Hermann (2000b): Preiszufriedenheit bei Dienstleistungen. Konzeptionalisierung und explorative empirische Befunde, in: DBW, 60. Jg., Nr. 5, S. 570–587.

Diller, Hermann/That, Doris (1999): Die Preiszufriedenheit bei Dienstleistungen, Arbeitspapier Nr. 79, Lehrstuhl für Marketing, Universität Erlangen-Nürnberg.

Eggert, Andreas (2000): Konzeptualisierung und Operationalisierung der Kundenbindung aus Kundensicht, in: Marketing ZFP, 22. Jg., Nr. 2, S. 119–130.

Fisk, Raymond P./Young, Clifford E. (1985): Disconfirmation of Equity Expectations: Effects of Consumer Satisfaction with Services, in: Advances in Consumer Research, Vol. 12, S. 340–345.

Herrmann, Andreas/Wricke, Martin/Huber, Frank (2000): Kundenzufriedenheit durch Preisfairness, in: Marketing ZFP, 22. Jg., Nr. 2, S. 131–143.

Homburg, Christian/Becker, Annette/Hentschel, Friedrich (2003): Der Zusammenhang zwischen Kundenzufriedenheit und Kundenbindung, in: Bruhn, Manfred/Homburg, Christian (Hrsg.): Handbuch Kundenbindungsmanagement, 4. Aufl., Wiesbaden, S. 91–121.

Huber, Frank/Herrmann, Andreas/Wricke, Martin (2001): Customer Satisfaction as an Antecedent of Price Acceptance: Results of an Empirical Study, in: Journal of Product and Brand Management, Vol. 10, No. 3, S. 160–169.

Johnson, Michael D./Herrmann, Andreas/Bauer, Hans H. (1999): The Effects of Price Bundling on Consumer Evaluations of Product Offerings, in: International Journal of Research in Marketing, Vol. 16, S. 129-142.

Laker, Michael/Herr, Stefan (2000): Strom-Pricing im Wettbewerb, in: Laker, M. (Hrsg.): Marketing für Energieversorger. Kunden binden und gewinnen im Wettbewerb, Wien u.a., S. 131–148.

Lingenfelder, Michael/Lauer, Alexander/Groh, Sabine (2000): Kundenzufriedenheit im Business-to-Business-Marketing. Einflussfaktoren und Verlauf bei industriellen Engineering-Dienstleistungen, in: Bruhn, Manfred/Stauss, Bernd (Hrsg.): Dienstleistungsmanagement, Jahrbuch 2000, Wiesbaden, S. 161-195.

McConnell, Allen R./Niedermeier, Keith E./Leibold, Jill M./El-Alayli, Amani G./Chin, Peggy P./Kuiper, Nicole M. (2000): What If I Find It Cheaper Someplace Else? Role of Perfactual Thinking and Anticipated Regret in Consumer Behavior, in: Psychology & Marketing, Vol. 17, No. 4, S. 281–298.

Meffert, Heribert/Bruhn, Manfred (2003): Dienstleistungsmarketing. Grundlagen – Konzepte – Methoden, 4. Aufl., Wiesbaden.

Morgan, Robert M./Crutchfield, Tammy N./Lacey, Russell (2000): Patronage and Loyalty Strategies: Understanding the Behavioral and Attitudinal Outcomes of Customer Retention Programs, in: Hennig-Thurau, Thorsten/Hansen, Ursula (Eds.): Relationship Marketing. Gaining Competitive Advantage Through Customer Satisfaction and Customer Retention, Berlin u.a., pp. 71–87.

Rapp, Reinhold (1995): Kundenzufriedenheit durch Servicequalität. Konzeption – Messung – Umsetzung, Wiesbaden.

Reichert, Rene (2001): Erfolgsfaktoren von Dienstleistungen, in: Herrmanns, Arnold (Hrsg.): Studien und Arbeitspapiere Marketing, Nr. 19, München.

Reichheld, Frederick F./Markey Jr., Robert G./Hopton, Christopher (2000): The Loyalty Effect – The Relationships Between Loyalty and Profits, in: European Business Journal, Vol. 12, No. 3, pp. 134–139.

Richter, Mark (2005): Dynamik von Kundenerwartungen im Dienstleistungsprozess. Konzeptualisierung und empirische Befunde, in: Bruhn, Manfred (Hrsg.): Basler Schriften zum Marketing, Wiesbaden.

Rothenberger, Sandra (2004): Antezedenzien und Konsequenzen der Preiszufriedenheit, Wiesbaden.

Rothschild, Michael L. (1987): A Behavioral View of Promotions Effects on Brand Loyalty, in: Advances in Consumer Research, Vol. 14, S. 119–120.

Siems, Florian (2003): Preiswahrnehmung von Dienstleistungen. Konzeptualisierung und Integration in das Relationship Marketing, in: Bruhn, Manfred (Hrsg.): Basler Schriften zum Marketing, Wiesbaden.

Siems, Florian (2007): Möglichkeiten und Grenzen der Steuerung des Kundenwertes durch preispolitische Kundenbindungsmassnahmen, in: Proceedings of FFH 2007, Erstes Forschungsforum der österreichischen Fachhochschulen, Salzburg/Wien.

Siems, Florian (2008): Vermittlung preisbezogener Informationen. Ansatzpunkte und Instrumente, in: Bruhn, Manfred/Esch, Franz-Rudolf/Langner, Tobias (Hrsg.): Handbuch Kommunikation. Grundlagen, innovative Ansätze, praktische Umsetzung, Wiesbaden (im Druck, erscheint Anfang 2008).

Siems, Florian/Hofmann, Johannes (2006): Preiskommunikation – Herausforderung der Kommunikationspolitik von Unternehmen vor dem Hintergrund veränderter Marktbedingungen, in: Boenigk, Manfred/Krieger, David/Belliger, Andrea/Hug, Christoph (Hrsg.): Innovative Wirtschaftskommunikation – Interdisziplinäre Problemlösungen für die Wirtschaft, Schriftenreihe «Europäische Kulturen in der Wirtschaftskommunikation», Wiesbaden, S. 49–63.

Siems, Florian/Richter, Mark (2007): Erwartungsmanagement – ein neuer Ansatz zum Management von Kundenbeziehungen, in: pidas news 1/2007, S. 1-3, Basel.

Simon, Hermann (1992): Preismanagement. Analyse – Strategie – Umsetzung, 2. Aufl., Wiesbaden.

Simon, Hermann/Tacke, Georg/Buchwald, Gregor (2003): Kundenbindung durch Preispolitik, in: Bruhn, Manfred/Homburg, Christian (Hrsg.): Handbuch Kundenbindungsmanagement, 4. Aufl., Wiesbaden, S. 337–352.

Thelen, Eva/Koll, Oliver/Mühlbacher, Hans (2000): Prozessorientiertes Management von Kundenzufriedenheit, in: Hinterhuber, Hans H./Matzler, Kurt (Hrsg.): Kundenorientierte Unternehmensführung. Kundenorientierung – Kundenzufriedenheit – Kundenbindung, 2. Aufl., Wiesbaden, S. 231–249.

Varki, Sajeev/Colgate, Mark (2001): The Role of Price Perceptions in an Integrated Model of Behavioral Intentions, in: Journal of Service Research, Vol. 3, No. 3, S. 232–240.

Voss, Glenn B./Parasuraman, Ananthanarayanan/Grewal, Dhruv (1998): The Roles of Price, Performance, and Expectations in Determining Satisfaction in Service Exchanges, in: Journal of Marketing, Vol. 62, No. 4, S. 46–61.

Die Kundenzufriedenheit in einer Non-Profit-Organisation messen

• • • • •

Prof. Mireille Troesch-Jacot

Prof. Mireille Troesch-Jacot leitet das Zentrum für Marketing Management an der ZHAW (Zürcher Hochschule für angewandte Wissenschaften) und ist Initiantin und Dozentin des MAS CRM ZHAW.

Die Kundenzufriedenheit in einer Non-Profit-Organisation messen

NPO im Wettbewerbsumfeld

In der Folge der gesellschaftlichen Entwicklungen und des Wandels im Verhalten ganzer Bevölkerungsgruppen (Meffert/Bruhn 2003) erhalten Non-Profit-(NP)-Leistungen eine wachsende Bedeutung. Gemäss den Zahlen des Bundesamtes für Statistik hat der Leistungsanteil des Bruttoinlandproduktes im Gesundheits- und Sozialwesen im Jahr 2004 um 5% auf 26,1 Milliarden Franken gegenüber 2003 (24,9 Milliarden Franken) zugenommen, Tendenz steigend. In diesem Bereich erfahren die sogenannten «sozialen Dienstleistungsunternehmen» eine zunehmende wirtschaftliche Bedeutung. Diese Organisationen sind bisher, unter dem Vorwand, dass sie Non-Profit-Organisationen (NPO) seien und sich in erster Linie durch ihre gesellschaftspolitische Aufgabe legitimierten, hinsichtlich des Themas «Management» und insbesondere des Themas «Marketing» äusserst zurückhaltend. Die zunehmende Wettbewerbsintensität einerseits und der steigende Kostendruck andererseits machen jedoch auch vor sozialen Organisationen nicht Halt. Das Bewusstsein, dass sie sich ohne Marketing als umfassende Unternehmensphilosophie längerfristig nicht behaupten können, wächst. Das Bedürfnis nach einer betriebswirtschaftlichen Professionalisierung wird erkannt und der Ruf nach verstärkter Unterstützung und Beratung wird lauter.

Der Begriff NPO wird fälschlicherweise vielfach mit «*no* profit» gleichgestellt. Er steht jedoch für «not for profit». Eine NPO darf wohl Gewinne erzielen, diese jedoch nicht ausschütten. Gewinne stellen Mittel dar, um Ziele der Organisation zu erfüllen, also um Investitionen zu tätigen (Purtschert et al., 2005). Das Bundesamt für Statistik definiert die privaten NPO als «Organisationen ohne Erwerbszweck mit eigener Rechtspersönlichkeit, die als private sonstige Nichtmarktproduzenten privaten Haushalten dienen. Ihre Hauptmittel stammen, von etwaigen Verkaufserlösen abgesehen, aus freiwilligen Geld- oder Sachbeiträgen, die private Haushalte in ihrer Eigenschaft als Konsumenten leisten, aus Zahlungen des Staates sowie aus Vermögenseinkommen.» Das Spektrum der im Non-Profit-Sektor tätigen Organisationen ist sehr breit. Man führt deren Entstehung oft auf die quantitative und qualitative Unterversorgung bestimmter Bevölkerungsgruppen zurück, eine Erklärung für die Existenz von zahlreichen NPO im sozialen Bereich (Bruhn, 2005). Diesem Ansatz folgend bieten soziale NPO somit ihre Leistungen Bevölkerungsgruppen an, für welche keine ausreichende Leistungsversorgung durch den Staat oder durch den Markt gewährleistet ist.

Vor diesem Hintergrund gewinnt in der speziellen Branche der Sozialwesen-NPO die Kategorie der Alters- und Pflegeheime an Bedeutung. Gemäss den Indikatoren der Bevölkerungsstruktur in der Schweiz wird im Jahr 2050 der Bevölkerungsanteil der über 65-Jährigen 27,9% der Gesamtbevölkerung betragen. Hier tut sich ein neuer Markt auf. Die Entwicklung weg von der traditionellen, eher als «verlängerter Arm des Staates» empfundenen Funktion eines Alters- und Pflegeheimes hin zu einem unternehmerisch handelnden, kundenorientierten Dienstleistungsunternehmen und damit zu mehr Wettbewerb ist absehbar.

Die Rolle der Kundenorientierung bei sozialen NPO am Beispiel der Alters- und Pflegeheime

Kundenorientierte Unternehmen und Organisationen zeichnen sich durch den Aufbau guter Beziehungen aus, die durch Verbundenheit der Partner, durch Zufriedenheit und gegenseitiges Vertrauen gefestigt sind. «The market orientation in non-profit organisations requires the adoption of a particular manner of conceiving the exchange relationships focused on satisfying the real needs of the target public to a higher degree than the existing alternatives.» (Vazquez et al., 2001)

In den klassischen, profitorientierten Dienstleistungsunternehmen ist Kundenorientierung ein zentrales Thema. Aufgrund durchgeführter Kundenbedürfnis- und Kundenzufriedenheitsanalysen werden Massnahmen getroffen, um die Dienstleistungsqualität zu erhöhen. Bessere Kundenorientierung ist ein Wettbewerbsvorteil, der möglichst in den Vordergrund gestellt wird. Im Vergleich zu den klassischen aussenorientierten Dienstleistungsanbietern steht bei den NPO, als Organisationen, die ebenfalls Dienstleistungen anbieten, die Kundenorientierung noch nicht zuoberst auf der Liste. Das Bemühen um ein differenziertes, präzises Erfassen der Kundentypen mit ihren jeweiligen Bedürfnissen muss auch bei den NPO Einzug halten. Heute wird zaghaft die Orientierung der Leistungserbringung an den Kunden in Leitbildern formuliert, diese werden aber kaum umgesetzt. In den meisten Alters- und Pflegeheimen fragt man vergebens nach einem Marketingplan. Wenn Marketingmassnahmen getroffen werden, geschieht dies wenig zielgerichtet und systematisch. Von einem CRM-Ansatz, als eine das ganze Unternehmen umfassende Philosophie, fehlt jede Spur.

Die gesellschaftlichen Entwicklungen und die Veränderungen im Konsumverhalten erfordern ein Umdenken. Die Alters- und Pflegeheime sollten sich zu modernen Unternehmen entwickeln, zu Dienstleistungsunternehmen mit professionellem Management (Leser, 2007). Der Satz «Wir brauchen kein Marketing, Kundenorientierung noch weniger – wir haben eine volle Warteliste!» muss der Erkenntnis weichen, dass nur ein modernes Marketingmanagement den stetig wachsenden Ansprüchen der Kunden begegnen kann.

In Zukunft sollen nicht alle Alters- und Pflegeheime das gleiche Angebot erbringen, sondern sie sollten sich innerhalb von Regionen absprechen und vermehrt differenziert Leistungen anbieten, sich spezialisieren (Leser, 2007). Die Kunden sollen wählen können, welches Angebot ihren Ansprüchen besser entspricht. Jedes Heim muss sich im Markt, gegen andere profilierend, positionieren.

Kundenzufriedenheit als Herausforderung an das Management im Alters- und Pflegeheim

Zufriedenheit entsteht als Empfindung des Kunden durch den individuellen Vergleich wahrgenommenen Wertgewinns (als Resultat des Erlebnisses) und erwarteten Wertgewinns (vor dem Erlebnis) (Kotler/Bliemel, 2006). Ganz bewusst wird von «Erlebnis» gesprochen. Im Alters- und Pflegeheim steht nicht allein die Beurteilung der erbrachten Leistungen durch den Leistungsempfänger im Vordergrund, sondern auch die der Beziehungsqualität. Unter Beziehungsqualität versteht man die wahrgenommene Güte der Beziehung (Vertrauen, Vertrautheit) zwischen der Organisation und ihren Anspruchsgruppen, sprich ihren Kunden (Bruhn, 2005).

Erreichen von Kundenzufriedenheit im Alters- und Pflegeheim stellt eine besondere Herausforderung dar: «Intended consumers may be indifferent to the offer, fail to perceive it or even reject it» (Kotler and Andreasen, 1996). Die eintretenden Bewohner eines Alters- und Pflegeheims haben in der Regel keine vorgefassten Erwartungen an eine Pflegedienstleistung. Sie haben ja nicht damit gerechnet, diese je in Anspruch nehmen zu müssen, verfügen somit über keine Vergleichsmöglichkeiten. Es kann, basierend auf dem «Confirmation/Disconfirmation-Paradigma», kein Soll-Ist-Vergleich erfolgen. Dies bleibt auch weitestgehend während des Aufenthaltes gültig, mangels genereller Mobilität kann die Erwartungsbasis nicht gebildet werden. Die von Homburg/Rudolph formulierte Aussage «Zufriedenheit entsteht durch Entsprechen bzw. Übertreffen der Soll-Leistung, Unzufriedenheit wird durch zu hohe Erwartungen oder eine zu geringe Ist-Leistung oder eine Kombination von beidem hervorgerufen» kann in diesem Fall nicht ohne weiteres für die Ermittlung der Kundenzufriedenheit beigezogen werden. Zufriedenheitsbefragungen hinterlassen somit im Alters- und Pflegeheim stets die Ungewissheit, ob die Ergebnisse letztlich objektiv aussagekräftig sind.

Wingenfeld (2003) zieht folgenden Schluss: «Die komplexen Anforderungen bei der Bewältigung von Krankheit und Pflegebedürftigkeit verlangen fachliches Hintergrundwissen, pflegediagnostische Erfahrung und Kompetenz. Denn vieles wird von den Patienten nicht bzw. nicht deutlich, nur indirekt oder sogar in Form scheinbar widersprüchlicher Aussagen kommuniziert.»

Kundenzufriedenheit und die Qualitätsmanagement-Systeme

Die Kundenzufriedenheit wird in verschiedenen Schweizer Heimen bereits ansatzmässig ermittelt. Die Erhebungen erfolgen nicht einheitlich, ihre Resultate sind kaum vergleichbar. Im Zusammenhang mit der Einführung von Qualitätsmanagement-Systemen beginnen sich jedoch erste Standards herauszukristallisieren. Im Folgenden werden die wichtigsten im Gesundheitswesen eingeführten Qualitätskonzepte kurz beschrieben und das Ausmass der herrschenden Bedeutung der Dimension «Kundenzufriedenheit» darin dargestellt.

Dem Konzept *Case Management* wird besondere Aufmerksamkeit in der Fachliteratur gewidmet. Dieser Ansatz stammt aus dem US-Sozialdienst Ende der 70er-Jahre. Im Zuge der Reformbestrebungen für einen effizienten und nachvollziehbaren Gesundheits- und Sozialdienst wurde ein Regelwerk geschaffen, welches der Kundenorientierung hohe Bedeutung einräumt. Im Case Management geht es darum, die begrenzten Ressourcen eines Alters- und Pflegeheimes optimal an die individuellen Bedürfnisse der Bewohner anzupassen. Die ganzheitliche Betrachtung, welche diesem Konzept zugrunde liegt, umfasst den Pflegebetrieb, das Personal, die Angehörigen sowie den psychischen und physischen Zustand der Bewohner.

Das Konzept des *Total Quality Management (TQM)* wurde schon in den 50er-Jahren in Japan und um 1980 in den USA im Gesundheitssektor eingeführt. Es findet im Gesundheitswesen grossen Anklang. Im Zentrum steht die ständige Verbesserung der Qualität mit dem Hauptfokus, die Kundenerwartungen zu erfüllen. Die ganze Organisation muss, ausgehend von der Führungsebene, miteinbezogen werden, um eine Kultur zu schaffen, die eine ständige Qualitätsverbesserung hervorbringen kann. Fehler werden für Prozessverbesserungen genutzt.

Im Zusammenhang mit der Bewertung der Pflegeleistungen werden die Systeme *RAI (Resident Assessment Instrument)* und *RUG (Ressource Utilization Groups)* oft zitiert. Diese in den USA entwickelte Methodik bezweckt in erster Linie eine solide Pflegeplanung.

Ob das Qualitätssystem nach *ISO 9000* dem Aspekt der Steigerung der Kundenzufriedenheit im Gesundheitswesen Rechnung tragen kann, wird diskutiert. Während in der Industrie die Serienproduktion standardisierte Vorgehen erfordert, was durch ISO 9000 genormt wird, muss jeder Bewohner eines Alters- und Pflegeheimes individuell, keinesfalls nach einem Standard, behandelt werden. Ein Versuch, ISO 9001 auf das Gesundheitswesen zu adaptieren, besteht in der Norm H 9001, welche mit der Schweizerischen Akkreditierungsstelle erarbeitet wurde.

Das *EFQM-Modell* zwingt im Gegensatz zu den ISO-9000-Normen der NPO weder Mindestanforderungen noch bestimmte Methoden auf. Das Modell reflektiert die komplexe Umwelt, erschwert somit eine einfache und pragmatische Einführung. Das Ziel des Modells besteht darin, die Interessengruppen zu begeistern.

Der Versuch, die verschiedenen Qualitätsmanagement-Systeme einander gegenüberzustellen, ergibt folgendes Bild (vgl. Abbildung 1):

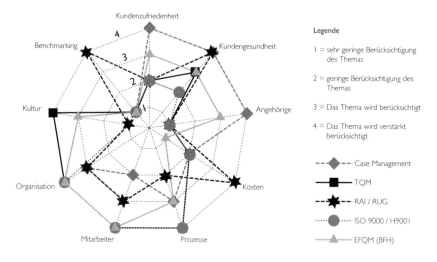

Abbildung 1: Vergleich der Qualitätsmanagement-Systeme

Vor allem Case Management und EFQM (BFH) berücksichtigen die Kundenzufriedenheit als Qualitätsdimension und ermitteln sie demzufolge auch. In der Qualitätsdefinition ist aber die Optimierung der Leistungsmerkmale und nicht die Kundenzufriedenheit der Hauptfaktor. Welches System richtig ist, hängt sehr von der Organisation und ihren Zielen ab. Wenn Herstellung von Ordnung in der Organisation vordringlich ist, dann ist die ISO-Norm das geeignete Instrument. Wenn die Arbeitsleistung der Mitarbeitenden verbessert werden soll, ist EFQM eher angebracht. Qualität ist aber erst gegeben, wenn die Anforderungen der Nachfrage erfüllt sind.

Die Messung der Kundenzufriedenheit in «La Maison de Vessy»

La Maison de Vessy (www.ems-vessy.ch) ist das zweitgrösste in Genf angesiedelte kantonale Alters- und Pflegeheim (établissement médico-social), das rund 200 Bewohner jeden Alters ab 65 und in jedem Gesundheitszustand aufnimmt. Vessy beschäftigt rund

200 Mitarbeitende. Vessy ist ein autonom geführter, öffentlicher Betrieb, der durch die Beiträge der Bewohner, durch Spenden, Subventionen und Krankenkassenbeiträge finanziert wird.

Die Leitung des Heimes war sich bewusst, dass sie sich – um die Anforderungen der Kunden zu erfüllen – bisher auf den Leistungsprozess konzentriert hatte. Dabei hatte sie die Kundenzufriedenheit vernachlässigt. Sie entschied sich, eine Analyse durchzuführen und eine Messung der Kundenzufriedenheit in Auftrag zu geben.

Übersicht über das Konzept

Man ging bei diesem Projekt von einem vierstufigen Verfahren aus:

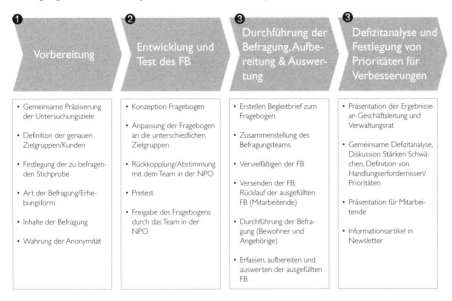

Abbildung 2: Übersicht über die Durchführung der Kundenzufriedenheitsmessung im Alters- und Pflegeheim

1. Phase: Vorbereitung und Konzeption

Folgende Ziele wurden durch die Leitung des EMS als Auftraggeber definiert
- die Zufriedenheit der Bewohner von Vessy messen,
- die Einhaltung des im Leitbild des Heimes verankerten Versprechens «La liberté d'être soi» (die Freiheit, sich selbst zu sein) überprüfen,
- die erbrachten Leistungen den erhaltenen, wahrgenommenen Leistungen gegenüberstellen,
- die Defizite in der Erbringung der Dienstleistungen aufdecken,

- die Elemente der von den Bewohnern überhaupt in Anspruch genommenen Dienstleistungen bestimmen,
- Massnahmen zur Verbesserung der Dienstleistung vornehmen.

Bei der Definition der *Zielgruppen* stand die Leitung des EMS vor einer grossen Herausforderung. Es wurden drei Zielgruppen identifiziert, die Bewohner, die Angehörigen und die Mitarbeitenden. Anschliessend wurde der Umfang der *Stichprobe* wie folgt festgelegt:
- An erster Stelle sollten die Bewohner als die eigentlichen Kunden befragt werden. Dabei musste sowohl deren Urteilsfähigkeit als auch deren Gesundheitszustand berücksichtigt werden, da die Bewohner mehrheitlich über 80 Jahre alt sind. Nur ein Drittel der Bewohner (66 von 200) erwies sich überhaupt als befragbar.
- An zweiter Stelle sollten die Angehörigen der Bewohner interviewt werden. Sie stehen in persönlichem Kontakt mit den Bewohnern und stellen eine wichtige Anspruchsgruppe dar. Es sollten möglichst alle Angehörigen (ca.150), die auch in höheren Altersklassen (ab 60) anzusiedeln sind, befragt werden.
- Die Meinung der Mitarbeitenden, als wichtiger Faktor der internen Kundenzufriedenheit, sollte ebenfalls erhoben werden. Dabei ging es um das Einholen der Meinung der Mitarbeitenden über die Zufriedenheit der Bewohner und die Qualität der angebotenen Dienstleistungen. Auch hier wurde eine Vollerhebung (200) durchgeführt. Dazu erhielten auch ehrenamtlich Mitarbeitende (ca. 150) einen Fragebogen.

Eng mit der Bestimmung der Zielgruppen und der Gestaltung der Stichprobe war die *Befragungsart* verknüpft. Die betagten Bewohner wären mit einem klassischen Fragebogen überfordert gewesen. Sie wurden, unter Verwendung eines Fragebogens, mittels Interviews persönlich befragt, um auf Alter und Zustand Rücksicht nehmen zu können. Damit wurde einerseits eine hohe situative Flexibilität anderseits die Validität der Aussagen gewährleistet. Entsprechend hoch war der einzuberechnende Zeitbedarf.

Die Angehörigen wurden telefonisch befragt. Um die Vergleichbarkeit der Antworten sicherzustellen, wurde der gleiche, sprachlich leicht angepasste Fragebogen verwendet.

Die Mitarbeitenden erhielten den gleichen, leicht angepassten, Fragebogen zur schriftlichen Stellungnahme. Zusicherung der Anonymität sollte einen möglichst hohen Rücklauf ergeben. Der Fragebogen wurde anonym ausgefüllt, dem externen Untersuchungsbeauftragten zugeschickt und der Leitung des Heimes nicht weitergegeben.

2. Phase: Entwicklung und Test des Fragebogens

Der *Fragebogen* umfasste 23 Fragen, die eingangs die generellen Anforderungen bei der Auswahl einer Institution sowie den Grad der wahrgenommenen generellen Zufriedenheit bezüglich der Institution als Ganzes betrafen. Die Frage zur Gesamtzufriedenheit wurde entgegen den Erkenntnissen aus wissenschaftlichen Studien an den Anfang gestellt, obwohl das Resultat meistens etwas schlechter ausfällt (Beutin, in Homburg, 2006). Sie ermöglichte einen geeigneten Einstieg in das Gespräch mit den Bewohnern und deren Angehörigen.

Dann wurden
- die Wahrnehmung der Qualität der Beziehung der Befragten mit dem Personal einerseits und mit den (anderen) Bewohnern andererseits,

und schliesslich die fünf Leistungsdimensionen der Kernleistung, nämlich
- die Wahrnehmung der Qualität im Alltag (Tagesablauf, Animationen etc.)
- die Wahrnehmung der Qualität der Hotelleistungen
- die Wahrnehmung der Qualität der Pflege und ähnlicher Dienstleistungen
- die Wahrnehmung der Qualität der organisatorischen Abläufe
- die Wahrnehmung der Qualität der Infrastruktur und des Standortes

näher erhoben.

Abschliessend wurden vier offene Fragen gestellt, um Wünsche, Trends und Probleme seitens der Bewohner, ihrer Angehörigen und der Mitarbeitenden präziser zu erfassen. Es wurden gleiche Skalen zur Messung der Kundenzufriedenheit verwendet. Um die definierte Hauptzielgruppe, die Bewohner des Heimes, nicht zu überfordern, wurde eine 5er-Skalierung, mit grosszügiger, leserlicher Beschriftung in Wort und in Zahl eingesetzt. Die «Skala» wird nämlich in diesem Heim, in Form eines Messbandes, auch für die Angaben des Schmerzniveaus bei Beschwerden verwendet. Dies erleichterte die Nachvollziehbarkeit der Bewertung bei der Face-to-Face-Befragung erheblich. Die Skalierungs-Stufe 1 entsprach einer negativen Bewertung und die Skalierungsstufe 3 dem mittleren Antwortniveau – beziehungsweise der Ausweichkategorie «weiss nicht».

3. Phase: Durchführung, Aufbereitung und Auswertung

Die Befragung wurde von den Bewohnern und den Angehörigen, die erreicht werden konnten, sehr positiv aufgenommen. Für die Bewohner bedeutete das Interview eine willkommene Unterbrechung des Alltags. Es fragt sich nur, ob die Bewohner, in ihrer

Abhängigkeit und aus Angst vor Sanktionen seitens der Mitarbeitenden, alle negativen Punkte auch offen schilderten.

Zielgruppe	Bewohner	Angehörige	Mitarbeitende
Befragungsart	Interviews Face-to-Face	Telefonische Befragung	schriftliche Befragung
Rücklauf	66 (von 200)	91 (von 148)	103 (von 341)

Abbildung 3: Rücklaufwerte der Zielgruppen

Wie aus Abbildung 3 ersichtlich, ist die Rücklaufquote der Mitarbeitenden von rund 31% bedenklich niedrig. Die Auswertungsergebnisse zeigen denn auch deutlich, dass bei den Mitarbeitenden erhebliche Defizite sichtbar werden.

Die Datensätze wurden zur Analyse in das Statistikprogramm SPSS übertragen. Wichtig war die Identifikation der Attribute, die einer Verbesserung bedürfen. Durch Berechnung der Mittelwerte über die Einzelfragen wurde für jede Zielgruppe eine Verdichtung der Zufriedenheitsurteile vorgenommen (siehe Abbildung 4).

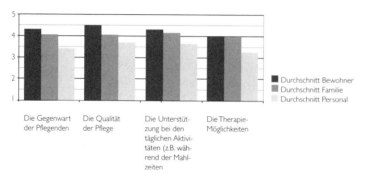

Abbildung 4 Vergleich der Ergebnisse der drei Zielgruppen am Beispiel der Pflege

Die Bewohner (R) und ihre Angehörigen (F) bewerteten die verschiedenen Attribute der Pflege etwa gleich gut (>4), die Mitarbeitenden (P) dagegen bedeutend schlechter. Interessant ist, dass sich das gleiche Ungleichgewicht in allen, auch den nicht pflegebezogenen Ergebnissen manifestiert.

Aus der Bewertung der einzelnen Attribute war es für die Leitung wichtig zu erfahren, welchen Teilzufriedenheiten welches Gewicht bei der Beurteilung der Gesamtzufriedenheit zukam. Abbildung 5 zeigt die Analyse der Korrelationen zwischen den untersuchten Attributen und der Gesamtzufriedenheit aus der Sicht der Bewohner und deren Angehörigen.

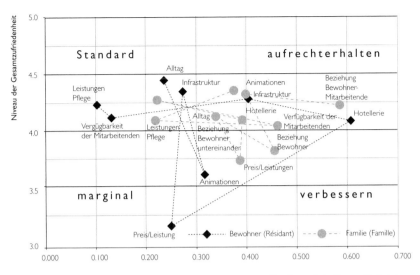

Abbildung 5: Korrelationsmatrix Parameter – Gesamtzufriedenheit

Die Ergebnisse von Abbildung 5 bestätigen, dass die Bewertungen der Bewohner und deren Angehörigen sich nicht wesentlich unterscheiden. Nicht erstaunlich ist, dass die Relevanz der Preise für die Angehörigen höher ist als für die Bewohner. Die Grafik zeigt weiter, dass aus der Sicht der Bewohner die Gestaltung der Animationsangebote und die Beziehungen unter den Bewohnern keinen namhaften Einfluss auf die Gesamtzufriedenheit haben.

4. Phase: Defizitanalyse

Die Qualitätswahrnehmung der verschiedenen untersuchten Attribute aus der Sicht der Bewohner und deren Angehörigen, ergab ein deutlich positiveres Bild als die Bewertung aus der Sicht der Mitarbeitenden. Dies war sowohl aus der Gesamtzufriedenheit wie auch aus den einzelnen Teilzufriedenheiten zu ermitteln. Aufschlussreich war die Analyse der Defizite, die sich aus der Beurteilung durch die Mitarbeitenden ergab (siehe Abbildung 6).

Abbildung 6 zeigt deutlich, dass die Mitarbeitenden unter anderem die fehlende Motivation des Personals beklagten und sie eine deutliche Verbesserung der Kommunikation wünschten, die mit Führungsverhalten verbunden ist. Motivation und Führungsverhalten sind zwei wichtige Ansatzpunkte, die im Zusammenhang mit einer kundenorientierten Einstellung genannt werden (Stock-Homburg, in Homburg, 2006). Aus den durchwegs negativen Beurteilungen durch die Mitarbeitenden bezüglich Information über die Bewohner musste auf eine negative Erfahrung im Kontakt mit Letzteren geschlossen werden. Zahlreiche Studien belegen denn auch, dass solche negative Erfahrungen im Kundenkontakt allgemein zu einer negativen Einstellung gegenüber den Kunden führen. Reduzierte Leistungsfähigkeit und eine Abgestumpftheit gegenüber den Bewohnern, vermehrte Krankmeldungen sowie eine erhöhte Mitarbeiterfluktuation sind die Folgen.

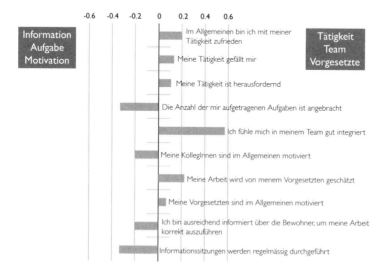

Abbildung 6: Beispiel der Defizitanalyse bei den Mitarbeitenden

Die Forderung nach besserer Information – es wurden auch die unnötigen Hierarchiestufen erwähnt – zeigten Defizite im kundenorientierten Führungsverhalten der Vorgesetzten auf. Dass die Kundenorientierung des Vorgesetzten die Kundenorientierung der Mitarbeitenden beeinflusst, ist eine bekannte Tatsache. Der direkte Einfluss der Mitarbeiterzufriedenheit auf deren Kundenorientierung, und somit auf die Kundenzufriedenheit, ist in der Literatur vielfach nachgewiesen worden. Die Mitarbeitenden sind eine zentrale Schlüsselgrösse zur Kundenzufriedenheit und das Ergebnis der Befragung weist diesbezüglich auf einen dringenden Handlungsbedarf hin.

Der Analyse der Defizite musste die Festlegung von Massnahmen zur Verbesserungen folgen. Die Durchführung der Zufriedenheitsmessung hat im Alters- und Pflegeheim Vessy viel bewegt. Einerseits hat die Leitung des Heimes erkannt, dass der Schlüssel zu einer Verstärkung der Kundenorientierung vorerst in einer Veränderung der Einstellung und des Verhaltens der Mitarbeitenden liegt, und hat entschieden, entsprechend zu handeln. Es haben sich die Einbettung der Mitarbeitenden in die Kundenzufriedenheitsanalyse und die anschliessende offene Präsentation der Ergebnisse als erste Schritte eines wahrgenommenen Veränderungsprozesses erwiesen. Im Weiteren hat die Leitung die Durchführung von Workshops mit den verantwortlichen Mitarbeitenden angekündigt, mit dem Ziel, verschiedene Punkte aus der Analyse gezielt zu betrachten und aus den gewonnenen Erkenntnissen Massnahmen zur Erhöhung der Mitarbeiterzufriedenheit zu treffen. Die Mitarbeitenden haben diesen Vorschlag positiv aufgenommen. Schliesslich wurde angekündigt, eine Befragung der Mitarbeitenden regelmässig durchzuführen, um auf Qualitätsänderungen sofort zu reagieren.

Zusammenfassung/Ausblick

Obwohl grundsätzlich in den sozialen NPO die zu erbringenden Dienstleistungen vom Staat diktiert werden, drängen sich angesichts der sich auf dem Markt abzeichnenden Veränderungen ähnliche Aufgaben wie in den klassischen, erwerbswirtschaftlichen Dienstleistungsunternehmen auf. Das Bewusstsein in den Alters- und Pflegeheimen, dass der Kundenorientierung bzw. CRM, als eine Philosophie, die die ganze Organisation mittragen muss, ein bedeutender Platz zukommt, wird spürbar. Wenn man das ZHW CRM Framework (vgl. Beitrag von Stadelmann/Wolter) als konzeptionellen Bezugsrahmen für eine kundenorientierte Organisation betrachtet, stellt man fest, dass es sich grundsätzlich als geeignetes Modell anbietet, mit dem eine NPO die Beziehungen zu ihren Kunden systematisch und differenziert angehen und implementieren kann.

Die Analyse der Bedürfnisse der aktuellen und potentiellen Kunden, und die entsprechende Anpassung der Leistungen, die Definition der Kern- und Zusatzleistungen, die erwartet und erbracht werden sollen, die Berücksichtigung des Marktumfeldes sind zentrale Aspekte der NPO-Führung. Der Paradigmenwechsel, der bereits vor einigen Jahren in den klassischen Dienstleistungsunternehmen stattgefunden hat, ist auch in den Alters- und Pflegeheimen in vollem Gange. Die aufgabenorientierte Führung der Alters- und Pflegeheime wird sich in Zukunft zu einer dezidiert kundenorientierten Führung wandeln.

Literatur

Fachbücher

Beutin N. (2006): Verfahren zur Messung der Kundenzufriedenheit im Überblick, in Homburg C. (Hrsg.): Kundenzufriedenheit, Gabler Verlag, Wiesbaden, S. 121–169.
Bruhn M. (2005): Marketing für Nonprofit-Organisationen. Grundlagen, Konzepte, Instrumente, Stuttgart.

Bruhn M. (2002): Integrierte Kundenorientierung. Implementierung einer kundenorientierten Unternehmensführung, Wiesbaden.

Bruhn M./Tilmes J. (1994): Social Marketing-Einsatz des Marketing für nichtkommerzielle Organisationen, 2. Aufl., Stuttgart u.a.

Giering A. (2000): Der Zusammenhang zwischen Kundenzufriedenheit und Kundenloyalität, eine Untersuchung moderierender Effekte, Wiesbaden, in Beutin N. (2006): Verfahren zur Messung der Kundenzufriedenheit im Überblick, in Homburg C. (Hrsg.): Kundenzufriedenheit, Wiesbaden, S. 121–169.

Herrmann A./Homburg C. (2000): Marktforschung. Ziele, Vorgehensweise und Methoden, in Herrmann A. (Hrsg.): Marktforschung. Methoden, Anwendungen, Praxisbeispiele, 2. Aufl., Wiesbaden, S. 13–32.

Homburg C. (2006): Kundenzufriedenheit – Konzepte, Methoden, Erfahrungen, 6. Aufl., Wiesbaden, 2006.

Homburg C./Stock-Homburg R. (2006): Theoretische Perspektiven zur Kundenzufriedenheit, in Homburg C. (Hrsg.): Kundenzufriedenheit, Wiesbaden, S. 17–51.

Homburg C./Rudolph B. (1995): Theoretische Perspektiven zur Kundenzufriedenheit, in Simon H., Homburg C. (Hrsg.): Kundenzufriedenheit, Wiesbaden.

Höpflinger F. (2004): Age Report 2004, Traditionelles und neues Wohnen im Alter, Seismo, Zürich.

Johns/Hopkins: Comparative Nonprofit Sector Poject (1997): Teilstudie Deutschland, Berlin/New York.

Kotler P./Andreasen A. (1996): Strategic Marketing for Nonprofit Organizations, Prentice Hall, Englewood Cliffs, NJ.

Kotler P./ Bliemel F.(2006): Marketing Management. Analyse, Planung und Verwirklichung, 10. Aufl., München u.a.

Meffert H./Bruhn M. (2003): Dienstleistungsmarketing. Grundlagen, Konzepte, Methoden, 4. Aufl., Wiesbaden.

Meyer A. (Hrsg.): Handbuch Dienstleistungs-Marketing, Bände 1 und 2, Stuttgart.

Moxley D.P. (1989): The Practice of Case Management, Newbury Park.

Purtschert R./Schwarz P./Helmig B. (2005): Das NPO-Glossar, Bern.

Schwarz P./Purtschert R./Giroud C. (1995): Das Freiburger Management Modell für Nonprofit-Organisationen, Bern.

Settgast M. (1998): Gestaltungsmöglichkeiten und Bedeutung des Marketings in Alten- und Pflegeheimen, Diplomarbeit an der FH Neubrandenburg, Prof. Dr. Ilsabe Sachs.

Stadelmann M./Wolter S./Tomczak T./Reinecke S. (2003): Customer Relationship Management, Zürich.

Stock-Homburg R. (2006): Kundenorientierte Mitarbeiter als Schlüssel zur Kundenzufriedenheit, in Homburg C. (Hrsg.): Kundenzufriedenheit, Wiesbaden, S. 319–344.

Stöger R./Salcher M. (2006): NPOs erfolgreich führen. Handbuch für Nonprofit-Organisationen in Deutschland, Oesterreich und der Schweiz, Stuttgart.

Wingenfeld K. (2003): Studien zur Nutzenperspektive in der Pflege, Institut für Pflegewissenschaft, Universität Bielefeld.

Fachartikel

Bruce I. (1995): Do not-for-profits value their customers and their needs?, International Marketing Review, 12/4.

Felchlin W. (2004): EFQM-Modell, KMU-Magazin 4/2004, 5/2004, 6/7/2004, 8/2004.

Gallagher K./Weinberg C.B. (1991): Coping with success; New challenges for non profit marketing, Sloan Management Review, 33/1.

Martisons M.G./ Hosley S. (1993): Planning a strategic information system for a market oriented non-profit organisation, Journal of System Management, 44/2.

Michalsky S./Helmig B. (2006): Die Dienstleistungsorientierung systematisch steigern, io new management, 18.9.2006.

Vazquez R./Alvarez L. I./Santos M. L. (2001): Market orientation and social services in private non-profit organisations, European Journal of Marketing, 36, 9/10, 2002.

Referate

Leser M. (2004): Interne und externe Kommunikation im Unternehmen «Heim», Curaviva.

Leser M. (2007): Nicht nur eine Frage der Kommunikation – vom Umgang mit Beschwerden, Fachtagung Abhängigkeit in Würde, Curaviva.

Ministrie van Volksgezondheid (2005): Kabinetsvisie ouderenbelijd in het perspectif van de vergrijsing, Den Haag.

Internetquellen

Bundesamt für Statistik: Produktionskonto nach Branchen (http:www.bfs.admin.ch/bfs/portal/de/index/themen/volkswirtschaft/volkswirtschaftli…)

Stand des Beschwerdemanagements in der Schweizer Unternehmenspraxis – Ergebnisse einer empirischen Untersuchung

Roman Lenz
Dr. Martin Stadelmann

Roman Lenz ist als Consultant bei der eC4u Expert Consulting (Schweiz) AG tätig. Er zeichnet für die Planung und Realisierung der vorliegenden Studie zum Stand des Beschwerdemanagements in der Schweizer Unternehmenspraxis als Projektleiter verantwortlich.

Dr. Martin Stadelmann ist Geschäftsführer der eC4u Expert Consulting (Schweiz) AG, Hauptdozent im MAS CRM der ZHAW (Zürcher Hochschule für angewandte Wissenschaften) und Lehrbeauftragter für Betriebswirtschaftslehre an der Universität St. Gallen (HSG).

Stand des Beschwerdemanagements in der Schweizer Unternehmenspraxis –
Ergebnisse einer empirischen Untersuchung

Aufgrund des mehrfach empirisch belegten positiven Zusammenhangs zwischen (Beschwerde-)Zufriedenheit und Kundenbindung kommt dem Management von Beschwerden im Rahmen des CRM eine zentrale Rolle zu.[1] Beschwerdemanagement bezeichnet dabei sowohl die Behandlung der artikulierten als auch der nicht artikulierten Unzufriedenheit von Kunden (unvoiced complaints). Trotz des unumstritten hohen Chancenpotentials, welches sich durch ein aktives Beschwerdemanagement ausschöpfen lässt, zeigen Untersuchungen auf, dass ein Grossteil der sich beschwerenden Kunden unzufrieden ist mit der Behandlung ihrer Beschwerde.[2] Damit werden Defizite in der Handhabung von Beschwerden evident. Das Ziel der 2006/07 durchgeführten quantitativen Untersuchung bestand dementsprechend in der branchenübergreifenden Ermittlung des Status quo des Beschwerdemanagements in der Schweizer Unternehmenspraxis im Business-to-Consumer Bereich.

Im Rahmen der konzeptionellen Grundlage der Studie haben sich die Autoren vorweg der Fragestellung zugewandt, über welche spezifischen Fähigkeiten – basierend auf dem ZHAW-CRM-Framework (vgl. hierzu den Beitrag von Stadelmann/Wolter) – ein Unternehmen verfügen muss, um seine unzufriedenen Kunden zur Beschwerde zu bewegen, diese zufrieden zu stellen und aus der Interaktion für die künftige Geschäftsentwicklung zu lernen. Es gilt, die folgenden sechs Kompetenzfelder zu entwickeln:[3] *1) Einnahme der Kundenperspektive, 2) Analyse und Planung, 3) Mitarbeiter, 4) Prozessmanagement, 5) Information und Technologie* und *6) Erfolgsmessung*. Während es beim Kompetenzfeld *Kundenperspektive* darum geht, prophylaktisch allfällige Unzufriedenheit aufzudecken bzw. um die Abfrage von Zufriedenheitsinformationen und das Erkennen von «unvoiced complaints», trägt der Kompetenzbereich *Erfolgsmessung* letztlich der überaus bedeutsamen Funktion des Beschwerdemanagements Rechnung, aus Informationen über Unzufriedenheit ein Maximum an Vorschlägen für Verbesserungen und Weiterentwicklungen zu extrahieren.

Der für die Umfrage verwendete Fragebogen orientiert sich an den besagten Kompetenzfeldern. Die Beurteilung der einzelnen Variablen erfolgte meist anhand einer siebenstufigen, bipolaren Ratingskala. Fragen mit weitgehend globalem Charakter wurden mit den Extrempolen «trifft gar nicht zu» und «trifft voll zu» versehen. Demgegenüber wurden bei Fragen, welche innerhalb der jeweiligen Kompetenzfelder auf einen konkreten Handlungsbedarf schliessen lassen, zunächst die Wichtigkeit und anschliessend die Umsetzung des Aspekts im Unternehmen abgefragt. Insbesondere bei komplexen Aufgabengebieten wurde ebenfalls auf eine siebenstufige Skala zurückgegriffen. Bei eher wenig komplexen Umsetzungsfeldern erfolgte die Abfrage des Realisierungsgrades mittels dichotomer Skala.

Die Untersuchung wurde – nach vorgängiger telefonischer Kontaktaufnahme mit den Entscheidungsträgern – mittels Online-Befragung durchgeführt. Adressaten der Umfrage waren Schweizer Unternehmen verschiedener Branchen. Aus der Grundgesamtheit (2000 Topunternehmen der Schweiz) wurden die rund 500 grössten Unternehmen anhand des Umsatzvolumens selektiert. Anzumerken ist, dass innerhalb der Bankenbranche auch kleinere Unternehmen miteinbezogen wurden. Letztlich nahmen insgesamt 140 Firmen an der Untersuchung teil. Die befragten Führungskräfte bekleiden mehrheitlich leitende Funktionen in den Bereichen *Customer Care/Kundenservice und CRM* (22,1%) oder dem *Qualitätsmanagement* (17,9%). Bei knapp 13% der Befragten handelt es sich um den/die *MarketingleiterIn*, bei 12,1% um den *CEO* oder ein *Mitglied der Geschäftsleitung* und bei 11,4% um den/die *LeiterIn des Beschwerdemanagements*.

Die hohen Teilnehmerzahlen in den Branchen *Banken, Versicherungen, Baugewerbe, Elektronik/Elektrotechnik* sowie *Energieversorgung/-verteilung* rechtfertigten eine spezifische Betrachtungsweise im Rahmen der Detailergebnisse, wobei innerhalb der Bankenbranche drei Subsegmente nach Anzahl Mitarbeitern (>1000 Mitarbeiter, 250–1000 Mitarbeiter, <250 Mitarbeiter) unterschieden wurden.

Die Ergebnisse im Überblick

Trotz des hohen Stellenwerts verfügt lediglich jedes vierte Unternehmen über ein voll ausgereiftes Beschwerdemanagement-Konzept.

Die Untersuchung belegt, dass das Beschwerdemanagement in der Schweizer Unternehmenspraxis als wichtiger Baustein im CRM mehrheitlich akzeptiert ist. Dessen ungeachtet und trotz des Umstands, dass die professionelle Handhabung von Kundenbeschwerden bei Schweizer Unternehmen – im Kontext eines ganzheitlichen Kundenmanagements – zwischenzeitlich als «Standardmassnahme» angesehen wird,[4] verfügen lediglich 26,4% der befragten Unternehmen über ein ausgereiftes Beschwerdemanagement-Konzept, in welchem die entsprechenden Ziele und Aufgaben eindeutig und systematisch definiert sind («trifft voll zu»). Das Beschwerdemanagement verfolgt dabei unterschiedliche Zielsetzungen mit strategischem Charakter. Die (Wieder-)Herstellung von Kundenzufriedenheit durch Ausbessern der Versäumnisse und damit die Sicherstellung einer erhöhten Kundenbindung sowie die Imageförderung einer kundenorientierten Unternehmensstrategie werden bei Schweizer Unternehmen als wichtigste Zielgrössen erachtet. Obschon die empirische Beschwerdeforschung belegt, dass sich ein Grossteil der unzufriedenen Kunden nicht beschwert und stattdessen über ihre negativen Erfahrungen mit ihrem Bekanntenkreis redet und/oder unmittelbar den Anbieter wechselt,[5] nimmt die Steigerung der Beschwerderate zur Verringerung der Anzahl von «unvoiced complainers» im Rahmen der Zielsetzungen eine relativ unwichtige Rolle ein. Dies deutet darauf hin, dass die Behandlung von Reaktionen unzufriedener Kunden durch Schweizer Anbieter vielerorts noch passiv-reaktiv und damit eher unsystematisch erfolgt.

Die Realisierungsgrade divergieren zwischen den einzelnen Branchen stark
Die konsolidierten Gesamtergebnisse der Untersuchung zeigen, dass die gegenwärtige Situation im Beschwerdemanagement in der Schweizer Unternehmenspraxis über alle Kompetenzbereiche mit einem *totalen Erfüllungsgrad von 57%* als zufriedenstellend einzustufen ist, obschon bei einigen Aspekten innerhalb der Kompetenzbereiche beachtliche Handlungsdefizite bestehen. Tabelle 1 zeigt den branchenübergreifenden Vergleich der einzelnen Realisierungsgrade je Kompetenzfeld im Sinne eines Benchmarking. Die Einstufung des Erfüllungsgrades versteht sich dabei als totalen Prozentanteil am maximal zu erzielenden Wert auf der jeweiligen Umsetzungsskala (Best Practice). Die Spalte Rang über alle Branchen zeigt aus branchenübergreifender Sicht, in welchem der untersuchten Kompetenzfelder die Best Practices im Beschwerdemanagement heute am weitesten umgesetzt sind.

Kompetenzbereich	Banken >1000 Mitarbeiter	Banken 250–1000 Mitarbeiter	Banken <250 Mitarbeiter	Versicherungen	Baugewerbe	Elektronik/ Elektrotechnik	Energieversorgung/-verteilung	Telco und Übrige	Rang über alle Branchen
	n = 9	n = 9	n = 15	n = 13	n = 11	n = 10	n = 9	n = 64	n = 140
Kundenperspektive	2 (69%)	4 (67%)	8 (49%)	7 (59%)	3 (68%)	1 (71%)	6 (61%)	5 (66%)	1 (64%)
Analyse und Planung	2 (67%)	5 (57%)	8 (34%)	6 (56%)	4 (63%)	1 (70%)	7 (55%)	3 (66%)	3 (59%)
Mitarbeiter	1 (68%)	6 (53%)	8 (37%)	5 (54%)	4 (59%)	2 (63%)	7 (50%)	3 (60%)	4 (56%)
Prozessmanagement	1 (73%)	7 (59%)	8 (45%)	5 (62%)	4 (65%)	3 (68%)	6 (60%)	2 (69%)	2 (63%)
Information und Technologie	3 (65%)	6 (44%)	8 (20%)	4 (56%)	5 (55%)	1 (74%)	7 (35%)	2 (66%)	5 (52%)
Erfolgsmessung	2 (54%)	5 (46%)	8 (32%)	6 (43%)	4 (50%)	1 (58%)	7 (42%)	3 (51%)	6 (47%)
Total (alle Kompetenzbereiche)	2 (66%)	6 (54%)	8 (36%)	5 (55%)	4 (60%)	1 (67%)	7 (51%)	3 (63%)	57%

Zeilenweise: Rangfolge je Kompetenzbereich: 1 = Höchster Realisierungsgrad / 8 = Niedrigster Realisierungsgrad
Bemerkung: Die Werte in Klammern sind gerundet.

Tabelle 1: Branchenübergreifender Vergleich der Realisierungsgrade je Kompetenzbereich

Werden die Gesamtresultate nach den untersuchten Branchen differenziert, zeigen sich grosse Unterschiede. Unternehmen der Branche Elektronik/Elektrotechnik (67%), grössere Banken (66%) sowie Unternehmen aus dem Baugewerbe (60%) schneiden überdurchschnittlich gut ab. Des Weiteren liegt der finale Realisierungsgrad bei den befragten Telekommunikationsdienstleistern und den Unternehmen der übrigen Branchen, welche keinen gesonderten Einzug in die Detailergebnisse fanden, *über* dem erzielten Gesamtdurchschnitt (63%). Demgegenüber liegen die totalen Umsetzungsgrade bei den Versicherungen (55%), den mittelgrossen Banken (54%), den Unternehmen aus der Branche Energieversorgung/-verteilung (51%) und den Kleinbanken (36%) unter dem Durchschnitt.

Auch die Betrachtung der Branchenergebnisse entlang der untersuchten Kompetenzbereiche fördert teilweise beachtliche Unterschiede zwischen den Branchen zutage. Dabei wird deutlich, dass die Stärken kaum in unterschiedlichen Branchen vorzufinden sind. So erzielen beispielsweise die grösseren Banken (>1000 Mitarbeiter) für den Kompetenzbereich *Mitarbeiter* den höchsten Realisierungsgrad (68%). Auch im Bereich *Prozessmanagement* liegen die grösseren Banken im Branchenvergleich klar an erster Stelle (73%). Bezüglich der restlichen Kompetenzfelder – wie auch in der Gesamtperspektive – erreichen aber die Unternehmen aus der Branche Elektronik/Elektrotechnik durchgehend die höchsten Realisierungsgrade.

Die Ergebnisse im Einzelnen

Kompetenzfeld 1: Einnahme der Kundenperspektive

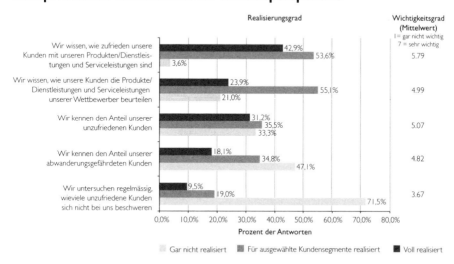

Abbildung 1: Aspekte zur Einnahme der Kundenperspektive [n=140]

Schweizer Unternehmen verfügen mehrheitlich über keinerlei Indikation, wie gut es ihnen gelingt, unzufriedene Kunden zur Beschwerde zu bewegen.

Abbildung 1 zeigt, dass Anstrengungen zur Messung der Kundenzufriedenheit in der Schweizer Unternehmenspraxis als wichtig angesehen (Wichtigkeitsgrad 5.79) und auch weitgehend umgesetzt werden. Die Kenntnis der Anteile der unzufriedenen resp. abwanderungsgefährdeten Kunden wird demgegenüber als verhältnismässig wenig wichtig eingestuft und wird auch nicht regelmässig untersucht.

Durch die gezielte Ermittlung des Anteils unzufriedener Kunden liesse sich im Nachgang feststellen, inwieweit sich das Ausmass der Kundenunzufriedenheit im Beschwerdeaufkommen widerspiegelt. Die vorliegende Untersuchung belegt, dass dies in der Schweizer Unternehmenspraxis mehrheitlich kaum umgesetzt wird. Dies akzentuiert den im Rahmen der Zielsetzungen beobachteten geringen Wichtigkeitsgrad bezüglich der Steigerung der Beschwerderate zur Verringerung der Anzahl «unvoiced complainers» und belegt, dass ein Grossteil der Unternehmen über keinerlei Indikation verfügt, wie gut ihr Einsatz bezüglich beschwerdestimulierender Massnahmen einzustufen ist.

Kompetenzfeld 2: Analyse und Planung

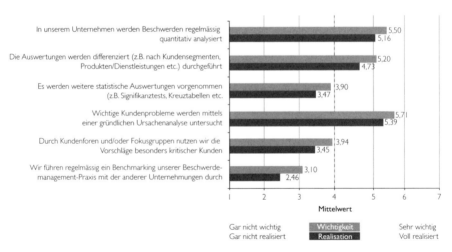

Abbildung 2: Analyse- und Planungsaspekte [n=140]

Insgesamt überzeugen Schweizer Unternehmen durch einen guten Erfüllungsgrad in der quantitativen Analyse von Beschwerden, wohingegen sich Mängel bei qualitativen Ansatzpunkten abzeichnen.

Um von der Problemdiagnose zur nachhaltigen Problemprävention zu gelangen, bedarf es sowohl quantitativer als auch qualitativer Ansatzpunkte im Rahmen der Beschwerdeanalyse. Quantitative Analysen aufkommender Beschwerden sowie eine entsprechende Differenzierung (z.B. nach Produkten/Dienstleistungen, Kundensegmenten) werden bei den befragten Unternehmen weitgehend als wichtig erachtet und vielerorts auch umgesetzt (vgl. Abbildung 2). Auf weitere statistische Auswertungen wird jedoch relativ wenig Wert gelegt (Wichtigkeitsgrad 3.90). Als wichtigen Aspekt im Rahmen der Analyse- und Planungskompetenzen sieht die Mehrheit der Befragten insbesondere die systematische Ursachenanalyse wichtiger Kundenprobleme (Wichtigkeitsgrad 5.71). Diese wird im betrieblichen Alltag branchenübergreifend auch weitgehend realisiert (Umsetzungsgrad 5.39).

Nach erfolgter Ursachenanalyse gilt es anhand geeigneter Planungsinstrumente sicherzustellen, dass die Ursachen beseitigt und Prozesse sowie allfällige Produkte/Dienstleistungen unter Berücksichtigung der Kundenwünsche angepasst werden. Der Nutzen von Vorschlägen besonders kritischer Kunden, beispielsweise durch Kundenforen und/oder Fokusgruppen ermittelbar, wird bei den befragten Unternehmen mehrheitlich verkannt (Wichtigkeitsgrad 3.94) und folglich kaum praktiziert (Realisierungsgrad 3.45). Ebenso wenig wird ein Benchmarking der eigenen Beschwerdemanagement-Praxis mit jener anderer Unternehmungen durchgeführt.

Schliesslich lässt sich festhalten, dass dem Beschwerdemanagement – trotz der eingangs konstatierten hohen Bedeutung – im Rahmen des *Kundenwissensmanagements* als Teilbereich des CRM ein sehr geringer Stellenwert beigemessen wird. So stimmen lediglich 15% der Befragten der Aussage «Informationen aus dem Beschwerdemanagement bilden einen wesentlichen Bestandteil unseres gesamten Kundenwissensmanagement» voll zu. Dementsprechend werden Informationen aus dem Beschwerdemanagement in der Schweizer Unternehmenspraxis kaum mit anderen Marktforschungsdaten (z.B. Bedürfnisanalysen) abgeglichen (lediglich 10% stimmen letzterer Aussage «voll zu»).

Kompetenzfeld 3: Mitarbeiter

Das Beschwerdemanagement wird von der Unternehmensführung mehrheitlich akzeptiert

Es ist von zentraler Wichtigkeit, dass sämtliche Mitarbeiter auf allen Hierarchiestufen – insbesondere auch das Topmanagement – davon überzeugt sind, dass *Beschwerden als Chance* und nicht als abzuwehrende Gefahr zu interpretieren sind. Untersucht man nun, wie die entsprechenden Werte in der Unternehmenspraxis verankert sind und sich im Verhalten der Führungskräfte widerspiegeln, zeigt sich ein in der Regel zufriedenstellendes Bild. So werden Beschwerden in Schweizer Unternehmen bei sämtlichen Mitarbeitern und Führungskräften mehrheitlich als Chance angesehen, obgleich lediglich 12% aller Befragten diese Aussage als «voll zutreffend» erachten. Ferner lässt sich die

Wichtigkeit, welche dem Beschwerdemanagement von der Unternehmensleitung beigemessen wird, dadurch unterstreichen, dass bei einem Grossteil der befragten Unternehmen (42,1%) direkt die Geschäftsleitung als oberes Führungsgremium für diesen Funktionsbereich verantwortlich zeichnet.

Mitarbeiterspezifische Aspekte werden in der Umsetzung stark vernachlässigt; so wird kundenorientiertes Problemlösungsverhalten kaum durch ein Anreizsystem gefördert.

Abbildung 3: Mitarbeiteraspekte [n=140]

Obgleich sich in der Professionalisierung des Beschwerdemanagements eine zunehmende Akzeptanz durch die Unternehmensleitung zeigt, fehlt es allenthalben an einer innerbetrieblichen Unterstützung durch das Topmanagement. Namentlich sind personalpolitische Führungsmassnahmen nur begrenzt anzutreffen (vgl. Abbildung 3). Besonders tiefe Realisierungsgrade lassen sich bei folgenden Aspekten diagnostizieren: Die Definition von Stellenprofilen mit spezifischen Anforderungen zur Rekrutierung von Mitarbeitern für das Beschwerdemanagement ist keineswegs die Regel (Umsetzungsgrad 3.44). Darüber hinaus findet ein intensives Training für Mitarbeiter im Umgang mit Beschwerdesituationen mehrheitlich kaum statt (Umsetzungsgrad 4.07). Schliesslich ist ein Anreizsystem, anhand dessen kundenorientiertes Problemlösungsverhalten gefördert wird, weitgehend inexistent (Umsetzungsgrad 2.49).

Kompetenzfeld 4: Prozessmanagement

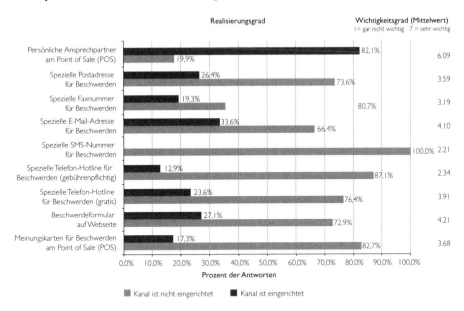

Abbildung 4: Einrichtung von Beschwerdekanälen [n=140]

Eine Vielzahl von Unternehmen verzichtet auf die Einrichtung und aktive Kommunikation von Beschwerdekanälen zur Feedbackintensivierung

Da branchenübergreifend durchschnittlich 50% bis 80% der unzufriedenen Kunden darauf verzichten, ihre Beschwerde gegenüber der betroffenen Unternehmung vorzubringen,[6] muss ein Anbieter durch die Einrichtung spezifischer Beschwerdekanäle und einer wirkungsvollen Kommunikation derselben versuchen, diesen Verhaltensweisen gezielt entgegenzuwirken. Dabei ist der Aufbau von unterschiedlichen Kanälen je nach Branche, Kundenpräferenzen und unternehmerischer Ressourcenausstattung zweckmässig bzw. überhaupt möglich. Der persönliche Ansprechpartner im Kundenkontakt gilt laut Befragung als der wichtigste Beschwerdekanal (Wichtigkeitsgrad 6.09). An zweiter und dritter Stelle stehen mit der Online-Beschwerdemaske (Wichtigkeitsgrad 4.21) und der speziellen E-Mail-Adresse für Beschwerden (Wichtigkeitsgrad 4.10) bereits elektronische Beschwerdekanäle. Die Rangordnung bezüglich Einrichtung von Beschwerdekanälen erstaunt wenig, da diese weitestgehend der Wichtigkeitseinschätzung entspricht. Bemerkenswert ist allerdings, dass ein Grossteil der befragten Unternehmen sowohl auf die Einrichtung spezieller Beschwerdekanäle als auch auf eine entsprechende systematische Kommunikation gegenüber den Kunden verzichtet (bei 50% der Befragten ist letztere «eher nicht» bis «gar nicht realisiert»). Der Zielsetzung, die Feedbackkanäle zu öffnen und dabei Informationsverlust vorzubeugen, wird somit kaum Beachtung geschenkt.

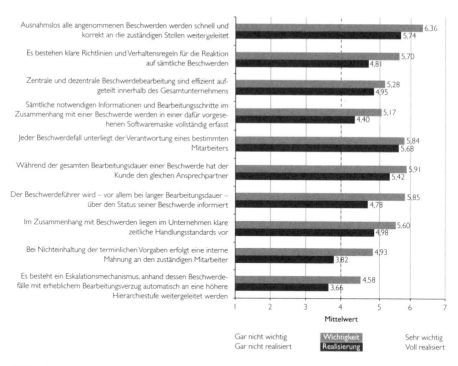

Abbildung 5: Aspekte der Beschwerdeannahme und -bearbeitung [n=140]

Auch im Rahmen der Annahme, Bearbeitung und Reaktion auf Beschwerden bestehen noch erhebliche Umsetzungslücken»

Im *Erstkontakt* mit dem unzufriedenen Kunden (Beschwerdeannahme) ist es von zentraler Wichtigkeit, dass ausnahmslos alle Beschwerden schnell und korrekt weitergeleitet werden. Zudem gilt es, das gesamte Kundenkontaktpersonal – insbesondere dasjenige, welches die Beschwerden entgegennimmt – auf diese Situation vorzubereiten. Diese Notwendigkeiten werden von den befragten Schweizer Unternehmen als entsprechend wichtig angesehen. Wird die Differenz zwischen dem durchschnittlichen Wichtigkeits- und dem Realisierungsgrad als Indikator für Umsetzungslücken herangezogen, so zeigt sich bezüglich der Existenz klarer Richtlinien und Verhaltensregeln für die Reaktion auf Beschwerden ein beachtliches Defizit.

Die grössten Handlungsnotwendigkeiten im Zusammenhang mit der *Beschwerdebearbeitung* bestehen bei folgenden Aspekten:

- Mahnung des zuständigen Mitarbeiters bei Nichteinhaltung von Zeitstandards,
- Information des Beschwerdeführers bei langer Bearbeitungsdauer und
- automatische Weiterleitung stark verzögerter Beschwerdefälle an eine höhere Hierarchiestufe.

Dies zeigt, dass es vielerorts am Einsatz einer Beschwerdemanagementsoftware mangelt, welche in der Lage ist, diese Aktivitäten gezielt zu unterstützen.

Hinsichtlich der *Reaktion auf Kundenbeschwerden* hält es die grosse Mehrheit für wichtig, dass sämtliche Beschwerdeführer – unabhängig vom Beschwerdekanal – eine Eingangsbestätigung und eine abschliessende Antwort auf die Beschwerde erhalten (Wichtigkeitsgrad 5.75). Diese Handlungsintention wird jedoch nicht entsprechend umgesetzt (Realisierungsgrad 4.76). Im Kontrast dazu wird die abschliessende Antwort auf die Beschwerde mehrheitlich individuell gestaltet. Die Beschwerdeführer sollten zudem eine angemessene Wiedergutmachung für die erlebten Unannehmlichkeiten erhalten. Dieser Aspekt wird von den befragten Unternehmen erstaunlicherweise als verhältnismässig wenig wichtig eingestuft (Wichtigkeitsgrad 4.75) und dementsprechend nicht konsequent praktiziert (Realisierungsgrad 4.43). Knapp 43% der Unternehmen orientieren sich bei der Art und beim Umfang der Wiedergutmachung am Kundenwert, wohingegen 37,1% keine Differenzierung bezüglich Wiedergutmachung für den Kunden vornehmen.

Kompetenzfeld 5: Information und Technologie

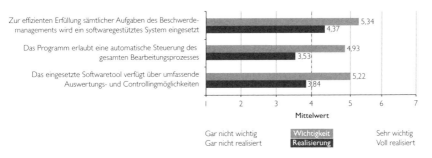

Abbildung 6: IT-Aspekte [n=140]

Die Unterstützung der Prozesse im Beschwerdemanagement durch eine Software wird mehrheitlich als sehr wichtig angesehen; die Umsetzung zeigt jedoch – insbesondere bezüglich der wünschenswerten Funktionalitäten – klare Defizite

Dem Grossteil der befragten Unternehmen erscheint es unabdingbar, dass zur Erfüllung der Aufgaben im Beschwerdemanagement eine anforderungsgerechte Software eingesetzt wird (Wichtigkeitsgrad 5.34). Der entsprechende Umsetzungsgrad fällt jedoch weit geringer aus (Umsetzungsgrad 4.37). Ferner erachten es die meisten Unternehmen als unerlässlich, dass das eingesetzte Softwaretool sowohl eine automatische Steuerung des gesamten Bearbeitungsprozesses sicherstellt als auch über umfassende Auswertungs- und Controllingmöglichkeiten verfügt, um die definierten Beschwerdemanagementprozesse optimal zu unterstützen. Die Realisierungsgrade bezüglich besagter Funktionalitäten sind jedoch bei weitem nicht im gewünschten Masse ausgereift.

Kompetenzfeld 6: Erfolgsmessung

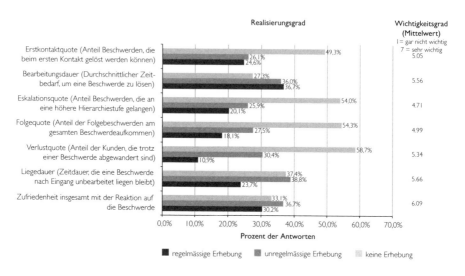

Abbildung 7: Erhebung relevanter Kennzahlen im Beschwerdemanagement [n=140]

Der Erhebung relevanter Kennzahlen im Beschwerdemanagementcontrolling kommt mehrheitlich eine hohe Wichtigkeit zu; dennoch verfügen Schweizer Unternehmen über wenig Kenntnis bezüglich Produktivität im Beschwerdemanagement

Alle in der Untersuchung abgefragten Kennzahlen im Rahmen des Beschwerdemanagementcontrollings werden als relativ wichtig eingestuft (vgl. Abbildung 7). Die Mehrheit wird in der Schweizer Unternehmenspraxis jedoch gar nicht oder nur unregelmässig erhoben. Vor dem Hintergrund, dass die Wiederherstellung von Kundenzufriedenheit – als Voraussetzung für Kundenbindung und die Erreichung ökonomischer Unternehmensinteressen – bei den Befragten als wesentliches Ziel akzeptiert ist, erfolgt eine regelmässige Erhebung der Zufriedenheit mit der unternehmensseitigen Reaktion auf die Beschwerde nur partiell.

Kennzahlen, welche zugleich auch für die Vorgabe von Leistungsstandards eingesetzt werden, sind insbesondere die Bearbeitungsdauer (51,4%) sowie die Zufriedenheit des Kunden mit der unternehmensseitigen Reaktion auf die Beschwerde (45,7%). 24,3% der Unternehmen geben an, keine der besagten Kennzahlen für die Vorgabe von Produktivitätsstandards zu nutzen.

Nebst der Vorgabe von Produktivitätsstandards besteht eine wesentliche Teilaufgabe im Beschwerdemanagementcontrolling in der Abschätzung des Beitrags zum Unternehmenserfolg. Auf diese Weise kann die Unternehmung ein vertieftes Verständnis vom ökonomischen Wert des Beschwerdemanagements erlangen und eine rationale Grundlage für Entscheidungen über entsprechende Investitionen sicherstellen. Knapp 40% der befragten Unternehmen geben an, keine Profitabilitätsanalyse (= Gegenüberstellung von Kosten-/Nutzengrössen) für das Beschwerdemanagement durchzuführen. Dagegen führt jedes vierte Unternehmen (25%) eine regelmässige Analyse durch und bei 36,4% erfolgt diese in unregelmässigen Zeitabständen.

Die Wichtigkeit eines differenzierten Beschwerdereportings wird zweifellos erkannt; jedoch weisen Schweizer Unternehmen klare Defizite in der Nutzung entsprechender Informationen auf

Zentral im Beschwerdereporting ist die Festlegung, für welche internen Kunden welche Auswertungen in welchen Zeitintervallen aufbereitet und zugestellt werden müssen. Von den einzelnen Aspekten werden im Durchschnitt vor allem die klare Definition der internen Stellen als Adressaten (Wichtigkeitsgrad 5.91), die zielgruppengerechte Aufbereitung (Wichtigkeitsgrad 5.49) sowie der stete Zugriff der internen Kunden auf sämtliche Beschwerdeinformationen und -reports (Wichtigkeitsgrad 5.47) als wichtig angesehen. Bezüglich der besagten Aspekte bestehen jedoch erhebliche Umsetzungslücken. Zahlreiche unternehmensinterne Empfängergruppen werden in diesem Zusammenhang als wichtige Adressaten angesehen. Bei knapp 80% der befragten Unternehmen erhält das Topmanagement einen Report, was die Akzeptanz des Beschwerdemanagements zu unterstreichen vermag.

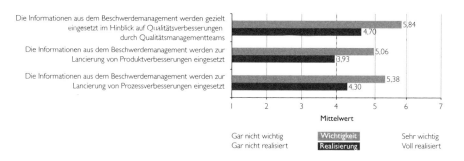

Abbildung 8: Nutzung von Informationen aus dem Beschwerdereporting [n=140]

Um nun den Nutzen aus den bisher vorgestellten Kompetenzen realisieren zu können und so bares Geld zu sparen, müssen im Unternehmen verbindliche Lernprozesse zur Nutzung von Informationen aus dem Beschwerdemanagement bestehen. Die Auswertung von Beschwerden wird dabei in der Schweizer Unternehmenspraxis als zentrales Instrument zur Identifikation kundenorientierter Verbesserungen bezüglich Prozessen sowie Produkten/Dienstleistungen erkannt (vgl. Abbildung 8). Der jeweilige Realisierungsgrad zeigt jedoch, dass die befragten Unternehmen mehrheitlich auf die in Beschwerden enthaltenen Verbesserungsvorschläge verzichten.

Implikationen für die Schweizer Unternehmenspraxis

Die Ergebnisse der durchgeführten Untersuchung verdeutlichen, dass das Beschwerdemanagement bei Schweizer Unternehmen vielerorts noch *stark reaktiv* ausgerichtet ist und dessen Beitrag für die Wettbewerbsfähigkeit des Unternehmens in der Regel nicht ausreichend erkannt wird. Vor dem Hintergrund der hohen Bedeutung des Beschwerdemanagements hinsichtlich des Kundenwissens gilt es, dieses verstärkt in die strategische Entscheidungsfindung zu integrieren. Entsprechend sind gezielte Überlegungen erforderlich, wie das Beschwerdemanagement ausgestaltet werden muss, um eine optimale Ausschöpfung seines strategischen Potentials sicherzustellen:

1. Zum einen muss folglich die Schaffung und Sicherung von Erfolgspotentialen im Beschwerdemanagement langfristig geplant werden. Dazu ist es unabdingbar, sich des Instrumentariums der *strategischen Planung* zu bedienen (vgl. hierzu den Beitrag *Strategisches Beschwerdemanagement* von Stauss), welches notwendig ist, um eine kundengerechte Leistungserbringung im Beschwerdemanagement nachhaltig zu gewährleisten.
2. Zum andern gilt es – ausgehend von der gewählten Strategie – gezielt Handlungsdefizite auszumerzen bzw. die notwendigen Kompetenzfelder in kohärenter Weise zu konfigurieren. Das Unternehmen erhält so die Möglichkeit, die Quellen der Unzufriedenheit für sämtliche Kunden – auch für jene, die sich nicht beschweren – dauerhaft zu eliminieren (präventives Beschwerdemanagement) und zugleich durch eine erfolgreiche Wiedergutmachung die Kundenbindung zu stärken.

Die Gegenüberstellung der branchenübergreifend erzielten Mittelwerte auf der Wichtigkeits- und der Umsetzungsskala in Bezug auf die einzelnen Kompetenzbereiche belegen, dass die grössten Handlungsdefizite bei Schweizer Unternehmen in der Gesamtperspektive in den Bereichen *Mitarbeiter, Information und Technologie* sowie *Erfolgsmessung* liegen. Diese Kompetenzfelder gilt es, gezielt auszubauen (vgl. Abbildung 9).

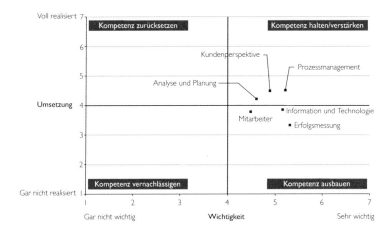

Abbildung 9: Kompetenzportfolio in der Gesamtperspektive [n=140]

Gleichsam werden auch den Bereichen *Kundenperspektive, Analyse und Planung* sowie *Prozessmanagement* durchschnittlich hohe Wichtigkeiten beigemessen. Diesbezüglich finden jedoch bereits Anstrengungen in der Umsetzung statt. Nichtsdestotrotz sollten auch hier Massnahmen zur Verstärkung der jeweiligen Kompetenzen fokussiert werden.

Zur Stärkung des Kompetenzbereichs *Kundenperspektive* sollte unternehmensseitig vermehrt analysiert werden, inwieweit sich das Ausmass der Kundenunzufriedenheit im Beschwerdeaufkommen widerspiegelt. Das Unternehmen erhält somit eine Indikation, wie gut ihr Einsatz bezüglich beschwerdestimulierender Massnahmen einzustufen ist.

Ferner sollte – mit Blick auf die Stärkung des Kompetenzfeldes *Analyse und Planung* – ein zunehmender Abgleich von Informationen aus dem Beschwerdemanagement mit anderen Marktforschungsdaten wie z.B. Bedürfnisanalysen erfolgen.

Die grössten Handlungsdefizite im Bereich *Prozessmanagement* liegen primär bei der unternehmensseitigen Stimulierung von Beschwerden. Die Einrichtung zusätzlicher Beschwerde- bzw. Feedbackkanäle sowie deren aktive und systematische Kommunikation gegenüber den Kunden sollten hier vermehrt ins Zentrum unternehmerischen Handels rücken. Im Zusammenhang mit der Annahme, Bearbeitung und der Reaktion auf Beschwerden müssen zunehmend Richtlinien und Verhaltensregeln für die Mitarbeiter definiert und diese bei Nichteinhaltung terminlicher Vorgaben gemahnt werden.

Im Hinblick auf den Ausbau des Kompetenzbereichs *Mitarbeiter* gilt es, die Grundbotschaft, dass Beschwerden Verbesserungsvorschläge enthalten und keine abzuwehrenden Gefährdungen darstellen, über verschiedene Instrumente der internen Kommunikation noch stärker als bis anhin zu verbreiten. Wichtiger ist aber noch, dass diese durch eine entsprechende Kultur, ein konsistentes Handeln und vor allem eine entsprechende Anreizstruktur auch nachhaltig gestützt wird. Vor allem letztere gilt es, gezielt zu schaffen, um anstelle der oft passiven Entgegennahme von Beschwerden aktives und kundenorientiertes Verhalten bei den entsprechenden Mitarbeitern zu fördern. Weiter sind Massnahmen des «Empowerment» erforderlich. Wesentliche Voraussetzung um kundennahes Handeln und schnelle Reaktionen zu gewährleisten, ist die Erhöhung der fachlichen Qualifikation sowie die Zuweisung grösserer Handlungsspielräume («Empowerment»).

Die Verwendung einer entsprechenden Software im Rahmen des Kompetenzbereichs *Information und Technologie* ermöglicht dabei eine weitaus effizientere Bearbeitung im Prozessmanagement und vermag insbesondere auch den Kompetenzbereich *Erfolgsmessung* gezielt zu unterstützen. Generell ist dabei zu berücksichtigen, dass ein Softwaretool nur im Rahmen einer konsistenten Beschwerdemanagement-Strategie wirksam werden kann und nie den Ersatz für ein umfassendes Managementkonzept darstellt.

Letztlich ist ein Ausbau des Kompetenzbereichs *Erfolgsmessung* bei einem Grossteil der befragten Unternehmen von zentraler Wichtigkeit, um den Nutzen aus einem aktiven Beschwerdemanagement realisieren zu können. Zum einen sollten im Beschwerdemanagement Kosten-Nutzen-Überlegungen vorgenommen werden, um den Return on Complaint Management (RoC) zu berechnen, welcher als Grundlage für Investitionsentscheidungen herangezogen werden kann. Andererseits sollten verstärkte Anstrengungen zur Nutzung der Informationen aus dem Beschwerdemanagement hinsichtlich der Verbesserung des unternehmenseigenen Leistungsangebotes erfolgen, um den seitens CRM-Konzeption geforderten «Closed Loop» sowie ein zusehends leistungsfähigeres präventives Beschwerdemanagement sicherzustellen. Ausserdem scheint bei der Mehrzahl der befragten Unternehmen ein abteilungs- und/oder unternehmensübergreifendes Qualitätsmanagement erforderlich zu sein, welches sicherstellt, dass Lieferanten(stufen) wie auch Absatzmittler und Abnehmerstufen in das Kundenfeedback und die Beschwerderegelungen einbezogen werden.

Anmerkungen

[1] Vgl. Tax et al. (1998); Maxham (2001). Untersuchungen belegen, dass ein erfolgreicher Wiedergutmachungsprozess gar zu einer höheren Kundenzufriedenheit führen kann als vor Eintritt des kritischen Ereignisses. Vgl. bspw. Smith/Bolton (1998).
[2] Vgl. bspw. Estelami (2000); Grainer (2003).
[3] Vgl. hierzu weiterführend Lenz/Stadelmann (2007), S. 8 ff.
[4] Vgl. Hannich/Rüeger/Leuch (2007), S. 24.

[5] Vgl. bspw. Adamson (1993); Bender (2005).
[6] Vgl. Stauss/Seidel (2007), S. 65.

Literaturverzeichnis

Adamson, C. (1993): Evolving Complaint Procedures, in: Managing Service Quality, 3. Jg., Nr. 1, S. 439–444.

Bender, S. (2005): Beschwerdemanagement – Beschwerden richtig nutzen, in: Sales Business, o.Jg., Nr. 5, S. 24–27.

Estelami, H. (2000): Competitive and Procedural Determinants of Delight and Disappointment in Consumer Complaint Outcomes, in: Journal of Service Research, 2. Jg., Nr. 3, S. 285–300.

Grainer, M. (2003): Customer Care: The Multibillion Dollar Sinkhole – A Case of Customer Rage Unassuaged, Alexandria.

Hannich, F.M./Rüeger, B.P./Leuch, A. (2007): Swiss CRM 2007 – Einsatz und Trends in Schweizer Unternehmen, Winterthur.

Lenz, R./Stadelmann, M. (2007): CRM Trendreport 3 - Unternehmenskompetenzen für systematisches Beschwerdemanagement – Stand des Beschwerdemanagements in der Schweizer Unternehmenspraxis, Winterthur.

Maxham, J.G. (2001): Service Recovery's Influence on Consumer Satisfaction, positive Word-of-Mouth and Purchase Intentions, in: Journal of Business Research, 54. Jg., Nr. 1, S. 11–24.

Smith, A.K./Bolton, R.N. (1998): An Experimental Investigation of Customer Reactions to Service Failure and Recovery Encounters: Paradox or Peril?, in: Journal of Service Research, 1. Jg., Nr. 1, S. 65–81.

Stauss, B./Seidel, W. (2007): Beschwerdemanagement – unzufriedene Kunden als profitable Zielgruppen, München.

Tax, S.S./Brown, S.W./Chandrashekaran, M. (1998): Customer Evaluations of Service Complaint Experiences: Implications for Relationship Marketing, in: Journal of Marketing, 62. Jg., Nr. 2, S. 60–76.